中国共产党与中华优秀传统文化座谈（研讨）会论文集

主编　马　敏　李子林　张执均

WUHAN UNIVERSITY PRESS
武汉大学出版社

图书在版编目(CIP)数据

中国共产党与中华优秀传统文化座谈(研讨)会论文集/马敏,李子林,张执均主编.—武汉:武汉大学出版社,2023.7
ISBN 978-7-307-23064-4

Ⅰ.中… Ⅱ.①马… ②李… ③张… Ⅲ.中华文化—学术会议—文集 Ⅳ.K203-53

中国版本图书馆 CIP 数据核字(2022)第 080363 号

责任编辑:宋丽娜　　　　责任校对:李孟潇　　　　版式设计:韩闻锦

出版发行:**武汉大学出版社** 　（430072　武昌　珞珈山）
（电子邮箱:cbs22@whu.edu.cn 网址:www.wdp.com.cn）
印刷:武汉邮科印务有限公司
开本:720×1000　1/16　印张:29　字数:430 千字　插页:1
版次:2023 年 7 月第 1 版　　2023 年 7 月第 1 次印刷
ISBN 978-7-307-23064-4　　定价:116.00 元

编委会名单

主编

马　敏　李子林　张执均

编委会成员

马　敏　李子林　张执均　许建华　倪晓钟　朱纪平
蔡艳青　王文英　张天羿

目　　录

1

在中国共产党与中华优秀传统文化座谈（研讨）会上的讲话

马　敏

各位领导、各位专家学者、各位嘉宾：

在全党全国人民热烈庆祝中国共产党成立 100 周年的喜庆日子里，我们在全国著名的革命老区和"鱼米之乡"洪湖市召开"中国共产党与中华优秀传统文化"座谈（研讨）会，很有意义。首先，我代表湖北省炎黄文化研究会、湖北省炎帝神农故里基金会向专程前来出席并指导会议的丁凤英主席，向与会全体专家学者、论文作者表示衷心感谢和热烈欢迎，向对会议的召开给予大力支持和帮助的洪湖市委、市政府、市委宣传部领导表示衷心感谢！中华炎黄文化研究会因筹备换届，故不能派代表出席，顾伯平副会长专门发来论文表示对本次会议的支持，在此一并表示感谢。

昨天下午和今天上午，与会同志参观了洪湖湘鄂西苏区革命烈士纪念馆和洪湖市湘鄂西革命根据地旧址，现场接受了党史教育和革命传统教育，大家感触很深、收获很大，这对开好会议是很有帮助的。我们这次会议既是一次小型庆祝会，也是一次座谈（研讨）会，座谈（研讨）的主题是："中国共产党与中华优秀传统文化"。这是一个很重大的主题，要说的话很多，下面我谈三点看法，供大家参考。

一、100 年来我们党取得辉煌成就、作出伟大贡献

1921—2021 年，中国共产党走过了整整 100 年的历程。这是筚路蓝缕、奠基创业的 100 年，是创造辉煌、开辟未来的 100 年。中国共产

1

党的成立，是开天辟地的大事变。这个大事变，是历史大势、时代大潮的必然产物，是中国社会矛盾发展和人民不懈斗争的必然结果。中华民族有5000多年的文明历史，创造了灿烂的中华文明，成为世界上伟大的民族。鸦片战争后，中国逐步沦为半殖民地半封建社会，中国人民处于水深火热之中，中华民族面临亡国灭种的严重危机。为了挽救民族危亡，无数仁人志士前赴后继，进行了各式各样的尝试，开展了可歌可泣的斗争，但都没有改变旧中国的社会性质和中国人民的悲惨命运。无数革命先烈为此而抱终天之恨！十月革命一声炮响，给中国送来了马克思列宁主义，马克思列宁主义与中国工人运动相结合，产生了中国共产党。中国共产党一经成立，就肩负起中华民族独立复兴的伟大历史使命。从此中国革命面貌焕然一新，中国共产党走上了百年辉煌的光辉历程。

中国共产党的百年辉煌，有人用开天辟地、改天换地、翻天覆地、惊天动地四个词来概括和形容，我看还是比较恰当的。

开天辟地，就是党在新民主主义革命时期完成救国大业。以毛泽东同志为代表的中国共产党人坚持把马克思主义基本原理同中国革命具体实际相结合，开辟了一条农村包围城市、武装夺取政权的正确道路，进行了28年浴血奋战，打败了日本帝国主义，推翻了国民党反动统治，建立了中华人民共和国。它彻底终结了旧中国半殖民地半封建社会的历史，彻底终结了旧中国一盘散沙的局面，彻底废除了列强强加给中国的不平等条约和帝国主义在中国的一切特权，从此中国人民真正站起来了，成为国家和社会的主人。

改天换地，就是党在社会主义革命和建设时期完成兴国大业。新中国成立之初，我国面临异常艰难复杂的国际国内形势，由于长期战争，国内经济凋敝，民不聊生。以毛泽东同志为核心的第一代中央领导集体带领全国人民自力更生、艰苦奋斗，很快生产出自己的飞机、汽车，研制出原子弹、氢弹、人造地球卫星等，初步建立起独立的、比较完整的工业体系和国民经济体系；初步解决了几亿人的吃饭穿衣问题。全党始终保持良好的精神状态，在全社会根除了黄、赌、毒，形成了良好的社会风气。党不失时机地进行所有制方面的社会主义改造，为当代中国一切发展进步奠定了根本政治前提和制度基础，为开创中国特色社会主义提供了宝贵经验、理论准备、物质基础。

翻天覆地，就是党在改革开放和社会主义现代化建设新时期推进富国大业。党的十一届三中全会后，以邓小平同志为核心的党的第二代中央领导集体，面对"文化大革命"造成的危难局面，解放思想、实事求是，作出把党和国家工作中心转移到经济建设上来，实行改革开放的历史性决策，明确提出走自己的路、建设中国特色社会主义；制定"三步走"发展战略，确立社会主义初级阶段基本路线，在拨乱反正和改革开放中成功开创了中国特色社会主义。以江泽民同志为核心的党的第三代中央领导，面对国内外纷繁复杂的形势，团结带领全党全国人民，坚定捍卫中国特色社会主义，确立社会主义市场经济体制的改革目标和基本框架，形成"三个代表"重要思想，开创了改革开放新局面，成功把中国特色社会主义推向 21 世纪。党的十六大后，以胡锦涛同志为总书记的党中央，紧紧抓住和利用好重要战略机遇期，团结带领全党全国人民，坚持以人为本、全面协调可持续发展、构建社会主义和谐社会，着力保障和改善民生，推进党的执政能力建设和先进性建设，形成科学发展观，在全面建设小康社会的伟大实践中，成功坚持和发展了中国特色社会主义。改革开放和社会主义现代化建设新时期，我国经济得到了快速发展，社会保持长期稳定。1978—2012 年，我国经济高速增长，国内生产总值先后超过意大利、法国、英国、德国，2010 年超过日本，成为世界第二大经济体，同时成为世界第一大出口国，成为 18 世纪工业革命以来继英国、美国、日本、德国之后的"世界工厂"，并于 2001 年跨入中等收入国家的行列，人民吃穿不愁，家电全面普及，汽车快速进入寻常百姓家。中华民族实现了从站起来到富起来的伟大飞跃。

惊天动地，就是党在中国特色社会主义新时代推进并将在 21 世纪中叶实现强国大业。2012 年党的十八大以来，以习近平同志为核心的党中央统揽伟大斗争、伟大工程、伟大事业、伟大梦想，统筹推进"五位一体"总体布局，协调推进"四个全面"战略，解决了许多长期想解决而没有解决的难题，办成了许多过去想办而没有办成的大事，推动党和国家事业取得历史性成就，发生历史性变革，推动中国特色社会主义进入新时代。新时代党和国家事业的历史性成就和历史性变革，主要体现在以下几个方面：加强了党对一切工作的领导，党的凝聚力、战斗力、领导力、号召力大大增强；贯彻新发展理念，推动发展朝着更高质量、更有效率、更加公平、可持续的方向前进；全面深化改革，全面推进依法治国，加强党对意识形态工作的领导，坚持在发展的基础上保障和改善民生；脱贫攻坚成果举世瞩目，现行标准下农村贫困人口全部脱贫，8 年来累计脱贫近 1 亿人；人民生活水平显著提高，中等收入群体超过 4 亿人，建成世界上规模最大的社会保障体系，基本医疗保险覆盖超过 13 亿人，基本养老保险覆盖近 10 亿人，居民平均预期寿命提高到 77.3 岁；取得抗疫斗争重大战略成果，保持社会和谐稳定，使国民经济迅速恢复振兴，对恢复提升世界经济、对世界战疫战贫做出了卓越贡献，使我国国际地位大大提升；全面推进生态文明建设和国防军队现代化建设，全面从严治党成效卓著；建设社会主义现代化强国，实施"十四五"规划，新征程胜利开启。新时代在中国共产党的百年历史上具有特殊重要的意义。它承前启后，继往开来，中华民族迎来了从富起来到强起来的伟大飞跃，迎来了实现中华民族伟大复兴的光明前景。

中国共产党立志千秋伟业，百年奋斗风华正茂。回顾历史，我们豪情满怀；展望未来，我们心潮澎湃。庆祝中国共产党成立 100 周年，回顾党的光辉历史和取得的伟大成就，就是要用党的伟大成就激励人，用党的优良传统教育人，用党的成功经验启迪人，用党的历史教训警示人，进一步弄清中国共产党为什么能，马克思主义为什么行，中国特色社会主义为什么好等基本道理，加深对党的历史的理解和把握，加深对党的理论的理解和认识，厚植爱党爱国爱社会主义的情感，进一步增强党的观念，永远听党话、跟党走。

二、中华优秀传统文化是中国共产党建设的宝贵资源和强大力量

坚持把马克思主义普遍真理与中国实际、中国优秀传统文化相结

合，形成和发展中国化的马克思主义，是百年来中国共产党加强党的建设，带领人民群众创造一个又一个奇迹，取得一个又一个胜利的最根本历史经验。中国共产党的百年历程，就是推进马克思主义中国化的历史。马克思主义是放之四海而皆准的真理，是对世界无产阶级革命运动经验和人类文明成果的总结和概括，深刻揭示了自然界、人类社会和人的思维的最一般发展规律，是最为先进的科学世界观、方法论和价值观。但马克思主义不是宗教教条，不是包医百病的灵丹妙药，其生命力在于与各国具体实际相结合，并为人民群众所掌握。中国共产党始终坚持运用马克思主义的立场、观点、方法研究中国实际，总结经验，修正错误，逐步形成了符合中国国情的理论、路线、方针、政策，形成了中国化的马克思主义。

中华民族有 5000 多年的悠久历史，创造了灿烂辉煌的古代文明，中华民族的历史文化遗产犹如一个无穷无尽的矿藏，为中华民族克服困难、生生不息提供了强大精神支持。中华优秀传统文化是中华民族的精神命脉，中华优秀传统文化中的许多思想与马克思主义相融相通。我们可以从以下几个具体方面来看。

（一）民本思想与党的宗旨

民本观念是中国古代倡导的重要政治理念，也是传统政治文化的基石。中国古代的伟大政治家、思想家通过对历史经验的总结，认识到以民为本对国家稳定兴旺的极端重要性，积累了丰富的民本思想。《尚书》记载"德惟善政，政在养民"，"民为邦本，本固邦宁"；孔子在《论语》中写道"道千乘之国，敬事而信，节用而爱人，使民以时"；荀子说"君者，舟也；庶人者，水也。水则载舟，水则覆舟"；孟子更有"民为贵，社稷次之，君为轻"的名言。中国共产党人的初心和使命就是"为中国人民谋幸福，为中华民族谋复兴"，坚持人民利益至上、全心全意为人民服务的宗旨，在共产党人的思想谱系中贯穿始终。中国共产党坚持一切为了群众，一切依靠群众，从群众中来，到群众中去，相信人民群众的力量，将人民群众作为历史的创造者，紧紧依靠和团结人民。从带领中国人民站起来、富起来到强起来，共产党人始终践行着自己的初心使命，解民于倒悬、救民于水火，这就是对中华传统民本思想精髓的最好继承、发展和弘扬。

（二）民族精神与党的精神谱系

中华民族在漫长的社会历史发展过程中逐步形成的中华民族精神是中华民族的精髓和灵魂，具有永恒价值和作用。以爱国主义为核心的"勤劳勇敢、自强不息、团结统一、爱好和平"民族精神和伟大的奋斗精神、团结精神、创新精神、追求梦想的精神是中华文化最本质、最集中的体现，是中华民族赖以生存和发展的精神纽带、支撑和动力。我们党在吸收、融入中华民族精神的同时，又赋予中华民族精神以新的活力和内容，才逐步形成了红船精神、井冈山精神、长征精神、延安精神、西柏坡精神、抗美援朝精神、"两弹一星"精神、抗震救灾精神、抗疫精神、脱贫攻坚精神等伟大精神，构筑起中国共产党人的精神谱系，进一步丰富了中华民族精神新的时代内涵。

（三）家国情怀、责任担当与党的初心使命

家国情怀是中华传统文化的核心价值理念，是开展爱国主义教育和培育中华民族精神家园的思想保证。从古至今，每当中华民族处于危难之际，都会不由自主地迸发出万众一心共担国难的爱国精神，"修身、齐家、治国、平天下""杀身成仁""舍身取义"，"先天下之忧而忧，后天下之乐而乐"等，无不抒发着中华民族源远流长的家国情怀。中国共产党从诞生至今，一直保持着救国利民、开万世太平的初心本色，中国共产党党员干部在革命、建设、发展等时代大潮里砥砺前行的过程中始终坚守党的初心使命，勇于牺牲奉献、始终冲在最前线，就是对传统文化中的家国情怀的生动传承。

（四）崇德修身与共产党人的修养

中国传统文化特别倡导修身，把自身品行修养和道德情操看作个人发展的基础，只有"修身"，才能"齐家、治国、平天下"。《论语·里仁》说"见贤思齐焉，见不贤而内自省也"，东汉张衡在《应间》中讲道"君子不患位之不尊，而患德之不崇……"无一不在说明崇德修身的重要性。

中国共产党是我国的执政党，中国共产党的党风就是社会风气的引领。执政党的党风关系着党的生死存亡。中国共产党自成立之日起就非常重视党风廉政建设，强调共产党员应当保持优良作风，加强道德修养，树立正确的世界观、权力观、事业观，带头践行社会主义核心价值观，带头恪守社会公德、职业道德、家庭美德、个人品德，养成共产党人的高风亮节。保持清廉本色，是传统文化给予共产党员的宝贵经验。

（五）德法兼治与治国理论

法治和德治是调整社会关系、维护社会秩序的两种根本手段，也是中国传统文化中治理国家理念的两条主线。中国传统社会重视德治的柔性教化作用，如孔子整理阐发来源于西周早期周公制定的礼乐制度，形成以德治国的完备的政治理论；同时也不排斥纪律刑罚，重视法律对社会秩序的严格规范。汉朝董仲舒等将荀子"德主刑辅"思想发扬光大，以后历代统治者采取了"外儒内法"的治理方法，唐宋时期，"礼法合流"趋势愈加明显，法律条文大量引用儒家经典作为立法依据，法治与德治的联系更加紧密。

依法治国和以德治国相结合的治国方略是中国共产党执政治国史上的创新，也是对中华民族优秀传统文化中德治与法治思想的继承。党的十八大以来，以习近平同志为核心的党中央在深刻总结共产党人长期推进社会主义法治国家建设经验的基础上，提出依法治国基本方略。必须坚持依法治国和以德治国相结合，使法治与德治在国家治理中相互补充、相互促进、相得益彰，推进国家治理体系和治理能力现代化，正是吸取了中华传统德治与法治思想的有益经验。

（六）大同理论与命运共同体

中国传统儒家追求的最高社会理想即为"天下大同"，它代表着人类最终可达到的理想世界，是人们对未来的美好憧憬。自古以来，中华优秀传统文化始终推崇天下大同的理念，"亲仁善邻，天下一家"，生动体现了中国先民对世界合作共赢、共同发展的向往。

中国共产党是为中国人民谋幸福的政党，也是为人类进步事业而奋斗的政党。中国共产党始终把为人类作出新的更大的贡献作为自己的使命。2017年12月1日，习近平在中国共产党与世界政党高层对话会上的主旨讲话中指出："回顾历史，支撑我们这个古老民族走到今天的，支撑五千多年中华文明延绵至今的，是植根于中华民族血脉深处的文化基因。中华民族历来讲求'天下一家'，主张民胞物与、协和万邦、天下大同，憧憬'大道之行，天下为公'的美好世界。我们认为，世界各国尽管有这样那样的分歧矛盾，也免不了产生这样那样的磕磕碰碰，但世界各国人民都生活在同一片蓝天下、拥有同一个家园，应该是一家人。世界各国人民应该秉持'天下一家'理念，张开怀抱，彼此理解，求同存异，共同为构建人类命运共同体而努力。"这是对新时代发扬天下大同理念的一次生动阐发。

从以上几个方面我们可以清楚地看到，中华优秀传统文化是中国共产党建设、马克思主义中国化的宝贵资源和重要力量。中国共产党人是马克思主义的忠诚信奉者、坚定实践者，又是中华优秀传统文化的忠实传承者和弘扬者。中国共产党的建设充分汲取中华优秀传统文化的特性和精华，更加具有中国特色、中国风格、中国气派，中华优秀传统文化因马克思主义真理力量而具有新的时代特色、时代精神和内涵。

三、认真学习宣传党的历史和中华优秀传统文化

（一）认真学习宣传党史、新中国史、改革开放史、社会主义发展史。党中央对党史的学习宣传极为重视，印发了《关于在全党开展党史

学习教育的通知》。2021年2月20日，习近平总书记在党史学习教育动员大会上发表重要讲话，提出了明确要求，强调在全党开展党史学习教育，是党中央立足党的百年历史起点、统筹中华民族伟大复兴战略和世界百年未有之大变局、为动员全党全国满怀信心投身全面建设社会主义国家而作出的重大决策。我们要按照习近平总书记的要求，抓好党史学习宣传工作。2021年5月下旬，中共中央办公厅又印发《关于在全社会开展党史、新中国史、改革开放史、社会主义发展史宣传教育的通知》，对在中国共产党成立100周年之际开展"四史"宣传教育作出安排部署。把"四史"结合起来学习和宣传教育很有必要，要通过"四史"的学习宣传教育，深刻认识中国共产党为国家和民族做出的伟大贡献，深刻感悟中国共产党始终不渝为人民的初心宗旨，学习中国共产党推进马克思主义中国化形成的重大理论成果，传承中国共产党在长期奋斗中铸就的伟大精神，树立正确的国家观、历史观、民族观、文化观、宗教观，增强对伟大祖国、中华民族、中华文化、中国共产党、中国特色社会主义的认同；激励人们更加紧密地团结在以习近平同志为核心的党中央周围，坚定不移听党话、跟党走，在全面建设社会主义现代化国家伟大实践中建功立业。我们要积极参加各地各单位组织开展的"四史"学习宣传教育活动，加强对"四史"的研究，有的可以写文章，有的可以参加宣讲，为"四史"宣传教育做出贡献。

（二）认真宣传弘扬文化自信。党的十八大以来，以习近平同志为核心的党中央把文化建设提升到新的历史高度，强调坚定中国特色社会主义道路自信、理论自信、制度自信、文化自信。"文化自信，是更基础、更广泛、更深厚的自信，是更基本、更深沉、更持久的力量。"当前，世界百年未有之大变局加速演进，文化越来越成为竞争力的重要影响因素，文化软实力在国家综合实力中的地位和作用越来越重要。这对我们把文化建设提到更加突出的位置，下更大力气建设文化强国，提出了更为紧迫的要求。我们要认真学习领会习近平总书记关于文化自信的论述，充分认识增强文化自信的重要性和必要性。要从中华优秀传统文化中增强文化自信。中华民族拥有五千多年文明史，我们的祖先以特有的勤劳和智慧创造了灿烂的文化,留下了丰富的精神遗产,这是我们民族的根和魂,为中华民族的发展壮大提供了丰厚滋养。这也是我们树立和增强文化自信的重要来源和底气所在。我们不仅要从中汲取文化滋养,而且要努力促进其创造性转化、创新性发展,让这份遗产焕发新的生命力,成为当代中国文化的重要内容。我们还要从中国特色社会主义事业的巨大成就中树立和增强文化自信。伴随着中国特色社会主义事业的繁荣发展,中国特色社会主义先进文化发展道路,全社会培育践行社会主义核心价值观以及文化事业和文化产业的发展成就,也是我们文化自信的重要来源。我们要坚定文化自信,大力宣传文化自信,进一步加强对中华优秀传统文化的挖掘、研究和弘扬,以实际行动帮助人们增强文化自信。

(三)认真做好炎黄文化研究工作。近几年,湖北省炎黄文化研究会在过去工作的基础上发扬成绩、扎实工作,加大研究力度,取得了一批新的研究成果,除了坚持每年研讨一个重大主题,出版一本论文集外,还组织编写出版了一批质量较高的书籍,填补了一些方面的研究空白,如《千古风流——长江英烈诗词选》《荆江水文化研究》等。在新冠肺炎疫情严重的情况下,大家克服困难,坚持工作,各项工作取得了新的成绩。最近出版的《炎帝神农系列丛书》,有6本,对炎帝神农的伟大功绩、随州是炎帝神农的诞生地和主要活动区域的历史依据和遗址遗迹、炎帝的民间传说、近几年研究炎帝神农的优秀论文以及炎帝神农祭祀等情况做了系统介绍和阐述,有助于人们系统全面地了解和认识炎帝神农,传承和弘扬炎帝精神。在2021年6月6日主办的辛丑年世界华人炎帝故里寻根节期间,将其作为礼品赠送给与会嘉宾,受到普遍欢迎和好评。我们要继续努力,把今年的各项工作做好。我强调三点:一是要坚持以习近平新时代中国特色社会主义思想为指导,把这次座谈(研讨)会开好,会后要出版论文集,在《湖北日报》发一个专版,扩大在社会上的宣传和影响;二是已经安排编写出版的书籍要抓紧撰写,力争按期出版;三是专家讲堂等宣讲宣传活动要坚持开展,让炎黄文化进基层,让更多群众接受熏陶和教育,以各项工作的新成绩庆祝中国共产党成立 100 周年。

祝中国共产党与中华优秀传统文化座谈（研讨）会圆满成功！

祝与会全体同志身体健康，工作顺利，生活愉快！

（作者为中华炎黄文化研究会副会长、湖北省炎黄文化研究会会长、华中师范大学原党委书记）

在中国共产党与中华优秀传统文化
座谈（研讨）会上的总结讲话

刘玉堂

尊敬的各位领导、各位专家、各位朋友：

大家上午好！

经过一天的大会发言，共有 15 位专家发表了自己的学术见解。经过思考，我根据发言内容，将 15 位专家的发言分为四类。第一类是习近平与中国优秀传统文化，涉及这个方面内容的专家共有 5 位；第二类是中国共产党与中国优秀传统文化，涉及此议题的专家有 3 位；第三类是中国优秀传统文化与当代中国社会建设，涉及这个方面内容的专家有 4 位；第四类是红色文化传承的湖北实践，涉及此议题的专家共有 3 位。每位专家的发言时间尽管并不充裕，但核心观点都已清晰地呈现出来了，所以在此仅是概括地归纳总结。

一、习近平与中华优秀传统文化

首先是荣开明先生关于《学习习近平传统文化系列讲话的三维论析》的发言，第一维是历史逻辑，第二维是理论逻辑，第三维是实践逻辑。党的十八大以来，以习近平同志为核心的党中央，以巨大的政治勇气和强烈的责任担当，顺应新时代人民群众对美好生活的期望、时代与实践发展的迫切需求，围绕继承和弘扬中华优秀传统文化的问题，发表了一系列重要讲话，科学地阐述了习近平新时代的传统文化观。为了隆重纪念中国共产党成立一百周年，荣开明先生从历史、理论、实践三个维度进行了深层次、多角度的探讨。历史逻辑是指习近平新时代传统文化观是党对百年来看待、处理传统文化经验教训的科学总结与守正创新。理论逻辑在于习近平新时代传统文化观是中国特色社会主义文化建设思想的重要内涵。在这段论述中，荣先生可谓引经据典，通过他的论证，我们了解到中国共产党如何看待与处理传统文化，不仅有经验值得学习，还有许多教训值得反思。实践逻辑指习近平新时代传统文化观是科学把握国内国际两个大局实践逻辑发展的紧迫需求，尽管这个主题字数很长，但其表述还是很精准。所以说荣先生的文章，可谓体大思精，在 90 岁的高龄撰写 2 万字的文章，而且逻辑严密，体系完备，论证严谨，这种精神值得我们后辈学习和敬仰。

第二位是陈晴教授，他发言的题目是《人类命运共同体理念的传统文化探源》。习近平总书记在 2017 年中国共产党与世界政党高层对话会上明确指出："人类命运共同体，顾名思义，就是每个民族、每个国家的前途命运都紧紧联系在一起，应该风雨同舟，荣辱与共，努力把我们生于斯、长于斯的这个星球建成一个和睦的大家庭，把世界各国人民对美好生活的向往变成现实。"那么人类命运共同体的文化底蕴是什么呢？世界大同思想为何又源于我们的领袖人物呢？西方各国为何提不出这样的理论呢？陈晴先生从三个层面展开论述，第一，人类命运共同体的传统文化探觅。人类命运共同体蕴含着哪些传统文化呢？他提出和谐与共、开放包容、格局博大、互学互鉴。第二，人类命运共同体的中华文化特征。习近平总书记关于人类命运共同体的理论源于中华民族优秀的传统文化，源于中华民族对人类社会的大彻大悟和总体命运的把握，源于中华儿女的使命责任和国际担当。为此，陈晴先生将中华传统文化的相关特征概述为：文化的独特性、文化的包容性和文化的坚韧性。第三，构建人类命运共同体的文化作为。陈晴先生提出，要坚守文化自信、坚守文化格局、坚守文化兼容、坚守文化韧性。以上是陈晴先生文章的主要观点，论点清晰，论证深刻。

第三位是张舜清先生，他的题目是《构建人类命运共同体的儒家价值基础》。构建人类命运共同体是习近平总书记针对当前人类大发展大变革的调整时期，为谋求人类持久的和平与发展而提出的中国方案，体现出中国超越私利、以义为先、谋求全人类长远福祉的高度责任感。构建人类命运共同体，从中华优秀传统文化的角度说，这一提法深契儒家思想要义，显示出对儒家思想的继承和富有时代意义的创造性诠释。张先生是从三个方面分别来论证，第一，构建人类命运共同体与儒家思想的理论、目的和实践诉求是相契合的。张先生引经据典，论证翔实。第二，人类命运共同体与万物同本同构的一致性。所谓"同本"，即同源；所谓"同构"，即在物质构造上是相同的。这一点论证他花费的笔墨相当大，也是令人感触最深的部分。第三，构建人类命运共同体与文化自觉。文化自觉是非常重要的，不自觉就不自信，不自信就不自强。所以文化自觉切中了人类命运共同体建设的要害。关于人类命运共同体，我有一些体会，在举办第七届世界军人运动会，中央军委凝练其主题时，专家们众说纷纭，一时无法统一。但大多数专家都赞同人类命运共同体这个提法。接着，又面临开幕式主题的确定，作为军运会顾问，我建议将楚人的"止戈为武"作为构建人类命运共同体的符号。古人造"武"字是由"止"与"戈"共同构成，左上方是停止的"止"，右下方是干戈的"戈"。"干戈"即兵器，象征着战争。古人造"武"字在于告诫我们真正的武力并非挑起更大的战争，而在于停止干戈，放下武器，实现和平。这样的理念不仅在古代，在今天乃至于未来都拥有无限的生命张力。这一理念也得到了军运会主办方的认可。在当今世界关系纷繁复杂的局面下，"人类命运共同体"和"止戈为武"这样的理念值得我们弘扬。最近，习近平总书记又提出"筑牢中华民族共同体意识"，构建人类命运共同体是相对国际层面而言，筑牢中华民族共同体意识是相对国内而言，由此实现世界和平与发展的永恒主题。今天有两篇文章都谈及这个问题，而且论证都很精彩、深刻。

第四位专家是涂爱荣教授，她的题目是《留住中华文化之"根"》。世间万物都有"根"，中华优秀传统文化是中华民族的文化根脉、社会主义核心价值观的根源、中国特色社会主义的根基。涂爱荣教授的文章分析非常细致，她从"根脉""根源""根基"三个方面依次展开讨论。第一，"根脉"，即中华优秀传统文化是中华民族文化的命脉。习近平总书记将中华优秀传统文化升华为"中华民族的基因""民族文化的血脉"和"中华民族的精神命脉",使其成为中华民族文化的源头与"根脉"。中华优秀传统文化的"民族文化血脉",不仅在中华民族的形成、发展中发挥着巨大作用,而且在今天增强民族凝聚力、实现中华民族伟大复兴的中国梦中必将发挥更大的作用。第二,"根源",即中华优秀传统文化是社会主义核心价值观的源泉。涂爱荣教授从三个方面详细论述中华优秀传统文化是社会主义核心价值观的"丰厚土壤""固有根本""重要源泉"。第三,"根"是"根基",中华优秀传统文化是中国特色社会主义的植根沃土。首先是"标识",其次是"基石"。有"标识"和"基石",才构成了它的根基。每一种文明都延续着一个国家和民族的精神血脉,既需要薪火相传、代代守护,更需要与时俱进、勇于创新。

第五位是邵和平先生,他的题目是《"民本思想"的升华超越和创新性发展——"江山就是人民,人民就是江山"的思考》。习近平总书记在2021年2月20日的党史学习教育动员大会上的讲话指出:"我们党的百年历史,就是一部践行党的初心使命的历史,就是一部党与人民心连心、同呼吸、共命运的历史。历史充分证明,江山就是人民,人民就是江山,人心向背关系党的生死存亡。"邵先生主要分三个方面来论证,首先是民本思想的形成及其演变。民本思想最初是西周统治者鉴于殷商纣王灭亡的历史教训提出要"以德辅天""敬德保民"而出现的。他特别提醒人们,古代人所认为的"民本"不一定是"民本位",也不一定是"主权在民",也不是我们近代意义上理解的"民本思想"。尽管如此,民本思想是对人民的地位和作用的一种历史的承认,对君主的权力作出某种限制,向君主专制的理论基石"君权神授"提出挑战。其次,"江山就是人民,人民就是江山",升华超越和创新性发展了民本思想。他从三个方面论证了习近平总书记的思想是怎样升华超越和创新性发展民本思想的:第一,人民当家作主;第二,历史唯物主义的史观;第三,历史上政权兴亡的见证和警示。最后,坚守初心使命,践行好"江山就是人民,人民就是江山"的执政理念。具体应该如何践行,邵先生认为有四点:一切为了人民、紧紧依靠人民、不断造福人民、牢牢植根人民。我们党的初心与使命就是为中国人民谋福祉，为中华民族谋复兴，并一以贯之体现到党的全部奋斗之中。

二、中国共产党与中华优秀传统文化

第一位是袁北星教授，她的题目是《论中国共产党人的思想境界与文化品格》。袁教授写道："讲大党大国领袖的故事，就是讲中国共产党的故事，也就是讲中国的故事，同时也是讲中华优秀传统文化的故事。"研读党的创新理论成果，在全面把握思想理论的科学内涵与精神实质的基础上，还要准确把握这一理论的主要创始人作为大党大国领袖的思想境界与文化品格。袁教授从四个方面展开论述，第一，革命理想高于天：风雨不动安如山的真理力量和人格力量。袁教授援引经典，中华文化历来重视树立高远志向，强调人有志气，如同树之根深，河之流长。历史上的有识之士谈及理想与信念时，有很多类似的表述。习近平总书记创造性地化用仁人志士的豪言壮语，提出了最新的表述。第二，一切为了人民，一切依靠人民：人民至上的深厚情怀和人民中心的发展思想。中国传统文化富含民本思想，也成为大党大国领袖的人民情怀的重要来源。第三，以伟大自我革命以引领伟大社会革命：发扬革命精神，增强斗争本领。革命、斗争都是中华文化的重要元素，所谓"为智者务于巧伪，为勇者务于斗争"。袁教授主要援引了毛泽东和习近平两位领袖的重要思想。第四，牢固树立终身学习的理念：中国共产党人依靠学习走到今天，也必然依靠学习走向未来。一个人停止学习，生命将走向枯竭；一个政党、一个国家停止学习，发展也将停滞不前。所以，要牢固树立终身学习的理念。袁教授的文章强调了大国领导思想表达的高超语言艺术，其论述也很有文采。

第二位是刘纪兴教授，他的题目是《百年党史与中华优秀传统文化》。党的百年历史是用鲜血、汗水、泪水、勇气、智慧、力量铸就的；是筚路蓝缕、披荆斩棘、艰苦创业、砥砺前行、充满艰险、无比自豪的一百年。刘教授分三个方面展开论述，第一，中华优秀传统文化是党确立思想理论的重要基石。他首先说，毛泽东思想凝聚着中华优秀传统文化智慧，中华优秀传统文化是马克思主义中国化的思想灵魂，中华优秀传统文化为中国特色社会主义思想提供文化支撑。第二，中国共产党是传承中华优秀传统文化精神价值的模范。中国五千多年的文明发展史孕育了中华民族的伟大精神基因，集中体现在中华优秀传统文化所蕴含的坚持梦想目标、坚持以民为本和坚持合作共赢的文化精神上，而中国共产党一百年来的斗争历史，就是这种文化精神价值模范传承和弘扬的生动体现。中华优秀传统文化有坚定的理想信念价值，有坚实的民本思想价值，有宝贵的合作共赢价值。第三，中华优秀传统文化的思想方法是党永葆奋斗青春的活力源泉，主要内容有实事求是的科学态度、自我革命的责任担当、勇于创新的奋斗品格。刘教授的这篇文章论证严密，体例完备。他号召大家在庆祝中国共产党百年华诞的奋斗岁月里，同心同德、排除万难，为把我国建设成富强民主文明和谐美丽的社会主义现代化强国而奋斗永久！

第三位是韩东屏、藤咏直，其题目是《马克思主义中国化的中国传统理论因素》。从某种意义上说，马克思主义中国化的过程与中国共产党的酝酿、成立、发展的过程大致相当。在马克思主义中国化的过程中，中国传统理论，尤其是其中的优秀理论，是一个非常重要而不可忽略的有利因素。第一，马克思主义理论渊源与中国传统理论的关联。回溯历史，马克思主义的思想来源于英法两国的空想主义和德国的黑格尔哲学、莱布尼茨的"有机哲学"，与中国的《周易》和朱熹理学有相同之处。按照李约瑟的观点，莱布尼茨吸收的中国哲学的元素被融入了德国古典哲学思想。正如马克思主义的发展离不开全人类的文化资源一样，马克思主义中国化也离不开几千年中国文明丰厚的思想资源。第二，马克思主义与中国传统理论的共同点。马克思主义与以儒家为标识的中国传统理论虽然是不同的理论，但二者之间也包含许多共同点，使二者之间具有天然的亲和力。具体而言，两者具有无神论的共同特征、实践观上具有相通之处、辩证思维上有相通之处、历史观上有相容之处、道德观上有相通相容之处、精神信仰和社会思想上具有相通之处。这六个

"相通"分析深刻，韩先生擅长思辨式剖析问题，给人以无限启发。

三、中华优秀传统文化与当代中国社会主义建设

第一位是罗福惠先生，他的题目是《社会主义核心价值观与中华优秀传统文化的创造性继承》。中华优秀传统文化是中华民族的精神命脉，是涵养社会主义核心价值观的重要源泉。罗老师通过研读文献，清楚地发现：第一，富强对应的是经济和生态文明建设，民主对应的是政治建设，文明对应着文化建设，和谐对应着社会建设。而在社会主义的五种建设中，包含在富强目标之内的经济建设和生态文明建设仍是第一位的基础。罗先生的论证实事求是，突破了固有的以点带面式的论证。谈到自由，其举出了历史上与自由相关的思想。谈到文明、民主，其举出了历史上与文明民主相关的论证。罗教授的论述与社会主义核心价值观一一对应。社会主义核心价值观的三个层面和二十四个字，罗老师都援引了例证一一对应，找到了它的源头，而且令人心悦诚服。第二，中华优秀传统文化的基本内容是社会主义核心价值观的重要构成。习近平总书记将其概括为"讲仁爱、重民本、守诚信、崇正义、尚和合、求大同"。这六个方面对应着传统美德、政治理念、社会理想、民族精神，也是中华民族传统核心价值观的重要构成。在今天，它仍然有着非常鲜明的时代意义。第三，社会主义核心价值观体现了对优秀传统文化的继承和发展。诸如格物致知、诚意正心、修身齐家、治国平天下等理念，将个人成长与国家命运紧密相连。第四，中华优秀传统文化是社会主义核心价值观的源泉、土壤与基础，而我们要在中华优秀传统文化的基础上，源于传统，高于传统，达到一个升华的境界。用习近平总书记的话来说就是"不忘本来才能开创未来，善于继承才能更好地创新"。

第二位是李维武先生，他的题目是《我们应当如何理解"文化自信"》。凡论中国文化问题者，大概都会涉及文化自信问题。但是，文化自信作为一种观念如何来理解，实际上存在不同的看法。第一，理解文化自信的关节点。李先生认为文化自信是指对中国特色社会主义文化

的自信。根据习近平总书记对中国特色社会主义文化的界定，我们可以从文化自信的具体内涵、现实基础、历史逻辑、指导思想等四个方面来对文化自信作出进一步说明和理解。第二，"文化自信"的具体内涵，不仅包含对中华优秀传统文化的自信，而且包含对革命文化和社会主义先进文化的自信。第三，"文化自信"的现实基础。文化自信所自信的中国特色社会主义文化之所以是以中国共产党领导中国人民进行的中国特色社会主义伟大实践为其植根基础，正是在于对中国经济与政治的伟大变革。革命文化和社会主义先进文化正是在中国特色社会主义伟大实践的基础上发生和发展的。第四，"文化自信"的历史逻辑。优秀传统文化为"古"，革命文化与社会主义先进文化为"今"。这种古今关系呈现出古代文化与近现代文化的区别，表现为文化类型的不同与融合。第五，"文化自信"的指导思想。这五个方面可谓环环相扣，抽丝剥茧，层层深入。总而言之，李教授认为从具体内涵、现实基础、历史逻辑、指导思想四个方面对文化自信做进一步的说明和理解，能够使我们对文化自信有一个准确、完整、深入的理解。

第三位是姚伟钧先生，他的题目是《优秀传统文化与当代社会治理》。他是从中国社会治理的文化内涵、中国社会治理文化的特征、中国社会治理的文化基础三个方面展开论述的。姚先生文章的最大优势在于从理论层面较为全面地论述何为中国社会治理。他从七个方面论证了中国社会治理的文化内涵。建设中国社会治理文化是实践、总结、设计和再实践的循环过程，这就要首先了解民族文化的文化特征和发展社会经济的传统作风、行为模式、精神风貌，并加以收集、归纳、分析和研究；其次，在分析总结的基础上，用确切的文字语言表达社会治理文化的内涵，以形成制度、口号、规范、观念；最后，将设计提炼出来的社会治理文化通过宣传、学习、运用，在社会管理实践活动中进行检查、补充、丰富和提高，最终形成具有中国特色、中国气派的社会治理文化。关于中国社会治理的文化基础，姚先生认为包括三点：中国文化的基本精神、中国文化的伦理观、中国儒家文化精神。中国文化的基本精神就是中国文化所表现的自主性、活动性和主动性。中国人的传统伦理观可以描述为立足现实、讲求事功；本于血缘、严于等级；推崇中庸、调和持中；爱人利他、博施济众；诉诸理性、节制情欲；教化修身、注重人格。儒家文化是中国传统文化精神的核心内容，也是中国社会治理文化要体现的重要内容之一。整体来看，姚先生将优秀传统文化与社会治理的问题探讨得十分深刻。

第四位是刘崇顺先生，他的题目是《优秀传统文化与当代社会治理——写在中国共产党成立一百周年》。刘先生与姚先生的主题虽一致，但论证的角度却不尽相同。姚先生从理论角度论证，刘先生从历时的角度为当代社会治理给予启示。第一，毛泽东对于治乱兴衰规律的创造性探寻。毛泽东在延安回答黄炎培提出的历史周期率之问时，自信地说我们已经找到新路，我们能跳出周期率。这条新路，就是民主。第二，习近平对于社会治理的创新性发展。习近平进一步指出："中国优秀传统文化的丰富哲学思想、人文精神、教化思想、道德理念等，可以为人们认识和改造世界提供有益启迪，可以为治国理政、道德建设提供启发。"习近平多次引用法家经典"国皆有法，而无使法必行之法"，"法令既行，纪律自正，则无不治之国，无不化之民"，强调依法治国的重要性。第三，优秀传统文化的创造性转化与创新性发展在 2020 年抗击新冠肺炎疫情中得到集中体现。以习近平同志为核心的党中央坚持人民至上、生命至上，团结带领全党全国各族人民，经过艰苦卓绝努力，取得疫情防控阻击战重大战略成果。第四，我国今天的国家治理体系，是在我国历史传承、文化传统、经济社会发展的基础上长期发展、渐进改进、内生性演化的结果。

四、红色文化传承的湖北实践

第一位是张执均先生，他的题目是《弘扬红色文化 增强精神动力》。关于什么是红色文化，有多种观点，有广义和狭义之分。人们通常把党领导的新民主主义革命称为红色革命，红色革命所形成的文化形态称为红色文化。它包括物质形态的遗址、遗物、纪念物、文献、文艺作品等实物和在革命过程中形成的革命精神、道德传统等非物质文化形态。张先生从四个方面展开论证，包括红色文化是我们党宝贵的精神财富、传承弘扬红色文化是我们的重大责任、湖北具有丰富的红色文化资源、不断加强红色文化教育。具体而言，传承与弘扬红色文化是实现我们党奋斗目标的需要、坚定理想信念的需要、发展旅游促进经济发展的需要。湖北地处祖国中部，从中国共产党成立到中华人民共和国诞生，湖北就成为中国共产党的重要策源地、中国工农红军的重要诞生地、中国革命的重要根据地、党和军队领导骨干的重要成长地。张先生的论述既有理论意义又有实践价值，红色文化既有社会效益又有精神意义。从文化熏陶与经济效益两个层面出发，关于红色文化的论述让人受益匪浅。关于加强红色文化教育、传承红色文化基因，应该做到加强组织领导、加强阵地建设、突出重点、不断丰富创新、更好地与旅游相结合。

第二位是王玉德先生，他的题目是《中共百年的不朽思想之光：黄麻精神》。1927年发生的黄麻起义及后来建立的鄂豫皖革命根据地，有了不起的"黄麻精神"，这种精神是中国革命精神的一部分，是中华优秀传统文化的一部分，也是中国百年的不朽思想之光。关于"黄麻精神"，时下有十多种表述，王先生将"黄麻精神"归纳为四个方面：以天下为己任的精神、不怕牺牲的精神、生生不息的精神、敢于胜利的精神。第一，黄麻起义的主体是农民，但核心人物是知识分子，以天下为己任。诸如"事不避难，义不逃责任""不肯昏庸同草木，愿输血汗改山河"等精神即是"黄麻精神"的真实写照。先知先觉的知识分子顺应历史潮流，以天下为己任。第二，不怕牺牲的精神。红安在革命年代牺牲了14万英雄儿女，1927年之后的20多年，麻城有13.7万多人死于战火，6万多名优秀子弟参加了红军。因为有了执着的信仰，生命就放在其次的位置了。第三，生生不息的精神。黄麻英雄儿女前赴后继，为中国革命贡献了一批又一批热血之士。第四，敢于胜利的精神。黄麻起义是一次武装斗争，是军事活动。黄麻人敢于奋斗，勇于胜利。总而言之，黄麻起义是中共百年党史的光辉篇章。以黄麻起义为主体的鄂豫皖的革命精神还有必要进一步归纳提升，这些精神不仅在当时起了重要作用，即使在现在，也有积极意义。至今我们仍要发扬这种精神，照亮前路。

第三位是刘永国先生，他的题目是《弘扬红色文化 锻造理想信念——基于随州地区红色文化的当代思考》。首先，刘先生基于地方党史中红色文化内涵感悟，总结了随州市党组织最初的建立有两个鲜明的特点：一是地点的"中心+边远"；二是大部分党员的非穷人出身。讲述了入党求人间大同、充满牺牲精神的革命历程、向往国富民强的前景。其次，红色文化的滋养，主要包括以下几种。其一，红色文化的当代诠释，一个地方的党史，就是一个地方红色文化的成长史。红色文化是革命战争年代中国共产党人和人民群众的奋斗历程、理想信仰所记录、体现、蕴含的革命文化，它存在的形式包括物质文化和非物质文化，物质文化部分如史料、遗址遗存等，非物质文化部分如人物故事、精神气概、信仰追求等。红色文化是一种重要资源，是中华民族宝贵的财富。其二，红色文化与优秀传统文化体现在党史人物接受过中国传统文化的教育和熏陶，党组织的革命理论、纲领与优秀传统文化中的情怀和品质形成了共鸣与升华。其三，红色文化的日常滋养，具体表现为大量的遗址遗迹。杰出人物和人物故事时刻熏陶着后辈，协助我们找到人生灯塔，确立正确的人生目标。

总之，今天专家学者们的发言精彩纷呈，限于水平和时间，我只是将大家的发言按我粗浅的体会稍做归类。如果有违大家的原意，敬请谅解并批评指正。此次洪湖盛会，我们在会议间隙游览了名闻遐迩的洪湖，欣赏了一湖碧水和丛丛芦苇，品尝了莲米的香甜，让人对"洪湖岸边是家乡"这句歌词有更真切的感受，当然这个家乡并非指我们生长于斯，而是洪湖人民的热情友好让人感到宾至如归。我们还瞻仰了革命遗迹，饱览了新农村的风貌，如同经历了一次崇高的精神洗礼。

我的发言到此结束，谢谢各位！

（作者为湖北省炎黄文化研究会副会长、湖北省社科院原副院长、博士生导师）

在中国共产党与中华优秀传统文化座谈(研讨)会上的讲话

丁凤英

各位专家学者,同志们:

大家下午好!来参加研究会召开的"中国共产党与中华优秀传统文化"座谈(研讨)会,很高兴,也很激动。这次会议是在全党全国人民热烈庆祝中国共产党成立100周年的大喜日子里召开的,又是在洪湖这个具有光荣革命传统的地方召开的。正如马敏会长所说,这次会议既是一次小型的庆祝会,又是一次座谈研讨会。作为一名老党员,对于庆祝中国共产党成立100周年,心情特别激动。

我是经历过新、旧两个社会的人,亲身感受过旧社会的苦难,旧社会国家一盘散沙,政府腐败无能,坏人当道,民不聊生,人民生活在水深火热之中。新社会没有剥削、没有压迫,人民当家作主,生活一天一天好起来,我们国家实现了从站起来到富起来、强起来的伟大飞跃。我个人也从一个放牛娃、农村党支部书记一步一步成长起来,担任过地委、县委主要负责人,担任了30多年的省级领导干部。这是只有在中国共产党的领导下才有的。没有共产党,就没有新中国,没有共产党也就没有我个人的一切。是历史和人民选择了共产党。中国共产党的伟大贡献辉煌灿烂,彪炳史册。庆祝建党100周年,我们要进一步激发爱党、爱国、爱社会主义的热情,进一步深化对党的信赖,坚定对党的领导的信念,坚定不移听党的话、跟党走。对于党的伟大、党的贡献,感恩共产党,要说的话太多了,由于时间关系,我就不多说了。

来到洪湖,所见所闻也令人高兴。洪湖是一个全国闻名的地方。《洪湖水,浪打浪》,这首优美动听的民歌久唱不衰,令人神往。洪湖老区是土地革命战争时期八大革命根据地之一，瞿家湾镇是湘鄂西革命根据地的首府，是长征三大主力之一的红二方面军的摇篮。洪湖是全国第七大淡水湖，湖北第一大湖，是目前全球水质优良的大型淡水湖泊之一，是国家级自然保护区，"湖北之肾"，是名副其实的"鱼米之乡"。近年来，全市围绕建设"红色洪湖、绿色洪湖、金色洪湖"的目标，加快建设步伐，经济社会发展取得新的成绩，城乡面貌发生很大变化。在长江大保护、国家承接产业转移示范区、洞庭湖生态经济区、武汉城市圈等战略叠加实施的形势下，洪湖的明天会更好。

习近平总书记反复强调，要坚定道路自信、理论自信、制度自信、文化自信。文化自信，是更基础、更广泛、更深厚的自信。在五千多年文明发展中孕育的中华优秀传统文化，积淀着中华民族最深层的精神追求，代表着中华民族独特的精神标识，为中华民族的发展繁荣，为治国理政和中国共产党的建设提供了宝贵资源和精神动力。湖北省炎黄文化研究会自成立以来，以研究、传承、弘扬中华优秀传统文化为己任，做了不少工作。近几年来，研究工作的力度更大，研究的领域更宽，措施更有力。最近组织编写出版的《炎帝神农文化丛书》就很好，系统全面地宣传了炎帝神农故里在湖北的根据和炎帝的功绩和精神，赠送给寻根节嘉宾，受到普遍欢迎和好评。随州的同志说，多年来想有这样一套比较系统全面研究介绍炎帝神农的书，湖北省炎黄文化研究会帮我们实现了这个愿望。希望大家继续努力，按照研究会的安排部署，进一步做好研究工作，不断取得新成绩。

祝研讨会圆满成功！

祝与会全体同志身体健康，工作顺利，生活愉快！

（作者为湖北省政协原常务副主席、湖北省炎黄文化研究会第五届会长）

在湖北省炎黄文化研究会洪湖
研讨会上的致辞

伍昌军

尊敬的丁主席、各位领导、各位来宾：

大家下午好！

在庆祝中国共产党成立100周年之际，由湖北省炎黄文化研究会主办的"中国共产党与中华优秀传统文化"学术研讨会在我市隆重举行，充分体现了上级领导对革命老区的关心与厚爱，也是我们深入推进党史学习教育的重要契机。在此，我谨代表洪湖市委、市人大、市政府、市政协和全市95万老区人民，向莅临洪湖的各位领导和各位来宾，表示热烈欢迎和衷心感谢！

"一曲洪湖水，唱遍天下知"，洪湖拥有着漫长的历史沿革和丰厚的红色底蕴。土地革命战争时期，洪湖境内的瞿家湾是湘鄂西革命根据地首府所在地，是红二方面军的摇篮。贺龙、周逸群、段德昌等老一辈无产阶级革命家在这里进行过艰苦卓绝的斗争，创造了不朽的功绩。著名歌剧《洪湖赤卫队》，讲述的就是发生在这里的一段红色经典故事。国际友人路易·艾黎先生先后五访洪湖，挥毫写下宏大诗篇《洪湖精神》，成为我们宝贵的精神财富，不朽的"洪湖精神"激励着一代又一代洪湖儿女团结一心、砥砺前行。经过代代的红色传承、永恒的生态守护、接续的发展奋斗，洪湖已成为一座美丽的湖滨生态旅游城市、长江中游重要节点城市，正在加快建设"工业强市、水产大市、旅游名市"。

习近平总书记在党的十九大报告中指出："中国特色社会主义文化，源自中华民族五千多年文明历史所孕育的中华优秀传统文化，熔铸于党领导人民在革命、建设、改革中创造的革命文化和社会主义先进文化，植根于中国特色社会主义伟大实践。"中国共产党高度重视中华优秀传统文化，在中国革命、建设和改革中，一贯继承、弘扬、提升中华优秀传统文化。在庆祝中国共产党成立 100 周年之际，全党上下开展党史学习教育，就是弘扬中国特色社会主义文化，坚守中华文化立场，发展面向现代化、面向世界、面向未来的社会主义文化，推动社会主义精神文明和物质文明协调发展。

2021 年，是洪湖开启高质量发展新征程的首发之年，我们将以此次学术研讨会在洪湖召开为契机，从中华优秀传统文化和中国共产党的精神谱系中，不断汲取战胜困难、迎难而上、开拓进取的精神力量，为"立足大荆州，争当排头兵，融入大武汉，争当先行者"提供坚实保障，全力推进洪湖高质量发展，奋力开创各项事业新局面，为庆祝建党 100 周年交出一份振作有为、主动作为、担当善为的"洪湖答卷"。

最后，预祝此次学术研讨会取得圆满成功！祝各位领导和嘉宾身体健康！工作顺利！

（作者为中共洪湖市委书记）

中国共产党是中华优秀传统文化的继承者和弘扬者

顾伯平

值此中国共产党百年华诞之际，湖北省炎黄文化研究会主办"中国共产党与中华优秀传统文化"座谈会，恰逢其时，十分重要。因事务所羁，不能到会，甚是遗憾。谨呈上学习体会拙文一篇，对座谈会的成功召开聊表敬意。

2021年7月1日是中国共产党成立100周年纪念日。百年党史，筚路蓝缕，波澜壮阔，铿锵辉宏。作为一名有着48年党龄的中国共产党党员，我在参加"党史学习教育"活动，特别认真学习习近平同志《论中国共产党历史》过程中，心潮澎湃，思绪万千，学史明理，其中最深切的体会就是没有共产党就没有新中国，没有共产党就没有中华优秀传统文化的新生；中国共产党是中国人民的大救星，中国共产党是中华优秀传统文化的大救星！

一、春雷起于乌云深处

5000年前，轩辕黄帝在涿鹿之野讨平蚩尤，被诸侯尊为天子，在华夏大地奠定了中华文明的根基。2500年前，孔子整理上古三代典籍，删订六经，确定了中华传统文化的经典文本，并开启了中华文化百家争鸣的辉煌时代。然而自秦朝"焚书坑儒"至清朝"文字狱"的2000多年间，中华文化虽然生生不息，涌现出诸多夺目的闪光点，但终究在历朝历代文化专制和愚民政策的持续摧残下逐渐封闭僵化，以致逐渐走向衰落。其结果就是中国和西方的发展轨迹在15世纪末迎来逆转——中国开始走下坡路，西方则突飞猛进。第一次鸦片战争与《南京条约》开启了中华民族百年屈辱的噩梦，至八国联军侵华与《辛丑条约》更让中国彻底沦为半殖民地半封建社会。

"中华民族到了最危险的时候"，中华优秀传统文化也到了最危险的时候。当此危急关头，正是毛泽东等老一辈无产阶级革命家挺身而出，担负起拯救民族和国家于危亡、传承和弘扬中华优秀传统文化于既倒的历史重任。100 年前，他们在上海的石库门里和嘉兴南湖的红船上庄严宣告了中国共产党的成立，开启了中华民族伟大复兴的征途，如同一声惊天动地的春雷，炸响于乌云深处！

若要深刻体悟中国共产党建党百年来轰轰烈烈、可歌可泣的伟大征途，我们须对 20 世纪初的旧民主主义革命与新文化运动有所认识。鸦片战争以后，清政府被迫打开国门，"开放门户"，然而"洋务运动""预备立宪"本质上是对西方文化"邯郸学步"式的吸收借鉴。1911 年武昌一声枪响揭开了旧民主主义革命的序幕，终结了中国两千多年帝制皇权家天下的历史，更打击了象征着中国传统文化消极面的封建礼教。这都是值得我们肯定的。但我们也应深刻地意识到，这场由资产阶级领导的旧民主主义革命并未能移除压在中国人民背上的帝国主义、封建主义、官僚资本主义三座大山，也不曾彻底扫清与这三座大山密不可分的腐朽文化。毛泽东同志曾在《新民主主义论》中一针见血地指出，"在'五四'以前，中国文化战线上的斗争，是资产阶级的新文化和封建阶级的旧文化的斗争。……因为中国资产阶级的无力和世界已经进到帝国主义时代，这种资产阶级思想只能上阵打几个回合，就被外国帝国主义的奴化思想和中国封建主义的复古思想的反动同盟所打退了，被这个思想上的反动同盟军稍稍一反攻，所谓新学，就偃旗息鼓，宣告退却，失了灵魂，而只剩下它的躯壳了。旧的资产阶级民主主义文化，在帝国主义时代，已经腐化，已经无力了，它的失败是必然的。"①

---

① 毛泽东：《新民主主义论》（1940 年 1 月），见《毛泽东选集》第 2 卷，人民出版社 1991 年版，第 696~697 页。

于是，中国革命与中国文化革命的重任便历史性地无二选择地落在了中国共产党人的肩上。1917年"'十月革命'一声炮响给我们送来了马克思列宁主义"①。1919年新文化运动的先行者们高喊"打倒孔家店"的口号，在思想上和政治上给了中国传统专制主义文化一次前所未有的冲刷和荡涤，在思想界形成了一次新的思想解放潮流，启发了中国人的民主觉悟和科学意识，激发了马克思主义在中国的传播和发展。有了这样的铺垫并形成了这样的氛围，伟大的中国共产党的诞生成为历史必然。

二、春潮荡涤污泥浊水

自1921年中国共产党成立的那一刻起，老一辈无产阶级革命家不仅发起了拯救中华民族的新民主主义革命，还投身拯救中国优秀传统文化的中国文化革命。正如意大利马克思主义者安东尼奥·葛兰西所指出的，无产阶级政党不能单纯依靠暴力手段，还可以依靠思想文化或者意识形态等无形方式夺取文化领导权，进而赢得群众的支持以及政治上的合法统治地位。五四运动以后，新文化运动与爱国运动汇合，文化革命和政治革命交相并行成为时代主题。这正是中国共产党诞生和活动的历史背景，也是中国共产党人的思想自觉和理论自觉。

在老一辈无产阶级革命家的领导下，中国共产党人如同一股气吞山河的春潮，冲垮了压在中国人民背上的三座大山，荡涤了窒息中国优秀传统文化的帝国主义文化和封建文化！政治上，爱国运动吹响了政治革命的号角。1949年春，百万雄师过大江。人民解放军一路势如破竹，拔除了帝国主义、封建主义、官僚资本主义在中国大陆上的最后堡垒。文化上，新文化运动也奏响了文化革命的凯歌。"中国共产党人所领导的共产主义的文化思想，即共产主义的宇宙观和社会革命论"成为"完

---

① 毛泽东：《论人民民主专政》（1949年6月30日），见《毛泽东选集》第4卷，人民出版社1991年版，第1471页。

全崭新的文化生力军"。他们反对帝国主义压迫和封建迷信思想，高举着"民族的科学的大众的"新民主主义革命文化旗帜，"以新的装束和新的武器，联合一切可能的同盟军，摆开了自己的阵势，向着帝国主义文化和封建文化展开了英勇的进攻"。① 1949 年 10 月 1 日，当毛泽东主席在天安门城楼上庄严宣告"中华人民共和国中央人民政府今天成立了"的那一刻起，不仅中华民族从此站起来了，中华优秀传统文化也战胜了帝国主义文化和封建文化，焕发出了新生。

正如习近平总书记在纪念马克思诞辰 200 周年大会上的讲话中所指出的："中国共产党诞生后，中国共产党人把马克思主义基本原理同中国革命和建设的具体实际结合起来，团结带领人民经过长期奋斗，完成新民主主义革命和社会主义革命，建立起中华人民共和国和社会主义基本制度，进行了社会主义建设的艰辛探索，实现了中华民族从"东亚病夫"到站起来的伟大飞跃。这一伟大飞跃以铁一般的事实证明，只有社会主义才能救中国！"②

三、春风润泽神州大地

1978 年 12 月，党的十一届三中全会"实现新中国成立以来党的历史上具有深远意义的伟人转折，开启了改革开放和社会主义现代化的伟大征程"③。改革开放的春风扬起了建设社会主义现代化的风帆，改革开放的甘露也润泽了中国文化的土壤！

若要深刻体悟中国共产党领导全国各族人民建设新中国、复兴中国文化的伟大事业，我们须对中华民族真正的历史任务有所认识。鸦片战

---

① 毛泽东：《新民主主义论》（1940 年 1 月），见《毛泽东选集》第 2 卷，人民出版社 1991 年版，第 697~698、706~708 页。

② 习近平：《在纪念马克思诞辰 200 周年大会上的讲话》，载《人民日报》2018 年 5 月 5 日第 2 版。

③ 新华网，http://www. xinhuanet. com/politics/leaders/2018 - 12/18/c _ 1123872025.htm。

争以降，中华民族就面临求得民族独立、人民解放以及实现国家繁荣富强、人民共同富裕的两大历史任务，概括来讲，就是对整个民族生存方式进行现代化改造。我们一方面要推翻帝国主义，另一方面又要发挥"三人行，必有我师"的精神，批判性地学习西方列强的先进文化；我们一方面要争取民族独立，另一方面又要主动地对世界开放，让文明古国汇入世界文明发展的潮流。实现民族独立、人民解放不仅仅是赶走西方入侵者和推翻腐朽的清朝与民国政府，其更深刻的含义是实现由传统人治国家向现代法治国家的转变；实现国家繁荣富强、人民共同富裕，并不是历史上的文景之治、贞观之治的简单翻版，它意味着要完成传统自然经济向现代市场经济的转变。政治和经济上的现代化，又不能不伴随着人民个性的解放、思维方式的转变、价值体系与知识体系的更新，也就是说对已深深融入中国人基因的传统文化进行创造性转化、创新性发展。

我们无不欢欣地看到，中国共产党在革命、建设、改革开放的长期实践中，团结带领全国各族人民开创了中华民族伟大复兴的光明前景，彰显了先进文化的伟大力量，展现了中国共产党人开拓进取的伟大品格。作为马克思主义政党，中国共产党既是政治上的先锋队，也是文化上的先锋队；既是传统优秀文化的传承者，更是现代先进文化的开拓者。中国共产党以高度的文化自觉和坚定的文化自信带领人民走向文化自强，创建了新民主主义文化、社会主义文化、中国特色社会主义文化，不断以思想文化新觉醒、文化创造新成果、文化建设新成就推动党和人民事业向前发展，帝制皇权家天下的愚忠、特权、愚民、驭民、陈腐文化被扫进了历史的垃圾堆，民主、平等、法治、公平、正义的政治文化深入人心。

正如习近平总书记所指出的："中国共产党人把马克思主义基本原理同中国改革开放的具体实际结合起来，团结带领人民进行建设中国特色社会主义新的伟大实践，使中国大踏步赶上了时代，实现了中华民族从站起来到富起来的伟大飞跃。这一伟大飞跃以铁一般的事实证明，只有中国特色社会主义才能发展中国！"①

四、春华秋实崭新时代

2012 年 11 月，党的十八大开启了中国特色社会主义新时代。《管子·牧民》有云："仓廪实而知礼节，衣食足而知荣辱。"随着人民物质生活的日益丰富，人民对优秀文化的精神需求也水涨船高。随着中国特色社会主义进入新时代，中华文化的全面复兴也势在必行！2014 年 3 月，习近平主席在联合国教科文组织总部的演讲为全面复兴中华文化指明了方向："每一种文明都延续着一个国家和民族的精神血脉，既需要薪火相传、代代守护，更需要与时俱进、勇于创新。中国人民在实现中国梦的进程中，将按照时代的新进步，推动中华文明创造性转化和创新性发展，……让中华文明同世界各国人民创造的丰富多彩的文明一道，为人类提供正确的精神指引和强大的精神动力。"②

一个国家、一个民族的现代化，最根本的是文化的现代化。这种文化的现代化，意味着深层的文化心理和价值观念的转型。这种转型不是单纯向西方看齐，而是博采众长，批判性地学习各国的优秀模式与优秀文化。长久以来，盎格鲁-撒克逊国家所奉行的"美英模式"过度代表了西方，也过度代表了现代化。其实在西方国家内部，法国、德国等欧陆国家所践行的便是迥异于"美英模式"的"莱茵模式"，而它们在现代化道路上取得的成就较盎格鲁-撒克逊国家也毫不逊色。放眼全球更精彩！现代化的模式不仅有盎格鲁-撒克逊国家的"美英模式"，法国、德国的"莱茵模式"，俄罗斯、日本、土耳其等国也各自走出了不同的道路，它们之间的差别远比我们想象得大得多。在当今世界，现代化已经呈现出多种模式并存和竞争的多元化格局。现代化不再等同于西化，而是东

① 习近平：《在纪念马克思诞辰 200 周年大会上的讲话》，载《人民日报》2018 年 5 月 5 日第 2 版。

② 中国政府网，http://www.gov.cn/xinwen/2014-03/28/content_2648480.htm。

西方多种现代化模式的一种理论抽象、一种韦伯意义上的理想类型。

与此同时，中华文化的转型必须从传统形态转变为现代形态。所谓"新儒学"将中西之分看得太重，实际上恰恰是所谓"文明冲突论"的翻版。只不过不再是高喊抵制全面西化，而转变成了对老祖宗一厢情愿地拔高和崇拜。人类文化发展的历史证明，任何一种文化要想永葆生机活力，就必须始终坚持"各美其美，美人之美，美美与共"的"铁律"，以博大的胸怀、谦逊的态度对待其他文化。更重要的是，"社会主义道路不是简单延续我国历史文化的母版，如果延续儒学道统不可能走出民族衰败甚至灭亡的困境。以儒学为主导的中国传统文化，只有在中国站起来、富起来、强起来的社会大变革条件下，才能真正得到科学尊重和合理继承"。① 只有准确地运用马克思主义的观点、方法，对中国文化进行客观科学的研究，弄清楚中国文化是什么，为什么、怎样演变到现当代，坦率和诚实地学习借鉴人类社会到目前为止共同创造的先进文化成果，才能使中国文化健康地绵延和科学地创新发展。

正如习近平总书记所指出的："在新时代，中国共产党人把马克思主义基本原理同新时代中国具体实际结合起来，团结带领人民进行伟大斗争、建设伟大工程、推进伟大事业、实现伟大梦想，推动党和国家事业取得全方位、开创性历史成就，发生深层次、根本性历史变革，中华民族迎来了从富起来到强起来的伟大飞跃。这一伟大飞跃以铁一般的事实证明，只有坚持和发展中国特色社会主义才能实现中华民族伟大复兴！"②

五、结束语

纵观上下五千年历史，中国文化历经先秦的灿烂辉煌、唐宋的群星

---

① 《占据真理和道义制高点的马克思主义》，载《光明日报》2018年5月14日第15版。

② 习近平：《在纪念马克思诞辰200周年大会上的讲话》，载《人民日报》2018年5月5日第2版。

闪耀、明清的封闭僵化，最终在中国共产党的不懈努力和不屈奋斗中实现了新生。

历史和现实已经并将继续证明，中国共产党从成立之日起，既是中国先进文化的积极引领者和践行者，又是中华优秀传统文化的勇敢拯救者和弘扬者。当代中国共产党人和中国人民应该而且一定能够担负起新的文化使命，在实践创造中进行文化创造，在历史进步中实现文化进步！历史和现实也已经并将继续证明，只有中国共产党才是中国人民的大救星；只有中国共产党才是中华优秀传统文化的大救星！任何试图在当今中国复辟千年前"封建主义"文化、抑或照搬万里之外"资本主义"文化的企图，都是不可取、不可行、注定要失败的。当然，文化创新迫在眉睫！创新文化决胜千里！美美与共、博采众长、持续与时俱进、守正创新才是实现中华民族伟大复兴中国梦永不枯竭的"文化力"源泉。

（作者为中华炎黄文化研究会副会长、全国政协社会与法治委员会原副主任）

学习习近平传统文化系列讲话的
三维论析

荣开明

党的十八大以来，以习近平同志为核心的党中央，以巨大的政治勇气和强烈的责任担当，顺应新时代人民群众对美好生活的期望、时代和实践发展的紧迫需求，围绕继承和弘扬中华优秀传统文化的问题，发表了一系列重要讲话，明确指出："中华文化源远流长，积淀着中华民族最深层次的精神追求，代表着中华民族独特的精神标志，为中华民族生生不息、发展壮大提供了丰富滋养。"但"由于五四时期，学术界、思想界对我国传统文化进行了不同程度的批判，提出了'打倒孔家店'的口号。'文化大革命'时期，我国传统文化遭到全面批判，其消极影响至今没有完全消除。即使今天，人们对我国传统文化仍然存在很大分歧"。"要讲清楚中华优秀传统文化的历史渊源、发展脉络、基本走向，讲清楚中华文化的独特创造、价值理念和鲜明特色，增强文化和价值自信。""要处理好继承和创造性发展的关系，重点做好创造性转化和创新性发展。"①要解决好中国优秀传统文化与社会主义市场经济、民主政治、先进文化、社会治理等需要协调适应的问题，使之符合历史逻辑、理论逻辑和实践逻辑辩证统一的要求向前发展。为了隆重纪念中国共产党成立一百周年，本文拟从历史、理论、实践三个维度对此进行深层次、多角度的探讨，以求抛砖引玉。

---

① 习近平：《把培育和弘扬社会主义核心价值观作为凝魂聚气、强基固本的基础》，见《论党的宣传思想工作》，中央文献出版社 2020 年版，第 55~57 页。

一、历史逻辑：习近平关于传统文化问题的一系列讲话是党对百年来看待、处理传统文化经验教训的科学总结和守正创新

回顾我们党百年来看待和处理民族传统文化的历程，可以看出，党对传统文化的看待和处理，和党探索正确道路的历程相一致，走过了一条曲折探索的道路。有过从革命思维和行动下的激烈否定、基本拒斥；到执政思维和行动下的理性审视、科学对待；再到中国特色社会主义进入新时代，不同文明或文化之间百舸争流背景下的高度评价。这一方面表明"中国共产党从成立之日起，就既是中华优秀传统文化的忠实传承者和弘扬者，又是中国先进文化的积极倡导者和发展者"①；另一方面，表明我们党随着实践的发展、时代的变迁、科学技术的进步，对传统文化的认知和政策不断地在与时俱进、更新升华。

纵观世界和中华文化的长期发展史，可以看出，中华民族以自己的勤劳智慧，曾经创造了世界领先的古代文明，有过很多光辉灿烂的时期，对人类发展做出过重大贡献。但是，近代以来，由于清朝封建统治者目光短浅、视野狭小，只陶醉于天朝大国的农耕文明的发展，不注重工业文明的扶持和进步，导致落后挨打。在西方帝国强权利炮的进攻下，腐败堕落，一败涂地，迅速沦为西方列强统治剥削下的半殖民地半封建国家，国家蒙辱、人民蒙难、文明蒙尘，中华民族遭到前所未有的劫难，被迫抛弃东方传统，转向西方学习。正如毛泽东指出的："中国人向西方学得很不少，但是行不通，理想总是不能实现。多次奋斗，包括辛亥革命那样全国规模的运动，都失败了。国家的情况一天比一天坏，环境迫使人们活不下去。""十月革命一声炮响给我们送来了马克思列宁主义。十月革命帮助了全世界也帮助了中国的先进分子。用无产阶

___

① 《中共中央关于深化文化体制改革　推动社会主义文化大发展大繁荣若干重大问题的决定》，见《十七大以来重要文献选编》（下），中央文献出版社 2013 年版，第 558 页。

级的宇宙观作为观察国家命运的工具，重新考虑自己的问题。走俄国人的路——这就是结论。1919 年，中国发生了五四运动。1921 年，中国共产党成立。"①中国共产党的创始人和最早一批党员，几乎是清一色的五四新文化运动的旗手和弄潮儿。他们一方面，从本身丰富的国学涵养中，运用中华优秀文化中"天下大同""小康理念""不患寡而患不均""天下兴亡、匹夫有责"等精粹思想与马克思列宁主义理论相契合，成为马克思主义的主动接受者、宣传者、推动者；另一方面，又对中华传统文化中的封建糟粕、孔学孔教持激烈的反对和根本否定态度，推动其转型升级。故而，中国共产党成立以后的一段时间内，对中华传统文化在理论和实际行动上，都采取的是拒斥和否定的方针。这从当时出版的《向导》《前锋》《新青年》等刊物上发表的宣言和论文中看得十分清楚。陈独秀、瞿秋白等人对中华传统文化的拒斥和否定，既是出于对新文化运动科学和民主的高度认知，对中华传统文化糟粕、弊端的义愤，还与当时接受的根深蒂固的理论——历史进化论和经济决定论密切相关，同时，也与当时政治上极右的保守和反动势力借用儒学、孔教之名，行反对革命、改革之实密不可分。不少仁人志士发起的太平天国革命、洋务运动、维新变法、义和团运动、辛亥革命，都曾遭受过儒学、孔教等顽固反动势力的质疑、反对、迫害、镇压。20 世纪 30 年代，国民党蒋介石在残酷镇压共产党人的同时，也曾以所谓的"新生活运动"为名，行尊孔、祭孔、读经之实。正是这些主客观因素的综合，促使当时中共对传统文化消极影响的警觉。这是中国共产党成立后，继承五四文化运动精神，激烈反对传统文化的第一个阶段：1921—1938 年。

第二阶段是剔除其封建性糟粕，吸收其民主性精华，给以批判性继承：1938—1978 年。

依靠中国传统文化思想救不了中国，这是近代以来前八十年的历史早就证明了的。但这绝不是说，以儒学为主体的中华传统文化只有历史价值而无现实意义，更不是说可以抛弃中华传统文化，抛弃孔夫子，全

---

① 《毛泽东选集》第 4 卷，人民出版社 1991 年版，第 1470~1471 页。

盘反传统。恰恰相反，马克思主义要在中国开花结果，就不仅要与中国实际相结合，而且要和中国传统文化中的优秀成分相结合。我们党内以毛泽东为主要代表的中国共产党人，从最初参与创党、后来成为党中央领导集体的核心就一直是坚持上述正确态度。

毛泽东一直高度重视学习马克思主义理论，同时主张研究现状，学习历史。他接受马克思主义后，依然认为"读历史是智慧的事"，从中汲取历史经验、民族智慧和民族精神，以融入马克思主义，首倡马克思主义中国化。1926 年，他在广州农民运动讲习所讲课时说："洪秀全起兵时，反对孔教，提倡天主教，这不迎合中国人的心理，曾国藩利用这种手段，扑灭了他。"表明他对外来文化必须中国化早有认识。20 世纪 30 年代，他提出"没有调查研究没有发言权"，提倡学习孔夫子的"每事问"。长征途中，他在遵义会上成为党的实际领导者。长征到达陕北后，他在公开讲演中说，孔夫子是中国封建社会的圣人。全面抗日战争发生后，中国革命进入新阶段，1938 年 10 月毛泽东在中共中央六届六中全会上发表了《论新阶段》的讲话，要求全党都要研究马克思主义理论，都要研究我们民族的历史，都要研究当前运动的情况和趋势，明确指出："学习我们的历史遗产，用马克思主义的方法给以批判的总结，是我们学习的另一任务。我们这个民族有数千年的历史，有它的特点，有它的许多珍贵品质。对于这些，我们还是小学生。今天的中国是历史的中国的一个发展；我们是马克思主义的历史主义者，我们不应当割断历史。从孔夫子到孙中山，我们应当给以总结，承继这一份珍贵遗产。这对于指导当前的伟大运动，是有重要的帮助的。""使马克思主义在中国具体化，使之在其每一表现中带着必须有的中国特性，即是说，按照中国特点去应用它，成为全党亟待了解并亟须解决的问题。"①这无疑是中共从马克思主义基本原理出发，理性审视传统文化的科学态度，是调整我们党对待传统文化方针、创立民族的科学的大众的新民主主义文化的一个重要信号。后来，毛泽东对此又做了系统深入的研讨。

---

① 《毛泽东选集》第 2 卷，人民出版社 1991 年版，第 534、533 页。

1940年1月9日，他在《新民主主义论》中指出："中国的长期封建社会中，创造了灿烂的古代文化，清理古代文化的发展过程，剔除其封性糟粕，吸收其民主性的精华，是发展新文化提高民族信心的必要条件；但是决不能无批判地兼收并蓄。必将古代封建统阶级的一切腐朽的东西和古代优秀的人民文化即多少带来民主性和革命性的东西区别开来，中国现时的新政治新经济是从古代的旧政治旧经济发展而来的，中国现时的新文化也是从古代的旧文化发展而来的，因此，我必须尊重自己的历史，决不割断历史，但是这种尊重，是给历史以一定的科学地位，是尊重历史的辩证法的发展，而不是颂古非今，不是赞扬任何封建的毒素。对于人民群众和青年学生，主要地不是引导他们向后看，而是引导他向前看。"①

1941年，毛泽东在延安整风运动中、针对党内存在的主观主义学风尖锐指出，许多马克思列宁主义的学者也是"言必称希腊"，对自己的祖宗，则"对不起，忘记了"。中国共产党人首先是中华民族的优秀分子，是中华民族优秀品质和优秀传统的继承者和弘扬者，倘若否认"自己的祖宗"，那他就是中华民族的不肖子孙，也就注定不能成为真正的马克思主义者。

1943年，中共中央在《关于共产国际执委主席团提议解散共产国际的决定》中更明确地阐明了党对传统文化的态度、方针和马克思主义中国化的科学内涵："中国共产党人是我们民族一切文化、思想、道德的最优秀的继承者，把这一切优秀传统看成自己血肉相联的东西，而且将继续加以发扬光大。中国共产党近年所进行的反主观主义、反宗派主义、反党八股的整风运动就是要使马克思主义这一革命科学更进一步地和中国革命实践、中国历史、中国文化深相结合起来。"同年12月，毛泽东还在一份批语中进一步分析："剥削阶级当着他们还能代表群众的时候，能够说出若干真理，如孔子、苏格拉底、资产阶级，这样看法才是历史的看法。王阳明也有一些真理，孔孟有一部分真理，全部否定是

---

① 《毛泽东选集》第2卷，人民出版社1991年版，第707~708页。

非历史的看法。"①1944 年 7 月，毛泽东在同英国记者斯坦因的谈话中再次指出：我们信奉马克思主义是正确的思想方法，这并不意味着我们忽视中国文化遗产。"中国历史遗产留给我们的东西中有很多好东西，这是千真万确的。我们必须把这些遗产变成自己的东西。然而我们中国有些人却崇拜旧的过时的思想，这些思想对于我们今天的中国不仅不适用而且有害。这样的东西必须抛弃。""继承中国过去的思想和接受外来思想，并不意味着无条件地照搬，而必须根据具体条件加以采用，使之适合中国的实际。我们的态度是批判地接受我们自己的历史遗产和外国的思想。我们既反对盲目接受任何思想也反对盲目抵制任何思想。"②这都充分表明当时的党中央已经将剔除糟粕、吸收精华，批判性地加以继承作为党对待传统文化的基本方针。正是由于有了这个方针，解决了马克思主义理论同中国优秀传统文化的结合问题，建立起了红色革命文化，才使得以农民、知识分子和小资产阶级为主体的共产党员，经过思想教育变成了中国工人阶级的先锋队、中华民族先锋队的成员，从而夺得了在东方中国新民主主义革命的胜利，创造了世界革命史上的奇迹。

新中国成立后，以毛泽东为核心的党中央基本上延续了延安时期对待传统文化的基本方针，逐步建立起适合过渡时期和社会主义建设时期情况的先进文化。"但是，反传统文化的一面，无论就时间而言，还是就力度而论，都处于强势，而理性地看待和汲取传统传文化的优秀成分则显得小心翼翼，且主要出现在 1956 年毛泽东提出'双百'方针，20 世纪 60 年代初纠'左'和调整政策之际。"③

新中国成立初期，在文化转型与重建过程中，传统文化基本上处于被否定和被批判的地位。对电影《武训传》的批判，对胡适、梁漱溟等人的批判，其主导面是讨伐他们的买办的、资产阶级的思想，但对其儒

---

① 《毛泽东文集》第 3 卷，人民出版社 1996 年版，第 84 页。
② 《毛泽东文集》第 3 卷，人民出版社 1996 年版，第 191~192 页。
③ 杨凤城：《中国共产党对待传统文化的历史考察》，载《教学与研究》2014 年第 9 期，第 78~86 页。

学思想的批判也十分严厉。

1956 年春，毛泽东提出"双百"方针，报刊上发起了中国哲学遗产等继承问题的研讨。8 月，毛泽东同音乐工作者的谈话，就如何看待外来文化与民族文化的关系问题，谈了他的看法。其核心内容是"洋为中用"，强调外国的一切科学原理和长处都要学，其学习目的是"批判地吸收西洋有用的成分"，"创造出中国自己的、有独特的民族风格的东西"。① 1958 年 8 月，毛泽东审阅中宣部部长陆定一的文章《教育必须与生产劳动相结合》时，写下了一段话："中国教育史有人民性的一面。孔子的有教无类，孟子的民贵君轻，荀子的人定胜天，屈原的批判君恶，司马迁的颂扬反抗，王充、范缜、柳宗元、张载、王夫之的古代唯物论，关汉卿、施耐庵、吴承恩、曹雪芹的民主文学，孙中山的民主革命，诸人情况不同，许多人并无教育专著，然而上举那些，不能不影响对人民的教育，谈中国教育史，应当提到他们，但是就教育史的主侧说来，几千年来的教育，确是剥削阶级手中的工具，而非社会主义教育乃是工人阶级手中的工具。"② 1960 年 12 月，毛泽东接见古巴妇女代表团和厄瓜多尔文化代表团时指出："对中国的文化遗产，应当充分利用，批判地利用。中国几千年的文化，主要是封建时代的文化、但并不全是封建主义的东西，有人民的东西，有封建的东西。""封建主义的东西也不全是坏的。——反封建主义的文化也不是全可无批判地利用的。封建时代的民间作品，也多少都还带有封建统阶的影响。"③ 所有这些都表明，毛泽东当时对传统文化的问题，有了更深层次、更多方面的思考，我们在批判性地继承时，应该加以区分，认真看待。可是，后来他到晚年坚持"以阶级斗争为纲"，发动"文化大革命"，号召大家在灵魂深处引发革命、横扫一切牛鬼蛇神时，仍将儒学为主体的传统文化统统归结为"四旧"，给以全面批判，扔进"历史的垃圾堆"。他在《七律·读〈封

---

① 《毛泽东文集》第 7 卷，人民出版社 1999 年版，第 83 页。
② 《毛泽东文集》第 7 卷，人民出版社 1999 年版，第 398 页。
③ 《毛泽东文集》第 8 卷，人民出版社 1999 年版，第 225 页。

建论〉呈郭老》中指出："劝君少骂秦始皇,焚坑事件再商量。祖龙魂死业犹在,孔学名高实秕糠。"在一些会上他曾多次示意:"要清除孔夫子""反对尊孔""不那么高兴孔夫子"。这些示意,后来在"四人帮"的鼓动和操纵下,弄成了"批林批孔""评法批儒"运动,其消极影响至今仍未全部消除。

第三阶段是改革开放时期对传统文化的拨乱反正与逐步创新:1978—2012 年。

这一时期是新中国建立以来历史发展出现伟大转折的时期,也是中国特色社会主义开创和建设时期。1978 年 12 月召开的十一届三中全会,结束了 1976 年 10 月以来党的工作在徘徊中前进的局面,开始全面地认真地纠正"文化大革命"中及其以前的"左"倾错误,全会坚决批判了"两个凡是"的错误方针,充分肯定了必须完整地、准确地掌握毛泽东思想的科学体系;高度评价了关于真理标准问题的讨论,确定了解放思想、开动脑筋、实事求是、团结一致向前看的指导方针;果断地停止使用以"阶级斗争为纲"这一不适用社会主义社会的口号,作出了把工作重点转移到社会主义现代化建设上来的战略决策;提出了要注意解决好国民经济重大比例严重失调的要求,制定了关于加快农业建设发展的决定;着重提出了健全社会主义民主和加强社会主义法制的任务;审查和解决了党在历史上一批重大冤假错案和一些重要领导人的功过是非问题。全会还增选了中央领导机构成员。这些在领导工作中具有重大意义的转变,标志着党重新确立了马克思主义的思想路线、政治路线和组织路线。从此,以邓小平为核心的党中央领导集体掌握了拨乱反正的主动权,有步骤地解决了新中国成立以来的许多历史遗留问题和实际生活中出现的问题,进行了繁重的建设和改革工作,使我们国家在经济上、政治上和文化上都出现了很好的形势。20 世纪八九十年代"文化热"的兴起就是其在实践中纠正"文化大革命"中失误的体现。此后,党对传统文化逐渐恢复了正确认知,出现了创新见解和方针政策。这方面的进一步转变主要出现在三个时间节点上。

一是 1990 年 1 月,中共中央主管意识形态工作的常委李瑞环在全国文化艺术工作情况交流座谈会上发表了《关于弘扬民族优秀文化的若干问题》的长篇讲话，明确提出："在当前的国际和国内形势下，弘扬民族文化不仅直接关系到我国文化的兴衰，而且在政治上具有重要意义。面对西方资产阶级和平演变的攻势，弘扬民族文化是振兴民族精神，提高民族自尊心和自信心，发扬爱国主义精神，顶住一切外来压力的一个重要条件。在实现祖国统一大业的进程中，弘扬民族文化又是沟通海峡两岸的桥梁，是加深海内外炎黄子孙的相互理解，增强中华民族凝聚力的一个重要力量。"讲话从源远流长、博大精深、影响深远三个方面，展开阐述了"灿烂辉煌的中华民族文化"，强调在积极借鉴一切对我有用的外来文化的同时，必须认识到"吸收、借鉴外来文化的目的不是用它来取代本民族的文化，而是为了丰富和发展我国民族文化"，"伟大的中民族应该而且可以对世界文化做出更大的贡献。——越是民族的，越是世界的"。讲话在重申对待传统文化"取其精华，去其糟粕""古为今用，推陈出新"等一贯立场上，重点阐述对传统文化的理解和尊重态度，明确提出：对待民族文化遗产，不能用今天的标准去苛求，苛求势必导致历史虚无主义，认为"文化遗产具有相对的稳定性，它的许多方面并不是为某一个阶级、某一个时代所独有的，也不只是为某一个阶级、某一个时代所利用的。我们既要看到文化遗产的阶级性、时代性，又要重视它的继承性和借鉴性。我们的先辈在治理国家，修养品德，成就事业等方面，为我们留下了大量可资借鉴的宝贵经验，他们提出的许多警句格言，至今仍然闪烁着哲理的光辉，其中，有些东西一旦赋予新意，便可成为社会主义精神文明的组成部分"。① 讲话还针对现实提出了如何落实的具体措施。这表明党对待传统文化的立场和政策，出现了明显的变化。变化之处在于，此前的论述主要是从阶级性分析出发，站在基本否定的立场上，然后承认其有值得汲取的精华。而这次则改为从认识、时代、社会局限性的角度出发，站在"同情的理解"和肯

---

① 《十三大以来重要文献选编》(中)，人民出版社 1991 年版，第 853~863页。

定的立场上，然后承认其中的封建糟粕应该批判和抛弃。这些转变也体现出"马上夺天下"和"马下治天下"、革命时期靠枪杆子夺政权的革命思维和建设时期以巩固发展建设成果为主体的执政思维之间的区分，为往后执政党正确看待和处理传统文化问题发出了先声，提供了更加良好的氛围和条件。

二是党的十六大报告专门阐述了"坚持弘扬和培育民族精神"，明确指出"民族精神是一个民族赖以生存和发展的精神支撑。一个民族，没有振奋民族精神和高尚的品格，不可能自立于世界民族之林。在五千多年的发展中，中华民族形成了以爱国主义为核心的团结统一、爱好和平、勤劳勇敢、自强不息的伟大民族精神"，① 要求把弘扬和培育民族精神作为文化建设极为重要的任务，纳入国民教育的全过程，纳入精神文明建设的全过程。这就将爱国主义、民族精神与传统文化的关联性实质上融为一体。据此精神，2006 年出台的国家"十一五"时期文化发展规划纲要，专门列了一个部分阐述"民族文化保护"，提出了重视中央优秀传统文化教育和传统经典、技艺等方面的落实措施。

三是党的十七大报告，明确指出"弘扬中华文化，建设民族共有精神家园"的任务，要求"全面认识祖国传统文化，取其精华，去其糟粕，使之与当代社会相适应、与现代文明相协调，保护民族性，体现时代性。加强中优秀传教育，运用现代科技手段开发利用民族文化丰富资源"。② 党的十七届六中全会又在报告论述的基础上，作出了《关于深化文化体制改革 推动社会主义文化大发展大繁荣若干重大问题的决定》，提出了推进文化改革发展的指导思想、目标任务、重要方针，肯定"源远流长、博大精深的中华文化，为中华民族发展壮大提供了强大的精神力量，为人类文明进步作出了不可磨灭的重大贡献"。

---

① 《中国共产党第十六次全国代表大会文件汇编》，人民出版社 2002 年版，第 38 页。

② 《中国共产党第十七次全国代表大会文件汇编》，人民出版社 2007 年版，第 34 页。

第四个阶段是党的十八大以来习近平关于传统文化问题一系列讲话的提出和发展：2012 年—今。

习近平关于传统文化问题的一系列讲话的提出和发展，既是对以往历史经教训的科学总结，也是当今中国特色社会主义进入新时代以来的守正创新。对于我国当今和未来文化的发展指明了目标和方向，意义特别重大，促使我们党在看待和处理传统文化的问题上前进了一大步，进入中国特色社会主义新时代。

反思百年的历史经验和教训，事实充分表明，凡是我们党正确看待和处理了传统文化问题的时候，我们党的事业就会朝着正确方向，取得巨大成就，实现迅速跨越。与此相反，就会遭折腾，出失误，受挫折。因此，如何从实际出发，正确地看待和处理这一问题，是一个关乎党、国家和民族前途命运兴衰的大问题。在当今文化、科技、教育、人才迅猛发展、人工智能信息化网络化等先进技术激烈竞争的时代，更是如此。改革开放以来我国社会主义现代化创造出的世界奇迹，就是最好的例证。

二、理论逻辑：习近平关于传统文化问题的一系列讲话是中国特色社会主义文化建设思想的重要内涵

我们党是一个刚成立就用马克思主义理论武装起来的政党。马克思主义历来认为："每一历史时代主要的经济生产方式和交换方式以及必然由此产生的社会结构，是该时代政治的和精神的历史所赖以确立的基础，并且只有从这一基础出发，这一历史才能得说明。"[1]因此人类社会结构中的经济活动、政治活动、文化活动是统一而不可分割的。对于这一点，我们党的几代领导人都在理论上论述得十分清楚。毛泽东说："文化是反映政治斗争和经济斗争的，但它同时又能指导政治斗争和经济斗争。文化是不可少的，任何社会没有文化就建设不起来。"邓小平

---

[1] 《马克思恩格斯选集》第 1 卷，人民出版社 2012 年版，第 385 页。

说："我们要在建设高度的物质文明的同时，提高全民族的科学文化水平，发展高尚的丰富多彩的文化生活，建设高度的社会主义精神文明。"江泽民指出："人类社会发展的历史证明，一个民族，物质上不能贫困，精神上也不能贫困，只有物质和精神都富有，才能成为一个强大生命力和凝聚力的民族。""有中国特色社会主义文化，是凝聚和激励全国各族人民的重要力量，是综合国力的重要标志。它渊源于中华民族五千年文明史，又植根于有中国特色社会主义的实践，具有鲜明的时代特点；它反映我国社会主义经济和政治的基本特征，又对经济和政治的发展起巨大促进作用。"胡锦涛指出："综合国力竞争的一个显著特点，就是文化的地位和作用更加凸显，经济较量中的文化因素日益突出，越来越多的国家把提高文化软实力作为重要发展战略。""加强国家文化软实力建设，对内增强民族凝聚力和向心力，对外增强国家亲和力和影响力，是全面增强我国综合国力的必然要求，也是实现我国和平发展的战略之举。"[1]习近平更是在党的十九大报告中明确指出："文化是一个国家、一个民族的灵魂。文化兴国运兴，文化强民族强。没有高度的文化自信，没有文化的繁荣兴盛，就没中华民族的伟大复兴。""中国特色社会主义文化，源自于中华民族五千多年文明历史所孕育的中华优秀传统文化，熔铸于党领导人民在革命、建设、改革中创造的革命文化和社会主义先进文化，植根于中国特色社会主义伟大实践。发展中国特色社会主义文化，就是以马克思主义为指导，坚守中华文化立场，立足当代中国现实，结合当今时代条件，发展面向现代化、面向世界、面向未来的，民族的科学的大众的社会主义文化，推动社会主义精神文明和物质文明协调发展。要坚持为人民服务、为社会主义服务，坚持百花齐放、百家争鸣，坚持创造性转化、创新性发展，不断铸就中华文化新辉煌。"[2]这就不仅阐述了文化在国家和民族发展中的极端重要性，还对什

---

① 《论文化建设——重要论述摘编》，学习出版社、中央文献出版社 2012 年版，第 2、4、7~8、12 页。

② 《中国共产党第十九次全国代表大会文件汇编》，人民出版社 2017 年版，第 33 页。

么是中国特色社会主义文化、怎样发展中国特色社会主义文化，以及怎样认识和处理中华优秀传统文化和中国特色社会主义文化的关系做出了科学的回答，明确地告诉我们：①从中国特色社会主义文化组成看，包括三个重要部分：中华优秀传统文化、革命文化和社会主义先进文化；②从中国特色社会主义文化生成和发展看，中华优秀传统文化是源头活水，党领导人民进行的革命、建设、改革是熔炉，中国特色社会主义伟大实践是土壤；③从中国特色社会主义文化相互关系看，中华民族优秀传统文化是其根源、基因和血脉，红色革命文化是其精神支柱和直接渊源，社会主义先进文化是其内在实质和主导内涵；④从怎样发展中国特色社会主义文化看，主要是"以马克思主义为指导"和"坚守中华文化立场"等七大要素的协调配合。"以马克思主义为指导"是建设中国特色社会主义文化的根本指导思想，其要求是旗帜鲜明地反对和抵制历史虚无主义、复古主义、全盘西化等错误思潮，以马克思主义的立场、观点和方法为指导，做到文化上的古为今用，洋为中用。"坚守中华文化立场"是坚守我们民族的特有基因、根本和灵魂。其要求是从中华民族优秀传统文化等基本国情出发，同马克思主义基本原理相结合，使中国特色社会主义文化更具有凝聚力、向心力和影响力、软实力。故而，上述四者是相互联系、相互依赖、相互支撑、相互转化的统一体，不能分割开来。如果将其对立、分割开来，就会犯形而上学、片面化、极端化的错误。我们党过去有些同志其所以在传统文化、红色文化、社会主义先进文化关系问题上犯错误，出毛病，都与其对立、分割、片面、极端的认识密不可分。

三、实践逻辑：习近平关于传统文化问题的一系列讲话是科学把握国内国际两个大局实践逻辑发展的紧迫需求

习近平关于传统文化问题的一系列讲话，不仅是中国特色社会主义文化建设思想发展的历史逻辑、理论逻辑之必然，也是实践逻辑发展的紧迫需求。

1. 习近平关于传统文化问题的一系列讲话，是统筹中华民族伟大复兴战略全局和世界百年未有之大变局、提高国家文化软实力的紧迫需要

文化兴国运兴，文化强民族强。没有高度的文化自信，没有文化的繁荣兴盛，就没有中华民族伟大复兴。"提高国家文化软实力，不仅关系我国在世界文化格局中的定位，而且关系我国地位和国际影响力，关系'两个百年'奋斗目标和中华民族伟大复兴中国梦的实现。"①创立新时代传统文化观，正是当今中国面临国家文化软实力、话语权激烈竞争而提出的一项战略决策。

从统筹中华民族伟大复兴的战略全局看，实现中华民族伟大复兴是中国近代 170 多年我们最伟大的梦想，已经取得了巨大的成绩。从历史发展的进程看，我们已经由温饱、总体小康，全面小康、全面建成小康社会，进入全面建设社会主义国家的新发展阶段。"进入新阶段，是中华民族伟大复兴历史进展的大跨越"。既要把握实践发展的连续性，又要把握时代发展的阶段性，既要贯彻新发展理念的要求，紧紧抓住国内外环境深刻变化带来的新机遇，又要进一步开拓新格局，准备迎接一系列新挑战，确保我国到 21 世纪中叶建成社会主义伟大强国，基本实现中华民族伟大复兴目标。这就要求我们保持战略定力，协调推进"五位一体"的总体总局、统筹推进"四个全面"的战略布局，准备付出更为艰巨、更为艰苦的努力。

从世界正在经历百年未有的大变局看，我们最为紧要的是发挥中华优秀传统文化的优势，提高国际文化软实力、话语权。大量历史事实表明："一个民族的复兴需要强大的物质力量，也需要强大的精神力量。没有先进文化的积极引领，没有人民精神世界的极大丰富，没有民族精神力量的不断增强，一个国家、一个民族不可能

---

① 《习近平在十八届中央政治局第十二次集体学习时的讲话（2013 年 12 月 8 日）》，见《习近平关于社会主义文化建设论述摘编》，中央文献出版社 2017 年版，第 198 页。

屹立于世界民族之林。"①"文化软实力集中体现了一个国家基于文化而具有的凝聚力和生命力，以及由此而产生的吸引力和影响力。古往今来，任何一个国家的发展进程，既是经济总量、军事力量等硬实力提高的进程，也是价值理念、思想文化等软实力提高的进程。"②理论界有人认为，19 世纪是靠军事改变世界，20 世纪是靠经济改变世界，21 世纪则要靠文化改变世界。有人甚至断言，21 世纪将是文化的世纪，国家、地区之间 10 年比的是经济，50 年比的是制度，100 年比的是文化。从世界发展的迹象和趋势看，从一定意义上说谁占领了文化发展制高点，谁拥有了强大文化软实力，谁就能够在激烈的国际竞争中赢得主动。

2. 习近平关于传统文化问题的一系列讲话的基本内涵和逻辑架构

时代是思想之母，实践是理论之源。从实际存在着的问题出发去构建解决问题的基本内涵和逻辑架构，是我们党思想理论创新的基本方式。习近平总书记创立的新时代传统文化观也是这样。他认为构建这样一个思想体系，首要的是用马克思主义的世界观、历史观、民族观、文化观和方法论，克服历史虚无主义、复古主义、全盘西化等错误倾向，并与之划清界限、坚定不移地开展斗争；要针对人们对我国传统文化仍然存在的分歧，讲清楚中华优秀传统文化的历史渊源、发展脉络、基本走向；讲清楚中华文化的独特创造、价值理念和鲜明特色，增强文化和价值自信；明确继承和弘扬中华优秀传统文化的必要性、重要性和紧迫性；懂得中华民族优秀传统文化在当今中国和世界文化竞争中的历史地位和重大作用。在这里最关紧要的是：

第一，明确中华传统文化的历史定位。

这个定位十分明确，那就是中华民族传统文化是中华民族的生存方

---

① 《习近平在十八届中央政治局第十二次集体学习时的讲话(2013 年 12 月 8 日)》，见《习近平关于社会主义文化建设论述摘编》，中央文献出版社 2017 年版，第 7 页。

② 《习近平在十八届中央政治局第十二次集体学习时的讲话(2013 年 12 月 8 日)》，见《习近平关于社会主义文化建设论述摘编》，中央文献出版社 2017 年版，第 198 页。

式和精神家园。中华文化积淀着中华民族最深沉的精神追求，是中华民族生生不息、发展壮大的民族基因。中华民族传统文化源远流长，孕育了中华民族的宝贵品格，培育了中国人民的崇高价值追求，自强不息、厚德载物的思想；支撑着中华民族生生不息、薪火相传；赋予中华民族生生不息的生命力；包含着许多人类文明的生存智慧。自从古代以来，中华优秀传统文化不仅是以中国为中心的"汉字文化圈"的核心主体，还对欧洲、中东、中亚、拉美诸国诸民族产生过重大影响。作为中华文化重要组成部分的中国古代科学技术，在16世纪之前，一直处于世界领先位置。中国古代四大发明：火药、指南针、造纸术和活字印刷，通过蒙古人和阿拉伯传到西方后，起到了开启近代文明先河的革命作用。英国哲学家培根在《新工具》一书中指出："印刷术、火药、指南针，这三种东西已经改变了世界面貌。第一种在文字上，第二种在战争上，第三种航海上。由于又引起了无数的变化。这种变化如此之大，以至没有一个帝国，没有个宗教派别，没有一个赫赫有名的人物，能比这三种文明在人类的事业中产生更大的力量和影响。"马克思精辟地指出："火药、指南针、印刷术——这是预告资产阶级社会到来的三大发明。火药把骑士阶层炸得粉碎，指南针打开世界市场并建立殖民地，而印刷术却变成新教工具。并且一般的说变成了科学复兴的手段，变成了对精神发展创造的必要前提和最强大的推进力。"①中国伦理观、哲学、政治现想对欧洲启蒙主义产生过不可忽视的作用。法国思想家伏尔泰非常推崇孔子，把孔子的画像题上四句颂诗"子所言者唯理性，实乃贤者非先知；天下不惑心则明，国人世人皆笃信"，挂在自己的书房，并认为"世界的历史始于中国"。德国古典哲学大师黑格尔认为"历史必须从中华帝国说起"。英国哲学家罗素说"中国至高无上的伦理品质中的一些东西，现代世界极为需要"，"若能够被全世界采纳，世界上肯定比现在有更多的欢乐祥和"。1988年，75位诺贝尔奖得主集会商讨如何解决当今

① 马克思：《经济学手稿》，见《马克思恩格斯全集》（第47卷），人民出版社1979年版，第427页。

世界面的难题，反复研讨，最终得出结论："如果人类要在 21 世纪生存下去，就必须回到 2500 年前去吸取孔子的智慧。"现在，国际上不断出现"中华文化热""孔子热"，探讨中华文化时代价值的学者日益增多。这都表明中华优秀传统文化对中国和世界在今天仍然具有重大现实意义。梁启超早就说过："凡一国之能立于世界，必有其国民独具之特质，上自道德法律，下至风俗习惯，文学美术，皆为一种独特之精神。"①习近平总书记更是明确指出："中国是有着悠久文明的国家。在世界几大古代文明中，中华文明是没有中断、延续发展至今的文明，已经有五千多年历史了。我们的祖先在几千年前创造的文字至今仍在使用。二千多年前，中国出现了诸子百家的盛况，老子、孔子、孟子、庄子等思想家上究天文、下穷地理，广泛探讨人与人、人与社会、人与自然关系的真谛，提出了博大精深的思想体系。——中国人独特而悠久的精神世界，让中国人具有很强的民族自信心，也培育了以爱国主义为核心的民族精神。"②历史虽是过去发生的事情，但总会以这样那样的方式出现在当今人们的生活之中。"中华优秀传统文化是我国最深厚的文化软实力，也是中国特色社会主义植根的文化沃土。""我们生而为中国人，最根本的是我们有中国人的独特精神世界，有百姓日用而不觉的价值观。""中华优秀传统文化是中华民族的精神命脉"，"是海内外中华儿女共同的魂"。"我们决不可抛弃中华民族优秀的文化传统，恰恰相反，我们要很好传承和弘扬，因为这是我们民族的'根'和'魂'，丢了这个'根'和'魂'，就没有根基了。"③

第二，系统阐述中华民族传统文化观的时代价值。

"中国优秀传统文化的丰富哲学思想、人文精神、教化思想、道德

① 梁启超：《新民说》，辽宁人民出版社 1994 年版，第 9 页。

② 习近平：《在布鲁日欧洲学院的演讲》（2014 年 4 月 1 日），见《论坚持推动构建人类命运共同体》，中央文献出版社 2018 年版，第 98 页。

③ 习近平：《在广东考察工作时的讲话》（2012 年 7 月 11 日），见《习近平关于实现中华民族伟大复兴的中国梦论述摘编》，中央文献出版社 2013 年版，第 33 页。

理念等，可以为人们认识和改造世界提供有益启迪，可以为治国理政提供有益启示，也可以为道德建设提供有益启发。对传统文化中适合于调理社会关系和鼓励人们向上向善的内容，我国要结合时代条件加以继承和发扬，赋于其新的涵义。"①赋予中华优秀传统文化以时代价值，是习近平关于传统文化系讲话最为重大的任务，也是其基本内涵和主要框架。对此，习近平总书记从诸多方面入手、破题，得出了好些重大共识。

一是中华优秀传统文化可以为实现中国梦提供精神支撑。

实现中华民族的伟大复兴，必须要有独立的中国精神，重塑民族自信，共同凝聚中国梦。"一个国家、一个民族的强盛，总是以文化兴盛为支撑的，中华民族伟大复兴需要以中华文化发展繁荣为条件。"②"实现中国梦，是物质文明和精神文明均衡发展、相互促进的结果。没有文明的继承和发展，没有文化的弘扬和繁荣，就没有中国梦的实现。中华民族的先人们早就向往人们的物质生活充实无忧、道德境界充分升华的大同世界。中国文化历来把人的精神生活纳入人生和社会理想之中。所以实现中国梦，是物质文明和精神文明比翼双飞的发展过程。随着中国经济社会不断发展，中华文明也必将顺应时代发展焕发出更加蓬勃的生命力。"③实现中国梦，要求我们弘扬以爱国主义为核心的民族精神，以改革创新为核心的时代精神，始终把弘扬中华民族传统美德、加强社会主义思想道德建设作为极为重要的战略任务来抓，引导人民树立和坚持正确的历史观、民族观、国家观、文化观，增强做中国人的骨气和底

---

① 习近平:《在纪念孔子诞辰 2565 周年国际学术研讨会暨国儒学联合会第五届会员大会开幕会上的讲话》(2014 年 9 月 24 日)，载《人民日报》2014 年 9 月 25 日。

② 《习近平在十八届中央政治局第十二次集体学习时的讲话(2013 年 12 月 8 日)》，见《习近平关于社会主义文化建设论述摘编》，中央文献出版社 2017 年版，第 3~4 页。

③ 《习近平在十八届中央政治局第十二次集体学习时的讲话(2013 年 12 月 8 日)》，见《习近平关于社会主义文化建设论述摘编》，中央文献出版社 2017 年版，第 4~5 页。

气，增强文化自觉和文化自信，凝聚和打造强大的中国精神和中国力量。

二是中华优秀传统文化可以成为中国特色社会主义植根的沃土。

"实现中国梦必走中国道路。这就是中国特色社会主义道路。这条道路来之不易，它是在改革开放 30 多年的伟大实践中走出来的，是在中华人民共和国成立 60 多年的持续探索中走出来的，是在对近代以来170 多年中华民族发展历程的深刻总结中走出来的，是在对中华民族5000 多年悠久文明的传承中走出来的，具有深厚的历史渊源和广泛的现实基础。"①中国共产党成立 100 年来，矢志不渝，团结带领全国各族人民，坚持把马克思主义和中华优秀传统文化相结合，坚持用马克思主义的立场、观点和方法，汲取中华传统文化中的有益养分，持续推进马克思主义中国化进程，走出了一条令国人振奋、世界瞩目的中国特色社会主义道路。在这条道路形成和发展的风雨历程中，中华优秀传统文化在与马克思主义的结合中，成为中华民族的力量之源、情感之源、动力之源和信心之源，成为马克思主义在中国生根发芽、茁壮成长不可或缺的文化土壤，成为民族复兴的精神动力、理论源泉和制度保障。在当代中国，中华优秀传统文化蕴含着博大精深、丰富深刻的哲学思想、人文精神、道德观念、治国理政资源，能为我国走向国家治理现代化提供可贵滋养，让中国特色社会主义根植于沃土。

三是中华优秀传统文化可以为社会主义核心价值观和伦理道德建设提供重要源泉。

"历史和现实都表明，核心价值观是一个国家的重要稳定器，能否构建具有强大感召力的核心价值观，关系社会和谐稳定，关系国家长治久安。"②培育和践行社会主义核心价值观，不仅要同推进新时代中国特色社会主义事业的具体实践相契合，还要从中华优秀传统文化中不断汲

①　习近平：《在第十二届全国人民代表大会第一次会议上的讲话》（2012 年 3 月 17 日），见《习近平治国理政》，外文出版社 2014 年版，第 39~40 页。

②　《习近平关于社会主义文化建设论述摘编》，中央文献出版社 2017 年版，第 106 页。

取营养，深入挖掘和阐发中华优秀传统文化讲仁爱、重民本、守诚信、崇正义、尚和合、求大同的时代价值，使社会主义核心价值观将社会主义的价值特性与中华民族的文化特性融汇于一体。党的十八大确立的社会主义核心价值观"富强、民主、文明、和谐、自由、平等、公正、法治、爱国、敬业、诚信、友爱，传承着中国优秀传统文化的基因，寄托着近代以来中国人民上下求索、历经千辛万苦确立的理想和信念，也承载着我们每个人的美好愿景"①。从框架建构、价值内涵和体系、伦理道德、人文精神等方面看，社会主义核心价值观都借鉴并吸收了中华优秀传统文化的"根本"和"灵魂"。正如习近平指出的："中国古代历来讲格物致知、诚意正心、修身齐家、治国平天下。从某种角度看，格物致知、诚意正心、修身是个人层面的要求，齐家是社会层面的要求，治国平天下是国家层面的要求。我们提出的社会主义核心价值观，把涉及国家、社会、公民的价值要融为一体，既体现了社会主义的本质要求，继承了中国优秀传统文化，也吸收了世界文明有益成果，体现了时代精神。"②从语言文字上看，也较多地运用了人民喜闻乐见的传统话语来表达，实现了社会主义核心价值观的中国化、时代化、大众化。社会主义核心价值观是当代中国精神的集中体现，是凝聚中国力量的思想道德基础。形成这样的核心价值观，有利于形成善良的道德意愿、道德情感、道德判断和道德责任，提高道德实践能力，提升全民思想道德水平；有利于人们自觉接受，内化于心、外行于行、固化于制；有利于引领和整合社会多样化思潮，化解社会矛盾，促进社会和谐进步；有利于应对西方反动势力妄图"西化""分化"中国的图谋，夺取中国特色社会主义事业的新胜利。

四是中华优秀传统文化可以为新时代治国理政提供重要资源。

一个国家选择什么样的国家制度和国家治理体系，是由这个国家的

---

① 《习近平关于社会主义文化建设论述摘编》，中央文献出版社 2017 年版，第 115 页。

② 《习近平关于社会主义文化建设论述摘编》，中央文献出版社 2017 年版，第 114 页。

传统历史文化、社会性质、经济发展水平决定的。在几千年的历史演进中，中华民族创造了灿烂的古代文明，形成了一整套包括朝廷制度、郡县制度、土地制度、税收制度、科举制度、监察制度、军事制度等方面行之有效的国家制度和国家治理体系，受到了周边国家和民族的称赞和效仿。在这些制度的形成和发展中，我们的先人创造了关于国家制度和国家治理的丰富思想，如大道之行，天下为公的大同理念；六和同风、四海一家的大一统传统；德主刑辅、教化育人的德治主张；民贵君轻、政在养民的民本思想；等贵贱均贫富、损有余补不足的平等观念；法不阿贵、绳不挠曲的正义追求；孝悌忠信、礼义廉耻的道德操守；任人唯贤、选贤与能的用人标准；周虽旧邦、其命唯新的改革精神；亲仁善邦、协和万邦的外交之道；以和为贵、好战必亡的和平理念，等等。其中的精华，既是中华民族优秀传统的重要组成部分，也是新时代治国理政可资汲取和借鉴的重要资源。我们将这些丰富重要的资源同当今实践需要和时代要求相契合，更易于扎根中华大地，开花结果，形成巨大的国际竞争力、影响力、凝聚力。

五是中华优秀传统文化可以为解决当代人类面临的难题提供有益启示。

当今世界，人类文明无论在物质还是精神方面都取得了巨大进步，特别是物质的极大丰富是古代世界完全不能想象的。同时，也面临着许多突出的难题，比如，贫富差距持续扩大，物欲追求奢华无度，个人主义恶性膨胀，社会诚信不断消减，伦理道德每况愈下，人与自然关系日趋紧张，等等。要解决这些难题，不仅需要运用人类今天发现和发展的智慧和力量，而且需要运用人类历史上积累和储存的智慧和力量。"世界上一些有识之士认为，包括儒家思想在内的中国优秀传统文化中蕴藏着解决当代人类面临的难题的重要启示，比如，关于道法自然、天人合一的思想，关于天下为公、大同世界的思想，关于自强不息、厚德载物的思想，关于以民为本、安民富民乐民的思想，关于为政以德、政者正也的思想，关于苟日新日日新又日新、革故鼎新、与时俱进的思想，关于脚踏实地、实事求是的思想，关于经世致用、知行合一、躬行实践的思想，关于集思广益、博施众利、群策群力的思想，关于仁者爱人、以德立人的思想，关于以诚待人、讲信修睦的思想，关于清廉从政、勤勉奉公的思想，关于俭约自守、力戒奢华的思想，关于中和、泰和、求同存异、和而不同、和谐相处的思想，关于安不忘危、存不忘亡、治不忘乱、居安思危的思想，等等，可以为当代人类面临的难题提供有益启示。"①

第三，对中华传统文化重大意义、主要特点、基本历史分期以及核心思想提出了创新性的见解。

几千年来的中华传统文化究竟有何重大意义、主要特点，应该做出怎样的历史分期，这是我国历史学者长期争议不休的学术问题，各有各的看法，意见不一。大体而言，有三段说，四段说、五段说、六段说、八段说等观点。习近平总书记依据历史唯物主义的基本原理，从世界视野、宏观整体角度说出了自身的看法。他认为："孔子创立的儒家学说以及在此基础上发展起来的儒家思想，对中华文明产生了深刻影响，是中国传统文化的重要组成部分。儒家思想同中华民族形成和发展过程中所产生的其他思想文化一道，记载了中华民族自古以来在建设家园的奋斗中开展的精神活动、进行的理性思维、创造的文化成果，反映了中华民族的精神追求，是中华民族生生不息、发展壮大的重要滋养。中华文明，不仅对中国发展产生了深刻影响，而且对人类文明进步作出了重大贡献。中国传统文化，尤其是作为其核心的思想文化的形成和发展，大体经历了中国先秦诸子百家争鸣、两汉经学兴盛、魏晋南北朝玄学流行、隋唐儒释道并立、宋明理学发展等几个历史时期。从这绵延 2000 多年之久的历史进程中，我们可以看出这样几个特点。一是儒家思想和中国历史上存在的其他学说既对立又统一，既相互竞争又相互借鉴，虽然儒家思想长期居于主导地位，但始终和其他学说处于和而不同的局面之中。二是儒家思想和中国历史上存在的其他学说都是与时迁移、应物

---

① 习近平：《文明交流互鉴是推动人类文明进步和世界和平发展的重要动力》，见《论党的宣传思想工作》，中央文献出版社 2020 年版，第 68 页。

变化的，都是顺应中国社会发展和时代前进的要求而不断发展更新的，因而具有长久的生命力。三是儒家思想和中国历史上存在的其他学说都坚持经世致用原则，注重发挥文以化人的教化功能，把对个人、社会的教化同对国家的治理结合起来，达到相辅相成、相互促进的目的。"①习近平总书记的看法，为理论界深入研讨这些问题、形成共识，大有裨益。

习近平在一系列讲话中指出："中华民族历来是爱好和平的民族。中华文化崇尚和谐，中国'和'文化源远流长，蕴涵着天人合一的宇宙观、协和万邦的国际观、和而不同的社会观、人心和善的道德观。在5000多年的文明发展中，中华民族一直追求和传承着和平、和睦、和谐的坚定理念。以和为贵，与人为善，己所不欲、勿施于人等理念在中国代代相传，深深植根于中国人的精神中，深深体现在中国人的行为上。"②有些学者以为，习近平在这里表述的"和"即和合、和谐、中和，实质上就是对中华优秀传统文化核心思想或精髓的概括，体现出"贵和尚中、善解能容、厚德载物、和而不同"的宽容品格。这一以"和"为核心的思想，博大精华，蕴涵广泛，引人深思，值得我们反复切磋，形成新时代的新成果。

第四，科学阐述对待中华民族传统文化的正确态度和基本方针。

一是有扬弃地继承。

"传统文化在其形成和发展过程中，不可避免会受到当时人们的认识水平、时代条件、社会制度的局限性的制约和影响，因而也不可避免会存在陈旧过时或已成为糟粕的东西。这就要求人们在学习、研究、应用传统文化时坚持古为今用、推陈出新，结合新的实践和时代要求进行正确取舍，而不能一股脑儿都拿到今天来照套照用。要坚持古为今用、

---

① 习近平：《在纪念孔子诞辰 2565 周年国际学术研讨会暨国儒学联合会第五届会员大会开幕会上的讲话》(2014 年 9 月 24 日)，载《人民日报》2014 年 9 月 25 日。

② 习近平：《中国人民不接受"国强必霸"的逻辑》(2014 年 5 月 15 日)，见《论坚持推动构建人类命运共同体》，中央文献出版社 2018 年版，第 106-107 页。

以古鉴今，坚持有鉴别的对待、有扬弃的继承，而不能搞厚古薄今、以古非今，努力实现传统文化的创造性转化、创新性发展，使之与现实文化相融相通，共同服务以文化人的时代任务。"①这就明确了我们党对中华优秀传统文化的基本方针，是"要坚持古为今用、推陈出新，有鉴别地加以对待，有扬弃地予以继承"。"有鉴别"就是要对传统文化进行科学分析，对有益的东西、好的东西予以继承和发扬，对负面的、不好的东西加以抵御和克服，而不能采取全盘接受或者全盘抛弃的绝对主义态度。"有扬弃"是在经过分析鉴别的基础上，坚决剔除其过时落后的糟粕后，积极继承吸收其合理优秀的成分。"对存在合理内核、又具有旧时代要素的内容，要取其精华、去其糟粕。对明显不符合当今时代要求的内容，要加以扬弃。"

二是创新性发展、创造性转化。

"弘扬中华优秀传统文化，要处理好继承和创造性发展的关系，重点做好创造性转化、创新性发展。"②"创新性能转化"，就是要按照时代特点和要求，对那些至今仍有价值的内涵和陈旧的表现形式加以改造，赋予其新的时代内涵和现代表达形式，激活其生命力。"创新性发展"，就是按照时代的新进步新进展，对中华优秀传统文化的内涵加以补充、拓展、完善，增强其影响力和感召力。

三是强化挖掘和阐发。

"要加强对中华优秀传统文化的挖掘和阐发，使中华民族最基本的文化基因与当代文化相适应、与现代社会相协调，把跨越时空、超越国界、富有永恒魅力、具有当代价值的文化精神弘扬起来。""要围绕我国和世界发展面临的重大问题，着力提出能够体现中国立场、中国智慧、

---

① 习近平：《在纪念孔子诞辰 2565 周年国际学术研讨会暨国儒学联合会第五届会员大会开幕会上的讲话》(2014 年 9 月 24 日)，载《人民日报》2014 年 9 月 25 日。

② 习近平：《把培育和弘扬社会主义核心价值观作为凝魂聚气、强基固本的基础》，见《论党的宣传思工作》，中央文献出版社 2020 年版，第 55~57 页。

中国价值的理念、主张、方案。"①同时要"深入挖掘中优秀传统文化蕴含的思想观念、人文精神、道德规范，结合时代要求继承创新，让中华文化展现出永久魅力和时代风采"②，还要重视对"收藏在禁宫里的文物、陈列在广阔大地上的遗产、书写在古籍里的文字"等古代典籍以及承载了民族精神的文化遗产、历史文物的保护和整理。善于把悠久历史、厚重文化以文字、图片、实物、影像等多种形式保存和展示出来。

"双百"方针，"是繁荣发展我国哲学社会科的重要方针。要提倡理论创新和知识创新，鼓励大胆探索，开展平等、健康、活泼和充分说理的学术争鸣，活跃学术空气。要坚持和发扬学术民主，尊重差异，包容多样，提倡不同学术观点、不同风格学派相互切磋、平等讨论。要正确区分学术问题和政治问题，不要把一般的学术问题当成政治问题，也不要把政治问题当作一般的学术问题，既反对打着学术研究旗号从事违背学术道德、违反宪法律的假学术行为，也反对把学术问题和政治问题混淆起来，用解决政治问题的办法对待学术问题的简单化做法"③。

要认真贯彻执行中共中央、国务院《关于实施中华优秀传统文传传承发展工程的意见》，把优秀传统文化贯穿国民教育始终、滋养文艺创作，融入生产生活，大力宣讲推广中华优秀传统文化。领导干部要带头学习中国传统文化，阅读各类传统经典；各级各类学校要增加中国传统文化的学习比重；要积极运用传统的节日仪式等弘扬传统文化。让13亿人的每一份子都成为传播中华美德、中华文化的主体。

"文艺不能当市场的奴隶，不要沾满了铜臭气。优秀的文艺作品，最好是既能在思想上、艺术上取得成功，又能在市场上受到欢迎。要坚守文艺的审美理想，保持文艺的独立价值，合理设置反映市场接收程度

---

① 习近平：《在哲学社会科学工作座谈会上的讲话》，见《论党的宣传思工作》，中央文献出版社 2020 年版，第 228、239 页。

② 《中国共产党第十九次全国代表大会文件汇编》，人民出版社 2017 年版，第 33、34 页。

③ 习近平：《在哲学社会科学工作座谈会上的讲话》，见《论党的宣传思工作》，中央文献出版社 2020 年版，第 228、239 页。

的发行量、收视率、点击率、票房收入等量化指标,既不能忽视和否定这些指标,又不把这些指标绝对化,被市场牵着鼻子走。"必须把社会效益放在首位,同时是社会效益和经济效益相统一。①

(作者为湖北省炎黄文化研究会常务理事、湖北省中国特色社会主义理论研究中心特聘研究员、湖北省社会科学院研究员、《江汉论坛》原主编)

---

① 习近平:《在文艺工作座谈会上的讲话》(2014 年 10 月 5 日),见《论党的宣传思想工作》,中央文献出版社 2020 年版,第 109~110 页。

忠实地继承捍卫　创造性地发扬光大

——党与优秀传统文化简陈

李子林

中华优秀传统文化是中华文明的重要基因和根脉，是我们民族我们国家得以生存发展的重要历史文化条件。中华优秀传统文化博大精深，源远流长，上下五千年，纵横八千里，历经数千年风雨依然挺立，生机勃勃，是世界上唯一没有中断的既古老又年轻的文明，在人类文明灿烂星空中闪烁着最耀眼的光芒。中国共产党作为中国工人阶级的先锋队，先进生产力、先进文化和中国人民利益的忠实代表，中国革命改革建设的核心领导力量，是中华优秀传统文化最忠实的继承者、捍卫者、发扬光大者，既以"勤劳勇敢、自强不息、团结统一、爱好和平"的爱国主义为核心的民族精神凝聚华夏儿女共谋民族独立复兴、人民幸福安康、国家繁荣富强伟业，又以伟大的创新精神、奋斗精神、团结精神、追求梦想的精神，在进行伟大斗争、从事伟大事业、建设伟大工程、实现伟大梦想征途中进一步发扬光大优秀传统文化，使优秀传统文化转化为党的思想主张和强大精神动力，极大地彰显了优秀传统文化的强大力量。

一、以强烈的家国情怀、责任担当意识滋养中国共产党人不忘初心，牢记使命

中华优秀传统文化蕴含强烈的家国情怀和责任担当意识，把国家、家庭、个人命运紧密联系在一起。"家是最小国，国是千万家""我爱我的国，我爱我的家""国家兴亡，匹夫有责""苟利国家生死以，岂因祸福避趋之""位卑未敢忘忧国""精忠报国""保家卫国"这种流淌在中华

儿女血液中，凝聚在中华儿女骨髓里的家国情怀、责任担当意识滋养激励着历代仁人志士爱国奉献，特别是一直滋养激励着中国共产党人牢记初心，不忘使命，以为民族独立复兴、为人民谋安宁幸福为己任。从南昌起义的枪声，井冈山、黄洋界的炮声到二万五千里长征爬雪山、过草地；从妻子送郎打东洋（日本），父母送儿上战场到舍身炸碉堡，用胸膛堵住敌人机枪口，在烈火中永生；从"做隐姓埋名人，干千秋伟业事"到"人在堤在，誓与长江大堤共存亡"；从"舍小家、为大家，舍自己、为他人""不要钱，不要官，不要命，只为国家和人民"到"不计报酬，不论生死"；"与时间赛跑，同病魔竞速"等以家国情怀、责任担当为本色，以为民族谋独立复兴为目标的壮丽诗篇，无不都是优秀传统文化与马克思主义有机结合的呈现，无不彰显优秀传统文化强大力量在共产党人身上发扬光大，闪烁着最灿烂的光辉。

二、以丰富的民本思想润泽中国共产党人履行党的宗旨和群众路线，固牢人民江山

民为邦本、本固邦宁。保民、安民、惠民、利民为民造福的民本思想；"为天地立心，为生民立命，为往世继绝学，为万世开太平""先天下之忧而忧，后天下之乐而乐"的政治抱负；"衙斋卧听萧萧竹，疑是民间疾苦声；些小吾曹州县吏，一枝一叶总关情"的为民情怀；"水可载舟，亦可覆舟""得人心者得天下，失人心者失天下"，崇尚民心、民智、民力的理念；"人心自古谁无死，留取丹心照汗青""鞠躬尽瘁，死而后已"的献身精神，党将这些渗透着历代中华儿女心灵中的民本思想转化为党的全心全意为人民服务的宗旨和人民就是江山、江山就是人民的历史观以及人民利益为中心的发展观念。百年来，我们党正是始终坚持这样的历史观、群众观、文化观，坚持这样的根本宗旨和群众路线发展观念，才赢得了民心、赢得人民群众支持拥护，构筑了真正的铜墙铁壁，固牢了人民江山。因此异常强大的内外反动派和自然灾害、瘟疫不仅没有打垮我们，还都被我们打倒、击溃、击败。

三、以充沛的思想道德价值观念和正心修养的理念作用于中国共产党人崇德修身，提升素质，发扬优良传统和作风

中华优秀传统文化道德思想内容丰富。在修身重德、贵和持正、守信践约、敬职尽责、谦恭礼让、尚义勇为、诚信重诚、仁者爱人、言行一致、言行必果、选贤任能、诚信修睦等方面有充分体现；告诫人们"成由勤俭败由奢"，强调"自强不息、见义勇为""富贵不能淫、威武不能屈、贫贱不能移"等。这些都润泽中国共产党人加强道德修养，发扬优良传统的作风，保持和发扬中国共产党人的气节、精神和品质，做一个高尚的人，一个有道德的人，一个纯粹的人，一个脱离了低级趣味的人，一个有益于人民的人。

四、以伟大的民族精神续写共产党人的精神谱系

渗透贯穿在中华优秀传统文化中的伟大创造精神，奋斗精神，团结精神，追求梦想精神以及厚德载物的美德精神，穷则变、变则通、通则久的变通精神，济世救民、大爱无疆的爱民为民精神，以爱国主义为核心的团结统一、勤劳勇敢、自强不息、团结统一、爱好和平的民族精神和自强不屈，贫贱不移、富贵不淫的浩然正气，经过中国共产党人的创新性继承和创造性转化，伴随中国共产党人的奋斗历程，在各个历史时期淬炼锻造了红船精神、井冈山精神、长征精神、遵义会议精神、延安精神、西柏坡精神、红岩精神、抗美援朝精神、两弹一星精神、特区精神、抗洪精神、抗震救灾精神、抗疫精神、脱贫攻坚精神等伟大精神，形成了体现党的性质宗旨和政治品格的精神谱系。这一系列伟大精神跨越时空，历久弥新，集中体现了党的坚定信念、凝聚着中国共产党人艰苦奋斗、自强不息、牺牲奉献、开拓进取的伟大品格，深深融入我们党、民族、人民的血脉，这一系列伟大精神蕴含着"我们从哪里来，到哪里去"的精神密码，蕴含着中华民族优秀传统文化重要基因，过去

是、现在是、将来仍然是我们党宝贵的精神财富，是激励我们党在新的伟大旅程中风雨无阻、勇敢前进的强大精神动力。

五、人与自然和谐相处，生态平衡的思想为我们党坚持科学发展、构建和谐社会提供历史依据和文化条件

渗透和贯穿在优秀传统文化中人与自然和谐相处、天人合一、道法自然的观念对于我们党坚持科学发展不无启示作用。特别是人与自然和谐相处的思想以及生态平衡的方法论和人们在生产中对天文历法、气象学、物候学、农作物学的认识和把握对人们认识生命、保护生命，认识自然、保护自然，使人与自然界共生存、和谐相处有很好的借鉴作用。中医文化的思维方式和价值观念不仅具有强烈的人文关怀、人文品格、人文精神，而且具有丰富的哲学内涵。用金、木、水、火、土相生相克，以及营养平衡等人文模式构造学科体系，调整人、心、物平衡，改变人体内环境，用治本发展提高自强修复能力，这对于我们坚持以人为本的科学发展观不无裨益。

同时，优秀传统文化强调调节人心、人、我、己、他、天地、父子、君臣、师生、夫妻、人与人、人与家庭等关系，并强调建立一整套规范、礼义。我们党根据新的时代特征，去其糟粕，赋予新的内涵，强调调适天、地、人三种关系，利用传承优秀传统文化调节亲和之作用，提高亲和力，要求宽厚包容、善良亲和，促进整个社会各美其善、美人之美、美美如共、和谐共生，使和谐家庭、和谐社会、和谐乡村、和谐企业、和谐社会建设向纵深发展。

六、汲取我国古代德刑相辅，儒法并用等思想精华，坚持依法治国和以德治国相结合

中国优秀传统文化蕴含着宝贵的以德治国和依法治国，德法并举治国的思想。一方面，强调仁、义、礼、智、信，强调礼、义、廉、耻国

之四维，四维不张，国乃灭亡；另一方面，强调依法依制治国，强调无规矩不成方圆，强调要行秦政法，强调郡县治、天下安，要求沿用郡县治，强调在法律面前人人平等，王子犯法与庶民同罪。我们党所坚持的社会主义法治制度、法治社会、法治政府，一个鲜明的特点就是汲取我国传统文化中这种德刑相辅、儒法并用等思想精华，坚持依法治国和以德治国相结合，走中国特色社会主义法治道路。

坚持这条道路，我们党一方面以德治国，加强全社会公民思想道德建设、职业道德建设、家庭美德建设、个人品德建设，并将这些建设制度化、法制化、渗透、融化，体现在市民公约、乡村公约、厂规厂纪、校规校纪的规制建设中和各行各业为规范中。另一方面，强调依法治国、依法治厂、依法治校、依法治村、依法治社区，强调要坚持一切政党社会组织必须在宪法和法律范围内活动，强调和坚持有法可依，有法必依，执法必严，违法必究，使广大干部和人民群众善于在宪法和法律监督下学习工作和生活，使全国各行各业、各个领域在宪法和法律内有力、有序、有效运转和行动，使党和政府在中国特色的现代治理体系中高效运转并不断提高治理能力和水平，进而使全党全社会动员力、凝聚力、执行力得到世界人民的高度肯定和赞扬。

七、以深厚的民族认同凝聚华夏儿女共襄民族复兴伟业

蕴含在中华优秀传统文化中的"四海一家亲，都是炎黄子孙"体现了中华民族高度认同，体现了中华儿女对祖国最深厚、最高尚、最纯洁、最神圣的情感。这种情感把国家与家庭、个人与社会、地域与民族紧密地联系在一起，并把国家利益、民族利益放在至高无上的地位。我们党以此凝聚华夏儿女、炎黄子孙"四海一家亲，共圆中国梦"。这种高度的民族认同所迸发的伟力和作用不可替代，无可比拟。今天我们比任何时候更接近、更有信心、更有能力实现中华民族的伟大复兴，华夏儿女、炎黄子孙必将也必定会"心往一处想，劲往一处使"，共同投身

民族复兴伟业。

八、以宽厚和谐思维推动与世界文明交流互鉴，以协和万邦、世界大同观念寻求最大公约数，共建人类命运共同体

中华民族具有与其他民族友好相待的优良传统，形成了和谐共生、海纳百川、兼容并蓄、和而不同等基本理念。历代中国人主张"和为贵""和生万物"，强调"美美与共，世界大同"，认为只有"协和万邦"才能"万国咸宁"。这些和合理念、大同思想植根中华民族的深处，为我们党处理民族与民族、国家与国家之间的关系提供了行为准则，为不同民族文化的交流、不同文明形态的交流确立了基本遵循，是我们构建人类命运共同体的主要思想资源，是我们大国外交的重要思想基础和文化历史依据。

当前，世界百年未有之大变局加速演进，我们开启了实现第二个百年目标，实施"十四五"新征程，我们面临同过去许多不同的新的特点的伟大斗争。在这种新的形势下，优秀传统文化独一无二的理念、智慧、气度、神韵可以增添中国人民和中华民族内心深处的自信和自豪，在重大历史关头，感国家之变化，立时代之潮头，发时代之先声，为亿万人民、为中华民族加油鼓劲！为此，一方面要进一步捍卫传承中华优秀传统文化，弘扬伟大民族精神；另一方面，要综合新的征程和所从事伟大事业、伟大斗争，实践伟大梦想，进行伟大斗争创造性转化，发扬光大优秀传统文化，并把这种传承和弘扬转化发扬光大，同当前正在开展的党史、国史、社会主义发展史、改革开放教育史有机结合起来，通过"四史"教育进一步彰显优秀传统文化在党的发展历程中、社会发展历史中、社会主义发展变化中、改革开放重大进步中的强大力量，从理论和实践的结合中，从社会发展和个人深刻感悟中认识到共产党为什么能，马克思主义为什么行，中国特色社会主义为什么好，传统文化为什么优，从而树立正确的历史观、民族观、国家观、文化观，增强民族认同感、归属感、尊严感、自豪感，从而为我们党和人民特别是广大共产

党人厚植"四个自信""两个坚决维护"的思想理论基础，培植深厚的情感和价值观念，培育锻造忠诚于党的大德，造福于民的公德，严于律己的品德，使国家和民族保持坚定的民族自信和强大的修复能力，使我们党和国家永保旺盛生机和活力。

（作者为湖北省炎黄文化研究会副会长兼秘书长、湖北省委宣传部原副部长）

我们应当如何理解"文化自信"

李维武

今天凡论中国文化问题者，大概都会涉及文化自信问题。可以说，赞成和主张"文化自信"，已经成为当今绝大多数中国人对中国文化的共识。但是，"文化自信"作为一种观念，如何来理解，在实际上则存在着不同的看法，是一个有待深入思考和探讨的问题。

一、理解"文化自信"的关节点

对于"文化自信"的不同理解，其关节点不是我们要不要重视文化的问题，也不是我们要不要有文化自信的问题，而是我们所自信的文化是什么文化的问题。正是在这个关节点上，明显地存在着不同的看法和观点的分歧。其中最大的分歧点就在于：我们所自信的文化，是指中国传统文化呢？还是指中国特色社会主义文化呢？这个问题是理解"文化自信"的关键所在。

我们所说的"文化自信"，是"四个自信"的重要组成部分，而"四个自信"，实是一个完整的整体。党的十九大前后，习近平同志对包括"文化自信"在内的"四个自信"作了具体的表述，一再明确地称之为"中国特色社会主义道路自信、理论自信、制度自信、文化自信"。在《习近平谈治国理政》第二卷和第三卷中，多篇论述中都有"中国特色社会主义道路自信、理论自信、制度自信、文化自信"的提法①。从这些反

①　见习近平：《不忘初心，继续前进》，见《习近平谈治国理政》第2卷，外文出版社2017年版，第36页；习近平：《要有高度的文化自信》，见《习近平谈治国理政》第2卷，外文出版社2017年版，第349页；习近平：《高举中国特色社会主义伟大旗帜，为决胜全面小康社会实现中国梦而奋斗》，见《习近平谈治国理政》第2卷，外文出版社2017年版，第59页；习近平：《用新时代中国特色社会主义思想铸魂育人》，见《习近平谈治国理政》第3卷，外文出版社2020年版，第329页。

复阐述的一致提法中可以清楚看出,这正是习近平同志对"文化自信"的一贯性和普遍性的理解。由此可见,我们所说的"文化自信"其实是有具体所指的,就是指对中国特色社会主义文化的自信,而不是指对其他什么文化的自信。

什么是中国特色社会主义文化呢?习近平同志在党的十九大报告中有过明确的说明。他指出:"中国特色社会主义文化,源自于中华民族五千多年文明历史所孕育的中华优秀传统文化,熔铸于党领导人民在革命、建设、改革中创造的革命文化和社会主义先进文化,植根于中国特色社会主义伟大实践。"[1]他的这段论述,对中国特色社会主义文化进行了一个明确的界定。这个界定指出,中国特色社会主义文化以中华优秀传统文化为其历史来源,以革命文化和社会主义先进文化为其主体内容,以中国共产党领导中国人民进行的中国特色社会主义伟大实践为其植根基础。只有从这个界定出发,才能对"文化自信"作出准确的和正确的理解。

根据习近平同志对中国特色社会主义文化的界定,我们可以从"文化自信"的具体内涵、现实基础、历史逻辑、指导思想四个方面,来对"文化自信"作出进一步说明和理解。

二、"文化自信"的具体内涵

要对"文化自信"作出准确的和正确的理解,首先要把握"文化自信"的具体内涵,明确我们所自信的文化到底是什么文化。

如上所论,我们所自信的文化是有具体所指的,这就是指中国特色社会主义文化,而中国特色社会主义文化是以中华优秀传统文化为其历史来源,以革命文化和社会主义先进文化为其主体内容的,那么"文化自信"的具体内涵,就不仅包含对中华优秀传统文化的自信,而且包含

---

① 习近平:《决胜全面建成小康社会　夺取新时代中国特色社会主义伟大胜利》,载《人民日报》2017年10月28日。

对革命文化和社会主义先进文化的自信。

在中国文化发展中，革命文化和社会主义先进文化虽然只有短短近百年的历史，但却与有着数千年悠久历史的中华优秀传统文化一样，是中华民族重要的文化创造。习近平同志指出："在 5000 多年文明发展中孕育的中华优秀传统文化，在党和人民伟大斗争中孕育的革命文化和社会主义先进文化，积淀着中华民族最深层的精神追求，代表着中华民族独特的精神标识。"①这也就是说，作为"积淀着中华民族最深层的精神追求"的中国文化，作为"代表着中华民族独特的精神标识"的中国文化，不只是指中华优秀传统文化，而且指革命文化和社会主义先进文化，是指包括中华优秀传统文化、革命文化和社会主义先进文化在内的中国特色社会主义文化。

因此，在"文化自信"中，对中华优秀传统文化的自信固然是其要义，对革命文化和社会主义先进文化的自信同样是其重要内容。党的十八大以来，习近平同志反复强调"用好红色资源，传承好红色基因，把红色江山世世代代传下去"②。革命文化和社会主义先进文化作为中国共产党领导中国人民创造的红色文化，正是红色资源和红色基因的重要载体，用好红色资源，传承好红色基因，是离不开革命文化和社会主义先进文化的。正是革命文化和社会主义先进文化，从文化上宣示和阐明了中国共产党为什么能、马克思主义为什么行、中国特色社会主义为什么好的道理。这就使得对革命文化和社会主义先进文化的自信，具有了特别重要的意义。那种把"文化自信"的内涵仅仅局限于对中华优秀传统文化的自信，认为中国文化中只有传统文化才是值得自信的，而革命文化和社会主义先进文化是不值得自信的看法，无疑是对"文化自信"具体内涵的片面理解。

---

① 习近平：《不忘初心，继续前进》，见《习近平谈治国理政》第 2 卷，外文出版社 2017 年版，第 36 页。

② 习近平：《用好红色资源，传承好红色基因，把红色江山世世代代传下去》，载《求是》2021 年第 10 期。

三、"文化自信"的现实基础

"文化自信"所言的文化，是指作为观念形态的狭义的文化，即人的精神创造活动和精神创造产物。文化作为观念形态的东西，作为人的精神创造活动和精神创造产物，不是凭空产生出来的，而是有其现实基础，是在这种现实基础上发生和发展的。

80多年前，毛泽东在《新民主主义论》中就已经把这个问题讲清楚了。他指出："一定的文化(当作观念形态的文化)是一定社会的政治和经济的反映，又给予伟大影响和作用于一定社会的政治和经济；而经济是基础，政治则是经济的集中的表现。"①这就是说，"当作观念形态的文化"，首先是由经济的和政治的基础所决定的，再反过来影响和作用于经济的和政治的基础。他不赞成离开经济的和政治的基础来讲文化，也不赞成把文化看作比经济和政治更为根本的东西。毛泽东由此特别提醒中国共产党人："我们讨论中国文化问题，不能忘记这个基本观点。"②

既然文化首先是由经济的和政治的基础所决定的，那么随着经济和政治基础的变动，文化或迟或早也要随之发生变动；特别是由于新的经济因素和新的政治因素的发生和发展，文化也必然会出现以新代旧的更替，即使是最为稳定的文化传统也会出现变化乃至更新。鸦片战争后，中国被卷入全球性现代化运动，中国社会出现了新的经济因素和新的政治因素，在这个基础之上产生了不同于中国传统文化的中国近现代文化，即与中国旧文化不同的中国新文化。革命文化和社会主义先进文化，正是作为中国新文化而出现和发展的。

---

① 毛泽东：《新民主主义论》，见《毛泽东选集》第2卷，人民出版社1991年版，第663~664页。
② 毛泽东：《新民主主义论》，见《毛泽东选集》第2卷，人民出版社1991年版，第664页。

　　"文化自信"所自信的中国特色社会主义文化，之所以是以中国共产党领导中国人民进行的中国特色社会主义伟大实践为其植根基础，正在于这种实践活动首先是人们的经济活动及政治活动，即改变中国的旧经济和旧政治、建立中国的新经济和新政治的社会实践。革命文化和社会主义先进文化正是在这个现实基础上发生和发展的，中国特色社会主义文化也正是在这个现实基础上发生和发展的，对中华优秀传统文化创造性转化和创新性发展同样离不开这个现实基础。

四、"文化自信"的历史逻辑

　　中国特色社会主义文化包括中华优秀传统文化、革命文化和社会主义先进文化。在这三种中国文化形态之间，存在着历史的联系和历史的次序。这种历史的联系和历史的次序，从表面上看是由"先"而"后"的关系，而从实质上看则是由"古"而"今"的关系。中华优秀传统文化为中国文化之"古"，革命文化和社会主义先进文化为中国文化之"今"。中国文化的这种古今关系，不仅呈现出中国古代文化和中国近现代文化的区别，表现为文化类型的不同，而且继中国文化的古代传统之后形成了中国文化的现代传统，表现为文化传统的更新。这就构成了"文化自信"的历史逻辑。

　　"文化自信"的这种历史逻辑，不是人们在思辨中构想出来的，也不是由人们主观的愿望和意志所决定的，而是由"文化自信"的现实基础所决定的，是由中国社会生活中的经济因素和政治因素所决定的。中国传统文化是在中国古代社会的经济和政治的基础上发生和发展的。鸦片战争后，中国古代社会逐渐转变为中国近代社会，出现和发展了新的经济因素和新的政治因素，这才有了中国近现代文化的发生和发展，才有了革命文化和社会主义先进文化的发生和发展。中华优秀传统文化之所以为中国文化之"古"，革命文化和社会主义先进文化之所以为中国文化之"今"，形成了中国文化由"古"而"今"的历史逻辑，实在于中国文化的现实基础发生了历史性的根本变化。

正是这样,在中国文化的古今关系中,习近平同志强调,"要坚持古为今用、以古鉴今","不能搞厚古薄今、以古非今"①。这就要求我们正确地把握"文化自信"的历史逻辑,而万万不可搞乱了这个逻辑、颠倒了这个逻辑。现在有极端文化保守主义者主张"中国必须再儒化",就是在搞厚古薄今、以古非今,就是搞乱了和颠倒了这个历史逻辑。对于这种主张,我们是要加以警惕而不能赞成的。

五、"文化自信"的指导思想

"文化自信"既然所自信的文化是中国特色社会主义文化,既然中国特色社会主义文化是以革命文化和社会主义先进文化为其主体内容,既然中国文化遵循的是由"古"而"今"的历史逻辑,而这些都是以中国共产党领导中国人民进行的中国特色社会主义伟大实践作为植根基础的,那么以马克思主义作为其指导思想,也就成为必然之理和应有之义。

马克思主义何以能够成为"文化自信"的指导思想呢?这就在于五四运动后的中国新文化,主要是革命文化和社会主义先进文化,都是在马克思主义指导下发展起来的。早在《新民主主义论》中,毛泽东就通过回顾和总结鸦片战争后中国新旧文化的转换和中国新文化的开展,对这个问题作了富有历史感的阐发。他指出:"在'五四'以后,中国产生了完全崭新的文化生力军,这就是中国共产党人所领导的共产主义的文化思想,即共产主义的宇宙观和社会革命论。……这支生力军在社会科学领域和文学艺术领域中,不论在哲学方面,在经济学方面,在政治学方面,在军事学方面,在历史学方面,在文学方面,在艺术方面(又不论是戏剧,是电影,是音乐,是雕刻,是绘画),都有了极大的发展。

---

① 习近平:《在纪念孔子诞辰 2565 周年国际学术研讨会暨国际儒学联合会第五届会员大会开幕会上的讲话》,载《人民日报》2014 年 9 月 25 日。

二十年来，这个文化新军的锋芒所向，从思想到形式（文字等），无不起了极大的革命。其声势之浩大，威力之猛烈，简直是所向无敌的。其动员之广大，超过中国任何历史时代。而鲁迅，就是这个文化新军的最伟大和最英勇的旗手。"①在毛泽东看来，正是由于有了马克思主义作为发展中国新文化的思想指南，因而五四运动以来的中国新文化开展，在诸领域和各方面都取得了辉煌的成就，产生了巨大而深刻的影响，并且产生了自己卓越的领军人物，这就是最终成为马克思主义者的鲁迅，成为"这个文化新军的最伟大和最英勇的旗手"。因此，历史已经证明，马克思主义完全能够成为"文化自信"的指导思想。也就是说，马克思主义作为"文化自信"的指导思想，不是中国共产党人自封的，而是中国近代历史所赋予的。

正是这样，习近平同志明确地强调：发展中国特色社会主义文化，必须以马克思主义为指导思想。他在党的十九大报告中指出："发展中国特色社会主义文化，就是以马克思主义为指导，坚守中华文化立场，立足当代中国现实，结合当今时代条件，发展面向现代化、面向世界、面向未来的，民族的科学的大众的社会主义文化，推动社会主义精神文明和物质文明协调发展。要坚持为人民服务、为社会主义服务，坚持百花齐放、百家争鸣，坚持创造性转化、创新性发展，不断铸就中华文化新辉煌。"②这就清楚地表明，"文化自信"必须以马克思主义作为指导思想，而不是不要指导思想，更不是以别的什么主义作为指导思想。这是我们在理解"文化自信"时尤其需要加以注意和把握的。

六、简短的结语

总之，从理解"文化自信"的关节点入手，根据习近平同志对中国

---

① 毛泽东：《新民主主义论》，见《毛泽东选集》第 2 卷，人民出版社 1991 年版，第 697~698 页。

② 习近平：《决胜全面建成小康社会　夺取新时代中国特色社会主义伟大胜利》，载《人民日报》2017 年 10 月 28 日。

特色社会主义文化的界定，从"文化自信"的具体内涵、现实基础、历史逻辑、指导思想四个方面，对"文化自信"作出进一步的说明和理解，能够使我们对"文化自信"有一个准确、完整、深入的理解。

（作者为湖北省炎黄文化研究会副会长、武汉大学哲学学院教授、博士生导师）

社会主义核心价值观与中华优秀传统文化的创造性继承

罗福惠

中华优秀传统文化是中华民族的精神命脉，是涵养社会主义核心价值观的重要源泉。习近平总书记指出：中华优秀传统文化已经成为中华民族的基因，植根在中国人内心，潜移默化影响着中国人的思想方式和行为方式。今天，我们提倡和弘扬社会主义核心价值观，必须从中汲取丰富营养，否则就不会有生命力和影响力。党的十九大报告强调，深入挖掘中华优秀传统文化蕴含的思想观念、人文精神、道德规范，结合时代要求继承创新，让中华文化展现出永久魅力和时代风采。这为我们正确认识和准确把握社会主义核心价值观与中华优秀传统文化的内在关系，立足新时代持续深入推进社会主义核心价值观建设提供了根本遵循和行动指南。

党的十八大提出，创导富强、民主、文明、和谐，倡导自由、平等、公正、法治，倡导爱国、敬业、诚信、友善，积极培育和践行社会主义核心价值观（见《中国共产党简史》第404页），"富强"是摆在第一位的核心价值观，也可以说它是核心价值观体系的基础。

在学习和宣传社会主义核心价值观时，通常把这十二个关键词划分到三个层面，即从国家层面的富强、民主、文明、和谐，社会层面的自由、平等、公正、法治，个人层面的爱国、敬业、诚信、友善来解释核心价值观的逻辑严密，内容丰富和目标明确，有利于我们对核心价值观的学习和把握。在此基础上，我通过近年以来对习近平总书记关于治国理政系列文章和讲话的学习，近几个月对最新的《中国共产党简史》的学习，在国家层面的核心价值观上有点滴心得，即把富强、民主、文明、和谐这四点和习近平总书记的"五位一体"总体布局相对照，就能清楚地发现：富强对应的是经济建设和生态文明建设，民主对应的是政治建设，文明对应的是文化建设，和谐对应的是社会建设。而在社会主义的五种建设中，包含在富强目标之内的经济建设和生态文明建设仍是第一位的基础。但是依笔者有限的见闻，以为在迄今为止的学习和宣传中，对于富强作为和谐价值观中的基础地位，讲的还不够充分。

应该承认，在我们的传统文化尤其是儒家学说中，理直气壮地讲追求富强，的确不如讲仁爱、正义、公平、大同、诚信之类的多而且详细，尽管也不是绝无仅有。如孔夫子谈到如何治理民众的三步骤说：富之，庶之，教之。孟子说的"有恒产者有恒心"，被认为带有法家思想的如管仲、韩非、晁错等，讲求国用充足或足食足兵，或仓廪足而知礼节等，一般社会上流行的富而好礼，善积之家有余庆等，可以看作对追求富足的肯定。但除此之外，类似的或者说更直白的说法，的确不多了，或许是由于个人孤陋寡闻，读书有限，所以希望对传统文化有深厚素养的人对此多加发掘和弘扬。

我们所见的比较多的是儒家学说的义利之辩，如孔夫子对梁惠王说的"何必曰利?"还见得比较多的是"为富不仁"，富者必然骄奢淫逸，"人无横财不富"等富有原罪论和"不患寡只患不均"的平均主义理论。还有一种见得比较多的是传统中把财富看成一个固定的存量，认为国家拥有的财富多一分，民间的财富就少一分，反之国家的财富少一分，民间的财富就多一分，这样一种把国富民足对立起来的主张，在历代的思想学说中并不少见，在社会上也有广泛的影响，干扰着上上下下理直气壮地对共同富裕的追求。

党的十八大报告在"八个明确"中，明确了我们的"总任务是实现社会主义现代化和中华民族伟大复兴，在全面建成小康社会的基础上，分两步走，在本世纪中叶建成富强民主文明和谐美丽的社会主义现代化强国；明确新时代我国社会主要矛盾是人民日益增长的美好生活需要和不平衡不充分的发展之间的矛盾，必须坚持以人民为中心的发展思想，不断促进人的全面发展、全体人民共同富裕"(《中国共产党简史》第466~

467 页）。这段话摆在党的十九大报告中的"八个明确"之首，表明了习总书记鲜明地把经济建设作为全体人民共同富裕的治国之途，即如何实现国民富裕的途径和共同富裕的目标。

中国共产党在经济建设中坚持社会主义的公有制为主体，以私有制经济为补充；对依靠权力寻租的贪腐分子进行打击，对野蛮生长无序扩张企图垄断国计民生的利益集团予以惩治、限制，是对共同富裕的根本保障。进入新世纪新时代以来，国家取消了在中国实行了两千余年的农业税，而且补贴农村、农业；全国限定时间完成脱贫攻坚；千方百计扩大就业；以转移支付帮扶欠发达地区的各种欠账，都是为了解决习近平总书记所说的经济发展"不平衡不充分"的问题。而且在这些方面取得的成效有目共睹，从特朗普到拜登，美国已对中国打了几年的贸易战、金融战，但中国愈战愈强；美国及其少数盟友在台海、南海秀肌肉，中国的武装力量和先进武器一再压倒了他们的嚣张气焰；在世界多处因新冠病毒肆虐而焦头烂额，数百上千万人受到感染甚至失去生命的大灾难中，中国大地成为人民群众安居乐业的安全之地。这一切当然增强了我们的四个自信，而自信的底气之一，经济是基础，仍然是新中国建国以来所取得的非凡的经济建设成就，是国家和人民初步的共同富裕。

由于我国人口众多，与一些发达国家相比，我国的人均收入排名还很不靠前。估计在当下一段较长的时间内，在国际上遭受美国的打压，受新冠病毒影响的世界经济不景气影响，与国内经济转型、人口老龄化等因素叠加，我国的经济现代化不可能一蹴而就。正因为如此，我们还要坚定"五位一体"的努力目标。

除了重视经济建设和生态文明建设以实现富强以外，我们要同样重视精神文明的建设。中华优秀传统文化的基本内容，也是我们今天可以拿来为我所用的精华部分。习近平总书记把它概括为这样六个方面："讲仁爱、重民本、守诚信、崇正义、尚和合、求大同。"这六个方面既是传统美德、政治理念、社会理想、民族精神方面的根本要素，也是中华民族传统核心价值观的重要构成。在今天，它仍然有着非常鲜明的、可以为我们所借鉴的时代意义。

讲仁爱。"仁爱"是什么？众所周知，"仁爱"是儒家思想的一个非常重要的核心。在中华几千年的文明传统当中，儒家是一个主要的核心部分。儒家思想以"仁"为立足点，而"仁"怎么来理解呢？"仁者爱人"，爱人之心就是"仁"。在这个基础上，涉及如何对待自己，如何对待他人。待人，就是"忠恕之道"，以宽容之心对待他人。待己，就是"克己"，克制自己的欲望，以协调好和他人的关系。

在做好"待己""待人"的基础上，我们还可以把"仁"加以升华，也就是"博施济众"。在过去，儒家倡导"进则兼善天下"，在今天，我们倡导个体要奉献社会，对社会、对集体要有奉献精神。这些可以说都是"仁"的体现。

"讲仁爱"是中华传统美德的精神根源，是仁政、和合、大同的政治理想和中华民族精神的价值基础。在社会主义核心价值观的个人层面，"友善"的提法和"仁爱"之心可以说是一脉相承的。

重民本。什么是"民本"？民本的核心理念是"以民为本"。民本的基本理论主张是"民为邦本、本固邦宁"。古语有言："得民心者得天下。""民为重"，这样的观念是从古至今我们都不曾忘却的。"民本"的实践表现，在过去的时代，在古代中国，强调用"利民、养民、富民、教民"等手段来对人民进行统治。而在今天，我们为什么不用"民本"而采用"民主"这样一个词？因为"民本"与"民主"这两个词之间，是存在共性，也存在根本的差异的。它们的共性在于"人民为重"，它们的差异则在于，"民本"强调的是"为民做主"，而"民主"强调的是"由民做主"，也就是说，这个做主的权力，是归统治人民的人所有，还是人民所有。这样的区别，也就是为什么我们要用"民主"取代"民本"提法的关键所在。

守诚信。什么是"诚信"？诚信，是中华传统美德之一，也是孔子所说的"四教"之一。《论语》记载："子以四教：文、行、忠、信。"在今天，"诚""信"二字，"诚"是内心之真诚，"信"则是待他人要守信诺，要有信义。"诚"心外化在外表，就是"信"之所在。在现代社会，诚信已经构成了现代社会合作和社会生活的伦理基础。在古代中国，

"诚信"首先是反映在伦理道德的基础上，而在今天市场经济的环境下，"诚信"已不仅仅是社会伦理层面的问题，同时也包括在政治社会、经济社会当中。那么，社会主义核心价值观中所提出的"诚信"和"敬业"，都和中华传统价值观中的"诚信"有着一脉相承的关系。

崇正义。什么是"正义"？义者，宜也。《墨子·天志下》曰："义者，正也"。义，首先是目的的正义，其次，也包括手段，也就是行为的正义。儒家思想以及我们的传统道德生活中关于"正义"的含义，主要谈到了三个方面：第一，伦理秩序与天下公义；第二，道义为先的价值原则；第三，义务为本的人伦责任。我们的传统文化中，涉及很多"义"的部分，比如"生，我所欲也，义，亦我所欲也，二者不可得兼，舍生而取义也"。我们今天谈到的社会主义核心价值观当中社会层面的部分——"自由、平等、公正、法治"，在我们的传统政治文化中虽然很少直接提及，但如果从"义"的大概念来看，"义"的根本原则，"义"的理念，和我们今天所倡导的"自由、平等、公正、法治"的理念，也是一脉相承的。

尚和合。什么是"和"？不同的事物，互相和谐，组成一个有机的整体，这就是"和"。"君子和而不同"，也就是说，在求同存异的基础上，在尊重差异的基础上，求得人与他人、人与社会、人与自然之间的和谐。我们在今天倡导"和谐社会"的理念，这既是一个社会治理目标，也是一种和谐的人际道德精神。"和谐社会"的本质仍然着重在人与人之间的和谐，而且不仅仅是人与人之间的和谐，也包括人与社会、人与自然之间的和谐。这样的"和"的观念，是中华文化从古至今非常明确、非常深厚的精神财富。

求大同。什么是"大同"？《礼记·礼运》说："大道之行也，天下为公，选贤与能，讲信修睦。故人不独亲其亲，不独子其子。使老有所终，壮有所用，幼有所养，矜（鳏）寡孤独废疾者皆有所养，男有分，女有归。货恶其弃于地也，不必藏于己；力恶其不出于身也，不必为己。是故谋闭而不兴，盗窃乱贼而不作，故外户而不闭，是谓大同。"这样的一个"大同"理想，它所反映的是一个和谐的、平等的、友爱的、没有争执、没有差异的理想社会。它非常美好，但同时，它又是一个乌托邦的理想。为什么？因为这样的一个理想，它所提出的时代，一直以来存在的时代是古代中国。它的阶级基础、时代环境等，都使得它无法具备实现所必须的客观现实条件。在今天，我们来看这样一个"大同"理想，它所憧憬的美好未来，是我们所要追求的，它所不具备的社会现实基础，在今天社会主义的中国，已经有了初步的实现基础。因此，我们可以说，"大同"的理想，是我们今天"中国梦"的一个民族根基，几千年来不曾忘怀的民族根基。而我们所谈到的社会主义核心价值观的三个层次——国家的理想、社会的理想、个人的理想，结合起来，也就是我们"中国梦"的理想，也就是在今天我们依然要坚持的"大同"之梦的理想。

社会主义核心价值观充分体现了对中华优秀传统文化的继承和发展。中华文明绵延数千年，有其独特的价值体系。中国古代历来讲格物致知、诚意正心、修身齐家、治国平天下。这种以天下为己任的责任伦理，强调个人、家庭的命运与社会、国家、天下的命运紧密相连，要求每个人必须承担个人、社会与国家的多重责任。从某种角度看，格物致知、诚意正心、修身是个人层面的要求，齐家是社会层面的要求，治国平天下是国家层面的要求。社会主义核心价值观，把涉及国家、社会、公民的价值要求融为一体，继承了中华优秀传统文化，体现了社会主义本质要求和时代精神。中华文化强调"民惟邦本""天人合一""和而不同"；强调"天行健，君子以自强不息""大道之行也，天下为公"；强调"天下兴亡、匹夫有责"；强调"君子喻于义""诚者，天之道也；思诚者，人之道也""言必信、行必果""人而无信，不知其可也"；强调"仁者爱人""己所不欲，勿施于人""老吾老以及人之老，幼吾幼以及人之幼""出入相友，守望相助""扶贫济困""不患寡而患不均"等，这些具有鲜明民族特色的思想和理念对社会主义核心价值观的不同层面都有着深刻影响。

习近平总书记曾说："不忘本来才能开辟未来，善于继承才能更好创新。对历史文化特别是先人传承下来的价值理念和道德规范，要坚持古为今用、推陈出新，有鉴别地加以对待，有扬弃地予以继承……要处理好继承和创造性发展的关系，重点做好创造性转化和创新性发展。"要实现传统文化的创造性转化、创新性发展，要立足于三个方面。首先，要立足于当代中国实际。当代中国的实际，就是我们正处于社会主义初级阶段的现实，就是中国特色社会主义的现实。其次，要深入阐发传承和弘扬中华优秀传统文化的时代价值。中华传统文化源远流长，博大精深，我们在学习与传承的时候，必须要注意与今天的时代环境相结合，抽取传统文化当中能够为今天所用的精华部分。最后，要体现民族性和世界性的有机统一。传统的继承与弘扬，是民族性的部分。同时，大家也会发现，在社会主义核心价值观的提法当中，有一些概念在古代中国出现的是比较少的，比如"自由""平等""民主"等，这是我们在继承中华优秀传统文化的基础上，把世界其他民族的优秀文化成果拿来为我所用，并整合在我们的社会主义核心价值观之中。

中华优秀传统文化是社会主义核心价值观得以提出的源泉、土壤与基础，而我们要在中华优秀传统文化的基础上，源于传统，高于传统，达到一个升华的境界。

(作者为湖北省炎黄文化研究会副会长，华中师范大学教授、博士生导师)

百年党史与中华优秀传统文化

刘纪兴

中国共产党一百年来的奋斗历程，谱写了中华民族五千多年发展史上最为辉煌的壮丽篇章。党的百年历史是用鲜血、汗水、泪水、勇气、智慧、力量铸就的；是筚路蓝缕、披荆斩棘、艰苦创业、砥砺前行、充满艰险、无比自豪的一百年；是苦难中开天辟地、挫折中毅然奋起、探索中收获成功、转折中迎来辉煌、奋斗中赢得未来的一百年；是敢于斗争、善于斗争、万众一心、不怕牺牲、排除万难、去争取胜利的一百年。而贯穿其中的思想灵魂，则是中华优秀传统文化的丰厚滋养和民族自信自强底气。

一、中华优秀传统文化是党确立思想理论的重要基石

党的思想理论基础是马克思列宁主义，而马克思列宁主义必须同中国社会的实际情况相结合，实现马克思主义中国化、大众化，才能够用于指导中国的革命、建设和改革开放实践，在党的领导下团结带领全国各族人民不断从胜利走向新的胜利。这是党的百年发展历史实践证明了的真理。而马克思主义中国化、大众化的过程，就是马克思列宁主义的基本原理与中华优秀传统文化和中国社会的实际情况实现紧密结合、融会贯通的社会革命实践过程。其主要标志是毛泽东思想和中国特色社会主义思想的创立与发展，并成为党的指导思想。

(一)毛泽东思想凝聚着中华优秀传统文化智慧

毛泽东思想是马克思主义中国化、大众化的科学成果，也凝聚着五千多年中华优秀传统文化的思想智慧。从 1921 年 7 月中国共产党成立，

到 1935 年 1 月遵义会议召开这 14 年，是中国共产党的幼年、童年和少年时期，这一时期的共产党人虽然一腔救国救民之志，充满青春梦想，但由于缺乏对马克思列宁主义科学深刻的认识和对中国社会实际的深入了解，党先后经历了右倾投降主义、"左"倾机会主义特别是教条主义领导带来的危害和磨难，致使党的事业遭受巨大挫折。如同毛泽东所说：他们"拒绝了解任何的特殊情况，拒绝红军血战史的经验，轻视帝国主义和国民党的力量，轻视国民党军队的力量，对敌人采用的反动的新原则视若无睹。结果，是丧失了除了陕甘边区以外的一切革命根据地，使红军由三十万人降到了几万人，使中国共产党由三十万党员降到了几万党员，而在国民党区域的党组织几乎全部丧失。总之，是受了一次极大的历史性的惩罚"①。直到 1935 年 1 月遵义会议以后，撤换了"左"倾机会主义路线的领导职务，确立了毛泽东在红军和党中央的领导地位，才结束了右倾和"左"倾路线在全党的统治，使党不断从幼稚走向成熟。经过后来的延安整风运动，党的理论指导才彻底摆脱了照抄照搬马克思列宁主义经典词句的教条主义影响，逐步走向马克思主义中国化、大众化的浴火重生道路，创立了马克思主义与中国革命实际相结合、凝聚着中华优秀传统文化智慧的毛泽东思想，为党领导新民主主义革命的胜利、建立社会主义新中国奠定了基础。正如 1958 年 7 月 12 日毛泽东在会见黑非洲青年访华代表团时曾对非洲朋友说过的那样："你们办事要按照你们的实际情况，中国的这些情况只能供你们参考。一个民族有自己的历史，有自己的环境。我们过去吃过亏的，照搬外国，就是照搬苏联的经验，使革命受了很大损失。马克思、列宁曾说过他们提出的理论仅仅是行动的指南，是指导方向的，不能作为教条。"②历史和实践证明，毛泽东思想是凝聚着中华优秀传统文化智慧的中国化的马克思列宁主义真理。

---

① 毛泽东：《中国革命战争的战略问题》，见《毛泽东选集》（第一卷），人民出版社 1991 年版，第 187 页。

② 中共中央文献研究室编：《毛泽东年谱》（第 3 册），中央文献出版社 2013 年版，第 386 页。

(二)中华优秀传统文化是马克思主义中国化的思想灵魂

毛泽东博古通今、饱览群书，中华优秀传统文化学养丰厚，是创立毛泽东思想的重要条件。例如，在毛泽东思想中，以《反对本本主义》《矛盾论》《实践论》《唯心历史观的破产》《关于正确处理人民内部矛盾问题》《人的正确思想是从哪里来的》《学习马克思主义的认识论和辩证法》《关于人的认识问题》等哲学论著为代表的毛泽东哲学思想；以《中国革命战争的战略问题》《战争和战略问题》《抗日游击战争的战略问题》《论持久战》《十大军事原则》《一切反动派都是纸老虎》等军事著作为代表的毛泽东军事思想；以《中国社会各阶级的分析》《中国的红色政权为什么能够存在》《关于纠正党内的错误思想》《论反对日本帝国主义的策略》《中国共产党在民族战争中的地位》《统一战线中的独立自主问题》《中国革命和中国共产党》《新民主主义论》《论联合政府》《将革命进行到底》《论人民民主专政》《关于中华人民共和国宪法草案》《为建设一个伟大的社会主义国家而奋斗》等政治论著为代表的毛泽东民主政治思想；以《必须注意经济工作》《我们的经济政策》《关心群众生活，注意工作方法》《必须学会做经济工作》《关于农业合作化问题》《论十大关系》《社会主义革命的目的是解放生产力》《关于社会主义商品生产问题》《经济建设是科学，要老老实实学习》《关于发展畜牧业问题》《读苏联〈政治经济学教科书〉的谈话》《大兴调查研究之风》《把我国建设成为社会主义的现代化的强国》等经济论著为代表的毛泽东经济思想；以《在鲁迅艺术学院的讲话》《在延安文艺座谈会上的讲话》《文艺工作者要同工农兵相结合》《文化工作中的统一战线》《关于陕甘宁边区的文化教育问题》《关于〈红楼梦〉研究问题的信》《同音乐工作者的谈话》《同文艺界代表的谈话》《同新闻出版界代表的谈话》《党的文艺政策应当调整》等文化论著以及数十首雄视古今无与伦比的伟大诗词为代表的毛泽东文化艺术思想等，不仅闪耀着马克思列宁主义的真理光芒，更洋溢着五千多年中华优秀传统文化的思想智慧和高瞻远瞩，激荡着革命英雄主义和革命浪漫主义的无尽情怀。在毛主席著作中，可以说对中华优秀传统文化的运用达到了炉火纯青、出神入化的崇高境界，中国的神话故事、历史经验、文化典籍、名言警语的引用信手拈来，能够发人深省；毛主席的演讲更是妙趣横生、深入浅出，为广大人民群众所喜闻乐见、心悦诚服，在潜移默化中教育人民、指导中国革命和建设的伟大实践胜利前进。

（三）中华优秀传统文化为中国特色社会主义思想提供文化支撑

改革开放以来马克思主义中国化的思想理论成果，可以统称为中国特色社会主义思想，包含了邓小平理论、"三个代表"重要思想、科学发展观和习近平新时代中国特色社会主义思想。改革开放40多年来，中国特色社会主义思想走过了从探索创立、丰富发展到系统创新和基本成熟定型的波澜壮阔的历程。从主要内涵来看，邓小平理论的核心是"一个中心、两个基本点"；"三个代表"重要思想的核心丰富为经济建设、政治建设、文化建设"三位一体"；科学发展观的核心进一步发展为经济建设、政治建设、文化建设、社会建设"四位一体"；习近平新时代中国特色社会主义思想集改革开放以来党的思想理论创新之大成，提出坚持以人民为中心的发展思想，形成了经济建设、政治建设、文化建设、社会建设、生态文明建设"五位一体"，坚持创新、协调、绿色、开放、共享的新发展理念，明确中国特色社会主义事业总体布局是"五位一体"、战略布局是"四个全面"，强调坚定道路自信、理论自信、制度自信、文化自信。党的十八大以来，对中华优秀传统文化在中国特色社会主义建设中的地位和作用，习近平始终高度重视，强调中华优秀传统文化是中华民族的精神命脉，是涵养社会主义核心价值观的重要源泉，也是我们在世界文化激荡中站稳脚跟的坚实根基。2014年10月13日，他在第十八届中共中央政治局第十八次集体学习时的讲话中指出："在漫长的历史进程中，中华民族创造了独树一帜的灿烂文化，积累了丰富的治国理政经验，其中既包括升平之世社会发展进步的成功经验，也有衰乱之世社会动荡的深刻教训。我国古代主张民惟邦本、政得其民，礼法合治、德主刑辅，为政之要莫先于得人、治国先治吏，为政以德、正己修身，居安思危、改易更化，等等，这些都能给人们以重要启示。治理国家和社会，今天遇到的很多事情都可以在历史上找到影子，历史上发生过的很多事情也都可以作为今天的镜鉴。中国的今天是从中国的昨天和前天发展而来的。要治理好今天的中国，需要对我国历史和传统文化有深入了解，也需要对我国古代治国理政的探索和智慧进行积极总结。"他强调："中华优秀传统文化是我们最深厚的文化软实力，也是中国特色社会主义植根的文化沃土。每个国家和民族的历史传统、文化积淀、基本国情不同，其发展道路必然有自己的特色。一个国家的治理体系和治理能力是与这个国家的历史传承和文化传统密切相关的。解决中国的问题只能在中国大地上探寻适合自己的道路和办法。数千年来，中华民族走着一条不同于其他国家和民族的文明发展道路。我们开辟了中国特色社会主义道路不是偶然的，是我国历史传承和文化传统决定的。我们推进国家治理体系和治理能力现代化，当然要学习和借鉴人类文明的一切优秀成果，但不是照搬其他国家的政治理念和制度模式，而是要从我国的现实条件出发来创造性前进。"①

二、中国共产党是传承中华优秀传统文化精神价值的模范

中国五千多年的文明发展史，孕育了中华民族的伟大精神基因，集中体现在中华优秀传统文化所蕴含的坚持梦想目标、坚持以民为本和坚持合作共赢的文化精神上，而中国共产党一百年来的斗争历史，就是这种文化精神价值模范传承和弘扬的生动体现。正如习近平在党的十九大报告中所说："中国共产党从成立之日起，既是中国先进文化的积极引领者和践行者，又是中华优秀传统文化的忠实传承者和弘扬者。当代中国共产党人和中国人民应该而且一定能够担负起新的文化使命，在实践

---

① 习近平：《牢记历史经验历史教训历史警示，为国家治理能力现代化提供有益借鉴》，载《人民日报》2014 年 10 月 14 日第 1 版。

创造中进行文化创造，在历史进步中实现文化进步！"

（一）中华优秀传统文化有坚定的理想信念价值

中国古代夸父逐日、女娲补天、后羿射日、嫦娥奔月、精卫填海、愚公移山等著名的神话故事，真切反映了中国古人为实现心中梦想而忘我奋斗，不达目的誓不罢休的坚强意志，是中华优秀传统文化的重要组成部分。同样，中国共产党人为实现理想目标而甘愿抛头颅洒热血、慷慨赴死、英勇就义的壮举，正是对中华民族伟大奋斗精神的发扬光大。正如毛泽东所说："我们中华民族有同自己的敌人血战到底的气概，有在自力更生的基础上光复旧物的决心，有自立于世界民族之林的能力。"①革命烈士陈延年、向警予、方志敏、夏明翰、杨靖宇、刘胡兰、江竹筠等无数先烈宁死不屈的精神，就是为了心中的神圣梦想而奋斗不止、革命到底的鲜明写照。

（二）中华优秀传统文化有坚实的民本思想价值

中国古人所强调的民为邦本、本固邦宁，得民心者得天下、失民心者失天下，解民于倒悬、救民于水火、哀民生之多艰，以及民贵君轻、为民请命、民可载舟亦可覆舟等民本思想，正是中国共产党人将马克思列宁主义与中国实际相结合所始终秉持人民利益高于一切的重要思想基础。中国共产党人的初心和使命，就是"为中国人民谋幸福，为中华民族谋复兴"，推翻压在中国人民头上的帝国主义、封建主义、官僚资本主义三座大山，建设一个独立自由、繁荣富强、公平正义、人民当家作主的社会主义新中国。毛泽东更是把全心全意为人民服务作为党的根本宗旨，指出"我们共产党人区别于其他任何政党的又一个显著的标志，就是和最广大的人民群众取得最密切的联系。全心全意地为人民服务，一刻也不脱离群众；一切从人民的利益出发，而不是从个人或小集团的

---

① 毛泽东：《论反对日本帝国主义的策略》，见《毛泽东选集》（第一卷），人民出版社1991年版，第161页。

利益出发；向人民负责和向党的领导机关负责的一致性；这些就是我们的出发点。共产党人必须随时准备坚持真理，因为任何真理都是符合于人民利益的；共产党人必须随时准备修正错误，因为任何错误都是不符合于人民利益的"①。从毛泽东思想、邓小平理论、"三个代表"重要思想、科学发展观，到习近平新时代中国特色社会主义思想，坚持人民利益至上、全心全意为人民服务的宗旨，如同一条红线贯穿始终。党的十八大闭幕后，习近平在与中外记者见面时曾明确指出："人民对美好生活的向往，就是我们的奋斗目标。"这一庄严承诺，既是我们党全心全意为人民服务根本宗旨一脉相承、一以贯之的体现，也突出反映了民生问题在习近平心中的位置。2014 年 2 月 7 日，习近平在索契接受俄罗斯电视台记者专访时曾深情地说："中国共产党坚持执政为民，人民对美好生活的向往就是我们的奋斗目标。我的执政理念，概括起来说就是：为人民服务，担当起该担当的责任。……作为国家领导人，人民把我放在这样的工作岗位上，我就要始终把人民放在心中最高的位置，牢记责任重于泰山，时刻把人民群众的安危冷暖放在心上，兢兢业业，夙夜在公，始终与人民心心相印、与人民同甘共苦、与人民团结奋斗。"②2021 年 2 月 20 日，他在党史学习教育动员大会上的重要讲话中进一步指出："我们党来自于人民，党的根基和血脉在人民。为人民而生，因人民而兴，始终同人民在一起，为人民利益而奋斗，是我们党立党兴党强党的根本出发点和落脚点。""我们党的百年历史，就是一部践行党的初心使命的历史，就是一部党与人民心连心、同呼吸、共命运的历史。……历史充分证明，江山就是人民，人民就是江山，人心向背关系党的生死存亡。赢得人民信任，得到人民支持，党就能够克服任何困难，就能够无往而不胜。反之，我们将一事无成，甚至走向衰败。""要教育引导全党深刻认识党的性质宗旨，坚持一切为了人民、一切依靠人

① 毛泽东：《论联合政府》，见《毛泽东选集》（第三卷）人民出版社 1991 年版，第 1094~1095 页。

② 《习近平接受俄罗斯电视台专访》，载《人民日报》，2014 年 02 月 09 日第 1 版。

民，始终把人民放在心中最高位置、把人民对美好生活的向往作为奋斗目标，推动改革发展成果更多更公平惠及全体人民，推动共同富裕取得更为明显的实质性进展，把 14 亿中国人民凝聚成推动中华民族伟大复兴的磅礴力量。"①

（三）中华优秀传统文化有宝贵的合作共赢价值

坚持合作共赢是中华民族的基本文化理念。毛泽东在《中国革命与中国共产党》一文中指出："中华民族的各族人民都反对外来民族的压迫，都要用反抗的手段解除这种压迫。他们赞成平等的联合，而不赞成互相压迫。在中华民族的几千年的历史中，产生了很多的民族英雄和革命领袖。所以，中华民族又是一个有光荣的革命传统和优秀的历史遗产的民族。"②早在远古时代，中华先民就深谙合作共赢之道。据史书记载：轩辕黄帝时期，"诸侯相侵伐，暴虐百姓，而神农氏弗能征。于是轩辕乃习用干戈，以征不享，诸侯咸来宾从。而蚩尤最为暴莫能伐，炎帝欲侵陵诸侯，诸侯咸归轩辕。轩辕乃修德振兵，治五气，艺五种，抚万民，度四方，教熊罴貔貅䝙虎，以与炎帝战于阪泉之野。三战，然后得其志。蚩尤作乱，不用帝命。于是黄帝乃征师诸侯，与蚩尤战于涿鹿之野，遂禽杀蚩尤。而诸侯咸尊轩辕为天子，代神农氏，是为黄帝。天下有不顺者，黄帝从而征之，平者去之，披山通道，未尝宁居"。到黄帝的曾孙帝喾高辛时期，"帝喾溉执中而遍天下，日月所照，风雨所至，莫不从服"。帝喾的儿子帝尧更是"其仁如天，其知如神，就之如日，望之如云。富而不骄，贵而不舒。黄收纯衣，彤车乘白马，能明驯德，以亲九族。九族既睦，便章百姓。百姓昭明，合和万国"。③很显然，这里的"征师诸侯""诸侯咸来宾从""诸侯咸归轩辕""修德振兵"

---

① 习近平：《在党史学习教育动员大会上的讲话》，载《求是》2021 年第 7 期，第 4~7 页。
② 毛泽东：《中国革命与中国共产党》，见《毛泽东选集》（第二卷），人民出版社 1991 年版，第 623 页。
③ 司马迁：《史记》（第一册），中华书局 1982 年版，第 3~15 页。

"抚万民，度四方""莫不从服""明驯德，亲九族""九族既睦""合和万国"等语，所表达的就是轩辕黄帝、帝喾、帝尧等部族领袖通过合作共赢的方式，联合各诸侯部族的力量，取得平暴治乱的胜利，实现了百姓安居、天下太平。自古以来，中华优秀传统文化始终推崇合作共赢的理念，在对外交往中提倡"以和为贵"，主张"相辅相成""贵和尚中""和而不同""天下一家""不战而屈人之兵"，认为"天时不如地利，地利不如人和"，强调"己所不欲，勿施于人"；甚至在老百姓的日常生活中都充满了合作共赢的理念，如"家和万事兴""和气生财""夫妻和美"，以及"兄弟同心、其利断金""团结就是力量"等。可以说"合作共赢"的理念渗透到了中国社会生活的各个方面，从古至今都一以贯之，始终向往世界和平、和睦、和谐、合作，提倡"扶弱济困""患难相恤""守望相助"。2017 年 12 月 1 日，习近平在中国共产党与世界政党高层对话会上的主旨讲话中指出："回顾历史，支撑我们这个古老民族走到今天的，支撑五千多年中华文明延绵至今的，是植根于中华民族血脉深处的文化基因。中华民族历来讲求'天下一家'，主张民胞物与、协和万邦、天下大同，憧憬'大道之行，天下为公'的美好世界。我们认为，世界各国尽管有这样那样的分歧矛盾，也免不了产生这样那样的磕磕碰碰，但世界各国人民都生活在同一片蓝天下、拥有同一个家园，应该是一家人。世界各国人民应该秉持'天下一家'理念，张开怀抱，彼此理解，求同存异，共同为构建人类命运共同体而努力。"①中国共产党始终是坚持合作共赢的模范。早在建党之初，就酝酿与孙中山领导的中国国民党建立革命统一战线，进行第一次国共合作，帮助国民党取得了全国政权。但孙中山先生逝世后，国民党反动派恩将仇报，1927 年 4 月 12 日和 7 月 15 日，蒋介石、汪精卫先后公开叛变革命，大肆屠杀共产党人，导致了第一次国共合作统一战线的破裂和大革命的失败，逼迫共产党人走上以武装的革命反抗武装的反革命的武装斗争道路。第二次国共合作

---

① 习近平：《携手建设更加美好的世界——在中国共产党与世界政党高层对话会上的主旨讲话》，载《人民日报》2017 年 12 月 2 日。

是在中华民族处在日本帝国主义大举侵略的危急关头，中国共产党捐弃前嫌，从救亡图存的民族大义出发，全力促成"西安事变"的和平解决而实现的。从 1936 年底到 1946 年初，这次合作在困难和曲折中维持了近 10 年时间。从这两次合作的基本过程来看，中国共产党重信守义，本着全国人民的愿望和国家民族的根本利益，首先提出合作主张，并经过艰苦的努力而达成。相反，国民党反动派则背信弃义，千方百计破坏捣乱，把合作当成消灭和瓦解共产党的机会，欲置中国共产党于死地而后快，导致合作的破裂，使它走向与中国人民为敌的道路，从而彻底丧失了民心，最终丢失了全国政权。中华人民共和国成立以后，面对国际帝国主义、霸权主义的侵略挑衅威胁等各种不合作的攻击打压，中国共产党忍无可忍，被迫发起自卫反击，先后打赢了抗美援朝战争、对印自卫反击战、珍宝岛保卫战、西沙群岛保卫战、对越自卫反击战等自卫反击战争，打出了新中国的军威、国威，有力地捍卫了神圣的国家领土主权尊严，为国际间的合作共赢奠定了坚实的政治经济军事基础。改革开放 43 年，特别是党的十八大以来，随着国家综合实力的迅速崛起，中国共产党所倡导的合作共赢理念已经从过去内向的国内被动配合型，转变为现在外向平视世界引领全球的积极主导型，"一带一路"倡议和"人类命运共同体"理念，就是中国共产党为应对"世界百年未有之大变局"新形势下的合作共赢之道。正如习近平 2021 年 4 月 20 日在博鳌亚洲论坛 2021 年年会开幕式上的视频主旨演讲中所说："经历了疫情洗礼，各国人民更加清晰地认识到，要摒弃冷战思维和零和博弈，反对任何形式的'新冷战'和意识形态对抗。国与国相处，要把平等相待、互尊互信挺在前面，动辄对他国颐指气使、干涉内政不得人心。要弘扬和平、发展、公平、正义、民主、自由的全人类共同价值，倡导不同文明交流互鉴，促进人类文明发展。""我多次说过，'一带一路'是大家携手前进的阳光大道，不是某一方的私家小路。所有感兴趣的国家都可以加入进来，共同参与、共同合作、共同受益。共建'一带一路'追求的是发展，崇尚的是共赢，传递的是希望。""100 年来，中国共产党筚路蓝缕、求索奋进，为中国人民谋幸福，为中华民族谋复兴，为世界谋大同，不仅使中华民族迎来了从站起来、富起来到强起来的伟大飞跃，也为人类文明和进步事业作出了卓越贡献。中国将继续做世界和平的建设者、全球发展的贡献者、国际秩序的维护者。中国将始终高举和平、发展、合作、共赢旗帜，在和平共处五项原则基础上拓展同各国友好合作，积极推动构建新型国际关系。"①奉劝那些至今死抱住冷战思维不放、企图打压遏制中国人民发展的一切敌对势力，还是趁早改邪归正，与中国相向而行，共同走和平发展、合作共赢的人类命运共同体康庄大道，否则，继续与中国人民为敌，只能失败得更惨。

三、中华优秀传统文化的思想方法是党永葆奋斗青春的活力源泉

中国共产党从诞生那一天起，就同中国人民和中华民族的前途命运紧密联系在一起。一百年来，党能够从最初的 50 多名党员发展到今天的 9100 多万名党员，战胜一个又一个困难，取得一个又一个胜利，能够永葆健康发展奋斗精神的青春活力，其制胜密码就是马克思主义中国化的正确理论指导，而马克思主义中国化的关键，则在于必须学懂弄通中华优秀传统文化的思想方法。从文化传统的层面看，这种思想方法主要体现为三个方面的内涵。

（一）实事求是的科学态度

中华优秀传统文化崇尚实事求是，孔子提倡"知之为知之，不知为不知，是知也"的治学方法，研究学问要"博学之，审问之，慎思之，明辨之，笃行之"。实际上就是在面对社会问题时要抱持实事求是的态度。西汉时期汉景帝刘启的第三个儿子河间献王刘德，由于比较尊重知识和读书人，广泛收集古书文献，加上他"身端行治，温仁恭俭，笃敬爱下，明知深察，惠于鳏寡"而广受好评，史家赞扬他"修学好古，实

---

① 习近平：《同舟共济克时艰，命运与共创未来——在博鳌亚洲论坛 2021 年年会开幕式上的视频主旨演讲》，载《人民日报》2021 年 4 月 21 日第 2 版。

事求是"。① 这也是"实事求是"一语的最早出处。在我们党历史上，毛泽东第一次将"实事求是"与马克思主义的立场观点方法紧密结合起来，创造了中国共产党认识世界、改造世界的基本思想方法、工作方法和领导方法，是马克思主义中国化的鲜明体现。从已出版的毛泽东著作中寻找"实事求是"一词，最早见于1938年10月14日毛泽东在党的第六届扩大的第六次全会上的政治报告，他指出："共产党员应是实事求是的模范，又是具有远见卓识的模范。因为只有实事求是，才能完成确定的任务；只有远见卓识，才能不失前进的方向。"②1940年1月，他在《新民主主义论》中指出："科学的态度是'实事求是'，'自以为是'和'好为人师'那样狂妄的态度是决不能解决问题的。"1941年5月19日，毛泽东在延安干部会议上做报告时指出："要有目的地去研究马克思列宁主义的理论，要使马克思列宁主义的理论和中国革命的实际运动结合起来，是为着解决中国革命的理论问题和策略问题而去从它找立场，找观点，找方法的。这种态度，就是有的放矢的态度。""这种态度，就是实事求是的态度。'实事'就是客观存在着的一切事物，'是'就是客观事物的内部联系，即规律性，'求'就是我们去研究。"③1943年12月，毛泽东为中央党校大礼堂题词："实事求是"。毛泽东将马克思主义的思想方法、思想路线，用中国历史上已有的实事求是的名词表达出来，就有了鲜活的、为广大党员和老百姓所喜闻乐见的民族形式。邓小平1978年9月16日在一次谈话中高度概括了实事求是的重大意义："毛泽东思想的基本点就是实事求是，就是把马列主义的普遍真理同中国革命的具体实践相结合。毛泽东同志在延安为中央党校题了'实事求是'四个大字，毛泽东思想的精髓就是这四个字。毛泽东同志所以伟大，能

---

① 班固：《汉书》（第八册），中华书局1983年版，第2410~2411页。
② 毛泽东：《中国共产党在民族战争中的地位》，见《毛泽东选集》（第二卷），人民出版社1991年版，第522页。
③ 毛泽东：《改造我们的学习》，见《毛泽东选集》（第三卷），人民出版社1991年版，第801页。

把中国革命引导到胜利，归根到底，就是靠这个。"①邓小平提出了"解放思想，实事求是，团结一致向前看"，为改革开放奠定了坚实的思想政治基础。江泽民指出："在新的历史时期，全党必须继续坚持解放思想、实事求是的思想路线，继续抓住社会主义本质这个根本问题，大胆探索、实践和创造，这是坚持党的基本路线，建设有中国特色社会主义的思想保证。……解放思想、实事求是的目的，就是为了使我们党和国家的事业不断适应国情与时代、形势与任务的要求而向前发展，始终兴旺发达。"②胡锦涛指出："解放思想、实事求是、与时俱进、求真务实，是科学发展观最鲜明的精神实质。实践发展永无止境，认识真理永无止境，理论创新永无止境。全党一定要勇于实践、勇于变革、勇于创新，把握时代发展要求，顺应人民共同愿望，不懈探索和把握中国特色社会主义规律，永葆党的生机活力，永葆国家发展动力，在党和人民创造性实践中奋力开拓中国特色社会主义更为广阔的发展前景。"③习近平指出："实事求是，是马克思主义的根本观点，是中国共产党人认识世界、改造世界的根本要求，是我们党的基本思想方法、工作方法、领导方法。不论过去、现在和将来，我们都要坚持一切从实际出发，理论联系实际，在实践中检验真理和发展真理。"④实事求是作为一种政治要求和科学方法，是随着时代的发展变化不断与时俱进的，说起来容易，真正做到却很难。在党的历史上发生的"左"倾和右倾错误所造成的重大损失，归根结底是脱离实际、脱离群众，没有按照实事求是的思想路线和工作方法办事。实践证明，什么时候党的实事求是思想路线和工作方法坚持得好，党的事业就兴旺发达，反之就要遭受挫折和损失。

---

① 邓小平：《高举毛泽东思想旗帜，坚持实事求是的原则》，见《邓小平文选》（第二卷），人民出版社 1983 年版，第 126 页。

② 江泽民：《论党的建设》，中央文献出版社 2001 年版，第 444 页。

③ 胡锦涛：《坚定不移沿着中国特色社会主义道路前进，为全面建成小康社会而奋斗——在中国共产党第十八次全国代表大会上的报告》（2012 年 11 月 8 日），载《新华日报》2012 年第 23 期，第 17 页。

④ 习近平：《在纪念毛泽东同志诞辰 120 周年座谈会上的讲话》，载《人民日报》2013 年 12 月 27 日第 2 版。

(二)自我革命的责任担当

中华优秀传统文化讲究自省自律自重自强的人格修养,提倡"富贵不能淫,贫贱不能移,威武不能屈"的道德骨气,遵循"修身齐家治国平天下"的人生目标,强调"天行健,君子自强不息""先天下之忧而忧,后天下之乐而乐"的责任担当。中国共产党自成立以来,始终肩负着国家富强、人民幸福、民族振兴的历史责任,按照马克思主义的建党学说始终坚持管党治党,以自己的先进性带领人民群众前进,在推动社会革命的同时进行彻底的自我革命。可以说,勇于自我革命是中国共产党最鲜明的品格,也是党的最大优势。毛泽东早在76年前就明确指出:"有无认真的自我批评,也是我们和其他政党互相区别的显著的标志之一。我们曾经说过,房子是应该经常打扫的,不打扫就会积满了灰尘;脸是应该经常洗的,不洗也就会灰尘满面。我们同志的思想,我们党的工作,也会沾染灰尘的,也应该打扫和洗涤。……对于我们,经常地检讨工作,在检讨中推广民主作风,不惧怕批评和自我批评,实行'知无不言,言无不尽','言者无罪,闻者足戒','有则改之,无则加勉'这些中国人民的有益格言,正是抵抗各种政治灰尘和政治微生物侵蚀我们同志的思想和我们党的肌体的唯一有效的方法。""以中国最广大人民的最大利益为出发点的中国共产党人,相信自己的事业是完全合乎正义的,不惜牺牲自己个人的一切,随时准备拿出自己的生命去殉我们的事业,难道还有什么不适合人民需要的思想、观点、意见、办法,舍不得丢掉的吗?难道我们还欢迎任何政治的灰尘、政治的微生物来玷污我们的清洁的面貌和侵蚀我们的健全的肌体吗?无数革命先烈为了人民的利益牺牲了他们的生命,使我们每个活着的人想起他们就心里难过,难道我们还有什么个人利益不能牺牲,还有什么错误不能抛弃吗?"①重温毛泽东在76年前的这一教诲,对我们当前在全党开展党史学习教育具有

①　毛泽东:《论联合政府》,见《毛泽东选集》(第三卷),人民出版社1991年版,第1096~1097页。

重大现实意义。党的十八大以来，以习近平同志为核心的党中央先后组织开展了群众路线教育实践活动、"三严三实"专题教育、"两学一做"学习教育、"不忘初心、牢记使命"主题教育，推动了党的创造力、凝聚力、战斗力显著提高，党的自我净化、自我完善、自我革新、自我提高能力不断增强。但是，正如习近平所指出的那样，"同向社会主义现代化强国进军的伟大社会革命相比，党的自身建设上还存在一些不匹配、不适应的地方，一些弱化党的先进性、损害党的纯洁性的问题具有很大的危险性和破坏性，特别是党风廉政上的一些问题具有反复性和顽固性，稍不注意就会反弹回潮、前功尽弃。在全党开展党史学习教育，就是要教育引导全党在开启新征程的关键时刻，继续发扬彻底的革命精神，坚持全面从严治党永远在路上，保持'赶考'的清醒，以新时代党的自我革命引领新的伟大社会革命"①。要教育全体党员为了人民利益勇于坚持真理、修正错误，永远保持光明磊落、无私无畏、敢于说出事实真相的勇气和正气，及时发现和纠正思想认识上的偏差、决策中的失误、工作中的缺点，及时发现和解决存在的各种矛盾和问题，使党的政策和行动更加符合客观规律、符合时代要求、符合人民愿望。要使全党深刻认识到，中国共产党要始终成为时代先锋、民族脊梁，始终成为马克思主义执政党，自身必须始终过硬，能够担当起自我革命的历史责任，更加自觉地坚定党性原则，敢于刮骨疗毒，消除一切损害党的先进性和纯洁性的因素，清除一切侵蚀党的健康肌体的病毒，不断增强党的政治领导力、思想引领力、群众组织力、社会号召力，确保党永葆旺盛生命力和强大战斗力。

（三）勇于创新的奋斗品格

中华民族是富于创新精神的民族，中华优秀传统文化是汇聚古今中外优秀成果的创新文化。古代典籍中所谓的"周虽旧邦，其命维新"

---

① 习近平：《在党史学习教育动员大会上的讲话》，载《求是》2021 年第 7 期，第 4~7 页。

"革故鼎新、与时俱进""苟日新，日日新，又日新"，以及"日新月异""吐故纳新"等经典词语，其基本文化内涵强调的都是在自强不息的砥砺奋进中改革创新，不断发展进步，努力开辟未来。中国共产党是中华民族创新奋斗品格的杰出代表，从新民主主义革命到社会主义革命和建设，从改革开放到进入中国特色社会主义新时代新阶段，党始终带领中国人民走在创新奋斗的时代潮流前头。从理论创新来看，毛泽东思想、邓小平理论、"三个代表"重要思想、科学发展观、习近平新时代中国特色社会主义思想，都是根据不同的时代任务和发展要求，立足当代中国实际和世界发展大势，努力推进马克思主义中国化大众化的科学创新成果。从党的历史来看，党成立后团结带领人民经过浴血奋战和顽强奋斗，建立了中华人民共和国，实现了从新民主主义革命到社会主义革命的历史性跨越。新中国成立后，党团结带领人民创造性完成社会主义改造，确立社会主义基本制度，大规模开展社会主义经济文化建设，中国人民不仅站起来了，而且像巨人一样屹立在世界东方，实现了从社会主义革命到社会主义建设的历史性跨越。进入改革开放的历史新时期，党带领人民成功开辟了中国特色社会主义道路，使中国大踏步赶上时代潮流，实现了社会主义现代化进程中新的历史性跨越，迎来了中华民族伟大复兴的光明前景。从现实发展来看，经过新中国成立以来特别是改革开放 40 多年来的不懈奋斗，到"十三五"规划收官之时，我国经济实力、科技实力、综合国力和人民生活水平跃上了新的大台阶，成为世界第二大经济体、第一大工业国、第一大货物贸易国、第一大外汇储备国，国内生产总值超过 100 万亿元，人均国内生产总值超过 1 万美元，城镇化率超过 60%，中等收入群体超过 4 亿人。特别是全面建成小康社会取得伟大历史成果，解决困扰中华民族几千年的绝对贫困问题取得历史性成就。这在我国社会主义现代化建设进程中具有里程碑意义，为我国进入新发展阶段、朝着第二个百年奋斗目标进军奠定了坚实基础。特别是我们应对这次新冠肺炎疫情全球大流行所取得的伟大胜利，充分展现了中国共产党的超强领导力、组织力、执行力、凝聚力、创新力和全心全意为人民服务的行动力，充分彰显了中国特色社会主义的政治优势、制度优势、组织优势、协作优势、经济优势和文化优势，这种力和势所形成的强大发展能量无坚不摧，是世界上任何势力都阻挡不了的。展望未来，我们更加豪情万丈、信心满怀。在以习近平同志为核心的党中央坚强领导下，中国的发展前景无限光明。正如习近平在党的十九大报告中所说："站立在九百六十多万平方公里的广袤土地上，吸吮着五千多年中华民族漫长奋斗积累的文化养分，拥有十三亿多中国人民聚合的磅礴之力，我们走中国特色社会主义道路，具有无比广阔的时代舞台，具有无比深厚的历史底蕴，具有无比强大的前进定力。"①中国共产党是奋斗出来的党，中国人民的伟大领袖毛泽东早在 82 年前就发出"为了中华民族的解放、独立、自由、幸福"，要"永久奋斗"②的号召。"雄关漫道真如铁，而今迈步从头越"，在庆祝中国共产党百年华诞的奋斗岁月里，让我们更加紧密地团结在以习近平同志为核心的党中央周围，同心同德、不怕牺牲、排除万难、去争取胜利，为把我国建成富强民主文明和谐美丽的社会主义现代化强国而永久奋斗吧！

（作者为湖北省炎黄文化研究会常务理事，湖北省社会科学院原副巡视员、研究员）

---

① 习近平：《决胜全面建成小康社会，夺取新时代中国特色社会主义伟大胜利——在中国共产党第十九次全国代表大会上的报告》（单行本），人民出版社 2017 年版，第 70 页。

② 毛泽东：《永久奋斗》，见《毛泽东文集》（第二卷），人民出版社 1993 年版，第 190 页。

中共百年的不朽思想之光：黄麻精神

王玉德

1927 年发生的黄麻起义及后来建立的鄂豫皖革命根据地，有一种了不起的"黄麻精神"，这种精神是中国革命精神的一部分，也是中华优秀传统文化的一部分，也是中共百年的不朽思想之光。

关于"黄麻精神"，时下有 10 多种表述，其中有一种说法是"万众一心、为党为民、朴诚勇毅、不胜不休"。① 笔者多次带学生到红安、麻城一带学习考察，② 认为黄麻精神似可归纳为四个方面：以天下事为己任的精神、不怕牺牲的精神、生生不息的精神、敢于胜利的精神。

一、以天下事为己任的精神

自从鸦片战争之后，中华民族就进入了半殖民地半封建社会，救亡图存成为中国人的时代任务。不同阶层、不同群体的中国人都在寻找救国之路。

---

① 党史专家方城在《大别山精神简论——朴诚勇毅不胜不休》(《中国井冈山干部学院学报》2019 年第 5 期) 一文中指出："朴诚勇毅"来源于大别山精神的孕育阶段，是董必武 1920 年创办武汉中学时为武汉中学制定的校训，源自董必武朴诚传家的家风。1928 年 5 月，工农革命军第七军几位领导人率部上柴山保后，为表达开辟柴山保、实行武装割据的决心，即以金兰结拜的方式对天盟誓"同甘共苦，不胜不休"。

② 华中师范大学历史文化学院曾经有几位老师专门研究革命根据地史，如谭克绳、戴绪恭、黄华文、曾祥文、江抗美等。受他们影响，笔者一直对根据地史颇有兴趣。曾经撰写《试论鄂东文化层》《试论红安红色文化的开发》《鄂豫皖革命史的基本线索与评价》等文章。这篇文章是之前撰写的，时值中国共产党成立一百周年，为纪念为革命捐躯的先烈们而发表。

黄麻起义，主体是农民，但核心人物多是读书人，是知识分子。1927 年任中共黄安县委代理书记的郑位三写道："回忆起大革命时期的黄安，我们记忆犹新的是：农民革命斗争猛烈，革命的知识分子特别多。""最初传播革命思想的，是一批从武汉读书回乡的党员，他们多是董必武、陈潭秋、萧楚女介绍入党的。""在初期，知识分子对于向工农群众宣传革命思想，起了很好的桥梁作用；随着农民斗争的烈火，又迅速锻炼和改造了这批知识分子。"①

先知先觉的知识分子顺应历史潮流，以天下为己任。"由知识分子到群众中宣传革命，特别是本地的知识分子，呼应的人多。同时，他们的口号和主张也切实际，抓住了群众普遍关心的问题，所以很快就闹起来了。"②

1921 年 7 月 16 日，武汉利群书社以恽代英、林育南为首的 20 多名成员在黄冈县白羊山浚新小学集会，商议建立革命团体"共存社"，公开宣布拥护马克思主义，主张用阶级斗争和无产阶级专政的手段改造社会，在中国实现社会主义。中共"一大"召开后，黄冈籍的共存社成员林育南、林育英（张浩）、卢斌（陆沉）、卢春山等在 1922 年相继加入了中国共产党。

1922 年 2 月，担任中共武汉区执行委员会负责人之一的陈潭秋，在寒假期间回到家乡黄冈县陈策楼村，先后介绍了陈策楼聚星学校和杨鹰岭青黎学校教书的共存社成员萧人鹄、胡亮寅加入中国共产党，随后成立中共陈策楼小组，萧人鹄任负责人。这是鄂东第一个地方党组织。1923 年底，在武汉中学学习的黄安籍进步学生在学校建立了党组织，其中部分成员于 1924 年初回黄安着手开始建党。是年 8 月，中共黄梅小组成立，李子芬任组长。其后，黄冈地区党的组织不断发展，党员人数不断增加，成为湖北早期创建中国共产党的重要地区之一。至 1927

---

① 郑位三：《红色的黄安》，见《中国工农红军第四方面军战史资料选编·鄂豫皖时期·上》，解放军出版社 1989 年版，第 395 页。

② 王宏坤：《我的红军生涯》，人民出版社 1991 年版，第 11、12 页。

年 5 月，黄冈、黄梅、黄安、麻城、罗田、蕲水、蕲春 7 县共有党员
1356 人。在武汉读书的黄麻学生有王秀松、戴克敏、戴季伦、戴季英、
刘文蔚等，都成为根据地的领导人物。

1924 年考入武汉中学的潘忠汝，在学校进步思想的熏陶和影响下，
立志改造社会，献身于民主革命事业，在一首自勉诗中写道："不肯昏
庸同草木，愿输血汗改山河"，充分表达了他投身革命的时代担当精
神。还有同年进入武汉中学第二部学习的黄安籍学生张行静，他在学校
得到一本《共产党宣言》后，"如获至宝，每读一句，都用笔在旁边做上
个'O'的记号，并写下万余字的读书笔记"。毕业后，张行静就回到家
乡，以教师身份作掩护开展革命活动。潘忠汝后来在黄麻起义中担任总
指挥，张行静也率家乡的农民武装参加了黄麻起义，两人均在起义不久
后的革命运动中牺牲，为革命事业献出了宝贵的生命。

1927 年，时任中共中央农民运动委员会委员的毛泽东主持武昌中
央农民运动讲习所，为鄂东培养了大批农运领导人。他们回到家乡举办
农运骨干培训班，指导建立县区乡农民协会，对在农村代表封建统治制
度的地主豪绅展开了猛烈的斗争。据《中共湖北省委 1927 年 11 月关于
湖北农民运动的报告》称，至 1927 年 6 月，黄冈有 6 县成立了农协，共
有会员 53.7 万人，占当时湖北全省农协会员的 19%。其中仅黄冈一县
就有会员 24 万人，是全省最大的农民协会。

当代儒学大家汤一介是鄂东黄梅人，他曾经告诉笔者，其家庭世代
信奉的家训是"事不避难，义不逃责"。这种精神，正是湖北东部地区
许多传统大家族一直流行的精神。黄麻时期的社会精英与旧式的知识分
子不一样，与元末朱元璋身边的刘基、李善长不一样，具有国际背景，
具有马列主义思想，具有新时代的信仰，他们把传统的农民起义引向了
质变，即为了建设社会主义国家而奋斗的起义。

黄麻起义，不是一场单纯的农民起义，而是中国共产党为解救中国
人民的时代担当。1927 年 4 月 12 日，蒋介石叛变革命。为反击反革命
的白色恐怖，1927 年 8 月 7 日，中共中央在汉口鄱阳街 139 号召开紧急
会议，总结大革命失败的教训，确定了实行土地革命和武装反抗国民党

反动派的总方针，把以城市为中心的暴动改变为以农村为中心的土地革命，黄麻起义就是农民土地革命的实践。

1927年11月3日，中共黄麻特委召开党的活动分子会议，决定以黄安、麻城两县农民自卫军为骨干，发动武装起义；13日，黄麻特委获悉敌军一个团来黄安城，决定进攻县城。两万多名群众手执刀矛土枪，从四面八方涌向黄安城；14日晨，农民自卫军攻入城内，占领了县城。

黄麻起义胜利后，成立了黄安县农民政府和工农革命军鄂东军，曹学楷任县政府主席，潘忠汝任鄂东军总指挥，吴光浩、刘光烈任副总指挥，戴克敏任党代表。黄安县农民政府颁布了以"实行土地革命、建立工农政权"为主要内容的《黄安县农民政府施政纲领》，提出了民主自由、八小时工作制、保护贸易。革命政权打土豪，分田地，满足了农民千百年来的要求，深得民心。没有土地的农民分得了土地，"提高广大雇农、贫农、中农参加革命不小的积极性"。当时分配土地"以食粮需要为主要条件"，"男女有同样权利"。① 红军官兵、革命职业家、小贩都可以分得土地。"黄麻起义最大的特点，是没有任何正规军队参加，参加者都是农民，叫做'揭竿而起'。"②

投身革命的红军战士，都极具担当精神。黄麻起义时，一些投身革命的青年，有的卖掉全部家产，有的与农民一起造反，把叔叔、舅舅的家抄了。在旧社会，同宗的人、同一家族的人，住在同一村庄，但因经济状况而分属不同的阶级，谈不上任何人情、亲情，在农民造反的过程中，打倒同姓的地主是平常的事情。但是，要与自己当地主的、作恶多端的父母作对，却是不容易的。王树声把舅公的田产给分了。紫云区的吴焕先是广州农讲所毕业的，家有七八十石田，他回家后，烧毁了田地契约，仅留四斗丘田，把土地送给了无地的农民，体现了不以一家为家

① 本书选编组：《第二次国内革命战争时期土地革命文献选编》，中共中央党校出版社1987年，第173、487页。
② 戴季英：《黄麻起义前后》，见《艰苦的历程》（上），人民出版社1984年版，第61页。

而是以天下为家的精神。

黄麻起义是继中国共产党领导的南昌起义和秋收起义之后，在长江以北地区首次举行的规模最大的农民武装起义，在华中地区担当了重任。

二、不怕牺牲的精神

人生谁不怕死？谁不想多活数年？但是，一旦有了执着的信仰，生命就放在其次的位置了。

1925年，黄麻发生大旱灾，农民实在生活不下去了。农民穷则思变，只能投身革命。农民的诉求是解决生存需要，打土豪，分田地。参加红军的，以农家穷孩子为多，如刘华清13岁参加革命，送信，刻传单。陈再道的故事很典型，小时候父母全殁，叔叔、姐姐也死了，孤身一人，义无反顾地投奔了革命，出生入死，屡建奇功。

1927年，国民党下令清党，在"四一二""七一五"的大屠杀中，黄安县被通缉的共产党员达92人，第一名就是董必武。黄麻人没有被吓倒，他们响应中共"八七会议"精神，举行了"九月暴动"，其后在1927年11月13日，农民攻占了黄安县城，解放了21天。当革命处于高潮时，全县人民拥军参军，出现了父送子、妻送夫、兄送弟、姐携妹去参加红军的动人情景。

当革命处于低潮时，黄麻人作出了巨大的牺牲。从《汤恩伯传》了解到，他围剿鄂豫皖时，一次就杀了两三千人。国民党反动派在黄安设有8个杀人场，杀了成千上万的人，有的被割舌，有的被烧死，七里区成了"无人区"，紫云区成了"死人区"。戴克敏一家有14人参加了红军，其中11人为革命献出了生命。但黄麻人没有屈服。红安在革命年代牺牲了14万英雄儿女（有人统计，有一个时期，中国工农红军每三个人就有一个是红安人，每四个英烈中就有一个红安人），查明登记在册的烈士有22552人。1927年之后20多年，麻城的革命火种经久不息，全境有13.7万多人死于战火，6万多名优秀子弟参加了红军。

　　大别山区流传的一首歌谣生动地反映了黄麻人的革命精神境界：山林岩洞是我的房，青枝绿叶是我的床。野菜葛根是我的粮，共产党是我的亲爹娘。哪怕白军再围剿，红军越打越坚强。哪朵葵花不向阳？哪个穷人不向共产党？任凭白军再猖狂，烧我房屋抢我粮，一颗红心拿不去，头断血流不投降！

　　红安"九月暴动"的主要领导人之一、共产党员程绍续被捕后，敌人用刺刀顶住他的脖子问："你是要头还是要共产党？"程果断回答："头是我爹娘给的，是我个人的，共产党却是劳苦大众的，老子要的当然是共产党！"张南一的故事有传奇色彩，他以打鼓说书为掩护，宣传革命，后来被敌人逮捕，拷打致死。

　　据《王树声传》记载，王树声革命前在乘马担任小学校长，参加黄麻起义，一生功勋卓著。革命成功后，王树声回到七里坪小河边寻"娘"。有一位老大娘当年为掩护王树声，用自己的儿子顶替王树声，被敌人杀了。这样感人的事迹，在黄麻地区还有不少。

　　在麻城乘马岗肖家河村有个风俗，把死在月子里的产妇叫"月里大娘"。被村民称为"麻城刘胡兰"的革命烈士万永达，如今就成了当地最有名的"月里大娘"。① 万永达1927年参加革命，1930年起担任万义乡苏维埃政府主席，红军主力离开那里后，她坚持工作，不料因叛徒告密，生孩子后第三天，即1934年1月被敌人抓走。"这个叛徒后来在接受审判时交代了万永达就义时的一些细节。"林明康说："敌人当时把万永达从床上拖下来，她眼睛一瞪，把头发梳了一梳，衣服整理好后才从容出门。敌人要她把掌握的地下党秘密交出来，并说只要讲清楚了，可保'母子平安'。万永达怒斥说，'要命有一条，共产党的事情要一句也没有'。由于她拒绝向敌人下跪，敌人甚至踢断了她的膝盖骨。几分钟后，随着几声枪响，万永达母子牺牲在村里的会场上。"到了1969年，当地村民为了纪念万永达，将她迁葬立碑，结果发现了一个令当场所有

---

　　① 麻城市文化馆前馆长林明康曾五次到万永达的家乡采访。他在1969年接触万永达烈士的事迹，并不断宣传。

人落泪的情节。在万永达烈士的胸腔里，竟意外发现了一枚钥匙。"这枚钥匙是做什么用的呢？"在场的人无法断定，烈士的遗骨因此迟迟无法下葬。根据那个叛徒的供认，在就义前，万永达的确曾将一枚钥匙吞下，只是没引起旁人的注意。经过紧急查找后，万永达的一名远亲将收藏的一个梳妆盒拿了出来，结果发现这枚钥匙正是开梳妆盒锁的——梳妆盒内藏着的是一份 38 名地下党员以及当地 1000 多名赤卫队员的花名册。

三、生生不息的精神

黄麻这片热土生生不息，为中国革命送了一批又一批热血之士，他们前赴后继，不断奋斗。

星星之火，可以燎原。

1928 年 1 月，黄麻起义后的鄂东革命军，在吴光浩的领导下，改编为中国工农革命军第七军，这是诞生于湖北的第一支正规中国工农红军。红七军决定打出中心区，把敌人牵着走，于是转战木兰山。当时有三个大队，每队 20 余人，共 72 人。其中有吴光浩、曹学楷、戴克敏、王树声、陈再道。黄陂一带成为革命根据地，姜华亭等人就是在黄陂参加的革命。

徐海东是黄陂人，1925 年 4 月加入中国共产党，回到家乡担任农民自卫军队长。他回忆说："我的家乡紧靠黄安县，革命的影响也较深。""不久，黄安、麻城地区爆发了大规模的农民暴动，我奉县委的指示，带着那七条枪十多个人，前往黄安参加起义。走到黄安，城已破了两天，并成立了鄂东工农革命军第一路军。我带去的七条枪，被编入工农革命军。不几天，领导让我回黄陂去组织队伍，队伍还没有组织起来，黄安的工农革命军就遭受了失败。"[1]

---

[1] 徐海东：《生平自述》，生活·读书·新知三联书店 1982 年版，第 16、17 页。

1928 年 5 月，中共黄麻特委和第七军领导人在黄安清水塘召开会议，决定开辟柴山保地区的工作。这是黄安、麻城、光山三县交界的地区，是湖北桂系、河南冯系的交界处。这里的天台山现在是旅游的圣地，过去是打游击的好地方。7 月，为加强军队建设，第七军改编为中国工农红军第十一军第三十一师，吴光浩任军长兼师长，戴克敏任党代表。经过几个月的艰苦斗争，终于建立了以柴山保为中心，北到摩云山，南抵紫云寨，西至天台山，东连光宇山，方圆数十里的鄂豫边界地区第一块红色区域。柴山保地区的成功开辟，是"工农武装割据"思想在鄂豫皖边界地区的最早反映，特别是为创建仅次于江西中央苏区的第二大根据地鄂豫皖革命根据地奠定了基础，在向"农村包围城市"的革命道路上迈出了决定性的一步。①

1930 年 3 月 18 日，中共中央决定将红三十一、三十二、三十三师合编为中国工农红军第一军，并派郭述申、许继慎等来鄂豫皖工作。3 月下旬，正式成立中共鄂豫皖边特别区委会和红一军军部及前敌委员会。郭述申任特委书记，许继慎任红一军军长，曹大骏任政治委员，徐向前任副军长。6 月，召开鄂豫皖第一次工农兵代表大会，宣布成立鄂豫皖特区苏维埃政府，甘元景任主席。这样，分散的属于三个省的革命武装就有了统一的领导。6～8 月红一军攻克霍山、罗田、英山、云梦四县，歼敌 7000 人。10 月，红一军攻克光山县城。10 月，由阳新地区北渡长江转战到蕲春、黄梅、广济地区的红八军第四、第五纵队，与当地游击队合编为红十五军，蔡申熙任军长，陈奇任政治委员。至此，以大别山为中心的鄂豫皖根据地形成。11 月，鄂豫皖边特委改组，曾中生任书记。中共鄂豫皖边区特委、中国工农红军第一军、鄂豫皖特区苏维埃政府的成立，标志着鄂豫皖革命根据地的形成。

鄂豫皖革命根据地建成之后，先后走出了三支红军部队。第一支是

---

① 许国璋编《英语教材》第三册第一课有一篇讲红军纪律严明，在山上吃了红薯，就把钱埋在土里，还给老乡。这个故事就出自老红军吴胜恩中将的回忆录，讲的是柴山保的斗争。

1931 年 11 月 7 日在黄安七里坪成立的中国工农红军第四方面军，第二支是 1932 年 11 月 30 日在黄安檀树岗重建的中国工农红军第二十五军，第三支是 1938 年 2 月红二十八军在七里坪改编的新四军第四支队。鄂豫皖根据地先后有过的主要军事编制：鄂东军、红七军(吴光浩)、红一军(郭述申、许继慎)、红四方面军(徐向前、陈昌浩)、红二十五军(徐海东、吴焕先)、红二十八军(高敬亭)、新四军四支队(高敬亭)。

1. 红四方面军

1931 年 1 月，红一军与蔡申熙、陈奇领导的红十五军合编为红四军，邝继勋任军长，余笃山任政委。2 月 10 日，红四军 10 师 30 团团长王树声指挥红军第三次攻打新集，采用坑道作业战术攻克新集镇，改为新集市，建立了新集市苏维埃政府。

不久，中共中央派到鄂豫皖苏区的领导人中央政治局常委张国焘、中央委员沈泽民(中宣部部长)、中央候补委员陈昌浩，相继到达根据地。1931 年 5 月 12 日，建立了中共中央鄂豫皖分局和新的革命军事委员会。6 月，建立了中共鄂豫皖省委，沈泽民任书记。7 月，鄂豫皖省苏维埃第二次代表大会在新集召开，会上成立了鄂豫皖省工农民主政府，高敬亭任主席。11 月，成立红四方面军，徐向前任总指挥，陈昌浩任政委。

1932 年 6 月，国民党又调集十万兵力对鄂豫皖根据地发动第四次围剿。由于张国焘的"左"倾错误，肃反的扩大化，红军失利。红四方面军未能粉碎敌人第四次"围剿"。10 月，红四方面军撤出根据地，向西转移。鄂豫皖的革命武装走出了原创的根据地，开始把火种撒向新的地方。这实际是一次有深远意义的战略转移。

红军主力走了，根据地遭到蒋介石的血洗，党政组织几乎完全被破坏。

2. 红二十五军

1932 年 11 月 29 日，中共鄂豫皖省委召开最高军事会议，决定重建红二十五军，吴焕先任军长，王平章任政委，全军 7000 余人，司令部设在箭厂河乡的闵氏祠。红二十五军从重建到 1933 年 5 月，相继取得了郭家河(1933 年 3 月，红二十五军全歼敌 35 师 104 团，俘敌 2000多人)、潘家河、杨泗寨战斗的胜利，打破了国民党军队的全面清剿，红军又发展到 13000 人。但是，形势一好就出问题，"左"倾路线主张硬拼，攻打城镇，红二十五军围攻七里坪 43 天，伤亡惨重。

1934 年 2 月，蒋介石亲任"鄂豫皖剿匪总司令"，调动大军对我根据地进行第五次"围剿"。尽管红二十五军采取灵活机动的战术取得了一些胜利，但终未能彻底扭转危急局面。11 月 11 日，中共鄂豫皖省委在光山县花山寨召开第 14 次常委会议。根据党中央指示，省委率领红二十五军高举"中国工农红军北上抗日第二先遣队"的旗帜于 11 月 16日从罗山县何家冲出发，军长程子华，副军长徐海东，政委吴焕先，开始长征，北上抗日。这是从鄂豫皖走出去的第二批革命武装，又一次战略转移与贡献。他们是先期到达陕北的第一支工农红军，为延安根据的建立作了贡献。毛泽东当年看了报纸之后，知道刘志丹、徐海东在陕北，于是决定前往。

红二十五军在长征途中创建了鄂豫陕革命根据地，位于湖北、河南、陕西三省边界地区，在蓝田、柞水、镇安、山阳、旬阳、雒南、商南、郧西、卢氏等县和洋县华阳地区。起初，红二十五军开始是准备在伏牛山区建立新的革命根据地，可是进入伏牛山区后，发现该地区人烟稀少，粮食和物资匮乏，加之敌军跟踪而至，在这里建立苏区也很困难。因此，省委再次改变计划，决定转进陕南商洛地区。进入陕南之初，红二十五军只有 2500 余人，在集中主力歼灭敌人有生力量的同时，多次抽调领导骨干和部队去做群众工作，建立地方武装和基层政权。在鄂豫陕边区建立了 4 块革命根据地，成立了中共鄂陕、豫陕两个特委和5 个县工委，初步建成了鄂豫陕革命根据地，下辖鄂陕边区苏维埃政府和 2 个县、13 个区、48 个乡、314 个村的苏维埃政权，苏区人口近 50万。鄂豫陕根据地的建立，使红二十五军得以休整，并不断发展壮大。到 5 月初，主力红军增至 3700 人，另外还有游击师、抗捐军等地方武装 2000 余人。红二十五军长征后，留在鄂豫陕边地区的鄂豫陕特委，将红军一部和地方武装编为红军第 74 师，继续坚持斗争。

红二十五军从河南省罗山县何家冲出发，经湖北、陕南到甘肃，西征北上，是最先完成长征到达陕北的红军队伍，为中央红军与红二、红四方面军会师陕北作出了历史性贡献。1935年9月，红二十五军到达陕北后，与红二十六、红二十七军合编为红十五军团。11月，红十五军团归入红一方面军序列。

3. 新四军

红二十五军长征后，鄂豫皖根据地进入艰苦的三年游击战争时期。

1935年2月3日，根据省委指示，在皖西太湖凉亭坳召开高级干部会议，重建红二十八军，高敬亭任政治委员，全军1300余人。在艰苦的游击战争中，转战三省45个县，消灭国民党正规军66个团，约17万余人，红二十八军不断发展壮大。

1937年7月7日，日本帝国主义发动了"卢沟桥事变"，抗日战争全面爆发。红二十八军政委高敬亭致信国民党鄂豫皖"剿匪"总司令卫立煌，要求合作抗日。不久，高敬亭、何耀榜在岳西县青田畈与国民党代表刘冈夫谈判，达成了停止内战、共同抗日的协议。

1938年春，红二十八军和地方武装改编为新四军第四支队，高敬亭任支队司令员，开赴皖东抗日前线。这是鄂豫皖第三次把革命武装送到根据地之外，为新四军输送3000余人进行抗日武装。新四军刘飞是沙家浜郭建光的原型人物，他就是从黄麻走出去的英雄人物。

新四军四支队东进后，留下郑位三、田东、刘名榜等在七里坪组成四支队留守处，不久留守处迁到郭家河月儿湾。1938年12月，根据新四军军部命令，以留守处警卫排为基础，将梅店自卫队以及由竹沟护送干部来的一个排合编，在陡山河白马山成立新四军第六游击大队，罗厚福任大队长，熊作芳任政委。

1939年1月，李先念率领新四军独立游击支队自竹沟南下。6月，陈少敏率部由豫南抵湖北安陆，与李先念部会合，合编为新四军豫鄂独立游击支队。李先念任司令员，陈少敏任政委。1940年1月，独立游击支队扩编为新四军豫鄂挺进纵队。1941年"皖南事变"发生后，中共中央发出了重组新四军军部的命令，豫鄂抗日挺进纵队改编为新四军第五师，李先念任五师师长兼政治委员。新五师的将士中有相当一部分来自鄂东，为中国革命作出了贡献。湖北解放后的许多干部都来自新五师。

抗日战争胜利后，蒋介石集团发动内战。1946年6月，国民党军30万人包围中原解放区，蒋介石扬言在36小时内全面解决中原问题。6月29日，中原军区主力部队在皮定均、张体学部的掩护下胜利突围，宣告了敌人围歼阴谋的破产。

1947年8月，刘伯承、邓小平率晋冀鲁豫野战军12万主力，千里跃进大别山，揭开了中国革命的序幕。鄂豫皖人民唱着"八月桂花""十送红军"这些老歌迎接解放军的到来，从各方面提供了支持。

四、敢于胜利的精神

黄麻起义是一次武装斗争，是军事活动。黄麻人敢于亮剑，勇于胜利。

大革命失败后，中共选择在鄂豫皖建根据地，退可依凭险要山形水势御敌于国门之外，进可造成"南断长江，西控平汉，威逼武汉，震惊南京"的巨大声势。大别山是三省交界之处，是经济落后地区，也是国民党政府统治的薄弱地区，在这里容易发动武装起义。

1929年9月，由周恩来负责起草的著名的中央"九月来信"中明确倡导："在全国革命高潮未来时，红军此时主要地采取……省边界游击的策略是对的，但要注意使这……区域的赤色势力联系起来。""几省边界工作可以联系，能够指挥时，可以成立特委。"中央于9月24日发出指示，决定将商城、光山、罗山、黄安、商城、黄陂、罗田等8个县划为鄂豫边特区，建立鄂豫边特委，对鄂豫边、豫东南根据地的党和红军实行统一领导。

1930年10月，中共中央把鄂豫皖根据地列为全国六大根据地之一。这块革命根据地极盛时期，包括湖北东北部的黄安(红安)、麻城、黄陂、孝感、黄冈、罗田、蕲水(浠水)、蕲春、黄梅、广济；河南东南部的商城、固始、信阳、罗山、光山、潢川；安徽省西部的六安、霍山、霍丘、潜山、太湖、宿松、英山（今湖北）、舒城、寿县等二十几个县，近5万平方公里，人口350万，红军人数5万。

从1930年冬—1932年夏，鄂豫皖取得了三次反围剿胜利。

第一次反围剿，蒋介石派徐源泉、冯系的吉鸿昌，1931年3月，红军取得双桥镇战役的胜利，红军活捉了国民党三十四师师长岳维峻。

第二次反围剿，蒋介石派11个师13万人进攻。1931年5月，红军在新县浒湾歼敌近千人，打乱了国民党军第二次军事"围剿"的部署。

第三次反围剿，成绩更大。红四方面军发动了四次战役：黄安战役（1931年11月~12月）、商潢战役（1932年1月）、苏家埠战役（1932年3~5月）、潢光战役（1932年6月）。四大战役歼敌6万人，取得了空前的大胜利，有力地牵制了围攻中央苏区的国民党军队。

与其他根据地相比，鄂豫皖根据地创造了中国革命史上的许多辉煌，其中还有若干个第一。

1. 战果辉煌

第三次反"围剿"时，红四方面军主动出击，于1931年11月10日，由总指挥徐向前亲率红四方面军主力八个团，打响了黄安战役，历时43天，歼敌15000余人，缴枪7000支、迫击炮10余门、电台1部，活捉国民党军师长赵冠英，这是根据地活捉的最大敌官（其后还俘虏过敌师长岳维俊，处决。这些比中央苏区更辉煌）；接着，于1932年1月红四方面军在北线发起商潢战役，歼敌5000余人。为了打击东线敌人，1932年3月至5月，发动六安苏家埠战役，歼敌3万余人，俘敌2万人，活捉国民党军前线总指挥历式鼎、5个旅长、11个团长，缴获12000支枪，这是根据地少有的大胜仗。

红军连长赵基训开创了中国工农红军用机枪打下敌人飞机的范例。1930年2月，一架国民党飞机（德国造"容克"式高级教练机）在武汉飞往开封执行通信任务的返航途中，因燃油耗尽迫降在湖北大悟宣化店红白交界地区，被我红军缴获。苏区政府为纪念十月革命，表示对无产阶级革命导师列宁的怀念，将飞机命名为"列宁号"，这是我军历史上第一架"战鹰"。为了加强对"列宁号"飞机的使用和管理，1931 年，鄂豫皖军委在新集专门设立了航空局，龙文光任局长。这是我军历史上第一个航空局。陈昌浩大胆坐过这架飞机。

2. 根据地的面积大

在这块红色的土地上，鼎盛时期，以大别山为中心，东望安庆，西扼京汉，北临淮河，南濒长江，根据地发展到 26 个县，人口发展到 350 万，主力红军发展到 45000 余人。据徐向前《历史的回顾》记载：鄂豫皖苏区的红四方面军建立了一套与中央红军相通相近的军队建设理论。第一，游击战术。1929 年 9 月，徐任鄂豫边特委委员和革委会军委主席，负责军事工作。他与戴克敏总结出了一系列"游击战术"：①集中作战，分散游击；②红军作战尽量号召群众参加；③敌情不明，不与作战；④敌进我退，敌退我进；⑤对敌人采取跑圈的形式；⑥对远距离的敌人，先动员群众扰乱敌人，再采取突击的方式；⑦敌人如有坚固防御工事，不与作战。

3. 对敌人的打击大

鄂豫皖革命斗争发生在中国的中部，位于武汉、南京、洛阳之间，西边有平汉铁路贯穿黄陂、孝感、信阳，南边有横跨黄冈、蕲水、蕲春、广济、黄梅、潜山、宿松的母亲河——长江，红军卧龙于鄂豫皖边区，退可依凭险要山形水势，御敌于国门之外，使国民党十分害怕，牵制了几十万国民党军队。1934 年，蒋介石曾经把主要精力放在对付鄂豫皖，试图先解决这个根据地，他亲自到汉口，调动了 30 万军队，其中有嫡系 10 万人。蒋介石最信赖的陈诚、卫立煌、汤恩伯、刘峙围攻鄂豫皖，屡次受挫。

在三年游击战争中，红二十八军转战鄂豫皖边区的 45 个县，地方武装和便衣队就地坚持斗争，人民群众始终进行全力支援，以不足 2000 人的红军，牵制敌人大量兵力，最多时达 68 个团，约 17 万人；歼敌 18 个营又 15 个连和大量小股敌军，粉碎了敌人的反复"清剿"，使革命的红旗始终飘扬在大别山上。同时，有力地支援了主力红军的战略转移，配合了南方各省红军游击队的斗争。

总之，黄麻起义是中共百年党史的光辉篇章，一直闪烁着思想的光辉。以黄麻起义为主体的鄂豫皖的革命精神还有必要进一步归纳提升，这些精神不仅在当时起了很重要的作用，即使是现在，也是极有意义的。如果我们能够仍然发扬这些精神，我们还有什么困难不能克服，还有什么奇迹不能创造？

"胜利勿忘烈士功，请将遗志记心中，终极目标共产制，大家努力莫放松。"1950 年 9 月，鄂豫皖革命根据地主要创始人之一的郑位三抱病写下了这首诗，现在悬挂在七里坪长胜街鄂豫皖红军中西药局旧址墙上，让我们共勉吧！①

（作者为湖北省炎黄文化研究会副会长，华中师范大学教授、博士生导师）

---

① 附记：早在 1944 年，就有郑位三、戴季英撰写的《鄂豫皖苏区红军历史材料》和郭述申撰写的《鄂豫皖便衣队的一些历史材料》。1956—1959 年，先后有湖北人民出版社编辑的《回忆鄂豫皖边区的革命斗争》，中国作家协会武汉分会编写的《一星火花：湖北地区革命斗争回忆录》及何耀榜的《大别山上红旗飘——回忆鄂豫皖三年游击战争》等。20 世纪 80 年代后，更有大量回忆录出现，如《历史的回顾》《艰苦的历程：中国工农红军第四方面军革命回忆录选辑》《湘鄂赣革命根据地回忆录》《麻城回忆录》《王诚汉回忆录》《陈再道回忆录》《廖汉生回忆录》《王平回忆录》《秦基伟回忆录》《刘华清回忆录》等。学术界先后出版了《黄麻起义》《鄂豫皖苏区历史简编（1927—1937）》《鄂豫皖革命根据地斗争史简编》《鄂豫皖革命根据地史》《鄂豫皖边大剿匪》《鄂豫皖革命根据地财政志》《鄂豫皖革命根据地财政经济史》《鄂豫皖革命根据地货币史》《董必武传记》《李先念》《战将韩先楚》《黄麻起义和鄂豫皖苏区人物传略》《百战将星——秦基伟》《百战将星——王近山》《戴克敏烈士与他的一家》《中国红安将军谱》《徐海东将军传》《王树声大将》等。

优秀传统文化与当代社会治理

姚伟钧

新中国成立 70 余年来，特别是改革开放 40 余年来，我国社会治理理论创新和实践创新全面深入推进，在取得一系列重大成就和丰富经验的同时，社会治理领域也不断出现新矛盾新问题，迫切需要深化社会治理理论研究，而社会治理的文化构建则是治理现代化理论建设的基础工程，因为从本质上来说，社会治理文化是一门致用的科学，所以探讨这一问题具有十分重要的理论与实践意义。

社会治理是指政府、社会组织、企事业单位、社区以及个人等多种主体通过平等的合作、对话、协商、沟通等方式，依法对社会事务、社会组织和社会生活进行引导和规范，最终实现公共利益最大化的过程。社会治理相比于"社会管理"，更突出地强调"鼓励和支持各方面的参与"，强调更好地发挥社会力量的作用，而不是政府的管控。在这方面，中国优秀传统文化对当代社会治理具有十分重要的参考价值。

一、中国社会治理的文化内涵

什么是社会治理的文化呢？社会治理的文化是指社会治理者在社会治理实践活动过程中形成的某种文化观念、历史传统、共同的价值准则、道德规范和生活信念等。

具体而言，中国社会治理文化是由行为文化、心理文化、物质文化所构成的，并主要通过中国优秀传统文化体现出来。中国社会治理文化的内涵十分丰富，为了进一步了解中国社会治理文化的内涵，我们综合了国内外有关专家的观点，认为可以从以下几个方面理解。

①中国社会治理文化包括社会治理价值、社会治理伦理、社会治理精神、社会治理道德等要素以及由社会治理系统的质量文化、谋略文化、市场文化、制度文化、社会文化构成的文化系统。

②中国社会治理文化是在社会经济发展中形成并融入社会经济活动群体的价值观念和行为准则。

③中国社会治理文化是一定范围人群的主观意识，是改造、适应和控制社会进程所取得的文化观念认同。

④中国社会治理文化是反映社会治理系统活动过程中一系列文化观念的总和，包括社会治理精神、社会治理作风、社会治理系统各种要素中的社会、经济、科技、文化和社会形象等方面。

⑤中国社会治理文化强调重视人的因素，重视提高人的全面素质，最大限度地发挥他们的积极性、创造性和潜能。

⑥中国社会治理文化是社会经济活动和文化活动交融形成的混合体，是社会治理者和广大民众在社会治理实践过程中创造的理念形态文化、物质形态文化和制度形态文化的复合体。

⑦中国社会治理文化是中华优秀传统文化在现代意识影响下形成的具有本民族文化背景和特征的行为规范，其精髓是提高人的文化素质，重视人的社会价值，尊重人的独立人格，开发文化资源，调动人的积极性。

中国社会治理文化是从本国实际出发，发挥本民族文化的优良传统，用马克思主义的立场、观点、方法来总结、归纳、设计、塑造社会治理文化，符合人类社会和管理活动的客观规律要求，促进社会、政治、经济、技术的相互协调发展，有利于提高科学管理水平，有利于调动人的积极性、创造性，具有中国特色，并吸取外来社会治理文化的精华等。

建设中国社会治理文化是实践、总结、设计和再实践的循环过程，这就首先要了解民族的文化特征和发展社会经济的传统作风、行为模式、精神风貌，并加以收集、归纳、分析和研究。其次，在分析总结的基础上，用确切的文字语言表达社会治理文化的内涵，以形成制度、口号、规范、观念的东西，然后将设计提炼出来的社会治理文化通过宣传、学习、运用，在社会管理实践活动中进行检查、补充、丰富和提高，最终形成具有中国特色、中国气派的社会治理文化。

二、中国社会治理文化的特征

中国社会治理文化除具有世界社会治理文化的一般特征外，由于受到中国传统文化的影响，特别具有以下几个方面的重要特征。

①追求社会治理的和谐与平衡效果，即体现中庸之道。在社会治理实践活动中，将矛盾双方视为对立的统一体，即在矛盾双方的抗衡、冲突、对立中，寻找双方的统一性，并以此作为解决矛盾的唯一准则。无论是理性与非理性、个人主义与团队精神、技术与人，这些都是不可缺少的社会治理因素，都要在对立中追求统一。

②主张社会治理者要会做人，在社会治理活动中社会治理者要有悟性，即体现为人处世之道。在社会治理活动中，社会治理者首先要明白做人与做事的道理，要会做人，做一位受人尊敬的人；其次，明白天下只有一个道理的思想，即万变不离其宗，这个宗就是规律；再次，用自己的"悟性"了解事物，即在实践中不断思考自省，不断学习和进步。

③追求社会治理组织中人际关系的稳定、平静与和谐，即体现社会治理者的人性修养。修身最关键的是学习和思考，修身不仅是社会治理者的事，也是全体人民的事。

④讲究社会治理决策的境界、时机，即体现谋略思想。体现中国人的谋略，首先要做到中国道家倡导的无为而无不为。其次，要做到在分寸之间决策，即人们在运用各种方法时要掌握分寸，恰到好处，过与不及都是不可取的。分寸可以认为是机会、火候、时机等，也可以认为是尺度、力度。再次，体现"圆通"的社会治理艺术。"圆通"就是在社会治理中合理地运用时间、行动空间来增进社会治理的有效性，处理好各种矛盾。

⑤社会治理以引导式社会治理为主。在社会治理实践活动中，要适

应中国人特有的思维方式和行为习惯，来加以引导，而不是强制；同时，应将中国传统文化中的杰出思想和思维方式充实到中国社会治理文化理论中，并进一步得到丰富和发展。

⑥具有开放性，即善于吸收世界社会治理文化的优秀成分。重视科技对社会治理的促进作用；崇尚艰苦奋斗、自强不息，提倡节约，反对浪费，体现一种可持续节约型社会治理风格；重视全民学习，倡导科技兴国、教育兴国和科技、经济、社会、政治的协调发展；求实求变，注重实干；具有消除现代社会经济迅速发展后带来的种种弊端的机制，普遍追求一种具有稳定社会环境和最佳效果的和谐社会治理成果。

三、中国社会治理的文化基础

中国社会治理文化是在三大基础上进行，即中国文化的基本精神、中国文化的伦理观、中国儒家文化精神等。

中国文化的基本精神就是中国文化所表现的自主性、活动性和主动性。这种文化的理论依据是"天人合德的宇宙本体原理，内外合用的理想政治原理，诚明合能的人生修养原理，知行合体的社会实践原理"。这四种基本原理是中国文化的基本精神。中国文化的基本精神表现在自强不息、不畏艰险、艰苦奋斗、热爱劳动和勇于进取的传统精神；反对侵略，维护民族团结和祖国统一的爱国精神；民为邦本的民主思想以及坚持通变的革命精神；以道德教育代替宗教说教的优良传统；理论与社会实践密切结合的经世致用传统；求是意识和唯物主义传统；事实的辩证思维方式；善于容纳百川于巨流的传统。

中国人的传统伦理观可以描述为立足现实、讲求事功；本于血缘、严于等级；推崇中庸、调和持中；爱人利他、博施济众；诉诸理性、节制情欲；教化修身、注重人格。

儒家文化是中国传统文化精神的核心内容，也是中国社会治理文化要体现的重要内容之一。儒家文化以忠孝两全为基础，以仁义礼智信为支柱，即以德治主义和法治主义为支柱，是一种极为宽容的文化，中国文化自确立儒家思想的主体地位和价值取向后，就具备了自强不息、长盛不衰的宏伟气魄。

儒家文化精神主要包括：提倡和谐、中和与平衡的精神，主张理性地调适现实世界；提倡个人和家庭的节制，对教育高度重视，对各种技艺精益求精，对各种使命、职责、家庭和义务持严肃态度；在组织中提倡保持稳定、平静、和谐的人与人之间的关系，要求培养具有献身和进取精神、责任感强和有教养的个人，以及增强义务感，同组织保持一致，对各种体制的忠诚；主张勤奋、诚实、节俭、互助、共存，如团体主义、学习现象、行为规范、实干精神、经验主义等。

以《周易》为例，《周易》是中国儒家群经之首，是中国先民对世界社会治理文化的重大贡献。儒家学派的创始人孔子曾在《论语·述而》中说过："加我数年……五十以学《易》，可以无大过矣。"①在这部神秘的经典里，萌芽出来的社会治理思想为后世贤人智者赞叹不已。

《周易》上下经共六十四卦，包罗万象，其各卦的象数理气变化更是错综复杂，可以给社会治理提供宝贵的管理原理和实践经验。

《周易》认为宇宙是太极，现代管理科学也认为国家、企业乃至个人都是一个完整的太极。在社会治理中，管理者和被管理者的相处，产生既相对又互补的运动观，一物之进必是另一物之退才能产生均衡中和，管理者只有认清太极原理，才能在管理下属和处理事务过程中，自觉运用太极圈中阴和阳的容忍和进退现象。不要以达到最大利润作为经营管理的唯一准则，而忽视人类本身的自尊感和价值观，而是承认任何人都是一个太极，他本身是善于融合的。管理者待人要因人而异，始终维持别人的自尊，使组织里充满和气，像一个大家庭。

《周易》中的社会治理方式，可归纳成五个字：安、和、观、乐、利。所谓"安"，是要使大家安心干事，一切有安全保障感。"和"就是致和，使人际关系达到和谐之境。"观"就是重视信息财富。"乐"是大家喜气洋洋，皆大欢喜。"利"是要通过理性的观念，合情合理地追求

---

① 《论语·述而》。

利润。如果社会治理掌握了《周易》六十四卦中的这些治理秘诀，就一定能做到社会发展，人民安居乐业。

事实上，《周易》中的这些社会治理思想，在一定程度上反映出儒家思想的精髓。例如，儒家主张和为本、和为贵、和为美。儒家"和"的思想运用到社会主义市场经济，那就是要提倡"和气生财"。"和"是讲求良性竞争，也是企业合作的经济道德规范。"商场如战场"的口号是耸人听闻的过激之词，因为战场的竞争是你死我活，二虎相争必有一伤。而经济竞争则能够产生第一，同时允许第二、第三等的存在，甚至可以"大家发财"，共同富裕，商场的死、伤与战场的死、伤有完全不同的含义。相反，如果采取儒家"和"的经济道德办事，则有可能化敌为友，化竞争对手为协作伙伴，这样就能建立起广泛的团结协作的内部和外部的关系网络。这种关系网络就是市场，就是财富之源，这就是儒家"和"所揭示的共存性和开放性的道德价值之所在，而这一点也是《周易》蕴涵的社会治理思想中的一个主要内容。

在《周易》之后，还有中国古代最重要的典籍之一——《周礼》，它约成书于公元前1100年，书中对行政管理、经济管理，以及对人的品行管理等方面的管理思想均已有所论述。

此后的《论语》《孟子》《老子》《荀子》等许多古代典籍中，在对于诸如组织、计划、指挥、协调、用人等各种管理思想的论述方面，都有不少适用于今天管理实践的精辟见解。

例如，《老子》一书中就强调"欲上民，必以言下之；欲先民，必以身后之。是以圣人处上而民不重，处前而不害。是以天下乐推而不厌"[①]。这段话的意思是说，要想统治民众，必须用言辞对其表示谦虚；要想领导民众，必须先把自己放在民众之后。因此，圣人在民众之上，而民众并不感到有负担；在民众之前做领导，而民众并不感到有障碍。所以，天下民众对他爱戴而不厌弃。这种社会治理思想对现代领导者从事有效的人事管理活动，仍具有现实的研究与应用价值。

---

① 《老子·66章》。

再如《管子》中提出的气是国安也，心治是国治也。"治也者心也，安也者心也。治心在于中，治表出于口，治事加于民。故功作而民从，则百姓治矣。"①这段话的意思是说，要治理好国家，使国家安定，必须先治理民心；而要治好民心，使民心安定，必须把国家的事情、人民的事情办好。这种主张与今天的"社会治理心理学"及"行为科学"的思想具有共通之处，对于现代的企事业单位和行政机关实施有效的心理激励及行为激发具有一定的指导意义。

古老而文明的中华民族，自古以来对世界社会治理思想文化的贡献是多方面的。她在历经数千年的演变与发展中，逐渐形成了一种具有本民族特色的社会治理思想和准则，构成了中华民族悠久文化的重要部分。时至今日，这些社会治理思想和准则，仍然具有一定的、不容忽视的现实意义，值得我们重视。

（作者为湖北省炎黄文化研究会常务理事，华中师范大学历史文化学院教授、博士生导师）

---

① 《管子·心术篇》。

论中国共产党人的思想境界与文化品格

袁北星

读懂今天的中国，必须读懂中国共产党。这是中共中央总书记、国家主席习近平给北京大学留学生们回信中的重要论断，也是我们每一个人读懂当代中国的重要途径。从诞生时只有 50 多名党员，发展到如今拥有 9500 多万名党员，中国共产党波澜壮阔的百年奋斗史，见证了中国从积贫积弱、一穷二白到独立自主、开放富强的历史性飞跃。在中国共产党领导下，短短几十年间中国近 8 亿人口脱贫，在建党百年之际如期全面建成小康社会，不仅证明了中国共产党本身的优越性、先进性，也说明中国共产党人思想境界和人文品格的高尚性、纯洁性。

一、革命理想高于天：风雨不动安如山的真理力量和人格力量

"志不立，天下无可成之事"，"欲修其身者，先正其心"。中华文化历来重视树立高远志向，强调人有志气，如同树之根深，河之流长。中国共产党更是将坚定革命理想作为共产党人的"心学"，强调理想信念动摇是最危险的动摇，理想信念滑坡是最危险的滑坡。一个政党的衰落，往往从理想信念的丧失或缺失开始。我们党是否坚强有力，既要看全党在理想信念上是否坚定不移，更要看每一位党员在理想信念上是否坚定不移。

毛泽东的信仰，最初是通过读《共产党宣言》等马克思主义经典著作确立起来的。他曾对美国记者斯诺谈道，《共产党宣言》《阶级斗争》和《社会主义史》"使我树立起对马克思主义的信仰"。"我接受马克思主义，认为它是对历史的正确解释，以后，我就一直没有动摇过。"自

1920 年夏天起，"我已经在理论上和在某种程度的行动上，成为一个马克思主义者，而且从此我也自认为是一个马克思主义者了"。在此基础上，毛泽东说："共产党员是一种特别的人，他们完全不谋私利，而只为民族与人民求福利。"这不仅是毛泽东强调的中国共产党人的职责使命，也是他自己一生的追求，"一直没有动摇过"的信仰信念。邓小平多次强调："在我们最困难的时期，共产主义的理想是我们的精神支柱，多少人牺牲就是为了实现这个理想。"江泽民提出："要紧密结合干部群众在思想认识上和工作、生活中产生的新问题，突出加强理想信念教育，不断增强全体人民的凝聚力。"胡锦涛指出，要坚定理想信念，坚守共产党人精神追求。对马克思主义的信仰，对社会主义和共产主义的信念，是共产党人的政治灵魂，是共产党人经受住任何考验的精神支柱。

邓小平曾说过："共产党人干事业，一靠真理的力量，二靠人格的力量。"中国共产党作为马克思主义执政党，有强大的真理力量。这种真理力量集中体现为党的正确理论。我们党坚持把马克思主义基本原理同中国革命、建设和改革的具体实际相结合，创造性地继承和发展马克思主义，确立中国特色社会主义制度，坚持走中国特色社会主义道路这一发展中国之路、伟大复兴之路。社会主义显示出的生命力是强大的，这种力量，归根结底是真理的力量，因为它符合社会运动发展的客观规律。所谓人格的力量，是指依靠人的信仰、气质、品德、才智等汇聚而成的感召力、影响力、带动力。人格折射人性、映照人生，是党员干部立足社会的"软实力"。正如习近平总书记指出的，共产党人拥有人格力量，才能无愧于自己的称号，才能赢得人民赞誉。

党的十八大以来，习近平总书记反复强调理想信念的极端重要性。他形象地指出，"理想信念就是共产党人精神上的'钙'，没有理想信念，理想信念不坚定，精神上就会'缺钙'，就会得'软骨病'"。从加强党的建设，到做好思想政治工作，从加强党员干部队伍建设，到办好思想政治理论课，习近平总书记都要讲到信仰信念、人生理想、核心价值观等，给人以深刻的教育和启发。《习近平谈治国理政》第三卷第 19 专题第三篇文章《重整行装再出发,以永远在路上的执着把全面从严治党引向深入》中再次强调,"一个政党必须有自己的政治灵魂。中国共产党的理想信念,就是马克思主义真理信仰,共产主义远大理想,中国特色社会主义共同理想"。坚定信仰信念,坚持知行合一,始终体现在习近平的自我要求中。从梁家河七年知青岁月中向党组织数次递交入党申请书,到任职浙江时引用王安石的"修其心治其身,而后可以为政于天下"与党员干部共勉,再到在"半条被子的温暖"专题陈列馆前的感人话语:"我作为一名共产党员、作为一名共产党负责的干部,本身也需要不断受教育、不断受洗礼、不断受启示。"理想信念之火一经点燃,就永远不会熄灭。但理想信念不可能凭空产生,也不可能轻而易举坚守。要像习近平总书记一样,不断受教育、不断受洗礼、不断受启示,才能始终坚守远大理想和崇高追求,真正做到"风雨不动安如山"。

理想信念只有落实成为实践行动,才能焕发出更加耀眼的光芒。马克思年仅 17 岁时就在他的中学毕业论文中写道:"如果我们选择了最能为人类福利而劳动的职业,那么,重担就不能把我们压倒,因为这是为大家作出的牺牲;那时我们所享受的就不是可怜的、有限的、自私的乐趣,我们的幸福将属于千百万人,我们的事业将悄然无声地存在下去,但是它会永远发挥作用,面对我们的骨灰,高尚的人们将洒下热泪。"以马克思主义为理论武器的中国共产党人便是这样忠实践行,怀着为人类进步事业而奋斗的远大理想,始终坚守真理力量、努力锻造人格力量的群体。因此,"共产党人干事业,一靠真理的力量,二靠人格的力量"。习近平新时代中国特色社会主义思想闪耀着真理的光辉和人格的魅力,其强大的真理力量,在新时代中国特色社会主义实践中得到充分证明,并将继续得到证明。关于人格力量,习近平也有着精彩的论述和积极的践行。他强调,"人格是一个人精神修养的集中体现",共产党人必须"以人格力量凝聚党心民心"。人民群众对我们拥护不拥护、支持不支持、满意不满意,不仅要看我们是怎么说的,更要看我们是怎么做的。历史和人民把我们党推到这样位置,肩负责任很重,以坚强有力的政治领导承担起应该承担的政治责任。这么大一个国家,责任非常重、工作非常艰巨。我愿意为中国发展奉献自己。作为一位领袖，习近平具有高度的理论素养和丰富学识，也有着高尚的人格追求和实践意愿，他既继承了中华文化和人类文明的优秀成果，又善于紧扣时代脉搏，科学回答人类所面临的现实问题，从而成为中国特色社会主义伟大事业的引航者。

二、一切为了人民，一切依靠人民：人民至上的深厚情怀和人民中心的发展思想

中华传统文化富含民本思想，也成为大党大国领袖人民情怀的重要来源。从"民为贵，社稷次之，君为轻"，到"民为邦本，本固邦宁"，再到"水能载舟亦能覆舟"等，数千年中华历史文化中蕴含着深厚的民本思想。以孔子、孟子、荀子为代表的先秦儒家思想倡导的"安民利民""平政爱民""顺从民意"等，都强调统治者必须爱民、顺民、安民、利民，因为只有赢得民心，才能得到天下。西汉政治思想家贾谊总结先秦儒家的民本思想，认为民众是国家兴衰成败的根本，强调"王者以民人为天，而民人以食为天"，形成系统完整的民本思想。此后，历朝历代虽有所演变，但其思想主旨始终强调民为邦本，对中华文明发展具有重要作用。中国共产党辩证吸收传统文化中"以民为本"理念，同时坚守马克思主义民本观，形成中国特色的治国理政之道。

马克思说："无产阶级的运动是绝大多数人的，为绝大多数人谋利益的独立的运动。"由此，人民性便成为马克思主义政党的鲜明特性，它不仅贯穿党的全部理论与实践，而且体现在大党大国领袖的人格风范上。从"为人民服务"的根本宗旨，到"三个有利于"的改革标准；从"三个代表"重要思想，到以人为本的科学发展观；从"人民群众对美好生活的向往，就是我们的奋斗目标"的庄严承诺，到"中南海要始终直通人民群众，我们要始终把人民群众放在心中脑中"的执政理念；从"我将无我，不负人民"的思想境界，到"我是共产党的负责干部"的职责担当；从"把人民的生命安全和身体健康放在第一位"，到"为了人民生命

安全，我们什么都豁得出来"；从"人民才是真正的英雄"，到"人民是我们党执政的最大底气"，再到"江山就是人民，人民就是江山"的辩证思维……无论是决战脱贫攻坚，决胜全面建成小康社会，还是亲自部署疫情防控、统筹推进经济社会发展，无不显示出大党大国领袖坚持一切为了人民、一起依靠人民的充盈人民情怀和崇高人格风范。

党的十八大以来，习近平总书记反复强调，必须坚持"以人民为中心"的发展理念。在这里，人民中心不是抽象、玄奥的概念，更不是空洞、无谓的口号，而是贯通治党治国治军、内政外交国防各领域各方面的基本遵循与现实形态。在习近平看来，"以人民为中心"就是要让人民群众"有更好的教育、更稳定的工作、更满意的收入、更可靠的社会保障、更高水平的医疗卫生服务、更舒适的居住条件、更优美的环境"，给予人民群众实实在在的获得感；就是要让人民来治国理政，通过一系列制度安排与政策设计，让人民群众当家作主的权利得到更充分保障；就是要通过全面从严治党，把党建设得更加坚强有力，使党成为引领人民群众建设中国特色社会主义的坚强领导核心，带领 14 亿人民创造历史、建设国家、享有成果。

三、以伟大自我革命引领伟大社会革命：发扬革命精神，增强斗争本领

革命、斗争都是中华文化的重要元素，所谓"为智者务于巧伪，为勇者务于斗争"。"斗争"与"革命"两个词，从字面上看来或许并不是那么温和，而从其本义来看，都是指向通过突破性、颠覆性手段和途径，与落后思想、固化利益、反动派等所进行的争斗、搏斗、奋斗。这是一种以"苟日新、日日新、又日新"为核心理念的价值追求，以革故鼎新、推陈出新为根本目标的实践行为，其价值指向与"改革""创新"在本质上是保持一致的，可以说是与向好、向新、向善的不谋而合、异曲同工、殊途同归。

斗争是马克思主义的要素，恩格斯曾这样评价马克思："马克思首

先是一个革命家""斗争是他的生命要素，很少有人像他那样满腔热情、坚韧不拔和卓有成效地进行斗争"。作为马克思主义者，中国共产党人时时警醒和告诫自己，"我们不但善于破坏一个旧世界，我们还将善于建设一个新世界"，这是中国共产党人的使命；勇于斗争、敢于斗争、善于斗争，永葆将革命进行到底的精神，这是中国共产党人最重要的生命要素。"天下不能常治，有弊所当革也；犹人身不能常安，有疾所当治也。"人类社会数千年发展历史、世界社会主义五百余年演进历史印证了这一科学论断，中国共产党近百年奋斗历史再次印证了这一科学论断，未来的治国理政、改革发展必将继续印证这一科学论断。

一代伟人毛泽东的一生是光辉的一生，也是不懈斗争的一生。在领导中国共产党和中国人民进行革命和建设实践的过程中，毛泽东科学运用马克思主义立场、观点、方法，分析和解决中国革命和建设中的问题，形成了特色鲜明的斗争策略和斗争思想。一方面，毛泽东强调革命的尖锐性，他说："革命不是请客吃饭，不是做文章，不是绘画绣花，不能那样雅致，那样从容不迫，文质彬彬，那样温良恭俭让。革命是暴动，是一个阶级推翻一个阶级的暴烈的行动。"另一方面，毛泽东主张对党内各种非无产阶级思想进行斗争，他说："我们主张积极的思想斗争"，"每个共产党员和革命分子，应该拿起这个武器"，通过斗争清除党内主观主义、宗派主义和党八股等不良作风，确保党的先进性和纯洁性。更加重要的是，毛泽东非常讲究斗争策略和斗争艺术，他说："无产阶级要取得胜利，就完全要靠他的政党——共产党的斗争策略的正确和坚决。"建立广泛的统一战线，是无产阶级政党开展斗争的一项基本原则，"要胜利就要搞好统一战线，就要使我们的人多一些，就要孤立敌人"。毛泽东高度重视武装斗争的作用，把"统一战线，武装斗争，党的建设"作为中国共产党在中国革命中战胜敌人的三个主要法宝。

早在主持起草党的十八大报告时，习近平就主张把"必须随时准备进行具有许多新的历史特点的伟大斗争"写入报告，这一意蕴丰富、意义重大的表述，今天越来越成为一种社会共识、一种精神状态。学习研读《习近平谈治国理政》第三卷，能深切感受到其深沉厚重的忧患意识、坚定不移的战略定力和顽强不屈的斗争意志。其中，《继续进行具有许多新的历史特点的伟大斗争》《增强忧患意识，防范化解风险挑战》《不忘初心、牢记使命，把党的自我革命推向深入》等，从正反两方面剖析阐述勇于自我革命这一党在新时代最具勇气的志向和最鲜明的精神品格。习近平反复强调，不能沉迷于田园牧歌，不要幻想一团和气，要随时准备进行具有许多新的历史特点的伟大斗争。勇于、敢于、善于斗争，才能迈向治国理政新境界。发扬斗争精神，提高斗争本领，必须勇于自我革命。而革命最关键的是自我革命，革命精神最突出是自我革命精神。党的伟大不在于不犯错误，而在于从不讳疾忌医，敢于一次次拿起手术刀来革除自身病症、解决自身问题，在自我革新上求突破，破除一切不合时宜的思想观念和机制体制弊端，勇于推进理论创新、实践创新、制度创新、文化创新，以一往无前的昂扬斗志、拼搏精神，通过革故鼎新不断开辟未来。

四、牢固树立终身学习的理念：中国共产党人依靠学习走到今天，也必然依靠学习走向未来

习近平总书记在纪念马克思诞辰 200 周年大会上指出，马克思的一生是不畏艰难险阻、为追求真理而勇攀思想高峰的一生，并引用马克思名言"在科学上没有平坦的大道，只有不畏艰险沿着陡峭山路攀登的人，才有希望达到光辉的顶点"，号召新时代中国共产党人仍然要继续学习马克思，学习和实践马克思主义，不断从伟人境界和科学真理中汲取智慧和力量。

中国共产党是勤于、善于学习的政党。中国共产党是在学习吸收马克思主义过程中成立的。延安时期，毛泽东提出《改造我们的学习》，把学风摆在党的建设的重要位置。党的十一届三中全会作出改革开放的重大决策，邓小平号召全党来一次重新学习。"搞建设这件事情比我们过去熟悉的搞革命那件事情来说要困难一些，至少不比搞革命容易。在这个问题上，我们全党还是小学生。"党的十七届四中全会开启马克思

主义学习型政党建设。党的十八大提出建设学习型服务型创新型马克思主义执政党。2014 年习近平出席亚信峰会，第一次提出"中国要永远做一个学习大国"。

通过学习提高战略思维能力、综合决策能力、驾驭全局能力。中国特色社会主义事业是伟大而波澜壮阔的，是前人没有做过的。因此我们的学习是全面、系统、富有探索精神的，既要抓住学习重点，也要拓展学习领域；既要向书本学习，也要向实践学习；既要向人民群众学习、向专家学者学习，也要向国外有益经验学习。"要把读马克思主义经典、悟马克思主义原理当作一种生活习惯、当作一种精神追求"；要学习党的路线方针政策和国家法律法规；学习党史、国史，知史爱党，知史爱国；学习各方面知识，提高知识化、专业化水平；注重在实践中学真知、悟真谛，加强磨炼、增长本领。

（作者为湖北省炎黄文化研究会理事，湖北省社会科学院副院长、研究员）

论中国共产党百年辉煌历程与取得
成功的基本经验

—— 纪念中国共产党诞生一百周年

黄　钊①

一、中国共产党彪炳史册的百年辉煌历程

一百年来，中国共产党人在马克思主义的光辉照耀下，业绩辉煌，功勋卓著，赢得海内外特别称颂。对于昔日的伟大成就，我们在此拟从两个方面加以论述。

第一，沿着历史的纵向发展，概述百年演进所获得的四个阶段性的伟大成就。

一是领导中国人民顺利地进行了新民主主义革命，推翻了帝国主义、封建主义、官僚资本主义三座大山在中国的反动统治，建立起让人民当家作主的中华人民共和国及无产阶级专政的政权，使中华民族以雄伟的姿态从世界的东方站立起来了，从而彻底改变了我们民族在世界上的屈辱地位，大大地增强了国人的民族自豪感和民族自信心，标志着"东方睡狮"和"中国龙"豪迈地登上了世界历史舞台，开始演奏中华民族走向全面复兴的壮丽乐章。

二是在中华人民共和国成立后，中国共产党人围绕保卫与建设新中国，继续领导全国人民完成土地改革、"三反"、"五反"、镇压反革命

---

① 系武汉大学马克思主义学院教授、博导，曾任武汉大学中外德育研究中心主任，现兼任国际儒学联合会顾问、湖北省炎黄文化研究会顾问等职。

和实施农业合作化等一系列社会改革运动，既完善了新政权的建设，又恢复与改善了社会经济环境，使广大民众的生活逐步得到提高，国家的面貌走向振兴，让世界人民刮目相看。

三是坚决地纠正了"文化大革命"的严重错误，清算了"四人帮"制造的"十年内乱"恶劣影响，挽救了濒临崩溃的国民经济，引导人民群众从思想上正本清源，端正路线，解放思想，实事求是，进而评审与纠正了一系列冤假错案，有效地调动了社会一切积极因素，推动全党和全国人民大胆冲破"左"的禁锢，顺利地完成了把工作着重点由"以阶级斗争为纲"转移到经济建设和"四个现代化"建设上来的伟大历史转折。

四是成功地实施了改革开放的伟大战略决策，沿着中国特色的社会主义道路大步迈进，创造出中华民族走向富强的伟大业绩。据相关资料介绍，在改革开放的 40 年中，我国国内生产总值由 1978 年的 3679 亿元，增长到 2017 年的 82.7 万亿元，按不变价计算，增长了 33.5 倍，年均实际增长 9.5%，平均每 8 年翻一番，远高于同期世界经济 2.9% 左右的平均增速。与此同时，居民的人均可支配收入从 1978 年的 324 元，提高到 2017 年的 25974 元，后者是前者的 80 余倍。同时，从宏观整体来考察，我国已是"世界第二大经济体、制造业第一大国、货物贸易第一大国……外汇储备连续多年居世界第一"。这一切，标志着"我们用几十年时间，走完了发达国家几百年走过的工业化历程"①。

以上四个方面，从纵向发展的角度勾画出我党百年辉煌历程所彰显出的阶段性伟大成就。

第二，百年成就远不止上述一切，因为在"百年华诞"到来之时，我国又迎来"两大喜庆"：一是全国脱贫攻坚已取得"全面胜利"；二是"全面小康社会"已成现实。这两件大喜事，都是彪炳史册、前无古人的伟大创造。

---

① 见习近平《在庆祝改革开放 40 周年大会上的讲话》，载《光明日报》2018 年 12 月 19 日第 2 版。

首先，脱贫攻坚已取得"全面胜利"。2021年2月25日，习近平总书记在全国脱贫攻坚总结表彰大会上庄严宣告：我国脱贫攻坚战取得了全面胜利，现行标准下，9899万农村贫困人口，全部脱贫，832个贫困县全部摘帽，12.8万个贫困村全部出列，区域性整体贫困得到解决，完成了消除绝对贫困的艰巨任务。自20世纪70年代末我国改革开放以来，中国已使7.7亿农村贫困人口摆脱了绝对贫困，减贫人口占同期全球减贫总人口的70%以上，提前十年实现《联合国2030年可持续发展议程》减贫目标①。这"不仅是中华民族发展史上具有里程碑意义的大事件，也是人类减贫史上乃至人类发展史上的大事件，为全球减贫事业发展和人类发展进步作出了重大贡献"②。

其次，我国已进入"全面小康社会"阶段。"小康"一词，最早见于儒家典籍《礼记·礼运篇》，是我们的祖先曾数代向往的仅次于"大同社会"的美好理想。1979年12月，邓小平在会见日本首相大平正芳时，首次向世人介绍了我国人民生活将达到"小康水平"的理想目标。这里所谓"小康水平"，指的是人民生活质量在达到温饱的基础上，进一步提高，达到"丰衣足食"状态。今天，我国人民不仅解决了饱暖问题，而且住房问题也有了重大改善。据相关资料介绍，我国已有790万户、2568万贫困群众的危房得到改造，累计建成集中安置区3.5万个、安置住房266万套，960多万人"挪穷窝"。③ 这就告诉人们，当代中国人民的生活质量，已全面进入小康时代。

以上"两大喜庆"，均从宏观角度展示出中国共产党人的百年辉煌创造。它高高树起了一座伟大丰碑。用习近平总书记的话来说，就是迎来三个"伟大飞跃"：一是使"中华民族迎来了从站起来、富起来到强起来的伟大飞跃"；二是使"中国特色的社会主义迎来了从创立、发展到

---

① 见《习近平宣告脱贫攻坚全面胜利》，载《楚天都市报》2021年2月26日第1~2版。

② 见《国新办发布〈人类减贫的中国实践白皮书〉》，载《楚天都市报》2021年4月7日A20版。

③ 以上见《总书记数说战贫路》，载《楚天都市报》2021年2月26日第2版。

完善的伟大飞跃";三是使"中国人民迎来了从温饱不足到小康富裕的伟大飞跃"。① 这三个"伟大飞跃",表明中华民族正以崭新的姿态屹立于世界民族之林,光芒万丈地亮丽于世界的东方。

脱贫致富对于全民族来说,确具"彪炳史册"的卓越意义。人所共知,中华民族于数千年前从亚洲东方崛起以来,我们的祖先便一直做着脱贫致富的"中国梦"。早在春秋末年,儒家先圣孔子就把"足食"(《颜渊》)作为治道的核心内容,大加提倡。其所谓"足食",就是使老百姓不饿肚子,这无疑对于民众来说,是无比美好的境界;到了战国前期,墨家创始人墨子明确提出让民众"饥则得食,寒则得衣"(《墨子·尚贤下》)的理想,这更反映了劳动者的心声;到了战国中期,儒家亚圣孟子,又盼望人民能过上"仰足以食父母,俯足以畜妻子,乐岁终身饱,凶年免于死亡"(《孟子·梁惠王上》)的安定生活,这无疑合乎广大民众的内心向往。然而,上述那一切,都只是文人笔下的愿景,由于历史条件的限制和历代统计者的昏庸无能,它们在当时均无法变成现实。人们所见到的,是社会两极分化日益严重。唐朝诗人杜甫,曾哀叹"朱门酒肉臭,路有冻死骨"(《自京赴奉先县咏怀五百字》);唐朝又一诗人李绅也曾吟出:"春种一粒粟,秋收万颗子。四海无闲田,农夫犹饿死。"(《悯农·其一》)饥饿,长期以来成为中国人民难以摆脱的灾难。回首往昔,普通百姓被冻饿而死者,史书常有所载。例如,陕西省1928—1930年连续遭遇旱灾、水灾、冰灾、瘟灾等多种灾难,普通百姓被冻饿而死者,悽惨无比。据媒体引述陕西地方志资料,当时该省赈灾负责人邓长耀在上呈的《灾情报告书》中记载:"灾荒期间,全省有200多万人活活饿死;200多万人流离失所,逃亡他乡;800多万人以树皮、草根、观音土苟延生命。全省92县悉数蒙难,八百里秦川,赤野千里,尸骨遍地,甚至人人相食,惨绝尘寰。"(参见《百度文库》杜君立:《民国十八年年馑》)那是多么令人哀怜悽痛的情景啊!

---

① 见习近平《在庆祝改革开放40周年大会上的讲话》,载《光明日报》2018年12月19日第2版。

回顾昔日遭遇贫困的种种惨状,对比今天脱贫致富后小康生活的温暖幸福,广大民众从心底感激中国共产党的大恩大德,高度评价党的百年辉煌历程。如新华社评论员文章所指出的:"千年梦想今朝圆。这一亘古未有的伟大胜利,在煌煌史册中写下了浓墨重彩的一笔。实践充分证明,只有在中国共产党的坚强领导下,'摆脱贫困'才能从由梦想变成现实。""这是中国人民的伟大光荣,是中国共产党的伟大光荣,是中华民族的伟大光荣!"(新华社评论员:《脱贫攻坚创造彪炳史册的人间奇迹》)这些评述集中地表达了我党百年历程所创造的辉煌成就。

二、中国共产党取得辉煌成就的基本经验

上述我党所创造的光辉成就,均非从天上掉下来的,它是全党艰苦奋斗的产物,有许多宝贵经验值得我们认真总结。有一条最根本的经验,那就是自始至终坚持中国化马克思主义理论的正确引领。中国化马克思主义,同原始马克思主义相比,既有联系又有区别。就其联系而言,中国化马克思主义在基本立场、观点、方法方面,同原始马克思主义保持一致性;就其区别来看,那就是中国化马克思主义带有鲜明的"中国特色",它是原始马克思主义同中国文化相互融合的产物。关于"中国化马克思主义",习近平曾作如下简要概括:"马克思主义进入中国,既引发了中华文明深刻变革,也走过了一个逐步中国化的过程。在革命、建设、改革各个历史时期,我们党坚持马克思主义基本原理同中国具体实际相结合,运用马克思主义立场、观点、方法研究解决各种重大理论和实践问题,不断推进马克思主义中国化,产生了毛泽东思想、邓小平理论、'三个代表'重要思想、科学发展观等重大成果,指导党和人民取得了新民主主义革命、社会主义革命和社会主义建设、改革开放的伟大成就。"①这个总结,客观而中肯,完全符合历史实际。那么,

----

① 习近平:《在哲学社会科学工作座谈会上的讲话》。

中国化马克思主义是用哪些基本观念引领中国共产党人不断走向辉煌的呢？下面试从"三个坚持"的视角，来回答这一问题。

（一）坚持"实事求是"思想路线，自觉抵制错误倾向干扰

中国化马克思主义的一个鲜明特色，就是自觉地把马克思主义理论同革命和建设的实践紧密结合起来，坚持一切从实际出发，用实践作为检验真理的正确标准。"实事求是"作为我党的思想路线，是毛泽东同志的独特创造。他曾用"有的放矢"对之作形象性阐释，指出："'的'就是中国革命，'矢'就是马克思列宁主义。我们中国共产党人所以要找这根'矢'，就是为了要射中国革命和东方革命这个'的'的。这种态度，就是实事求是的态度。'实事'，就是客观存在着的一切事物。'是'就是客观事物的内部联系即规律性，'求'就是我们去研究。我们要从国内外、省内外、县内外的实际情况出发，从其中引出其固有的而不是臆造的规律性，即找出周围事变的内部联系，作为我们行动的向导。"①这一概括，集中体现了我党一贯坚持的从物到思想的辩证唯物主义思想路线。依靠这一思想武器，我党顺利地战胜了"左"右倾错误路线的种种干扰，赢得从民主革命到社会主义革命和社会主义建设的一系列胜利。

首先，赢得民主革命胜利。在民主革命初期，由于党内部分领导人不懂得"实事求是"的思想路线，其结果或陷入右倾投降主义，或陷入"左"倾冒险主义，均给当时的中国革命带来重大损失。例如，在第一次国共合作期间，党的领导人陈独秀不能从当时的实际情况出发，放弃我党在统一战线中应当享有的领导权，提出"一切工作归国民党"的错误主张，结果给蒋介石、汪精卫实施反革命政变以可乘之机，他们先后制造了"四一二"和"七一五"惨案，"致使革命在强大敌人的突然袭击下，遭到惨重失败。已经发展到六万多党员的党，只剩下了一万多党

---

① 见《毛泽东选集》第三卷，人民出版社 1991 年版，第 801 页。

员"①；又如，在第五次反围剿及开始长征期间，由于王明、博古"左"倾冒险主义把握中央的领导权，排斥毛泽东同志在红军中的领导地位，既放弃红军熟悉的游击战，又强力推行"以堡垒对堡垒"的阵地战，结果再一次给党的事业造成重大损失，不仅使第五次反围剿遭到重大失败，而且使革命根据地和白区力量受到极大损失，"红军从三十万人减到三万人左右，共产党员从三十万人减到四万人左右"（同上）。针对上述错误干扰，我党以毛泽东同志为代表的马克思主义者，自觉运用"实事求是"的思想路线，及时清算并纠正了那些错误倾向。例如，针对陈独秀的错误，1927 年 8 月，党在武汉召开了"八七会议"，确定了土地革命和武装起义的正确方针。此后，毛泽东带头实施了湖南江西边界的秋收起义；周恩来、朱德、彭德怀等共同组织了"八一"南昌起义。这两支起义军后来在井冈山会合后，共同建立起井冈山革命根据地，从而为中国工农红军的创立和发展，作出了重大贡献。又如，针对王明、博古的"左"倾冒险主义，党中央政治局于 1935 年 1 月，在长征途中举行了"遵义会议"。这次会议，"确立了毛泽东同志在红军和党中央的领导地位，使红军和党中央得以在极其危急的情况下保存下来，并且在这以后能够战胜张国焘的分裂主义，胜利地完成长征、打开中国革命的新局面。这在党的历史上是一个生死攸关的转折点"（同上）。这里把"遵义会议"的决定，看成我党"一个生死攸关的转折点"，特别值得我们重视。实际上，中国共产党正是在"遵义会议"以后，才逐渐将毛泽东同志提出的以农村包围城市，最后夺取城市的武装斗争策略，全面付诸实践。

其次，赢得社会主义革命和建设胜利。我党确立的"实事求是"思想路线，曾在"文化大革命"中遭到林彪、"四人帮"的肆意破坏，他们用"毛主席的话句句是真理、一句顶一万句"等错误说法，将马克思主义和毛泽东思想庸俗化、简单化，结果破坏了"实事求是"的思想路线。粉碎"四人帮"后，本着拨乱反正、正本清源的宗旨，邓小平同志力挽

---

① 见《中国共产党中央委员会关于建国以来若干历史问题的决议》。

狂澜，大力恢复"实事求是"的优良作风。他指出："毛泽东思想的基本点，就是实事求是，就是马列主义的普遍原理同中国革命的具体实践相结合。毛泽东同志在延安为中央党校提了'实事求是'四个大字，毛泽东思想的精髓就是这四个字。"①又说："'实事求是'是毛泽东思想的出发点、根本点。"②针对当时有人宣传的"两个凡是"，他一针见血地指出："有一种议论，叫做'两个凡是'，不是很出名吗？凡是毛泽东同志圈阅的文件都不能动，凡是毛泽东同志做过的、说过的都不能动。这是不是叫'高举毛泽东思想的旗帜'呢？不是！这样搞下去，要损害毛泽东思想。"③又说："如果反对实事求是，反对从实际出发，……那会把我们引导……到唯心主义和形而上学……引导到工作的损失和革命的失败。"④邓小平的这些论述，不仅阐明了"实事求是"的基本精神和坚持这一路线的极端重要性，而且说明了"实事求是"同"两个凡是"斗争的实质，即是唯物主义和唯心主义的斗争，辩证法和形而上学的斗争，说到底，是把革命引向胜利还是把革命引向失败的斗争。正是在邓小平同志的引领下，"实事求是"作为党的重要指导方针，在党的十一届三中全会上再次被高度肯定，党中央坚决依据这一方针，及时完成了工作着重点的顺利转移，有效地重审并平反了一系列冤假错案，从而，很快地调动了各方面积极因素，进一步恢复了党的优良传统，为夺取改革开放的伟大胜利，奠定了坚实基础。

（二）坚持马克思主义唯物史观，自觉贯彻群众路线

百年辉煌的又一成功经验，是坚持马克思主义唯物史观的正确指引。唯物史观是共产党人率领群众、致力革命、改造世界的动力源泉。其最核心的内容，就是把人民群众看成历史的创造者，自觉贯彻群众路线。

---

① 《邓小平文选》，人民出版社 1983 年版，第 121 页。
② 《邓小平文选》，人民出版社 1983 年版，第 109 页。
③ 《邓小平文选》，人民出版社 1983 年版，第 121 页。
④ 《邓小平文选》，人民出版社 1983 年版，第 113 页。

早在民主革命时期，毛泽东就鲜明地指出："人民、只有人民，才是创造世界历史的动力。"①他曾在《湖南农民运动考察报告》中指出："目前，农民运动的兴起是一个极大的问题。很短的时间内，将有几万万农民从中国中部、南部和北部各省起来，其势如暴风骤雨，迅猛异常，无论什么大的力量都将压抑不住。他们将冲决一切束缚他们的罗网，朝着解放的路上迅跑。一切革命的党派、革命的同志，都将在他们的面前受他们的检阅而决定弃取。"毫无疑问，这是对人民群众中蕴藏的伟大力量的正确估量。正是有鉴于此，他曾把"群众"看成"真正的铜墙铁壁"②，称之为"真正的英雄"③。毫无疑问，这为中国共产党人相信群众、依靠群众、尊重群众的首创精神，提供了最根本的理论依据。围绕贯彻唯物史观，毛泽东特别注重下述两个方面的思想导向。

第一，借助群众力量完成革命事业、推动历史进步。毛泽东曾指出："只要我们依靠人民，坚决地相信人民群众的创造力是无穷无尽的……那就任何困难也能克服。"④据此，他提出了以下三个重要观念。

一是借助群众力量，挖掉帝国主义和封建主义两座大山。他在《愚公移山》中指出："现在也有两座压在中国人民头上的大山，一座叫做帝国主义，一座叫做封建主义。中国共产党早就下了决心，要挖掉了这两座山。我们一定要坚持下去，……全国人民大众一齐起来和我们一道挖这两座山，有什么挖不平呢？"正是在毛泽东的倡导下，中国人民不只挖掉了这两座山，还挖掉了官僚资本主义大山，毫无疑问，这是无比壮丽的业绩。

二是借助群众力量，用人民战争消灭敌人。在抗日战争中，毛泽东曾指出："战争的伟力之最深厚的根源，存在于民众之中""兵民是胜利

---

① 《论联合政府》，见《毛泽东选集》第 3 卷，人民出版社 1991 年版，第 1031 页。
② 载《毛泽东选集》第 1 卷，人民出版社 1991 年版，第 139 页。
③ 载《毛泽东选集》第 3 卷，人民出版社 1991 年版，第 790 页。
④ 载《毛泽东选集》第 3 卷，人民出版社 1991 年版，第 1096 页。

之本"。据此，他主张用"人民战争"来战胜侵略者，认为"动员了全国的老百姓，就造成了陷敌于灭顶之灾的汪洋大海"，就可以"把日本侵略者置于我们数万万站起来了的人民面前，使它像一匹野牛冲入火阵，我们一声唤，也要把它吓一大跳，这匹野牛非烧死不可"。① 当时，中国人民不仅用游击战、地道战、地雷战、麻雀战等多种群众性战争，给侵略者以种种打击，而且还组织了"百团大战"式的阵地战，给侵略者以灭顶之灾式的无情围剿，中国人民最终打败了武装到牙齿的日本侵略者。此后，在伟大的解放战争中，中国共产党也借助群众力量，围剿蒋介石反动集团，曾在著名的"三大战役"中，动员了数百万群众支前、参战，结果很快打败了号称拥有数百万军队的蒋家王朝。

三是借助群众的力量，提出"向生产的深度和广度进军"的指导方针。在农业合作化时期，毛泽东曾指出："人民群众有无限的创造力。他们可以组织起来，向一切可以发挥自己力量的地方和部门进军，向生产的深度和广度进军，替自己创造日益增多的福利事业。"（《多余的劳动力找到了出路》）这里明确强调"向生产的深度和广度进军"，这就为新中国成立以后，如何继续推进我国生产力的进一步发展指明了方向。在伟大的改革开放进程中，以习近平为首的党中央领导的"脱贫攻坚"战，可以说就是"向生产的深度和广度进军"的具体示范。

第二，明确提出"为人民服务"的光辉理念。强调"为人民服务"，这是尊重群众的真正体现。故曰："我们一切工作干部，不论职位高低，都是人民的勤务员，我们所做的一切，都是为人民服务。"②又说："全心全意地为人民服务，一刻也不脱离群众……这些就是我们的出发点。"为此，必须关心民生问题。毛泽东说："我们应该深刻地注意群众生活的问题，从土地、劳动问题，到柴、米、油、盐问题。……都应该把它提到自己的议事日程上。"③又说："群众生产，群众利益，群众经

---

① 以上引文参见《毛泽东选集》第 2 卷，人民出版社 1991 年版，第 511～512 页。

② 见《毛泽东文集》第 3 卷，人民出版社 1996 年版，第 243 页。

③ 载《毛泽东选集》第 1 卷，人民出版社 1991 年版，第 139 页。

验，群众情绪，这些都是领导干部们应时刻注意的。"①不仅如此，毛泽东还谆谆教导党内同志："中国人民正在受难，我们有责任解救他们，我们要努力奋斗。要奋斗就会有牺牲，死人的事是经常发生的。但是，我们想到人民的利益，想到大多数人民的痛苦，我们为人民而死，就是死得其所。"②这里从"为人民服务"的基本理念出发，进而号召共产党员要"为人民而死"，这是多么伟大、多么宽阔的爱民情怀！在中国革命史上，数千万英烈正是抱着"为人民而死"的伟大信念，在革命斗争中，自觉地抛头颅、洒热血，前赴后继，英勇献身。可见，坚持"为人民服务"，成为我党创造百年辉煌的逻辑必然。

（三）坚持与时俱进，不断深化丰富中国化马克思主义成果

上述（一）、（二）两项从不同侧面展示了我党创造百年辉煌的基本经验。它既是毛泽东同志的理论贡献，也是全党集体智慧的结晶，构成毛泽东思想的核心内容。需要特别强调的是，"毛泽东思想"作为中国化马克思主义理论体系中的第一项光辉成果，对中国革命的胜利曾产生过并继续产生着无比重大的指导作用。继"毛泽东思想"之后，我党历代领导人本着与时俱进的原则，又不断深化、丰富中国化马克思主义内容，先后推出"邓小平理论"、江泽民"'三个代表'重要思想"、胡锦涛"科学发展观"以及习近平"新时代中国特色社会主义思想"等光辉成果。这些成果，既是对毛泽东思想的继承和发展，又是站在历史的新高度，根据中国特色社会主义建设实践的需要，而创造出来的新型理论形态，它们各有其特定的理论贡献。

其一，邓小平同志的突出贡献，是创立了"邓小平理论"。"邓小平理论"是"马克思列宁主义的基本原理同当代中国实践和时代特征相结合的产物，是毛泽东思想在新的历史条件下的继承和发展，是马克思主

---

① 《毛泽东著作专题摘编》（上），中央文献出版社 2003 年版，第 273 页。
② 载《毛泽东选集》第 3 卷，人民出版社 1991 年版，第 1005 页。

义在中国发展的新阶段……"①江泽民同志指出："邓小平理论形成了新的建设有中国特色社会主义理论的科学体系。它是在和平与发展成为时代主题的历史条件下，在我国改革开放和现代化建设的实践中，在总结我国社会主义胜利和挫折的历史经验并借鉴其他社会主义国家兴衰成败历史经验的基础上，逐步形成和发展起来的。它第一次初步回答了中国社会主义的发展道路、发展阶段、根本任务、发展动力、外部条件、政治保证、战略步骤、党的领导和依靠力量以及祖国统一等一系列基本问题，指导我们制定了社会主义初级阶段的基本路线。"②这些贡献无疑极其巨大，它有力地证明了邓小平作为中国改革开放和完成伟大历史转折的总设计师，是当之无愧的。

其二，江泽民同志的突出贡献，是提出"三个代表"重要思想。他指出："总结我们党七十多年的历史，可以得出一个重要的结论，这就是：我们党所以赢得人民的拥护，是因为我们党在革命、建设、改革的各个历史时期，总是代表着中国先进生产力的发展要求，代表着中国先进文化的前进方向，代表着中国最广大人民的根本利益，并通过制定正确的路线方针政策，为实现国家和人民的根本利益而不懈奋斗。"③这里提出的"三个代表"思想，既是对毛泽东思想和邓小平理论的继承和发展，又是站在时代高度针对党的建设和改革开放实践需要而提出来的理论原则，完全符合我党一贯坚持的思想路线和群众路线。胡锦涛同志指出："'三个代表'重要思想最鲜明的特点和最突出的贡献，在于用一系列紧密联系、相互贯通的新思想、新观点、新论断，进一步回答了什么是社会主义、怎样建设社会主义的问题，创造性地回答了在长期执政的历史条件下建设什么样的党、怎样建设党的问题，深化了我们对新的时代条件下推进中国特色社会主义事业和加强党的建设规律的认识。"④

其三，胡锦涛同志的突出贡献，是提出"科学发展观"。胡锦涛同

① 参阅党的十九大通过的《中国共产党章程·总纲》。
② 见江泽民：《在中国共产党第十五次全国代表大会上的报告》。
③ 《江泽民论中国特色社会主义》，中央文献出版社 2002 年版，第 577 页。
④ 以上引文，均见胡锦涛：《在学习〈江泽民文选〉报告会上的讲话》。

志指出："科学发展观是立足社会主义初级阶段基本国情，总结我国发展实践，借鉴外国发展经验，适应新的发展要求提出来的。"他说："我们必须始终保持清醒头脑……全面认识工业化、信息化、城镇化、市场化、国际化深入发展的新形势新任务，深刻把握我国发展面临的新课题新矛盾，更加自觉地走科学发展道路……科学发展观第一要义是发展，核心是以人为本，基本要求是全面协调可持续，根本方法是统筹兼顾。"①习近平同志认为："科学发展观是马克思主义同当代中国实际和时代特征相结合的产物，是马克思主义关于发展的世界观和方法论的集中体现，把我们党对中国特色社会主义规律的认识提高到新的水平。""按照科学发展观要求，我们党在推进中国特色社会主义建设中取得一系列理论成果，特别是在推进改革开放、完善社会主义市场经济体制、推动社会主义文化大发展大繁荣、构建社会主义和谐社会、加快生态文明建设策略等方面，提出一系列重大战略思想。"②

其四，习近平同志的突出贡献，是构建出"新时代中国特色社会主义思想"。他以马克思主义理论为指导，"坚持解放思想、实事求是、与时俱进、求真务实……以全新的视野深化对共产党执政规律、社会主义建设规律、人类社会发展规律的认识，进行艰辛理论探索，取得了重大理论创新成果，形成了新时代中国特色社会主义思想"③，从而将中国化马克思主义理论推进到一个新的阶段。时任中央政治局常委刘云山同志指出："习近平新时代中国特色社会主义思想内涵十分丰富，涵盖了经济、政治、法治、科技、文化、教育、民生、民族、宗教、社会、生态文明、国家安全、国防和军队、'一国两制'和祖国统一、统一战线、外交、党的建设等各方面。其中最重要最核心的内容，就是党的十九大报告概括的'八个明确'"（引者注：关于"八个明确"请参见原报告，这里略而不引）这'八个明确'高度凝练、提纲挈领地点明了习近平

---

① 参见胡锦涛：《在中国共产党第十七次全国代表大会上的报告》。
② 参见习近平：《在学习〈胡锦涛文选〉报告会上的讲话》。
③ 参见《习近平在中国共产党第十九次全国代表大会上的报告》。

新时代中国特色社会主义思想的主要内容，构成了系统完备、逻辑严密、内容统一的科学体系。"①

以上从"邓小平理论"到"'三个代表'重要思想"，再到"科学发展观"和"新时代中国特色社会主义思想"，均从不同层面深化与丰富了中国化马克思主义理论成果，它们均继毛泽东思想之后，将中国化马克思主义理论推进到新的水平，从而引领中国特色社会主义建设事业从胜利走向胜利。

总之，中国共产党之所以能取得百年辉煌的伟大建树，其主要历史经验有三：一是坚持"实事求是"思想路线，自觉抵制错误倾向干扰；二是坚持马克思主义唯物史观，自觉贯彻群众路线；三是坚持与时俱进，不断深化丰富中国化马克思主义理论成果。这三项宝贵经验，归根到底，就是一条根本经验，即中国化马克思主义的正确引领。这一经验无比宝贵，值得我们永远铭记，代代传承。

（作者为湖北省炎黄文化研究会顾问、武汉大学教授）

---

① 参见刘云山：《深入学习贯彻习近平新时代中国特色社会主义思想》，见《党的十九大报告辅导读本》，人民出版社 2017 年版，第 1~11 页。

马克思主义中国化的中国传统理论因素

韩东屏　　藤咏直

在马克思主义中国化的进程中，中国传统理论，尤其是其中的优秀理论，是一个非常重要而不可忽略的有利因素。正是它的存在，使得马克思主义易于被中国民众普遍理解和接受。

其中道理，在于不论是马克思主义的理论渊源，还是理论本身，都与中国传统理论具有某些相似性。

一、马克思主义理论渊源与中国传统理论的关联

这个命题的提出是基于中国传统理论与马克思主义的契合。

马克思主义在中国发展迅猛是一个公认的客观事实，只是很多人都觉得不可思议。因为马克思主义出自西方，其直接思想来源是英法两国的空想社会主义和德国的黑格尔哲学，与中国传统理论无关。但马克思和恩格斯却看出了其中的相关性："中国的社会主义跟欧洲的社会主义像中国哲学跟黑格尔哲学一样具有共同之点。"[①]

后来，持有相同见解的英国著名学者李约瑟干脆直接替中国人做了回答："现代中国人如此热情地接受(马克思的)辩证唯物主义，有很多西方人觉得不可思议。他们想不明白，为什么这样一个古老的东方民族竟会如此毫不犹豫、满怀信心接受一种初看起来完全是欧洲的思想体系。但是，在我想象中，中国的学者们自己却可能会这样说：'真是妙极了！这不就像我们自己的永恒哲学和现代科学的结合吗？它终于回到

---

① [英]李约瑟：《四海之内：东方和西方的对话》，生活·读书·新知三联书店1987年版，第67页。

我们身边了!'""中国知识分子之所以更愿意接受辩证唯物主义，是因为，从某种意义上说，这种哲学思想正是他们自己所产生的。"①

其实，李约瑟的回答，也是中国人自己的回答。早在"五四"时期，郭沫若就在《马克思进文庙》的小品文中写道："马克思到此才感叹起来：我不想在两千年前，在远远的东方，已经有了你这样的一个老同志！你我的见解完全是一致的。"②郭沫若的这种观点一直持续到他晚年。斯塔尔回忆说：1972年，中国作家郭沫若在与法国政治家和作家阿兰·佩尔菲特谈话时讲道，古希腊和古代中国的思想都存在着辩证法的渊源……费希特、谢林、黑格尔和马克思的辩证法概念可能都是从中国借用的。③

中国古代的辩证法思想主要见之于先秦儒、道两家，它们都根源于《周易》。李约瑟就认为，莱布尼茨的"有机论哲学"是跟他研究《周易》和朱熹理学密不可分的，因为在莱布尼茨之前，欧洲从来没有这样一种"有机论哲学"，《周易》是"有机论哲学"（即"阴阳辩证法"）的最初模本，而朱熹理学融汇"儒、释、道"三家哲理精髓为一体，其"理"本身是老子的"道"、儒家的"天"和佛家的"共相"的有机融合与统一。德国古典哲学的创始人康德出身莱布尼茨-沃尔弗学派，是莱布尼茨第四代嫡传弟子，莱布尼茨所吸收的中国哲学元素被融入德国古典哲学思想系统，这对马克思和恩格斯不能说没有一点影响。

郭沫若的看法并不孤立，他代表着整整一代最早接受马克思主义的中国知识分子的心路历程。这种心路历程不仅在中国存在，在东亚儒家文化圈的其他国家中也存在。例如，越南战争中的英雄武元甲，在他的回忆中说，他之所以"皈依"马克思主义，一是为了抵抗帝国主义，二

---

① 《郭沫若全集（文学编）》第10卷，人民文学出版社1985年版，第167~168页。

② ［美］约翰·布莱恩·斯塔尔：《毛泽东的政治哲学》，中国人民大学出版社2006年版，第22页。

③ ［美］约翰·布莱恩·斯塔尔：《毛泽东的政治哲学》，中国人民大学出版社2006年版，第12页。

是因为马克思主义的哲理和他所接受的儒家哲理最为接近。越南学者中坚持这种观点的大有人在。① 张岱年也说过："儒学中有一部分与马克思主义是矛盾的、不相合的，但也有一部分内容与马克思主义并不矛盾，可以相合和互相补充。""中国哲学中有一个唯物主义的传统，又富有辩证思维，这与马克思主义辩证唯物论有相互契合之处，这是应该深入理解的。"②

总之，马克思主义绝不是脱离人类文明大道的封闭体系，正如列宁所说："马克思主义……没有抛弃资产阶级时代最宝贵的成就，相反却吸收和改造了两千多年来人类思想和文化发展中一切有价值的东西。"③ 正像马克思主义的发展离不开全人类的文化资源一样，马克思主义中国化也离不开几千年中国文明丰厚的思想资源。当代的中国马克思主义，实际上就是马克思主义在与中国优秀传统文化相互影响和互动中形成的中国新文化的主流。

二、马克思主义与中国传统理论的共同点

马克思主义与以儒学为标识的中国传统理论虽然是不同的理论，但二者之间也包含许多共同点，使二者之间具有天然的亲和力。

其一，两者在反对宗教神学世界观方面具有相通之处，即它们都具有无神论的共同特征。过去哲学界受"唯物主义与唯心主义、辩证法与形而上学""两个对子"思想的钳制，把孔子所创立的儒学划归于唯心主义和形而上学，其实孔子不讲"怪、力、乱、神"，对当时流行的祭祀神学持怀疑主义的态度，《论语》中没有"创世纪"的观念和关于"一神教"的任何启示，后世儒家不乏唯物主义和无神论大师，其无神论的取向是鲜明的。孔子之后，荀子继承了孔子哲学中的唯物主义因素和无神

---

① ［美］窦宗仪：《儒学与马克思主义》，兰州大学出版社 1993 年版，第 2 页。

② 《张岱年全集》第 7 卷，河北人民出版社 1996 年版，第 159 页。

③ 《列宁选集》第 4 卷，人民出版社 1972 年版，第 362 页。

论传统，汉代王充的哲学建立在物质性的"气一元论"之上，其"疾虚妄"的经验主义是孔子实用理性和怀疑主义的传承。南北朝时期的范缜撰写了《神灭论》，唐代傅奕强调"生死寿夭本乎自然"，他们都是儒家中反对佛教神学的杰出代表。这种传统自秦汉至明清，从王充到王夫之，汇成了中国儒家的主体精神特征之一。马克思主义哲学是科学的无神论。在此之前，欧洲历史上的无神论是个贬义词，即使是最杰出的无神论者，譬如斯宾诺莎，只有打着"神"的招牌才能免遭迫害。马克思主义不仅以一种彻底的反宗教、反神学的理论面目出现在欧洲思想史上，而且还以科学精神揭示了宗教神学的本质。虽然马克思主义的社会改造理论与儒学很不相同，但它们都反对采取超人间的力量改造社会，主张重视现实人生和现实社会。就此而言，儒学的无神论和唯物主义与马克思主义确是"心有灵犀一点通"的。

其二，两者在实践观上具有相通之处。实践的观点是马克思主义哲学首要的观点，据此有人把马克思主义简称为"实践唯物主义"。然而，重视实践、拒斥玄虚也是儒家哲学的基本特征。"实践"在孔子那里被称为"行"或"习"，孔子的哲学本质上就是一种平实的习行哲学，恰在这一点上，黑格尔指责孔子哲学缺少"思辨"性。马克思主义哲学正是在对黑格尔的思辨哲学进行扬弃、引入实践范畴后形成的。从孔子到荀子、王充，再到明清之际的"实学"大师顾炎武、王夫之、颜元、戴震等人，无一不重视实践、实行，他们在对"知行"关系的论述上，颇多与马克思主义哲学相契合。当然，儒学的实践观更多强调的是道德实践。在王阳明那里，实践甚至包括意念与心理活动。实践只能是社会的实践，马克思指出："哲学家只是以不同的方式解释世界，而问题在于改变世界。"①"改变世界"就是"革命的实践"。儒学的实践观与马克思主义的实践观在学理上虽通，在内容上却异，足见两者之间异中有同、同中有异。

其三，两者在辩证思维方式上具有相通之处。美国学者斯塔尔认

① 《马克思恩格斯选集》第 1 卷，人民出版社 1972 年版，第 19 页。

为，辩证法在中国的文化传统中比在欧洲的文化传统中影响广泛而深刻，因为辩证法在古希腊思想的根源上萌生之后，没等到牢固地扎根就"被抛弃了"，被亚里士多德的形式逻辑所取代。只是到了德国古典哲学家尤其是黑格尔那里，辩证法才获得了重生。黑格尔的辩证法与其说是古希腊的，不如说是中国的。黑格尔的"否定之否定"即"正反合"公式，在希腊哲学中何曾出现过？但在黑格尔之前，《易经》和汉译本的佛经已明确表达了这种思想。斯塔尔写道："辩证法在其最早的创始人那里，具有一种三合一的结构，对立面的两个互补要素被包含在第三个要素之内，这是一个不变的框架，冲突就在这个框架内发生……中国的太极图就是这种框架的象征，阴阳的冲突被束缚在这个圆圈内。"①尽管后来黑格尔打破了这个圆圈，把它变成了无数的概念思辨的圆圈，但也只是对阴阳辩证法原则的运用和发展，而不是这种原则的首创。相对于中国哲学自然图式的"阴阳辩证法"，康德、费希特尤其是黑格尔的德国唯心主义哲学的辩证法是主观的"概念辩证法"，而马克思把它颠倒过来，一变而为"唯物辩证法"。从"阴阳辩证法"到"概念辩证法"再到"唯物辩证法"，这也是一个否定之否定的"三一"进行式，结果是马克思的唯物辩证法更接近中国的阴阳辩证法，当然，它是在更高层次和更高势位上的接近。无论是何种辩证法，其核心只能是对立统一规律——被称为马克思主义哲学的"精髓"和"活的灵魂"。

其四，两者在历史观上具有相容之处。儒学非常重视从现实的物质生活根源中寻找历史发展的动因，认为人的道德和政治活动乃至国家的治乱兴衰与人的直接的物质利益和生活状况息息相关；儒学强调国家的根本是人民，政治制度、君主专制相对于民本来说都是次要的；儒学认为历史阶段的发展在于"势"（必然性），而不在于"圣人意"（绝对精神），即历史的进化不以人的意志为转移。王夫之用"理势合一"的命题阐明了这一观点，提出了历史的必然性与规律性相统一的杰出见解，这

① ［美］约翰·布莱恩·斯塔尔：《毛泽东的政治哲学》，中国人民大学出版社 2006 年版，第 22 页。

些都与历史唯物主义有着惊人的相似之处。美国汉学家魏斐德甚至认为，历史唯物主义的思想萌芽最早就产生在王夫之的哲学之中，他说："在某些方面，这引起共鸣的主题让人隐约地联想到了马克思本人。"①

其五，两者在道德观上具有相通相容之处。马克思主义与儒学一方面承认人的自然属性及其表现形式的合理性，另一方面又认为只有用人的社会属性来规范自然属性才能达到人性的完善。比如，儒家一方面承认"食色性也"，另一方面却主张用"为善去恶"的方法改造人性；马克思把饥饿和性欲作为一种永久的动力，但主张在改变客观世界的同时改变这种本能的人性。在针对人性的自私方面，马克思认为资本主义制度的弊端就在于鼓励人们不择手段地去满足个人的私欲，而共产主义革命要提倡共产主义道德价值。道德是法律的底线，目的在于保护每一个人的权利和自由。尽管马克思十分重视个人的自由和权利，但他认为全人类的解放是个人解放的前提条件。这与儒家"克己复礼""己所不欲，勿施于人"的价值观在本质上是相通的。无怪乎美国学者窦宗仪说："关于人的完善性，儒家和马克思主义之间是一致的。"②

其六，两者在精神信仰和社会思想上具有相通之处。马克思主义与儒学虽然反对超验的宗教信仰，但不等于说它们不具有人类精神的超越性。然而，超越不是对人间的超越，而是对现实的超越；它们不承认来世的安顿，只承认今世的理想。理想境界是理想社会和理想人格的完美统一，只有通过现实人的世代努力才能最终实现。问题在于，儒家的大同理想是"乌托邦"，而马克思主义的共产主义理想是科学。在社会主义学说发展史上，儒家的"大同"和马克思主义的共产主义处于由低到高同一梯路的两端。

总之，马克思的无神论是科学的无神论，而儒学的无神论具有自然神论的特征；马克思主义的实践观是科学的实践观，而儒学的实践观则

① ［美］魏斐德：《历史与意志：毛泽东思想的哲学透视》，中国人民大学出版社 2005 年版，第 95 页。

② ［美］窦宗仪：《儒学与马克思主义》，兰州大学出版社 1993 年版，第 201页。

是道德的实践观；马克思主义的辩证法是革命的、彻底的、唯物的辩证法，而儒学的辩证法是相对内敛的、朴素的辩证法；马克思主义的人性论是建立在阶级分析之上的革命的人道主义，而儒学的人性论最后走向了僧侣主义；马克思主义的历史观是其辩证唯物主义观点在社会历史领域中的运用，而儒学的历史观则是自发的唯物主义和辩证法的结合；马克思主义阐述的共产主义社会是科学社会主义的必然结论，而儒学的"大同"理想则是农业空想社会主义的一种典型范式。

尽管从总体上来看两者的思想体系似乎是对立的，但中国人之所以选择马克思主义作为指导思想，并使之本土化、民族化，在很大程度上正是得力于两者之间的那些共同之处所产生的亲和力。

（作者分别为湖北省炎黄文化研究会常务理事、华中科技大学教授；华中科技大学研究生）

弘扬红色文化　增强精神动力

张执均

一、红色文化是我们党宝贵的精神财富

"文化"一词，最早出现在《易经》中"文明以止，人文也。观乎天文，以察时变，观乎人文，以化成天下"。"文化"最早的本义就是"以文教化"的意思，它表达了对人的性情的陶冶、品德的教养，属于意识形态范畴。从古今中外学者对文化的研究成果中可以看出，文化的本意就是人化和化人，是人类特殊的生活方式和活动方式的表达，是社会成员共同的文明素质和心理素质，是凝聚在社会成员中的核心价值，行为定式，是集体智慧和集体性格。人类生存的世界处处打上了文化的印记，文化也成为人类区别于其他动物的重要标志。文化始终以一种无形的力量深刻地影响着有形的存在，它滋养人类，涵养社会，促进经济发展和社会进步。

红色，是血与火的颜色，象征热情和奋斗，象征无产阶级革命精神。中国共产党把红色作为党旗的底色，并以红色为自己领导的政权和军队命名，如红色政权、工农红军。什么是红色文化，有多种不同的观点，有广义和狭义之分。人们通常把党领导的新民主主义革命称为红色革命，红色革命所形成的文化形态称为红色文化，包括物质形态的遗址、遗物、纪念物、文献、文艺作品等实物和在革命过程中形成的革命精神、道德传统等非物质文化形态，是中国革命战争时期由中国共产党人、先进分子和人民群众共同创造并极具中国特色的先进文化，蕴含着丰富的革命精神和厚重的历史文化内涵。红色文化是中国共产党的精神

标识，闪耀着马克思主义的思想光芒，传承着中华优秀传统文化的宝贵精髓，是中华民族精神和时代精神的重要内容，是中华文明的光辉篇章，是推进中国特色社会主义的重要力量源泉。

红色文化彰显了我们党理想信念的强大力量。中国共产党从建党初的十几名党员，发展到现在有9100多万名党员的大党，从无一兵一卒到创建人民军队推翻国民党的反动统治，打败日本侵略者，建立新中国，正是凭着坚定的理想信念和精神力量，才能在极端艰苦的条件下把星星之火，燎原成中国革命的熊熊大火。中国工农红军能够在围追堵截下完成二万五千里长征的英雄壮举，地瘠民贫、四面受敌的陕甘宁边区能够在13年内成为我党由弱变强、转败为胜的革命圣地，埋葬蒋家王朝的800万名军队的解放战争能够在三年内取得胜利，靠的就是马列主义、毛泽东思想的指引，靠的是革命的理想信念和我们特有的精神风貌。理想信念是红色文化的精髓和灵魂，红色文化彰显了我们党的理想信念的强大力量。

红色文化集中体现了我们党的优良传统作风。我们党从一开始就注重作风建设，在长期的革命斗争中形成了理论联系实际、密切联系群众、批评与自我批评的三大作风，不忘初心、矢志不移，实事求是、敢闯新路，艰苦奋斗、自力更生，依靠群众、勇于胜利，人民军队的"三大纪律八项注意"等，都是我们党和军队的优良传统作风，红色文化就是这些优良传统作风的集中体现。它体现了我们党的性质、宗旨和无产阶级的先进性，体现了马克思主义的世界观，体现了共产党人的高尚道德情操。它培育了一代又一代的革命者和建设者。传承弘扬红色文化，就是传承弘扬我们党的优良作风和光荣革命传统。

红色文化是我们党精神谱系的重要载体。我们党在100年的奋斗历程中，创造和形成了自己的伟大革命精神。中国共产党的建立，充分展现了开天辟地、敢为人先的首创精神，坚定理想、百折不挠的奋斗精神，立党为公、忠诚为民的奉献精神。这是中国革命精神之源、精神之基、精神之本。红船精神、井冈山精神、长征精神、延安精神、西柏坡精神、抗美援朝精神，就是我们党伟大革命精神的生动体现。它集中体现了中国共产党人坚定的理想信念、强烈的爱国情怀、无私的奉献精神、顽强的意志品质。一个个精神坐标，承载着党的初心和使命，凝结着党的鲜明品格和独特标识。红色文化是我们党的这些伟大精神的生动展现和诠释。人无精神则不立，国无精神则不强。精神是一个民族赖以长久生存的灵魂。作为中国共产党人的红色基因和精神谱系的红色文化，已经深深融入中华民族的血脉和灵魂，是社会主义核心价值观的丰富滋养，是鼓舞和激励中国人民攻坚克难，从胜利走向胜利的强大精神动力。

红色文化继承和发展了中华优秀传统文化。中华优秀传统文化是中华五千年文明的结晶，是中华民族的独特精神标识。我们党自成立以来，坚持把马克思主义和中华优秀传统文化结合起来，汲取中华传统文化中的有益养分，持续推进马克思主义中国化进程。纵观中国共产党成立以来的风雨历程，中华优秀传统文化一直是中华民族的力量之源、情感之源、动力之源和信心之源，它为马克思主义在中国生根发芽、茁壮成长提供了不可或缺的文化土壤，是中华民族实现伟大复兴的精神保障。红色文化是在中华优秀传统文化的基础上发展起来的，它继承了中华优秀传统文化的精华，又以马列主义毛泽东思想为指导，适应革命战争的需要，发展了中华优秀传统文化，赋予其特有的精神风貌和时代精神。

红色文化是我们党的优势所在。我们党在长期的革命斗争中创造了灿烂的红色文化，内容博大精深，形式丰富多彩，具有十分鲜明的特色，是我们党团结和武装群众，战胜敌人和困难的有力武器，也是我们党的优势所在。一件件革命文物，一处处红色旧址，是坚定理想信念、加强党性修养的生动教材。井冈山文化、苏区文化、长征文化、抗战文化、解放区文化，至今光芒四射，魅力无穷，成为维系中国共产党过去和现在、历史和未来的精神血脉，成为鼓舞党员干部和人民群众奋勇前进的力量源泉。

二、传承弘扬红色文化是我们的重大责任

一是传承和弘扬红色文化是实现党的奋斗目标的需要。十三届人大

四次会议通过的《国民经济和社会发展第十四个五年规划和 2035 年远景目标纲要》指出："坚持马克思主义在意识形态的指导地位，坚定文化自信，坚持以社会主义核心价值观引领文化建设，加强社会主义精神文明建设，围绕举旗帜、聚民心、育新人、兴文化、展形象的使命任务，促进满足人民文化需求和增强人民精神力量相统一，推进社会主义文化强国建设。"红色文化是社会主义先进文化的重要内容，是坚定文化自信的基础，是实现党的奋斗目标和任务的动力源泉。在建设中国特色社会主义伟大事业进程中，我们仍然面临各种困难和挑战。面对前进道路上的各种风险，面对诸多复杂矛盾，面对种种新的考验，更加需要我们用红色文化吸引人、感染人、凝聚人、鼓舞人，用共同的理想信念统一思想认识。只有这样，才能做到任何时候任何情况下都不忘初心，牢记使命，坚定不移走中国特色社会主义道路。

二是传承和弘扬红色文化是坚定理想信念的需要。2021 年 4 月 25 日，习近平总书记在考察位于广西桂林全州县才湾镇的红军长征湘江战役纪念园时动情地说："革命理想高于天。正是红军是一支有理想信念的革命军队，才能视死如归、向死而生、一往无前、绝境重生；迸发出不被一切敌人压倒而是压倒一切敌人的英雄气概。为什么中国革命在别人看来是不可能成功的情况下居然成功了？成功的奥秘就在这里。""我们对实现下一个百年奋斗目标，实现中华民族伟大复兴就应该抱有这样的必胜信念。困难再大，想想红军长征，想想湘江血战。"正如习近平总书记指出的，我们党之所以能够在积贫积弱的旧中国取得新民主主义革命的胜利，干成别的政治派别没有干成的事，就是因为我们党有特有的革命精神，有符合时代进步要求的精神状态。而一个执政党要蜕化变质，也是首先从精神懈怠开始的。现在，一些党员干部精神懈怠的问题比较严重，有的理想信念动摇、宗旨意识淡薄，有的革命意志衰退、贪图享乐、不思进取，搞形式主义、官僚主义、享乐主义和奢靡之风。在这种情况之下，迫切需要补好精神之"钙"，迫切需要加强红色文化的宣传，加强革命传统教育，从中汲取砥砺奋进的精神力量。要大力弘扬社会主义核心价值观，弘扬我们党的优良作风，帮助广大党员干部坚定理想信念，提升思想境界，改进作风，始终保持良好的精神状态，奋发有为，开拓创新，带领群众脚踏实地，真抓实干，抓铁有痕，踏石留印，不断夺取干事创业的新胜利。

三是传承弘扬红色文化是发展旅游、促进经济发展的需要。文化是一个国家、一个民族的精神家园，体现着一个国家、一个民族的价值取向、道德规范、思想风貌及行为特征。同时，文化也是重要的经济增长点，是综合实力竞争的重要因素。大量事实表明，文化是旅游的灵魂，旅游是文化的载体。没有文化之魂，旅游就缺乏内涵，就显得苍白无力，旅游经济就缺乏后劲。今天，人们在衣食丰足生活小康之后，对文化旅游表现出了旺盛的需求，红色文化旅游是人们十分喜爱的一种消费方式。红色文化景点既是旅游的资源和品牌，也是传承红色基因的好形式。红色文化是革命精神的源泉，是持续发展的动力，是地方特色的集中体现。依托红色文化资源，大力发展红色旅游，既可以拉动消费，促进经济发展，更可以在寓教于游、寓教于乐中加强党史教育，加强理想信念教育，加强革命传统革命精神教育。特别是加强对青少年的教育，使他们更好地学习历史，学习英雄，更加珍惜来之不易的幸福生活。用红色文化铸魂育人，用理想信念立根固本，让红色薪火代代相传。在这方面，有很多地方做得很好，有许多成功的经验。实践证明，依托红色文化资源发展红色旅游是大有可为的，它是旅游经济发展的一个重要增长点。

三、湖北具有丰富的红色文化资源

湖北地处祖国中部，九省通衢的地理优势决定了它自古就是"兵家必争之地"，战略地位十分重要。它又是楚文化的发祥地，历经传承，其敢为天下先的精神已深深融入荆楚人民的心灵。近代以来，由于汉口开埠，工商日兴，海外文明纷至沓来，湖北又是西方文化比较早进入的地方。这些条件和因素使湖北人民在中华民族遭遇各种危难时，都能勇敢地承担起自己的责任。从中国共产党成立到中华人民共和国诞生，湖北成为中国共产党的重要策源地，中国工农红军的重要诞生地，中国革命的重要根据地，党和军队领导骨干的重要成长地。1921年中国共产党成立时，湖北诞生了全国六个早期共产党组织之一的武汉共产党早期组织，中国共产党召开第一次代表大会时，13名代表中竟有5名荆楚儿女，为中国共产党的创立作出了杰出贡献。具有重大历史意义的党的"八七"会议在汉口召开，毛泽东同志在会上提出了"枪杆子里面出政权"的著名论断。毛泽东同志在武汉主办农民运动讲习所，培养了大批农民运动骨干。土地革命战争期间，爆发了著名的黄麻起义、荆江两岸暴动等，创建了鄂豫皖、湘鄂西、湘鄂赣、鄂豫陕等根据地，组建了红四方面军、红二军团、红二十五军、红二十八军等红军主力部队。鄂豫皖根据地是当时仅次于中央革命根据地的最大根据地。以我省红安麻城为主体的大别山区做到了"28年红旗不倒"，山山埋忠骨，岭岭铸忠魂，被誉为"红军的摇篮"和"将军的故乡"。从这里走出了董必武、李先念两位国家主席，349位开国将军。抗日战争时期，国共再次合作，武汉一度成为指挥全国抗战的中心，正面战场的"武汉保卫战"和敌后战场新四军第五师的奋斗都为全国抗战的胜利作出了重大贡献。解放战争时期，中原突围是全国解放战争的胜利起点，刘邓大军千里挺进大别山是人民革命战争由战略防御转入战略进攻的转折点。为了革命的胜利，湖北人民付出了巨大的牺牲，仅新民主主义革命时期，就有70多万名湖北英雄儿女献出了宝贵生命。作为红色文化重要物质形态的革命遗址，湖北种类齐全，分布广泛，档次高。湖北省共有革命遗址3400多个，有1400个属于"重要历史事件和重要机构旧址"。

历史充分证明，湖北人民是英雄的人民，荆楚大地是红色的大地。湖北人民用鲜血和生命写就的光荣革命史，是中国革命的一个鲜明缩影。湖北红色文化资源十分丰富，值得我们深入挖掘研究和弘扬。

四、不断加强红色文化教育

习近平总书记最近在《求是》杂志发表的重要文章《用好红色资源，

传承好红色基因，把红色江山世世代代传下去》中强调：革命博物馆、纪念馆、党史馆、烈士陵园等是党和国家红色基因库。要把红色资源作为坚定理想信念、加强党性修养的生动教材，讲好党的故事、革命的故事、根据地的故事、英雄和烈士的故事，加强革命传统教育、爱国主义教育、青少年思想道德教育，把红色基因传承好，确保红色江山永不变色。要加强红色文化教育，重点应注意以下几个方面。

一是要加强组织领导。各级领导要牢记习近平总书记传承红色基因、弘扬革命传统的殷殷嘱托，以高度的政治自觉和强烈的责任担当，自觉担负起传承红色文化的使命任务，充分发挥各地红色文化资源的优势，着力挖掘红色文化的思想内涵和时代价值，更加珍视珍爱革命先辈留下的宝贵红色资源，采取切实措施加强对现有红色资源的保护，推动红色文化资源修缮保护持续向好、周边环境不断改善、教育功能不断加强。

二是加强阵地建设。湖北红色文化资源数量多、分布广、品质高、背景多样，是名副其实的红色文化资源大省。这些红色文化资源，经过70多年的开发利用，已经形成了规模，得到了保护，产生了良好的效果。但是，还有很多方面做得不够，需要挖掘、清理、整合、提升、开发利用。对一些不清楚的东西，要进一步挖掘、清理、力争搞得更清楚一些，更确切一些。有些零散的资源，要归纳、整合。比如对于红军与红安的关系，红安的专家用"三地"来归纳，即红安是红四方面军的诞生地、红二十五军的重建地、红二十八军的整编地，就很好，准确又好记。有的要随着时代的发展，与时俱进，提炼提升，深入挖掘和阐释红色资源的时代价值，使之成为常学常新的生动课堂。比如大别山精神，有多种表述，最早提出的是"一要三不要"，也就是，要革命、不要官、不要钱、不要命。在革命战争年代的确是这样的。现在有人把它归纳为"万众一心，紧跟党走，朴诚勇毅，不胜不休"，就使大别山精神更有时代性，得到了提升。

三是要突出重点。红色文化教育的重点是党员干部和青少年。党员干部承担着代表党和人民掌握和使用权力的职责，责任重大，地位重要，抓紧对他们进行红色文化教育十分必要，重点通过红色文化的熏陶，坚定理想信念，牢记初心使命，敢于担当作为。信仰信念信心，是中国共产党人精神谱系的核心内容和根本优势。习近平总书记指出："我们共产党人的根本，就是对马克思主义的信仰，对共产主义和社会主义的信念，对党和人民的忠诚。"理想信念始终是中国共产党人的精神之"钙"和精神谱系之"魂"。以人民为中心的政治立场、为人民谋幸福的初心使命、全心全意为人民服务的宗旨意识，始终是中国共产党人精神谱系的基本要素和显著特征。行源于心，力源于志，始于精神，成于实干。社会主义是干出来的，敢于担当作为，才能实现我们建设社会主义现代化强国的目标任务。要通过红色文化教育，春风化雨，立德固本，厚植全面建设社会主义现代化国家的思想家园，建设强大的党员干部队伍。抓住了党员干部这个重点，就抓住了教育的关键。青少年是中国特色社会主义的接班人，是思想活跃的群体。传承和弘扬红色文化，要特别注重加强对青少年的教育和引导。要深入分析研究青少年的思想观念、价值取向、心理动态、文化需求，用他们乐于接受的形式，搭建他们便于参与的平台，让他们在参与中实现自我教育、自我提高。

四是不断丰富创新。红色文化源于革命实践，反映革命实践，是不断发展的文化。传承和弘扬红色文化要坚持发展的观点，站在时代前沿，顺应时代要求，体现时代特征。要注意联系实际，认真总结提高，不断丰富充实发展红色文化。既要丰富红色文化的内容，也要创新形式，坚持继承和创新相结合，运用好过去行之有效的途径和方法传承弘扬红色文化。要善于运用互联网、手机、多媒体等新兴媒体传播红色文化；要利用红色资源创作戏剧、电影、电视剧和文学作品，不断增强红色文化的吸引力和影响力，将一处处红色文化阵地打造成激活红色记忆、弘扬革命精神、传承红色基因的重要场所。

五是更好地与旅游相结合。随着经济社会的发展和人民生活水平的提高，旅游已成为人民群众重要的休闲生活方式。红色旅游更是受到人们的青睐，红色旅游景区景点越来越火爆。湖北省武汉红色旅游景区、黄冈大别山旅游景区、湘鄂西红色旅游系列景区等精品红色旅游景区，已成为全国知名的红色旅游品牌。我们要用好已有的阵地，加大力度拓展新的阵地，使红色文化与旅游更好地结合，要推动红色旅游资源连点成线，集线成面，扩大教育的覆盖面和影响力，使红色文化教育通过旅游收到更好的成效，让丰富的红色文化资源真正变成当地脱贫、富民、兴业的致富产业。

（作者为湖北省炎黄文化研究会副秘书长、湖北省纪委原宣教室主任）

试论中国共产党百年光荣、奋斗、辉煌之路的文化元素

姚会元

2021 年是我可爱并为之献身的中国共产党成立 100 周年。中国共产党这艘革命航船 100 年前由浙江嘉兴南湖启航，乘风破浪、披荆斩棘。作为中国共产党的一名战斗员，我有幸乘上了这艘航船，倍感光荣、踏实奋斗，决心为党、为党的事业贡献毕生。

中国共产党走过了百年之路，这是一条奋斗之路、牺牲之路、光荣之路、辉煌之路，这百年所体现出的是什么精神？中国共产党为什么能？中国共产党的光荣、奋斗、辉煌之路有何种可供寻觅的文化元素？

一、上下求索　苦寻马列　创造性将其结合于中国现实

中国近代国无宁日、社会动荡、万马齐喑、民不聊生，国家与人民受尽屈辱。一些先进、爱国的知识分子、仁人志士苦苦斗争、上下求索，凭己之力"图谋国事，力挽狂澜"。

"五四"前后，中国当时一批先进的知识分子，后来成为中国共产党的创建者、领袖人物的李大钊、周恩来等人为了寻找救国之路，"面壁十年图破壁"，先后走出国门，赴日、法等国留学、思考。十月革命一声炮响，为中国送来了马克思列宁主义。马克思列宁主义不是中国原生态的思想理论，但却是认识世界的最好真理，是解放中华民族的最好武器，是实现"英特纳雄耐尔"的最正确道路。

　　莫斯科中山大学成立之后，出现了中国有为青年赴苏学习的高潮，有许多人进入莫斯科中山大学学习，如张闻天、陈原道、王稼祥、伍修权、刘伯承等人。他们在欧洲、苏联较早地、系统地接触和学习马克思主义的先进思想理论，义无反顾地走上革命道路。回溯马克思主义在中国传播乃至成为中国共产党思想理论基础的过程，大致可分为这样几个时期。①将马克思主义当作"一般思想"加以传播。在传播初期，有一些先知先觉的社会精英逐渐意识到马克思主义的真正价值，认为要"以马克思主义为原则来研究中国问题"。这实际上萌芽了传播马克思主义是为了研究和解决中国问题的思想。②传播马克思主义步入不囿于"探究学理""玩弄新词藻"，而是为探索社会发展规律，学习和掌握革命"科学理论"的时期。经过马克思主义理论武装起来的一些先进分子成长起来，聚集起来，逐步向马克思主义者转变，并尝试将马克思主义理论与工农运动相结合。毛泽东的《湖南农民运动考察报告》就是代表之一。③把马克思列宁主义的理论和中国革命的实践相结合，这是马克思主义中国化的时期。在中国共产党建党早期，失败很多，所有这些都是因为没有经验，缺乏深刻的革命认识，不能也不善于将马克思列宁主义的理论和中国革命的实践相结合所导致。毛泽东的伟大正确理论，根本性地推动了马克思主义的中国化，在大革命时期，毛泽东指出中国民族资产阶级的两面性，使其有可能成为无产阶级革命的同盟；以贫农为主体的中国农民将成为中国革命的主力军；半殖民地半封建社会所出现的"空隙"地区可成为中国革命武装割据的"红色根据地"、革命的"立足点"。在党的七大上，毛泽东思想作为马克思主义中国化、马克思主义与中国革命实践相结合的结晶被确定为全党的指导思想、根本遵循，思想指挥行动，理论指导实践，中国革命有了成熟起来的中国共产党的领导，中国共产党有了马克思列宁主义普遍真理与中国实践相结合的理论武器，正确地回答了"什么是新民主主义革命、怎样进行新民主主义革命"的时代课题，并历久不衰，航行百年而进入中国特色社会主义新时代。

二、"精神"财富永放光芒激励全党 为民谋利

这里的"精神"是指中国共产党所独有，在革命的不同时期、不同阶段、不同特定任务所熔炼、凝铸的永恒气概、坚韧追求，诸如红船精神、井冈精神、长征精神、延安精神、西柏坡精神。这些精神永放光芒，守正创新，激励全党。红船精神、井冈精神、长征精神、延安精神、西柏坡精神是中国共产党在不同斗争时期凝聚起来的宝贵精神财富，是全党创造的文化食粮，是指引全党由此及彼，走向更大胜利的明灯。

就以西柏坡精神为例。西柏坡是毛主席和中共中央进入北平前夕的最后一个农村指挥所，也是中国共产党"农村包围城市"转向"城市工作为中心"的战略转移地。面对即将取得革命在全国胜利的新形势、新任务、新变化，毛泽东同志高瞻远瞩地预见到"以后的路程更长，工作更伟大，更艰苦"；"务必使同志们继续地保持谦虚谨慎、不骄不躁的作风，务必使同志们继续地保持艰苦奋斗的作风"，向全党提出"决不当李自成"的"赶考"命题。

"两个务必"是西柏坡精神的核心，是西柏坡精神的落脚点。西柏坡精神有丰富的内涵：为了人民、依靠人民的公仆精神；敢于斗争、敢于胜利的奋斗精神；政治协商、团结合作的民主协商精神；立规矩严纪律、集中统一、令行禁止、全党服从中央的看齐精神。

习近平总书记在论述西柏坡精神时，谆谆教导全党和全体人民，一针见血地揭示出："两个务必"包含着对中国几千年历史上治乱规律的深刻反思与科学借鉴；饱含着对我们党长期艰苦卓绝奋斗历程的经验、教训总结；要求即将取得全国胜利的中国共产党永葆纯洁性、先进性。

党的红船精神、井冈精神、长征精神、延安精神、西柏坡精神有着伟大的历史意义，体现出党在不同革命时期的奋斗、光荣、胜利；凝铸起党在不同历史时期的丰功伟业；这些不朽的精神又有着巨大的现实意义，所体现出的原则，所闪烁的光芒将为党所牢记并代代传承，支撑并

指引全党取得新时代的胜利。这些精神承载着中国共产党的初心和使命，铸就中国共产党的革命精神，必将跨越时空、永不过时，砥砺我们不忘初心、牢记使命。习近平总书记指出：这些精神是党和国家的宝贵精神财富，要不断结合新的时代条件发扬光大。

三、党坚持走群众路线，密切联系群众，紧紧依靠群众

群众路线，是百年来党的根本工作原则、工作方法、工作艺术，也是党的"三大优良作风"之一。

早在建党初期的 1922 年 7 月，党的"二大"通过的《组织章程法议案》中就已明确规定，"党的一切运动都必须深入到广大的群众里面去"，这是党成立初期联系群众、发动群众、依靠群众、带领和指引群众的最初思想和行动原则。从此之后，党在百年航船上，在百年征途中，不断完善、充实群众路线的思路、原则和纲领。1925 年 10 月，中央扩大执委会决议案肯定性地判断和指明："中国革命运动的将来命运，全看中国共产党会不会组织群众，引导群众。"党在此时已经明明白白地认识到"组织群众、引导群众"的群众路线不只是一般的工作方法，它其实已经与党的命运、与革命的成败联系在一起了。1929 年 9 月，在《中央给红四军前委的指示信》中，指出一定要坚决贯彻"群众路线"，筹款等财政工作要"经过群众路线"；没收地主豪绅财产要"经过群众路线"；红军的后勤给养工作也要"渐次做到由群众路线去找出路"。

1929 年 12 月，在《古田会议决议》中提出，党的工作"在党的讨论和决议之后，再经过群众路线去执行"。进入抗战时期，党的群众路线原则、内涵与外延更加完善和成熟。1943 年 6 月，毛泽东同志在《关于领导方法的若干问题》中进一步明确、高屋建瓴地向全党指出："在我党的一切实际工作中，凡属正确的领导，必须是从群众中来，到群众中去。这就是说，将群众的意见（分散的无系统的意见）集中起来（经过研究，化为集中的系统的意见），又到群众行动中考验这些意见是否正

确，然后再从群众中集中起来，再到群众中坚持下去。如此无限循环，一次比一次地更正确、更生动、更丰富。这就是马克思主义的认识论。"1945年，党的"七大政治报告"明确地总结了党的"三大作风"，即"理论和实践相结合的作风""和人民群众紧密地联系在一起的群众路线""批评与自我批评的作风"，"三大作风"确立了并不断推进党的战斗力、先进性。

1981年，在中共中央《关于建国以来党的若干历史问题的决议》中，将党的"群众路线"提升到党的"活的灵魂"的高度。没有了灵魂，党便失去生命力。党的根本宗旨是"一切为了群众，一切依靠群众，从群众中来，到群众中去。""一切为了群众"是党的"初心"，是党的根本宗旨。"一切依靠群众，从群众中来，到群众中去"是党的工作基础、行动准则。

我们的党经过百年锤炼，百年奋斗，至今已领导全国各族人民夺取了全国政权，击败了帝国主义的侵略和压迫，伟岸地站了起来；经过改革开放的辉煌发展，中华民族已将"贫弱"的帽子抛到了太平洋里，已成为世界瞩目的"第二大经济体"的发展中国家，政治制度优越、人民生活幸福、精神生活充沛、文化自信心高昂，全党正团结在以习近平同志为核心的党中央周围，奋进在中国特色社会主义新时代，抡起膀子拼命干、科学干、抢时干，去实现国家富强、民族复兴、人民幸福的"中国梦"。

在新时代，践行党的群众路线有着非凡的现实意义。

首先，必须坚持群众路线，才能巩固党的执政地位，搞好治国理政。只有不忘初心，以人民群众为本，坚持领导就是服务的观念，才能赢得民心。

其次，培养年轻同志，选拔重用干部，必须坚持群众路线。群众公认，就是为大多数群众所认可和拥护。坚持群众公认，就是在干部培养中充分相信和依靠群众，落实群众对干部选择、培养的知情权、参与权、监督权。

再次，实现"中国梦"，必须坚持群众路线。习近平告诫全党和全国人民同心同德实现"中国梦"，这是一项宏伟的、系统的、关乎民富国强、致力于人类共同体的千秋大业，一人一政党单打独斗是不可能实现的，必须动员、依靠、发挥全体人民的智慧和力量，咬定青山不放松，一环扣一环，一步赶一步，才能达成。

最后，习总书记指出，在新时代坚持群众路线就是发扬"协商民主"，搞"有事好商量"；调动更广泛的群众、关心群众的政治诉求、经济要求、精神追求，通过对话、讨论、协商等方式和渠道，真正体现人民当家做主的公民意志。

四、从严治党　坚持搞好中共的制度文化建设

中国共产党的制度文化建设，明确表现在两个方面：一是严格规范在党的纪律；二是党应在宪法和法律范围内活动。在新中国诞生前夜，以毛泽东同志为首的党中央为了取得"进京赶考"的优秀答卷，在党的七届二中全会上立下严肃党风党纪的六项规定：一、不做寿；二、不送礼；三、少敬酒；四、少拍掌；五、不以人名作地名；六、不要把中国同志和马、思、列、斯并列。以保共产党人进城后务必保持谦虚谨慎的作风，务必保持艰苦奋斗的作风。六项规定确保了共产党人进城后"坐天下"，逐步取得初级阶级社会主义革命和经济建设取得了伟大胜利。

党的十八大后，以习近平同志为核心的党的领导班子，延续老一辈革命家从严治党的精神，立下从严治党的"八项规定"：一、中央领导同志切忌走过场，不搞形式主义，调查研究要轻车简从，不安排群众迎送；二、精简会议，改进会风；三、精简文件，简报，改进文风；四、规范出访活动，严控出访随行人员；五、改进警卫工作，不封路，不关闭场馆；六、改进新闻报道，压缩报道的时长，字数；七、严格文稿发表；八、厉行勤俭节约，严遵廉政规定。

党的"八项规定"体现了党中央对全党的要求更深刻，更符合新时代的要求，更具有现实操作性。起到纠正党风、改善民风的强大作用。广大党员和人民群众无不赞佩地说：党的优良传统回来了，井冈精神、延安精神、西柏坡精神在新时代重放光芒。

从"六项规定"到"八项规定"一脉相承，体现出党在不同历史时期从严治党管党，不断改进全党作风，永葆革命青春的巨大胆魄和政治智慧；体现出百年大党自我革命的英明与伟大，保证了党的纯洁性、战斗力、青春与活力。

为了实现廉洁勤政的目标，在新中国诞生伊始，毛泽东同志告诫全党："一切从事国家工作、党务工作和人民团体工作的党员，利用职权实行贪污和实行浪费，都是严重的犯罪行为。"

在党的历史上，从来对贪腐都是毫不留情，"斩立决"。中央革命根据地时期，被处决的"贪官"有谢步升；在延安时期，被处决的有战功赫赫的、走过长征的老红军黄克功；在新中国之初，被枪决的有位高功显的刘青山、张子善。党在不同时期对贪污腐败的坚决斗争，有效地保证了党的肌体的健康，保证了党的事业航船正确的航向，保证了党的干部队伍清正廉洁、健康稳定、蓬勃向上、斗志昂扬，保证了党与国家的长治久安！

中国共产党越来越清晰、越来越完善的制度文化将制度的笼子越扎越牢、越扎越密，遵守制度尊重纪律成为全党的自觉。

革命理想高于天。习近平总书记告诉我们："一百年来，在应对各种困难挑战中，我们党锤炼了不畏强敌、不惧艰险、敢于斗争、勇于胜利的风骨和品质。这是我们党最鲜明的特质和特点。"

精神的熔铸，总是推进行动的伟力。艰苦奋斗、牺牲奉献、开拓进取的伟大精神，将永远是党的灵魂，是党的宝贵财富，是党前进的"乳汁"。

亲爱的共产党员同志们，我们正站在"两个一百年"的交汇点上，中华民族伟大复兴曙光在前，全党要学习、继承、发扬老一辈革命家的无畏精神、奋斗精神，在习近平总书记指引下，撸起袖子加油干，续写辉煌！号角已吹响，让我们以奋斗证明共产党人的精神风骨；秉努力，与新时代共建美好！

（作者为湖北省炎黄文化研究会常务理事，中南财经政法大学二级教授、博导）

优秀传统文化与当代社会治理

——写在中国共产党成立一百周年

刘崇顺

中华优秀传统文化凝聚着中华民族五千年的智慧和精华，是坚定文化自信的重要支撑。中国共产党高度重视中华优秀传统文化，在中国革命、建设和改革中，一贯忠实传承和弘扬中华优秀传统文化。以毛泽东和习近平为代表的中国共产党人，高度重视中华优秀文化的创造性继承转化与创新性发展，无论是在中华人民共和国成立以后，在国家和社会治理的实践中，还是在战争年代，在革命根据地和苏区红色政权建设中，都高度重视从中华优秀传统文化吸取营养和智慧。在领导文化建设的百年历程中，逐步形成了正确对待中国传统文化的科学方法和基本方针。毛泽东同志提出要"剔除其封建性的糟粕，吸取其民主性的精华"。习近平总书记在强调对传统文化"坚持有鉴别的对待、有扬弃的继承"基础上，提出"创造性转化、创新性发展"方针，标志着我们党对待传统文化的态度达到了一个新的境界。

一、毛泽东对于治乱兴衰规律的创造性探寻

在我们民族卷帙浩繁的文化典籍中，在群星璀璨的先哲圣贤著述中，在他们留给后人的精神遗产中，很大一部分是关于治乱兴衰历史规律的探寻。从文景之治、贞观之治到康乾盛世，其中的规律探寻即有关于治乱兴衰历史规律的概括总结。《贞观政要》中记载的唐太宗李世民与重臣魏徵的一段对话，历来为人们所熟知。唐太宗李世民，在位23年（626—649年），年号"贞观"，是中国历史上一位有才能

有作为的皇帝。他的治绩，被历代史家称颂为"贞观之治"。唐太宗君臣从隋朝覆亡的历史中吸取教训，深刻认识到君民关系的本质，透彻理解"载舟覆舟"的辩证思想，从而成就了著名的"贞观之治"，也为唐朝的强盛奠定了基础。唐朝初期，宰相魏徵屡次谏言，他就明确说："古语云'君，舟也；人，水也。水能载舟，亦能覆舟'。陛下以为可畏，诚如圣旨"，"怨不在大，可畏惟人，载舟覆舟，所宜深慎"。唐初君臣经历了隋末农民战争的洗礼，深深了解人民力量的伟大，理解人心向背的重要性，因此在谈到国家的治理问题时，对于"载舟覆舟"多次引用发挥，对自己进行诫勉。魏徵对唐太宗李世民的告诫，道理深邃，发人深省。

"水可载舟，亦可覆舟"，是最简单明了的生活现象，中国先哲则从中悟出了深刻的哲理。《荀子·哀公》中记载了孔子与鲁哀公的对话，孔子说："君者，舟也；庶人者，水也。水则载舟，水则覆舟，君以此思危，则危将焉而不至？"哀公说自己"生于深宫之中，长于妇人之手"，因此不知道什么是"危"，于是孔子说了这些话。孔子比喻，君上就是船，百姓就是水，水既能使船安稳地航行，也能使船倾覆淹没。作为各级统治者、执政者，如果这样想，则时时刻刻都会有危机感，如此则真的遇到了危险也能平安度过，不会造成严重后果。①

孔子的这些话也见于《孔子家语·五仪解》，这里的记载文字略有出入，只有最后一句有微小差别，作"君以此思危，则危可知矣"，意思是用"水可以载舟，亦可以覆舟"的道理去思考，就是真的"思危"，就真的懂得了关于"危"的道理了。

毛泽东历来注重治乱兴衰历史规律的探寻，认真地吸取历史经验教训。1945年7月，黄炎培到延安考察，谈到"其兴也勃焉，其亡也忽焉"，称历朝历代都没有能跳出兴亡周期律。毛泽东表示："我们已经找到新路，我们能跳出这周期律。这条新路，就是民主。只有让人民来监督政府，政府才不敢松懈。只有人人起来负责，才不会人亡政息。"

---

① 刘淑强：《水可载舟，亦可覆舟》，载《光明日报》2017年12月12日。

黄炎培事后写下了自己对毛泽东答话的感想："我想：这话是对的。只有大政方针决之于公众，个人功业欲才不会发生。只有把每一地方的事，公之于每一地方的人，才能使地地得人，人人得事，用民主来打破这个周期律，怕是有效的。"

在革命即将取得全国胜利的前夜，毛泽东同志在延安回答黄炎培提出的历史周期率之问时，自信地说，我们已经找到新路，我们能跳出这周期率。这绝不是一句空话。毛泽东说的这条新路，就是民主。民主制度是政权建设的核心。而中国共产党在政权建设中的民主制度建设，早在土地革命战争时期就开始了实践。1931 年 11 月，中华苏维埃第一次全国代表大会通过了《中华苏维埃共和国宪法大纲》，规定了苏维埃政权性质，即"中国苏维埃政权所建设的是工人和农民的民主专政的国家"。这是中国共产党设计实施民主制度的开端。抗日战争时期，中国共产党建立了以"三三制"为原则的抗日民主政权。解放战争时期，中国共产党建立的人民代表会议制，被誉为"把民主从过去少数人的权利，变成多数人能享受的权利"的真正民主。这正是对于优秀传统文化创造性转化与创新性发展。

"从诞生于上海到在北京执掌全国政权，中共整整奋斗了 28 年"，根据七届二中全会的决定，为适应党的工作重心转移，迎接新中国的诞生，中共中央办公地点将在全会后由西柏坡迁往古都北平，即北京。西柏坡成为中国共产党领导中国革命的最后一个农村指挥部。1949 年 3 月 23 日上午，七届二中全会结束后的第十天，全会新闻公报由新华社向全国播发的当天，毛泽东、朱德、刘少奇、周恩来、任弼时等中共中央五大书记率领中共中央机关和人民解放军总部，乘坐 11 辆吉普车和 10 辆美制十轮大卡车，浩浩荡荡离开西柏坡前往北平。

在进行出发的准备工作时，毛泽东就对周围的人说：同志们，我们就要进北平了。我们进北平，可不是李自成进北平，他们进了北平就变了。我们共产党人进北平，是要继续革命，建设社会主义，直到实现共产主义。临行前夜，毛泽东只睡了四五个小时。他兴奋地对周恩来说：

"今天是进京的日子，不睡觉也高兴啊。今天是进京'赶考'嘛，进京'赶考'去，精神不好怎么行呀?"周恩来笑着接过话题说："我们应当都能考试及格，不要退回来。"毛泽东说："退回来就失败了。我们决不当李自成，我们都希望考个好成绩!"

以史为镜，可知兴替。熟谙历史的毛泽东对古往今来、兴衰成败的历史经验教训，特别是对明末李自成领导的农民起义军占领北京，取得政权后，居功自傲，贪图安逸，结果导致失败的历史教训，格外重视。早在延安整风期间，毛泽东即指示将郭沫若论李自成的史学论著《甲申三百年祭》作为整风学习的重要文件。他在延安高级干部会议上说："近日我们印了郭沫若论李自成的文章，就是要叫同志们引以为鉴戒，不要重犯胜利时骄傲的错误。"他一再强调说："小胜即骄傲，大胜更骄傲，一次又一次吃亏，如何避免此种毛病，实在值得注意。"①

借鉴历史，毛泽东深知，打江山易，坐江山难。在七届二中全会上，毛泽东深刻指出，夺取全国革命的胜利，这只是万里长征走完了第一步……中国的革命是伟大的，但革命以后的路程更长，工作更伟大、更艰苦。这一点现在必须向党内讲明白，务必使同志们继续地保持谦虚、谨慎、不骄、不躁的作风，务必使同志们继续地保持艰苦奋斗的作风。我们有批评和自我批评这个马克思列宁主义的武器，我们能够去掉不良作风，保持优良作风。同时告诫全党，一定要警惕进城以后资产阶级"糖衣炮弹"的袭击。中国共产党人是怀着一种"赶考"的心情进城的，正是由于始终绷紧党自身建设这根弦，所以最终向人民交出了一份满意的答卷。

二、习近平对于社会治理的创新性发展

马克思说："人们自己创造自己的历史，但是他们并不是随心所欲

---

① 载新华网，2006年11月28日。

地创造，并不是在他们自己选定的条件下创造，而是在直接碰到的、既定的、从过去承继下来的条件下创造。"中华传统文化可谓当代中国发展、社会主义现代化建设取之不尽的精神富矿，服务现代化发展的内容十分丰富。习近平总书记指出："中国优秀传统文化的丰富哲学思想、人文精神、教化思想、道德理念等，可以为人们认识和改造世界提供有益启迪，可以为治国理政提供有益启示，也可以为道德建设提供有益启发。对传统文化中适合于调理社会关系和鼓励人们向上向善的内容，我们要结合时代条件加以继承和发扬，赋予其新的涵义。"在充分肯定其当代价值与现实意义的同时，我们必须看到，发挥中华传统文化对现代化发展的促进作用，并非拿来就用，也不是自发实现的，而需要有鉴别地加以对待、有扬弃地予以继承，需要有针对性地进行改造、有创新性地推进提升。①

党的十八大以来，以习近平同志为核心的党中央大力传承中华优秀传统文化、赋予中华优秀传统文化时代内涵、运用中华优秀传统文化治国理政、阐发中华优秀传统文化应对国内外重大挑战，将中华优秀传统文化提升到崭新阶段，有力凝聚了民族精神，得到全世界中华儿女高度认同，将中华优秀传统文化转化为实现中华民族伟大复兴、构建"人类命运共同体"的强大精神力量。习近平在党的十九大报告中指出："中国特色社会主义文化，源自于中华民族五千多年文明历史所孕育的中华优秀传统文化，熔铸于党领导人民在革命、建设、改革中创造的革命文化和社会主义先进文化，植根于中国特色社会主义伟大实践。"习近平强调："中华优秀传统文化是中华民族的突出优势，是我们最深厚的文化软实力。""我们要坚持道路自信、理论自信、制度自信，最根本的还有一个文化自信。""文化自信，是更基础、更广泛、更深厚的自信。"从中华优秀传统文化中汲取历史智慧和政治智慧，运用中华优秀传统文化说明问题，解疑释惑，阐述理念，推动发展，使人们从中得到启发和

---

① 甘霖：《培养担当民族复兴大任的时代新人（推进新时代公民道德建设）》，载《人民日报》2019 年 11 月 29 日。

启迪，是习近平治国理政的一个突出特点。习近平将中华优秀传统文化升华为"中华民族的基因""民族文化血脉"和"中华民族的精神命脉"，使其成为民族精神的源头和"老根"，为世界上所有华人提供了"精神家园"，使之找到了自己的"基因"所在，有力增强了民族自信心、民族自豪感和民族凝聚力。

"中华优秀传统文化是中华民族的精神命脉。"习近平指出："优秀传统文化是一个国家、一个民族传承和发展的根本，如果丢掉了，就割断了精神命脉。"古人说"天行健，君子以自强不息""大学之道，在明明德，在亲民，在止于至善""富贵不能淫，贫贱不能移，威武不能屈"等，就是中华民族"精神命脉"的具体体现。习近平强调："我们要结合新的时代条件传承和弘扬中华优秀传统文化"，"'以古人之规矩，开自己之生面'，实现中华文化的创造性转化和创新性发展"。①

习近平多次引用法家经典"国皆有法，而无使法必行之法""法令既行，纪律自正，则无不治之国，无不化之民"，强调依法治国的重要性。他引用中华传统文化阐述执法之道："首先，领导干部要懂法，'为官之义在于明法'。知道哪些可为，哪些不可为。'明'也是让自己懂法，在内心拉一条底线。其次，领导干部带头遵纪守法，所谓'子帅以正，孰敢不正'，才能让法令顺利推行。最后，领导干部执法时要公平正直，理国要道，在于公平正直。"习近平强调："依法治国是党领导人民治理国家的基本方略，法治是治国理政的基本方式，要更加注重发挥法治在国家治理和社会管理中的重要作用，全面推进依法治国，加快建设社会主义法治国家。"他主持十八届三中全会提出，要推进法治中国建设。在纪念现行宪法公布施行 30 周年时强调："党领导人民制定宪法和法律，党领导人民执行宪法和法律，党自身必须在宪法和法律范围内活动，真正做到党领导立法、保证执法、带头守法。"这是中国共产党向全国全世界的庄严宣示。

---

① 吕品田：《把传统精华和时代需求结合起来(创造性转化创新性发展纵横谈)——谈传统手工艺振兴》，载《人民日报》2021 年 2 月 9 日第 20 版。

　　治国必先治党。习近平从中华优秀传统文化汲取历史智慧，全面实施从严治党。他引用苏辙"去民之患，如除腹心之疾"，来说明全面从严治党、反腐倡廉是民心所向，刻不容缓。他引用《官箴》中"当官之法，惟有三事，曰清、曰慎、曰勤"，来要求领导干部清白做人，谨慎克己，勤恳创业。他引用孔子的"政者，正也。其身正，不令而行；其身不正，虽令不从"，来强调为政须自身端正。他提出，全面从严治党，要以上率下，"向中央看齐"。① 为此，制定"八项规定"，开展"群众路线教育实践活动"，进行"三严三实"专题教育，把"两学一做"落到实处。在反腐倡廉中，习近平指出："为了更好地推动这一工作，需要积极借鉴我国历史上反腐倡廉的宝贵遗产。研究我国反腐倡廉历史，了解我国古代廉政文化，考察我国历史上反腐倡廉的成败得失，可以给人以深刻启迪，有利于我们运用历史智慧推进反腐倡廉建设。"他以"刮骨疗毒，壮士断腕"的决心，"老虎""苍蝇"一起打，坚决查处腐败分子，发现问题及时处理。他紧紧抓住全面从严治党这个主题，深化反腐败体制机制改革，建立巡视制度和派驻制度，提高反腐败力度；健全反腐败制度建设，制定《中国共产党廉洁自律准则》《中国共产党纪律处分条例》；加强反腐败国际合作，提高国际追逃追赃力度。习近平说："锄一害而众苗成，刑一恶而万民悦。"坚持有腐必惩、有贪必肃。加强反腐败国际多边双边合作，启动"天网行动"，加大追逃追赃力度，将一批外逃多年的犯罪分子缉拿归案。中国主动提出一系列反腐败国际合作倡议，倡议构建国际反腐新秩序，赢得了国际社会尊重。反腐败增强了人民群众对党的信任和支持，人民群众给予高度评价。全面从严治党，党自我净化、自我完善、自我革新、自我提高能力显著提高，执政基础和群众基础更加巩固。

　　习近平在多次讲话中提到毛泽东和黄炎培在延安窑洞关于历史周期律的一段对话，这表明中国共产党早已经认识到当前国内和党内存在的

─────────

　　① 薛庆超：《习近平与中华优秀传统文化》，载《行政管理改革》2017 年第 12 期。

一些问题会对党的威信和领导造成损害，中国共产党将在整个 21 世纪在展示"赶考"成绩，总结"赶考"经验，把握执政规律，把握执政规律，巩固执政基础，创造执政业绩等方面更加不懈地努力。2017 年 11 月 30 日，新华社播发习近平总书记 2005 年 6 月 21 日在《光明日报》发表的《弘扬"红船精神"走在时代前列》通稿。这篇文章首次提出并阐述了"红船精神"。文章指出："'红船精神'昭示我们，党和人民的关系就好比舟和水的关系，'水可载舟，亦可覆舟'。革命战争年代，正是在'红船精神'引领下，我们党从民族大义和人民群众的根本利益出发，充分发动并紧紧依靠人民群众夺取了政权，从此成为在全国掌握政权并长期执政的执政党。"①

党的十八大以来，以习近平同志为核心的党中央认真贯彻执行中央"八项规定"，在各项工作中践行民主集中制各项制度要求，充分发扬党内民主，深入开展调查研究，广泛听取各方面的意见和建议，凝聚智慧和力量，把正确的意见和建议集中起来，作出科学决策。习近平总书记以身作则，带头开展批评和自我批评，多次以普通党员身份参加党的组织生活，与支部同志面对面、心贴心、开诚布公、查摆问题。党内民主生活焕然一新，社会风气充满活力，整个国家积极向上，充分证明了只要人人起而行之，共同努力，民主制度建设就能深入透彻，民主之树就能根深叶茂。②

三、优秀传统文化的创造性转化与创新性发展在 2020 年抗击新冠肺炎疫情中得到集中体现

苦难铸就辉煌，走向伟大复兴的征程不会平坦。在逆境中奋发、在危机中求得机遇，是中华民族五千多年生生不息的基因，也是中国共产党领导人民不断取得革命、建设和改革开放胜利的诀窍。2020 年突如

---

① 刘淑强：《水可载舟，亦可覆舟》，载《光明日报》2017 年 12 月 12 日。
② 杨雪冬、黄小钫：《人民民主的百年探索及启示》，载《光明日报》2021 年 3 月 10 日第 11 版。

其来的新冠肺炎疫情出现在我们实现第一个百年奋斗目标的关键时期，以习近平同志为核心的党中央坚强果断有力，坚持人民至上、生命至上，团结带领全党全国各族人民，经过艰苦卓绝的努力，取得疫情防控阻击战重大战略成果，统筹推进疫情防控和经济社会发展工作取得积极成效。中国之治从来都植根于自身历史文化土壤，要从历史文化中汲取推进国家治理体系和治理能力现代化的思想、组织和制度资源，守正创新、兼容并蓄。抗击防控新冠肺炎疫情过程中，历史文化中的宝贵精华，也成了我们克敌制胜的法宝。

从党的十八届三中全会到党的十九届四中全会，国内、国际形势发生了极其深刻的变化，尤其是中美关系的变化，以及2020年突如其来的新冠病毒肺炎疫情。这就使得国家治理体系和治理能力经受了全面的考验，实践证明了"推进国家治理体系和治理能力现代化"这个命题和任务的极端重要性。2020年突如其来的新冠肺炎疫情，是新中国成立以来在我国发生的传播速度最快、感染范围最广、防控难度最大的一次重大突发公共卫生事件，疫情能否得到有效防控，是对国家治理体系和治理能力的严峻考验。

习近平总书记指出，我国今天的国家治理体系，是在我国历史传承、文化传统、经济社会发展的基础上长期发展、渐进改进、内生性演化的结果。在几千年历史演进中，中华民族创造出灿烂的古代文明，形成了关于国家制度和国家治理的丰富思想。例如，"大道之行，天下为公"的大同理想，"民惟邦本，本固邦宁"的民本思想，舍小家为国家的家国情怀，仁者爱人、舍己救人的道德操守，"周虽旧邦，其命维新"的改革精神，等等。以史为镜、以史为鉴、以史为师，这些中华优秀传统文化的精华，在我国国家制度和国家治理体系中得到创造性转化、创新性发展，为形成和发挥我国国家制度和国家治理体系显著优势提供了深厚文化根基。所有这些，在2020年抗击新冠肺炎疫情斗争实践中得到集中的体现。抗击新冠肺炎疫情，不可避免会对经济社会造成较大冲击。统筹做好疫情防控和经济社会发展，是对国家治理体系和治理能力的一次大考。习近平总书记特别强调，当今世界正经历百年未有之大变局，这次疫情既是一次危机，也是一次大考。正是在这样一次"大考"中，优秀传统文化充分显示了它的当代价值和现实意义。①

（作者为湖北省炎黄文化研究会常务理事、武汉市社科院研究员）

---

① 习近平：《国家中长期经济社会发展战略若干重大问题》，载《求是》2020年第21期。

传统中医药文化之思变

王　沫

　　文化兴国运兴，文化强民族强。没有高度的文化自信，没有文化的繁荣兴盛，就没有中华民族伟大复兴。党的十八大以来，习近平总书记反复强调文化自信，从中国特色社会主义事业全局的高度作出许多深刻阐述。文化是一个国家、一个民族发展的基石，文化长远的发展使民族自信得以增强，民族自信就是文化的自信。不断推动社会主义文化的繁荣昌盛，是建立民族自信的重要渠道，同时这也是一个民族文化在发展过程中的基石。"求木之长者，必固其根本；欲流之远者，必浚其泉源"，中华优秀传统文化是中华民族的精神命脉，是涵养社会主义核心价值观的重要源泉，也是我们在世界文化激荡中站稳脚跟的坚实根基。

　　党的十九大报告中就曾明确指出：中医药文化是我国文化发展中的一个重要组成部分，具备比较强的发展优势，作为我国独有的优秀的文化资源，对建立我国民族自信有着重要的促进作用。习近平总书记对我国中医药文化的发展也尤为重视，他曾说过：中华优秀传统文化是中华民族的精神命脉。要努力从中华民族世世代代形成和积累的优秀传统文化中汲取营养和智慧，延续文化基因，萃取思想精华，展现精神魅力。中医药文化是我国古代医学发展的瑰宝，同时也是打开中华文明宝库的钥匙。习近平总书记要求全党同志充分重视中医药文化的发展，不断发展我国中医药文化事业，从而实现我国中医药健康文化的创造性和创新性发展，也是坚持中华文化自信的必要条件。

一、树立民族自信心，实现中华民族的伟大复兴

　　中医药文化作为中国传统文化的重要组成部分，也是传统文化的一

个重要载体，是和普罗大众密切相连的文化窗口，阴阳五行、本草百味，这些都出自传统的中医药文化。自古以来，传承和发展中医药文化，保护人民健康是中国历代政府的职责所在，据史考证，自周朝起中国就建立起较为完整的医事制度，把中医药这一事关生命和健康的行业纳入国家制度。而民国时期的北洋政府至新中国成立前，先后炮制"教育系统漏列中医药案"和"废止中医药案"，倒行逆施打压和摧残中医药行为，这种倒行逆施的背后暴露出的是中国当时半殖民地半封建的社会性质和丧失民族独立自主的内外交困，以及政府为买办势力所左右的反动局面。

近代之伤让中华文明及民族自信崩溃，今天国家大力提倡弘扬中医药传统文化的精髓，依靠中医药确切疗效的事实，推动优秀的传统文化传承与发扬，是树立中华民族自信和文化认同感的必要举措，也是对中华民族伟大复兴的具体实践。

二、增强意识形态领域主导权，构筑中国价值

习近平总书记在中共第十九次全国代表大会上报告：文化是一个国家、一个民族发展中更基本、更深沉、更持久的力量。必须坚持马克思主义，牢固树立共产主义远大理想和中国特色社会主义共同理想，培育和践行社会主义核心价值观，不断增强意识形态领域主导权和话语权，推动中华优秀传统文化创造性转化、创新性发展，继承革命文化，发展社会主义先进文化，不忘本来、吸收外来、面向未来，更好构筑中国精神、中国价值、中国力量，为人民提供精神指引。

根据 2018 年全球制药企业 TOP10 的相关数据表明：医药作为一个关乎民生国计的国民命脉行业，全球 TOP10 大企业有罗氏、辉瑞、艾伯维、强生、赛诺菲、默沙东、诺华、葛兰素史克、安进，全部为欧美巨头所控制，更甚连医疗设备、诊断设备我国也大多依赖国外进口品牌，此种情况可追溯至 20 世纪 90 年代初，各大欧美企业就已在中国落地扎根。这造成了国内西医整个流程的盈利大部流向欧美企业手中，产

生了寡头垄断利润。

由此可见，近代乃至现代医学领域已被国外牢牢掣肘，中国要脱颖而出就需要寻找一条新的道路，而五千多年文明中孕育的中华优秀中医药传统文化，积淀着中华民族最深层的精神追求，闪耀着中华民族独特的精神标识，中医中药拥有一套有别于西医的理论应用体系，把人与地球、四季时节、发病诱因等因素综合考量，应用于生活实践中去。这与西医理论体系截然不同，发掘甄选中医药的传统文化具象，例如药膳、宫廷医学、药物采集炮制、膏方制作等，将带有中华文化烙印的进行输出，作为中国价值的优秀文化输出至全球范围，真正靠中华文化的强大感召力和独特性，实现"远人不服，则修文德以来之"。就像季羡林先生在《中华文化复兴宣言》中的宣告：21世纪是东方文化的世纪，东方文化将取代西方文化，在世界上占统治地位。西方的形而上学已快走到尽头，而东方文化寻求综合的思维方式必将取而代之。

三、行之有效，树立中医药科学认知观

华夏历史和实践均已证明，中医药在几千年的传承和发展中为人类的疾病治疗和健康发展作出了不可磨灭的贡献，早在2003年非典时期，中医药就展示出对SARS的良好疗效，2020年的新冠肺炎更是全程介入治疗，通过中药介入的诊疗，能够有效治愈轻症，缓解症状，能减少轻型、普通型向重型发展，能提高重症和危重症治愈率、降低病亡率，进而促进恢复期人群机体康复。临床疗效统计表明，中医药在新冠肺炎的治疗总有效率达到了90%以上，由此可见，中医药在防治突发性传染病方面展现了独特优势，同时也反映出传统中医药经得住临床检验。伴随着我国社会发展进入新时代，中医药的独特优势和作用日益凸显，中医药的发展也迎来了新契机。同时，抗疟药物青蒿素的提取、白血病治疗药物亚砷酸注射液等源自中医药的理论与实践研究成果也相继获得国际上的高度认可。

根据《科学》杂志上关于"三种草药的复方制剂双黄连通过抑制线粒

体钙单向转运体稳定肥大细胞"研究结论表明：双黄连的作用靶点是线粒体钙单向转运体（MCU），其可通过激活此转运体，促进线粒体对胞质钙的摄取，从而起到稳定肥大细胞膜，抑制肥大细胞，发挥抗过敏作用，包括类过敏反应和 I 型过敏反应。双黄连对于被动、主动全身过敏反应所致的体温降低、小鼠过敏性休克，其预防和治疗作用，远强于西医临床常用的抗过敏药物酮替芬和色甘酸钠。中医药的有效性毋庸置疑，既然其治疗疾病的效果存在，那背后的科学依据也是必然存在，重视中药的现代化开发验证，用现代手段针对中药提取物进行纯化、分离、检验、测验是其手段之一，而对于中药这种复杂化学体系进入人体所发挥的作用，如何运用中医药理论说明其科学性和合理性，不能一味以西药标准进行衡量，中医药学是一门具有历史实践反复检验的历史唯物辩证观科学，绝不是玄学和迷信糟粕。

世界中药市场，日本、韩国所占份额较高，但日本中药制剂的生产原料 75% 从我国进口。这些国家通过从我国进口粗加工中药原料再进行精加工，制成符合国际标准的片剂、胶囊等推向世界市场。目前日本汉方药占据全世界大部分销售份额，全世界中成药市场每年销售额达到 300 多亿美元，拥有绝对中药资源优势的中国却只占较少份额。

据日经中文网消息报道，日本津村制药（Tsumura）与中国的平安保险合作，扩大在华中药销售，既定目标是 2027 年销售额达到 100 亿元人民币，并表示力争在中国市场上成为最有名的中药品牌。津村是日本最大的"汉方药"（中药）企业，所产中药的大多数配方取自东汉医学家张仲景所著的《伤寒杂病论》。如今，依靠中国古方成了气候的日企大举进军中国市场，这对中国中医药界来说，既是挑战，也是一剂猛药，在中医药得到国内外越来越多认同后，正以前所未有速度在国内外蓬勃发展，如何正确树立对中医药科学认知观，也是发人深省，需要我们去改变的问题症结。

欧美国家将中医药、韩医、日本汉方医学统称为"东方医学"，这严重弱化了我国中医药的原创地位。在其他地区中医、中草药分离的情况也屡见不鲜，严重削弱了中医药的整体性和有效性，淡化了中医药文化的影响力。传统中医药给了现代医学各种惊喜和启发，中医药的有效部分一定有许多内在科学机理，等待着我们用现代科学技术去挖掘，发掘传统中医药中的有效成分，不断丰富现代医药库。

站立在960万平方公里的广袤土地上，吸吮着中华民族漫长奋斗积累的文化养分，拥有14亿中国人民聚合的磅礴之力，我们走自己的路，具有无比广阔的舞台，具有无比深厚的历史底蕴，具有无比强大的前进定力，中国人民应该有这个信心，每一个中国人都应该有这个信心。坚定中国特色社会主义道路自信、理论自信、制度自信，说到底就是要坚定文化自信。

（作者为湖北省炎黄文化研究会常务理事、华中农业大学教授）

中国共产党继承和弘扬中国传统文化的历史考察

杨　艳　黄尚明

中国传统文化是指中华民族在漫长的历史长河中创造的独具特色的民族文化①，是中国人民深入骨髓的文化基因。近年来，中国共产党与中国传统文化的研究一直是学术界关注的热点课题。对二者关系的讨论，目前学界也不乏力作，并且引发了一场有关传统与反传统的激烈争论。在此基础上，有学者提出"从党的历史发展的整个时期来看，无论是认可传统还是反传统，在中国共产党的不同发展时期都是同时存在的，只不过在不同时期其中某一种倾向居于主导地位"②。笔者也认为，中国共产党与传统文化的关系绝非继承传统和反传统可以简单概括的，中共对传统文化的批判和选择也并非随心所欲的，而是根据党在不同历史时期的工作重心、客观条件做出相应的调整。本文旨在分析不同历史时期中国共产党所肯定的传统文化中的中心内容，借此探究中国共产党建党以来传统文化观的演变过程，从而阐明中国共产党创造性地把马克思主义与中国发展实际相结合的历程，这也有利于理解中国共产党是中华民族的先锋队，始终代表着中国先进文化的前进方向。

历史考察首先必须对研究对象作历史分期。目前学术界关于中国共产党与中国传统文化关系的历史分期存在不同的看法，主要有三阶段③、

---

① 李乾夫等编著：《中国传统文化概论》，云南大学出版社 2015 年版。

② 李方祥：《中国共产党与民族传统文化研究》，当代中国出版社 2004 年版。

③ 顾友仁：《中国共产党之传统文化观的历史建构》，载《福建论坛·人文社会科学版》2011 年第 7 期。

四阶段①和五阶段②，其具体细节又有差异。根据中国共产党与中国传统文化独特的发展规律和特点，本文将其分为三个时期展开论述：第一时期为1921—1949年，早期的中国共产党对以孔教为首的传统文化进行了猛烈的抨击，抗战全面爆发后转而吸收传统文化中爱国主义和民族主义的成分，总体来说这一时期革命性十分突出；第二时期为1949—1979年，中国共产党重视传统和反传统态度交织；第三时期为改革开放以后，中国共产党更加重视中国传统文化在社会主义建设中的作用。

一、第一时期：革命特色突出

近代以来，中国人对于中国向何处去曾有诸多思考，在文化领域主要表现为对以孔子及其儒学为代表的中国封建传统文化的讨论。在经过了太平天国、戊戌维新、资产阶级革命派等对儒学尖锐且深入的批判后，反孔思想渐成思潮。然而辛亥革命以后，封建王朝的高屋大厦已然倾倒，袁世凯却在窃国后意欲掀起尊孔复古的逆流。有志的中国青年"丧心失图，皇皇然不知所归"③。一时之间，文化界开始了更加猛烈的批孔反儒的新文化运动。

在这一思想激荡的时代，早期中国共产党人以马克思主义为武器，走在了反对孔教和反对封建传统斗争的最前列，尤以陈独秀、瞿秋白的攻击最为激烈。1915年9月，陈独秀在《青年杂志》上发表《敬告青年》一文，他认为"固有之伦理，法律，学术，礼俗，无一非封建制度之遗，持较晰种之所为，以并世之人，而思想差迟，几及千载，"并且提出"吾宁忍过去国粹之消亡，而不忍现在及将来之民族，不适世界之生

---

① 杨凤城：《中国共产党对待传统文化的历史考察》，载《教学与研究》2014年第9期。

② 许全兴：《马克思主义与中国传统文化关系之历史考察》，载《马克思主义与现实》1996年第1期。

③ 黄远生：《远生遗著》卷一，商务印书馆1984年版，第88~89页。

存而归削(消)灭也"。① 随后,陈独秀又接连发表《驳康有为致总理书》《宪法与孔教》《孔子之道与现代生活》《再论孔教问题》等20多篇批判孔教文章。瞿秋白也在《东方文化与世界革命》一文中将东方文化视作"宗法社会之'自然经济'""畸形的封建制度之政治形式"和"殖民地式的国际地位"。他称:"宗法社会及封建制度的思想不破,则帝国主义的侵略无法抗拒;所以不去尽帝国主义的一切势力,东方民族之文化的发展永无伸张之日。"②由此可见,早期共产党人反对封建传统文化态度之坚决。

在鲁迅笔下,历史表面写着"仁义道德",实际上"都写着两个字是'吃人'"③。中华民族五千多年的文明,历代王朝奉行不悖伦理道德竟都是"吃人"的怪物吗?陈独秀在其晚年的著作中也肯定了孔子在现代知识评定下的价值。首先,他肯定了孔子"非宗教迷信的态度",其次,他认为孔子"建立君、父、夫三权一体的礼教"在历史上曾经有过"相当的价值"。④ 他之所以批判孔子,不是因为"孔子之道不适合于今世",而是因为"今之妄人强欲以不适今世之孔道,支配社会"⑤,他认为这才是文明进步的最大阻力。

中国共产党自成立起就宣称"无产阶级决不放弃五四的宝贵的遗产"⑥。在大革命失败以后,南京国民政府下令恢复旧道德,重新开始提倡尊孔读经,后又开展"新生活运动",借机对中国共产党发起舆论攻击。再加上年轻的中国共产党自身文化建设经验和理论尚未成熟,以致中国共产党直到20世纪30年代初一直对以儒学为代表的传统文化采

---

① 陈独秀:《陈独秀文集》(第1卷),人民出版社2013年版,第92页。
② 瞿秋白:《瞿秋白文集:政治理论编》(第2卷),人民出版社2013年版,第14~26页。
③ 鲁迅:《鲁迅全集》(第1卷),人民文学出版社1958年版,第12页。
④ 陈独秀:《陈独秀文集》(第3卷),人民出版社2013年版,第495~497页。
⑤ 陈独秀:《陈独秀文集》(第1卷),人民出版社2013年版,第267页。
⑥ 瞿秋白:《瞿秋白文集:政治理论编》(第7卷),人民出版社2013年版,第520页。

取谨慎的排斥态度。

在经历了第五次反"围剿"的失败后,以毛泽东为代表的中国共产党人开始对中国革命的经验教训进行总结。1935年8月7日,王明在共产国际第七次世界代表大会上发表演讲时就提出"共产党员是我国一切固有传统和文化中一切优秀的和有价值的东西的真正继承者"①。1938年,毛泽东在六届六中全会上做了题为《论新阶段》的政治报告,报告号召"一切有相当研究能力的共产党员,都要研究马克思、恩格斯、列宁、斯大林的理论,都要研究我们民族的历史",并且提出了"学习我们的历史遗产,用马克思主义的方法给以批判性的总结"②的历史任务。虽然这时只是笼统地提出学习历史遗产的口号,至于学什么、怎么学尚且没有定论,但这无疑是中共对传统文化态度转变的先声。

不久,毛泽东在1939年回复何干之的信中提到了历史研究如何为抗日战争服务的问题,鼓励他"证明民族抵抗与民族投降两条路线的谁对谁错",希望历史学者在研究中"把南北朝,南宋,明末,清末一班民族投降主义者痛斥一番,把民族抵抗主义者赞扬一番"③,以此来鼓舞全民族坚持抗日的决心。1940年1月9日,毛泽东在《新民主主义论》中创造性地提出"新民主主义文化"的概念,并明确指出"所谓新民主主义的文化,就是人民大众反帝反封建的文化",面对空前严重的民族危机,新民主主义的文化"就是抗日统一战线的文化"。④ 为了思想文化工作更好地服务于抗日统一战线,中共肯定了中国在长期封建社会中创造的灿烂的古代文化,并且提出在学习古代文化的过程中,必须

---

① 中共中央书记处:《六大以来——党内秘密文件》(上),人民出版社1981年版,第718页。

② 中共中央文献研究室、中央档案馆编:《建党以来重要文献选编(1921—1949)》(第15册),中央文献出版社2011年版,第650~651页。

③ 中央文献研究室:《毛泽东书信选集》,中央文献出版社2003年版,第123页。

④ 中共中央文献研究室、中央档案馆编:《建党以来重要文献选编(1921—1949)》(第17册),中央文献出版社2011年版,第44页。

"剔除其封建性的糟粕，吸收其民族性的精华"①，以此来发展民族新文化，提高民族自信心。

除了从漫长的中国历史中汲取养分，这一时期中共还一改过去对传统道德全盘否定的态度，开始尝试将马克思主义与中国传统道德相结合。比如刘少奇在《论共产党员的修养》中高度赞扬儒家"修身齐家治国平天下"的人格风范、"先天下之忧而忧，后天下之乐而乐"的爱国主义情怀和"杀身成仁""舍生取义"的大无畏精神。② 同一时期，毛泽东发表《纪念白求恩》和《为人民服务》两篇文章，张闻天也发表《论青年的修养》《论待人接物问题》的演讲，赋予了中国传统道德新的时代内涵，以适应全民族抗击日本外来侵略、争取民族独立解放的现实需要。

抗日战争取得全面胜利以后，中共的主要任务也发生了转变。1945年，中共召开七大，已经开始考虑向城市转变的准备工作。随后，中共中央对解放战争中如何对待古书、古迹、古物颁布了相关文件。1946年前后，中央和边区政府先后发出《关于注意爱护古迹的指示》《关于禁止毁坏古书、古迹的指示》《中国文物古迹征集保管问题的规定》和《东北解放区文化古迹保管办法》等，极大地减轻了战争对文物古迹的损坏。

这一时期，中国共产党对待传统文化总体上采取批判继承的态度，一方面继承"五四"反封建的精神，另一方面力求将中国传统文化与马克思主义相结合，根据实际需要适时地挖掘传统文化中的积极成分。

二、第二时期：重视传统与反传统的交织

新中国建立初期，中国共产党仍然采取批判性继承的态度，但由继承传统文化中革命性的内容转变为发扬其中"接近民众、贴近生活"③

---

① 中共中央文献研究室、中央档案馆编：《建党以来重要文献选编(1921—1949)》(第17册)，中央文献出版社2011年版，第53页。

② 刘少奇：《论共产党员的修养》，人民出版社2018年版。

③ 中共中央文献研究室、中央档案馆编：《建党以来重要文献选编(1921—1949)》(第17册)，中央文献出版社2011年版，第53页。

的部分，开始对传统文化进行社会主义改造，主要表现在对传统民间文艺的改造。1951 年 5 月，政务院颁布《关于戏曲改革工作的指示》，正式开始对传统戏曲进行社会主义改造。指示肯定了"人民戏曲是以民主精神与爱国精神教育广大人民的重要武器"，明确指出"凡宣传反抗侵略、反抗压迫、爱祖国、爱自由、爱劳动、表扬人民正义及其善良性格的戏曲应予以鼓励和推广，反之，鼓吹封建奴隶道德、鼓吹野蛮恐怖或猥亵淫毒的行为、丑化与侮辱人民劳动的戏曲应加以反对"。指示还提出要促成戏曲艺术的"百花齐放"，"鼓励各种戏曲形式的自由竞赛"。①1952 年 10 月 6 日，文化部举办了第一届全国戏曲观摩表演大会，共有23 个剧种、88 个节目、1700 多人参与演出，这使得很多小剧种重新获得广大群众的认可，一些传统曲目经过大胆的改编后被广为传唱。②1955 年，周恩来在全国文艺工作者大会上也肯定了传统文化中的"人民性"③，认为这也是我国古典戏、民间故事戏、神话戏等有历史内容的戏曲受到海内外人民欢迎的原因。除了对戏曲艺术的肯定，这一阶段中共中央还对年画、民歌、中医等与人民群众生活密切相关的传统文化的批判继承做出相应的指示。1956 年，毛泽东在中共中央政治局会议扩大会议上正式提出"百花齐放，百家争鸣"的方针，后将其确定为领导我国科学文化工作的基本方针。然而，随后的国内外局势大变，人们的思想认识出现偏颇，中共对传统文化的态度急转直下，"百花齐放"闭口不提。

在文化遗产和文物保护方面，新中国成立之初政务院相继发布《政务院为规定古迹、珍贵文物、图书及稀有生物保护办法并颁发〈古文化遗址及古墓之调查发掘暂行办法〉令》《禁止珍贵文物图书出口暂行办

①　中共中央文献研究室编：《建国以来重要文献选编》（第 2 册），中央文献出版社 1992 年版，第 250 页。

②　李方祥：《中国共产党的传统文化观研究》，中共党史出版社 2008 年版，第 219 页。

③　中共中央文献研究室编：《周恩来文化文选》，中央文献出版社 1998 年版，第 146 页。

法》《关于保护文物建筑的指示》。中央明确提出"我国所有名胜古迹，及藏于各地下，流散各处的有关革命、历史、艺术的一切文物图书，皆为我民族文化遗产"①。这些文件的出台进一步规范了我国文化遗产的调查、发掘和保管工作，极大地避免了我国重要文物因政局动荡而惨遭破坏或者流亡海外的命运。然而在"文革"期间，大量古代的庙宇、祠堂等文化古迹遭到破坏，据统计，"北京市 1958 年确定保护的文物古迹 6843 处中有 4922 处遭到破坏"②。

在学术领域，如何批判继承中国古代文化以及如何处理古与今的关系再次成为学界讨论的热点。1957 年，冯友兰在《光明日报》发表《中国哲学遗产的继承问题》③一文，具体讨论继承内容和标准问题。这引起了学术界的广泛讨论，但很快从最初的"百家争鸣"变为意识形态的批判，并给"抽象继承法"扣上了修正主义的帽子。1958 年 3 月 10 日，陈伯达在国务院规划委员会召开的第五次会议上发表了《厚今薄古——边干边学》的讲话。他认为，学术研究"应该克服目前那种偏重研究古代的倾向"④，更应该面对现在和将来，研究当代的现实。这一理论得到了毛泽东的赞赏，后又经过众多学者片面性地理解和教条式地阐发，中共走进了继承传统文化的误区。20 世纪 70 年代以后，毛泽东多次公开表明崇法反儒的态度，尤其是其 1973 年 8 月 5 日创作的《读〈封建论〉呈郭老》一诗，被视为批判以孔子思想为核心的儒家文化的最高指示，在国内广为传抄。其诗为："劝君少骂秦始皇，焚坑事件要商量。祖龙魂死业犹在，孔学名高实秕糠。百代都行秦政法，十批不是好文章。熟读唐人封建论，莫从子厚返文王。"1974 年 1 月正式开展了"批林批孔"运动。林彪成了"地地道道的孔老二的信徒"，孔子被视为"顽固地维护

---

① 中央人民政府法制委员会编：《中央人民政府法令汇编》(1949—1950)，人民出版社 1952 年版，第 560 页。

② 席宣、金春明：《"文化大革命"简史》，中共党史出版社 1996 年版，第 101 页。

③ 冯友兰：《中国哲学遗产的继承》，载《光明日报》1957 年 1 月 8 日。

④ 中国人民大学哲学系编：《毛泽东哲学著作学习文件汇编》(下册)，中国人民大学出版社 1958 年版，第 1874 页。

奴隶制的思想家"①，孔孟之道被认为是"阴谋篡党夺权、复辟资本主义的反动思想武器"②。1974 年 6 月，"批林批孔"运动转化为"评法批儒"运动，不断拔高法家思想的历史地位，儒法学说之间的学术争论也被歪曲成两条路线的斗争。党对儒家思想的全面否定严重扭曲了一贯坚持的批判继承原则，使得中国传统文化成为被革命的对象。

新中国成立初期，中国共产党对传统文化的传承和保护做出了巨大的努力，对其进行社会主义改造的方向是基本正确的。三大改造完成以后，党对国内外形势的误判导致其近乎全盘否定了中国传统文化，使得思想领域出现了的严重混乱，大量文化遗产遭到破坏。这一时期党重视传统与反传统的交织斗争为改革开放以后全面继承和发扬中国优秀传统文化提供了借鉴。

三、第三时期：在开放中更加重视中国优秀传统文化

"文化大革命"结束以后，在邓小平的鼓励下全国范围内逐步开始进行思想上的拨乱反正。在 1979 年 10 月 30 日的中国文学艺术工作者第四次代表大会上，邓小平提出应当借鉴和学习"我国古代的和外国的文艺作品、表演艺术中一切进步的和优秀的东西"，肯定了毛泽东提出的"百花齐放、推陈出新、洋为中用、古为今用的方针"③。然而，由于历史传统和时代因素的制约，党在 20 世纪 80 年代对待传统文化的态度"只能做到'拨乱反正'，而不大可能有重大突破"。④

进入 20 世纪 90 年代，国际上东欧剧变使得党开始认真思考如何从意识形态领域抵御西方"和平演变"的攻势；在国内，随着经济改革不

①　杨国荣：《孔子——顽固地维护奴隶制的思想家》，载《人民日报》1973 年 8 月 7 日。

②　王年一：《大动乱的年代》，人民出版社 2009 年版，第 3511 页。

③　邓小平：《邓小平文选》(第二卷)，人民出版社 1994 年版，第 210 页。

④　杨凤城：《中国共产党对待传统文化的历史考察》，载《教学与研究》2014 年第 9 期，第 83 页。

断深入，如何进行精神文明建设成了无法回避的课题。1990 年主管意识形态工作的中央领导人李瑞环在全国文化艺术工作情况交流座谈会上发表了题为《关于弘扬民族优秀文化的若干问题》的长篇讲话，讲话中全面肯定了现阶段弘扬民族优秀文化的重要意义，总结了民族优秀文化的特点，批判了历史虚无主义，提出了"重视和研究建设有中国特色的社会主义新文化"的新任务和弘扬民族优秀文化的具体方法①。从讲话内容可见，这一时期弘扬民族优秀文化已经不仅仅是口号式的官方说教，而是提出了一系列实际可行的具体措施。

随后，中共中央印发中宣部拟定的《爱国主义教育实施纲要》，肯定了"加强爱国主义教育，继承和发扬爱国主义传统"②在新的历史时期的重要作用，并且就如何利用传统文化开展全民爱国主义教育提出了切实可行的方案。进入 21 世纪以后，江泽民在十六大的报告中进一步将传统文化中的爱国主义精神凝练为民族精神，并将其概括为"以爱国主义为核心的团结统一、爱好和平、勤劳勇敢、自强不息的伟大民族精神"③。与此同时，2001 年中共中央还发布了《公民道德建设实施纲要》，提出要"继承中华民族几千年形成的传统美德，发扬党领导人民在长期革命斗争与建设实践中形成的优良传统道德"④，创造性地将革命道德融入中华传统美德。在 2012 年召开的党的十八大上，胡锦涛在报告中提出要"大力弘扬民族精神和时代精神，深入开展爱国主义、集体主义、社会主义教育"，同时还要大力"弘扬中华美德，弘扬时代新风"，促进"依法治国和以德治国相结合"⑤，以期建立起优秀传统文化

---

① 中共中央文献研究室编：《十三大以来重要文献选编》（中），人民出版社 1991 年版，第 848～876 页。

② 中共中央文献研究室编：《十四大以来重要文献选编》（上），人民出版社 1996 年版，第 919～933 页。

③ 江泽民：《江泽民文选》（第三卷），人民出版社 2006 年版，第 559 页。

④ 《公民道德建设实施纲要》，载《中华人民共和国国务院公报》2001 年第 32 期，第 1 页。

⑤ 中共中央文献研究室编：《十八大以来重要文献选编》（上），中央文献出版社 2014 年版，第 25 页。

传承体系。

党的十八大以后，以习近平同志为核心的党中央高度肯定传统文化的时代价值，在党中央的统筹安排下开展了一系列富有创新、富有成效的传承和保护工作。2014年10月15日，习近平在文艺工作座谈会上明确提出"中华优秀传统文化是中华民族的精神命脉，是涵养社会主义核心价值观的重要源泉，也是我们在世界文化激荡中站稳脚跟的坚实根基"。中华民族的伟大复兴离不开中华文化的繁荣兴盛，他号召广大文艺工作者"坚守中华文化立场，传承中华文化基因，展现中华审美风范"，但又既不能简单复古，也不能盲目排外，而是"'以古人之规矩，开自己之生面'，实现中华文化的创造性转化和创新性发展"。①

在党的十九大上，习近平高度评价了自建党以来中国共产党为传承中国传统文化所做的历史贡献，他提出，"中国共产党从成立之日起，既是中国先进文化的积极引领者和践行者，又是中华优秀传统文化的忠实传承者和弘扬者"。同时，他鼓励中国共产党人承担起新的文化使命，"在实践创造中进行文化创造，在历史进步中实现文化进步"②。2020年9月28日，习近平在十九届中央政治局第二十三次集体学习时，针对中国的考古学建设发表重要讲话。他在讲话中充分肯定了我国考古工作的重大成就和重要意义，提出"建设中国特色中国风格中国学派的考古学"的目标，希望考古成果"为弘扬中华优秀传统文化、增强文化自信提供坚强支撑"。同时，他还提出"要向全世界讲好中国历史故事"，加深世界人民对中国的认知和理解，为中国走向世界"营造良好国际舆论氛围"。③

经过百年的探索，中国共产党逐步摆脱教条主义等的束缚，充分认

---

① 中共中央文献研究室编：《十八大以来重要文献选编》(中)，中央文献出版社2016年版，第132~136页。

② 《中国共产党第十九次全国代表大会文件汇编》，人民出版社2017年版，第36页。

③ 习近平：《建设中国特色中国风格中国学派的考古学 更好认识源远流长博大精深的中华文明》，载《求是》2020年第23期。

识到了中国传统文化在实现中华民族伟大复兴中国梦中的重要作用，对如何传承和弘扬中国传统文化已然形成了一套完整的理论体系，汲取中华优秀传统文化中的思想道德精髓，进一步激发中华优秀传统文化在现代社会中的价值内涵，真正实现传统文化的创造性转化。

（作者分别为华中师范大学研究生；湖北省炎黄文化研究会理事、华中师范大学教授）

中国共产党对中华优秀传统文化的升华

刘开美

中华民族是人类社会的礼仪之邦，中华优秀传统文化是中华民族的文化基因。作为中国工人阶级运动与马克思主义结合的产物，中国共产党是中国工人阶级的先锋队和中华民族的先锋队。它以马克思主义为指导思想的理论基础，又植根于中华大地，深受中华优秀传统文化的润泽。

习近平同志强调："要认真吸取中华优秀传统文化的思想精华和道德精髓，大力弘扬以爱国主义为核心的民族精神和以改革创新为核心的时代精神，深入挖掘和阐发中华优秀传统文化讲仁爱、重民本、守诚信、崇正义、尚和合、求大同的时代价值，使中华优秀传统文化成为涵养社会主义核心价值观的重要源泉。"同时，他还身体力行，总是在讲述治国理政道理时，对情有独钟的古代名言警句信手拈得、娓娓道来，言简意赅、画龙点睛，启迪深刻、妙趣横生。习近平同志的倡导与践行，说明了中国共产党与中华优秀传统文化密不可分的内在联系，展示了中国共产党对中华优秀传统文化弘扬提升的历史责任。

正值中国共产党诞生一百周年之际，本文以中国共产党对中华优秀传统文化的升华为题，通过中国共产党的人民观、变革观、治国观、发展观、人类观等诸多根本思想和核心理念，与中华民族民惟邦本、古今之变、德法相济、天人合一、天下大同等优秀传统文化密不可分的内在联系，阐述中国共产党与中华优秀传统文化一脉相承的承传关系，彰显中国共产党作为中华优秀传统文化继承者、传播者、弘扬者、提升者的光辉业绩，以纪念中国共产党的百年华诞。

一、民惟邦本：中国共产党人民观的底蕴

在中国传统文化中，民本思想源远流长。《尚书·五子之歌》中"民惟邦本"的记载，就是中国古籍中关于"民本"思想的最早表述，成为商代之前的"天命论"向西周之后的"天民论"转变的标志。

随着西周之后"民"的地位始受重视，天民关系应运而生。《周书·泰誓》中载："天佑下民，作之君，作之师。""天矜于民，民之所欲，天必从之。""天视自我民视，天听自我民听。""唯天惠民，唯辟奉天。"《周书·蔡仲之命》中载："黄天无亲，为德是辅。"这种天佑民立、天从民欲、天因民视、天因民听、天唯民惠、天唯民辅的天民关系，便是中国传统文化中民本思想的最初表现。此间的周公堪称以民为本的典范。他以"保民""明德"为上，将之作为治国"三要"之首。其治国方略，深受孔子的推崇赞扬。以至宋代理学家们以周公上承尧、舜、禹、汤、文、武六主，下启孔丘、孟轲，评定其为儒学奠基人。天民关系的最高表现形式当数春秋时代的"民为神主"思想。《左传·桓公六年》中讲："夫民，神之主也。是以圣王先成于民，而后致力于神。"明确提出"民"是"主"，而"神"则是"民"的从属关系。《左传·僖公五年》中强调，只有"忠于民而信于神"，才能"民和而神降之福"，否则"民不和，神不享"。

从"天佑下民"到"民为神主"的演变，反映了先秦时期民本思想的发展过程。正是这种天民关系的演变，导致了"仁者爱人"为核心的儒家学说的产生。以至孟子在其《尽心》篇中提出"民为贵，社稷次之，君为轻"，确立了儒学对君民关系的定位，成为民本思想的至理名言。进而，孟子提出了"得民心者得天下"的论断，强调"乐民之乐者，民亦乐其乐；忧民之忧者，民亦忧其忧"的道理。其后，荀子在其《王制篇》中又提出了"君舟民水"的论断，强调"君者，舟也；庶人者，水也。水则载舟，水则覆舟""故君人者欲安，则莫若平政爱民矣"。荀子"君舟民水"的论断，是对孟子"民贵君轻"思想最形象的注释，在历朝历代均产

生了深刻影响。这一切表明先秦时期的民本思想开始由天民关系向君民关系演变。

西汉建立后，贾谊受命于刘邦，总结秦灭亡的教训，使其看到人民力量的强大，从而对民本思想有了更为深刻的认识，于是便在《新书·大政》中提出了"民为国本"的思想。他解释说："闻之于政也，民无不为本也。国以为本，君以为本，吏以为本。故国以民为安危，君以民为威侮，吏以民为贵贱。此之谓民无不为本也。"强调"夫民者，至贱而不可简也，至愚而不可欺也。故自古至于今，与民为仇者，有迟有速，而民必胜之"。贾谊在国民关系上提出的"民为国本"思想，深化了先秦时期的民本思想，对历代影响深刻。刘邦的"与民休息"就是具体表现。西汉初建，刘邦为巩固汉朝统治，从国民关系的高度，提出了一系列"与民休息"的政策，使汉初经济迅速稳定发展，为其后"文景之治"打下了基础，成为中国传统文化中民本思想的经典案例。

时至中唐以后，柳宗元面对江河日下的腐败景象，在吏民关系上又擎起了"吏为民役"的旗帜。他在《送宁国范明府诗序》中提出"为吏者人役也"的观点。在《送薛存义之任序》中，他说："凡吏于土者，若知其职乎？盖民之役，非以役民而已也。凡民之食于土者，出其十一佣乎吏，使司平于我也。今受其直怠其事者，天下皆然。岂唯怠之，又从而盗之。向使佣一夫于家，受若直，怠若事，又盗若货器，则必甚怒而黜罚之矣。以今天下多类此，而民莫敢肆其怒与黜罚，何哉？势不同也。势不同而理同，如吾民何？有达于理者，得不恐而畏乎？"当然，柳宗元并非希望出现民"肆其怒与黜罚"的形势，但他希望通过"有达于理者"，对民"肆其怒与黜罚"之势出现而深感"恐而畏"的心理，来使统治者有所戒惕。这就是柳宗元"吏为民役"思想的实质所在。尽管如此，在中国传统文化中，柳宗元"吏为民役"的思想仍不失为民本思想中最具人民性的思想精华，达到了民本思想的极致。

以上所述反映了中国传统文化中民本思想的厚重性和深刻性。但因为其所处时代的局限性，而未能成为制度。只有在中国共产党领导的新社会条件下，中国传统文化中优秀的民本思想，才能得以根本弘扬；崇高的民本理想,才能得以有效实现;光辉的民本境界,才能得以不断提升。中国共产党以人民为中心的立场就是最好的说明。

中国共产党自成立以来,始终不渝地遵循为人民服务的根本宗旨,坚持以人为本,把实现好、维护好、发展好最广大人民的根本利益,作为党和国家一切工作的出发点和落脚点,尊重人民主体地位,发挥人民首创精神,保障人民各项权益,走共同富裕道路,促进人的全面发展,做到发展为了人民、发展依靠人民、发展成果由人民共享。具体来说,在发展的指导思想上,坚持一切为了人民,一切从人民的利益出发,权为民所用,情为民所系,利为民所谋,真诚倾听群众呼声,真实反映群众愿望,真情关心群众疾苦,坚持不懈地为群众办好事、办实事。在发展的主体地位上,坚持人民群众是发展的创造者,依靠人民群众的智慧和力量,从群众中来,到群众中去,集中起来,坚持下去,使群众不但更新发展观念,转变发展模式,创新发展思路,完善发展体制,健全发展机制,让群众自己解放自己,自己完善自己,自己提高自己,自己发展自己,充分发挥群众的主动性、积极性和创造性。在发展的检验标准上,坚持以人民群众在发展中得实惠为标准,让人民群众共享发展成果,不断提高人民群众物质生活的数量、质量,保证人民群众政治生活的当家作主,满足人民群众文化生活的丰富多彩,改善人民群众环境生活的舒适安全,促进人民群众素质、能力的全面发展。经过几十年的艰苦奋斗,终于在中国战胜了绝对贫困的状态,实现了全面小康的目标。尤其是当新冠肺炎肆虐全球的严峻时刻,以习近平同志为核心的党中央坚持人民至上、生命至上的思想,团结带领党政军民学、东西南北中,万众一心、众志成城,抗击疫情,拯救生命,恢复生产,增援国际,书写出惊天地、泣鬼神的伟大篇章,受到全党、全军、全国各族人民的衷心爱戴和热烈拥护,得到全世界一切有正义感、有良知的国家和人民的高度评价和交口称赞。

由此可见,这种为民、靠民、惠民的人民立场和人文理念,生动展示了中国共产党的人民观,充分体现了中华民族民惟邦本优秀传统文化的精华,并使之在中国特色社会主义新时代发扬光大。

二、古今之变：中国共产党变革观的底蕴

"古今之变"，出自汉代司马迁的《报任安书》，原文是"究天人之际，通古今之变，成一家之言"，讲的是司马迁写《史记》的主旨，是要探究天人之间的道理，通达古往今来的变化，完成独树一帜的著作。可见，"古今之变"一直是人们所要通达的问题。"古今之变"中的"变"，指的就是事物运动发展的"变化"与除旧布新的"变革"。

在中国传统文化中，关于运动发展的"变化"思想，十分丰富。综观中国传统文化中的"变化"思想，依对其理解的不同，可分为两类。一是从事物运动发展所处状态、相互转化以及所处条件等层面对"变化"的认识。孔子把"变化"理解为"损益"，就是说他把"变化"仅仅理解为事物数量的增减。在《论语·为政》中，他说："殷因于夏礼，所损益可知也。周因于殷礼，所损益可知也。其或继周者，虽百世可知也。"这就是从事物运动发展所处状态的层面对"变化"的认识。作为一位自认"从周"的保守派思想家，孔子能从量变的层面理解"变化"，应该说是难能可贵的。因此他是一位奴隶主阶级的改良派。至于老子则是从事物运动发展中相互转化的层面认识"变化"的。《老子》载："祸兮福所倚，福兮祸所伏，孰知其极？"就是说"物极必反"，祸与福一类事物的对立面是经常互相转化的。既是事物对立面相互转化，自然事物也就处于运动发展的"变化"之中。老子的这一思想体现了朴素的辩证法。《晏子春秋·内篇杂下》载："橘生淮南则为橘，生于淮北则为枳。"比喻环境影响不同，同一事物也会发生不同的变化。这便是从事物运动发展所处条件的层面对"变化"的理解。

二是从事物运动发展的意义与作用的层面对"变化"的认识。《易经·系辞下》载："易，穷则变，变则通，通则久。是以自天祐之，吉无不利。"讲变易的道理，在于事物发展到极点就会变通，只有变通了才能保持长久，这样就能得到上天的护佑，吉祥而无不利。汉代王充在其《论衡·状留》中讲："阳温阴寒，历月乃至；灾变之气，一朝成怪。

故夫河冰结合，非一日之寒；积土成山，非斯须之作。"比喻事物都是经过长时间的发展、变化而成的。晋代郭璞在其《江赋》中讲："惟岷山之导江，初发源乎滥觞。"是说长江水流很大，但其源头却很小，比喻事物都是由小发展到大的。唐代诗人刘禹锡在其《乐天见示伤微之、敦诗、晦叔三君子，皆有深分，因承是诗以寄》中讲："芳林新叶催陈叶，流水前波让后波。"诗人以林木、流水的更新、让后，说明了新陈代谢是普遍的自然规律。

这一切表明，"变化"是中国优秀传统文化中的精髓。正因为如此，在中国传统文化中，关于除旧布新的"变革"思想，同样也是举不胜举的。战国的韩非子是法家的集大成者，他主张变法，反对复古守旧。他在《韩非子·五蠹》中讲，"不期修古，不法常可"，强调凡事要从客观实际出发，不要一成不变，泥古不化。汉代扬雄在《太玄·玄莹》中讲，"有因有循，有革有化。因而循之，与道神之；革而化之，与时宜之。故因而能革，天道乃得；革而能因，天道乃驯。夫物不因而生，不革不成"，阐述了继承的"因"与变革的"革"之间的关系，强调事物没有继承是不会发生的，而没有变革则是不会形成的。清代康有为在《上清帝第六书》中讲，"夫物新则壮，旧则老；新则鲜，旧则腐；新则活，旧则板；新则通，旧则滞：物之理也"，强调事物的道理就在于，新生时强壮、鲜活、通达，陈旧时则衰老、腐朽、停滞。而梁启超则强调变法则存，不变则亡。他在《时务报》上发表的《变法通义》中讲："法何以必变？凡在天地之间者，莫不变。""笈日不变，则天地人类并时而息矣。故夫变者，古今公理也。"进而又说："变亦变，不变亦变。变而变者，变之权操诸己，可以保国，可以保种，可以保教。不变而变者，变之权让诸人，束缚之，驰骤之。"说明变法是当时国势之趋，变法维新的思想振聋发聩。

在"变革"思想的推动下，历朝历代的改革家层出不穷。其中战国的商鞅、宋代的王安石和明代的张居正，并称为中国古代历史上的三大改革家。尽管他们所处的历史时代不同，提出的改革主张有别，所要解决的问题各异，但他们指导变法的"变革"思想是一脉相承的，他们推动历史前进的影响彪炳千秋，他们启迪后世思变的教诲永世长存。由此可见，"变化"与"变革"的思想，是中国传统文化中的精华所在。

"古今之变"的思想，与当今中国共产党领导的改革创新时代精神是一脉相承的。当今改革创新的时代精神，集中起来就是要以开阔的胸怀，面对世界和平与发展的时代潮流；以科学的态度，对待坚持发展马克思主义的问题；以敢闯的胆略，开辟中国特色社会主义发展道路；以创新的精神，建立完善社会主义市场经济体制；以全球百年之大变局的视野，推动构建人类命运共同体。显然，中国共产党的变革观，是与"古今之变"中事物运动发展的"变化"与除旧布新的"变革"思想相通相印的。"古今之变"的中华优秀传统文化，是中国共产党的变革观的文化底蕴；而中国共产党的变革观，则使"古今之变"的中华优秀传统文化焕发青春。

三、德法相济：中国共产党治国观的底蕴

"德法相济"是荀学中"儒法兼治"思想的合理内核。荀学为荀子所创。荀子是战国时期儒学的重要代表。当天下一统已成大势之时，他革新儒学，以其"礼表法里"的面目，适应封建一统天下的文化需要。其学生韩非子在其影响下，将法家思想推到巅峰，成为统一中国条件的"王资"，以致"外儒内法"的儒术最终在汉武帝时代被推到独尊的宝座。

作为"礼表法里"的儒学大师，荀子主张"儒法兼治"。其基本内涵在于"王粹霸驳""援法入礼"的治理主张。所谓"王粹霸驳"，就是称德政为纯粹之道——"王"；称力政为杂驳之道——"霸"。在荀子看来，儒尊法卑，当施政以力达到"霸"的程度后，就应向施政以德努力，实现"王"的境界。所谓"援法入礼"，就是将法加入礼的内容，赋予礼以强制的性质，收到礼法并治的效果。

荀子儒法兼治的思想，去其适应封建一统的时代印记之外，其合理的内核在于"德法相济"。这种合理性是由社会治理的内在功能决定的。在人类社会中，社会治理秩序和百姓行为规范离不开自律和他

律两种约束力。提高自律性，要靠德治；提高他律性，就要靠法治。而作为社会治理的两种方式，德治与法治并非是彼此孤立的，而是相互联系、相互作用、相互补充的。正如习近平同志指出的，"要坚持依法治国和以德治国相结合，把法治建设和道德建设紧密结合起来，把他律和自律紧密结合起来，做到法治和德治相辅相成、相互促进"。由此可见，作为社会治理的基本原则，"德法相济"是中华民族优秀传统文化所蕴含的时代精神。中国共产党在新的历史时代，坚持"依法治国"和"以德治国"相结合，这与"德法相济"的中华优秀传统文化是一脉相承的。

中国共产党在当今社会治理中，一方面坚持以德治为基础。在依法治国中强化道德的行为规范，彰显道德的价值取向，注重道德的社会诉求，提高道德的自信自觉，使社会主义核心价值观贯穿依法治国的全过程。使法治精神得到道德的滋养，使道德对法治文化发挥支撑作用。通过在法治中坚持道德认知、价值取向、社会评价和行为自律，使道德的自信、自觉注入法治，使公民对法治的自信心、自觉性得以提高。另一方面坚持以法治为保障。在依法治国中推动道德观念深入人心，强化道德约束刚性支撑，发挥道德导向社会功能，化解道德领域突出问题，让社会主义核心价值观在依法治国中大力弘扬。通过在法治中体现道德理念、守住道德底线、弘扬道德风尚、构筑道德屏障，使德治传统得以彰显，道德建设得以促进。

由此可见，中国共产党的治国观，坚持"德法结合"，优化社会治理，不仅弘扬了"德法兼治"的中华优秀传统文化，而且使之与时俱进，得以升华。

四、天人合一：中国共产党发展观的底蕴

在中国传统文化中，人们很早就关注人与自然的关系问题，历代学者对此多有论及。其中，最具代表性的思想就是"天人合一"。《周易》中提出："大人者，与天地合其德。"并以"天行健，君子以自强不息"为

例，阐明"天人一德"的道理，表达"天人合一"的见解。在八卦、阴阳、五行等中国古老哲学思想体系中，天与人都是一一相对应的。为此，《春秋繁露》中提出"以类合之，天人一也"，就是说，"天人一类"是"天人合一"的表现。孟子在《尽心》篇中，认为在本性上，人与天是一致的，提出"尽其心者，知其性也，知其性则知天矣。存其心，养其性，所以事天也"，把"天人一性"看作"天人合一"的表现。庄子讲"通天下一气耳"，王充说人"禀气而生，含气而长"，"用气为性，性成命定"，进而张载提出"天人合一"，合于"气"，把"天人一气"看作"天人合一"的表现。虽然他们在"天人合一"表现形式上各执一端，但从相互联系的视觉上，认识人与自然的关系，是彼此相通的。就是说他们都承认天人之间的一致性和统一性。尽管在"天人合一"的论断中，存在诸多神秘的神学见解，但是坚持人与自然间的同一性，追求人与自然间的和谐，无疑是其思想的"合理内核"。

如果说，"天人合一"的思想是从相互联系上认识人与自然关系的，那么，"齐物论"则是从相互平等上看待人与自然关系的。"齐物论"是道家将"和而不同"思想用于观察人与自然关系所得出的论断。《庄子》在《老子》"天之道，损有余而补不足"思想的基础上，提出了"齐物论"，认为万物不是上天为供人类享用而产生的，而是与人类一样，都是由自然派生出来的。万物都是平等的，人类只是万物中的一种，不能用人类的是非来代替万物的是非。因此，人类不应该以强者自居，而应该用平等的眼光看待万物，善待万物，与万物友好相处，和谐共存。这就是"万物与我为一"的道理。由此可见，"齐物论"在人与自然地位的认识上深化了"天人合一"的思想。

正是出于人与自然关系上同一、平等理念的支撑，使得"爱物"的思想由此产生。孟子在其《尽心》篇中把"爱"分成"亲亲""仁民"和"爱物"三个层次。张载认为万物都是我们亲密的朋友，因此，在亲爱亲人、仁爱百姓的同时，还要关爱万物。这是从相互依存上处理人与自然关系的理念，是"天人合一"思想的实现形式。为此，张载提出了取之适中的"爱物"思想。取之适中，就是人从大自然索取生活用品时既要适度，又要时中。"适度"是指"取之以制"，不能无节制地浪费，不要不留余地地竭泽而渔。《诗经》中就有"采葑采菲，无以下体"的记载。"时中"是指"取之以时"。《礼记》中记载，先人曾经规定春季不能打怀孕的野兽；不能打正在为小雏觅食的飞鸟；不能捕怀有卵籽的雌鱼；也不允许到山林中去砍伐刚从冬眠中复苏的树木。否则，就是违背"王制"。道理很简单，只有取之以时，万物才能生机勃勃，生活资源也才能源源不断。道教刻意于"爱物"，把保护自然环境列入戒律。《云笈七签》中诸如不得烧野田山林，不得妄伐树木，不得妄摘花草，不得竭水泽，不得妄上树探巢破卵等戒律，一直在民间流传。

以上表明，"天人合一"追求人与自然间和谐的思想，是中华优秀传统文化精华所在，不仅在古代中国历史上影响深远，而且对当今中国发展启迪深刻。中国共产党从科学发展观的确立到新发展理念的践行就深刻地说明了这一点。

我国以往的发展是靠大量消耗自然资源来维系的。固然，这种方式曾为发展带来过辉煌，但对其后的发展构成了制约，对生态环境造成了破坏。科学发展观的确立、新发展理念的提出，摆正了人与自然间的关系，明确了"绿水青山就是金山银山"的道理，统筹人与自然和谐发展，推动发展进入新常态，促使发展由主要依靠增加物质资源消耗的方式，向主要依靠科技进步、劳动者素质提高、管理创新的方式转变，把建设资源节约型、环境友好型社会，放在工业化、现代化发展全局的突出位置，采取一系列战略措施，通过深化改革，完善有利于节约资源、保护环境的法律政策，形成强化生态文明建设的体制机制，推动循环经济发展，走出一条节约发展、清洁发展、安全发展的新型工业化道路。在新发展理念的指引下，中国发展的生态环境正在得到有效的治理，人与自然间的关系步入了一个崭新的境界。

由此可见，中国共产党的发展观与中华民族"天人合一"中的优秀传统文化是一脉相承的，并使"天人合一"的观念在中国特色社会主义建设新时代得以弘扬。

五、天下大同：中国共产党人类观的底蕴

作为中华优秀传统文化，天下大同的思想在中国同样源远流长。早在远古时期，处于社会转型期的炎帝神农氏，凭借以改促变的创造意愿、敢为人先的创造意识和奋不顾身的创造意志，实现了原始人类由狩猎社会向农耕社会的转变，使人类社会的发展步入新的历史时代。炎帝神农氏以改促变的创造意愿，目的就在于以利天下。在开创农耕社会的实践中，炎帝神农氏无论"耒耜之利，以教天下"，还是"日中为市，交易而退"，都是为了"致天下之民"，而使之"各得其所"。这种"以利天下"的思想，正是炎帝神农氏开创农耕社会的本质所在，成为中华民族以民本为核心的大同思想的源头，而在其滋润下，中华民族寻求大同的思想根深叶茂，传承至今。

《诗经》中记载了迄今保留最早的向往大同的诗篇。诸如《魏风》中的《伐檀》《硕鼠》和《小雅》中的《黄鸟》，就描写了劳动人民不满剥削者硕鼠般的不劳而获与黄鸟似的作恶他乡的情景，表达了他们决心寻找"适彼乐土""适彼乐国""适彼乐郊"的正义呼声，以及背井离乡之中遭受欺凌而"言旋言归""复我邦族"的内心期冀，形象生动地反映了古代人民对理想社会的寄托和憧憬。

最早完整表述的大同思想，当数《礼记》中的礼运大同篇："大道之行也，天下为公。选贤与能，讲信修睦。故人不独亲其亲，不独子其子。使老有所终，壮有所用，幼有所长。矜寡孤独废疾者皆有所养。男有分，女有归。货恶其弃于地也，不必藏于己。力恶其不出于身也，不必为己。是故谋闭而不兴，盗窃乱贼而不作，故外户而不闭。是谓大同。"

而纵观历史，人们对"理想社会"的追求从未中断过。诸如先秦时期孔子的"有道"之世，墨子的"兼相爱、交相利"式的"尚同"，老子的"小国寡民"，庄子的"至德之世"和"无何有之乡"，孟子的"王道"世界，荀子的"王制"社会，杨朱童子牧羊式的田园生活，以及明代泰州

学派的平等社会，如此等等，就是其表现中的一斑。

到了近代，中华民族为谋独立、争民主、求共和，寻真理、找出路，抛头颅、洒热血，前仆后继、百折不挠。而"太平天国""百日维新""三民主义"就是其中最具代表性的"理想社会"模式。《天朝田亩制度》把农民反封建的要求与农民小生产者朴素的天下一家、处处温饱的最高理想相结合，达到了农民起义所能达到的最高境界，显然这只能是一种幻想；"百日维新"是新兴民族资产阶级，从救亡图存的爱国要求与其自身的利益出发，所进行的改良运动，但终究却经不起顽固派的反击而归于失败；而"三民主义"则是孙中山先生总结斗争经验，创建革命党，所提出的资产阶级民主革命理论，并在其指引下破天荒地推翻了帝制、建立了民国，成为中华民族近代以来不懈奋斗的丰硕成果，尽管革命果实最终被窃取，中华民族仍陷入军阀割据的深渊，但将中国近代人民大众谋独立、争民主、求共和的斗争推向了高峰，达到了寻求大同的最高境界。

总之，尽管中华民族在不同时代寻求大同的征程中，对大同的内涵有着不尽相同的领悟，对大同的追求留下不同时代的印记，但寻求大同理想、追求大同愿景、谋求大同社会的文化却始终是一脉相承的。"天下大同"，是中华民族优秀的传统文化。而当十月革命一声炮响，给中国送来了马克思列宁主义的时候，中国工人阶级登上了历史舞台，并在工人运动与马列主义的结合中，创建了中国共产党，使为革命奔波而处于绝境的孙中山先生重新看到了希望。从此，中国革命进入了一个崭新的时代。从这个意义上讲，中国共产党不仅是中国革命的组织者、领导者，而且是提升中华优秀传统文化、开辟天下大同境界的传承者、倡导者。

百年来，中国共产党领导中国人民走过了革命峥嵘、建设艰辛、改革豪迈的光辉历程，无数志士仁人、革命英烈、建设模范、改革先锋表现出前仆后继、埋头苦干、敢为人先的英雄气概，取得了让中国人民站起来、富起来、强起来的丰功伟绩，在以习近平同志为核心的党中央的正确领导下，满怀信心地迈进中国特色社会主义的新时代，踏上全面建设社会主义现代化国家的新征程，为实现中华民族伟大复兴的中国梦而努力奋斗。当今世界正处于百年未有之大变局，和平发展大势不可逆转，新技术革命蓬勃展开，但发展中深层次的矛盾十分突出，尤其是单边主义、霸权主义横行。面对如此情势，没有哪个国家能够独自应对。中国共产党始终不渝走和平发展的道路，在中国建设和谐社会的同时，在世界倡导每个民族、每个国家都应该风雨同舟、荣辱与共，构建人类命运共同体，推动建设相互尊重、公平正义、合作共赢的新型国际关系，建设持久和平、普遍安全、共同繁荣、开放包容、清洁美丽的世界。倡议多次被写入联合国的文件，并正在从理念转化为行动，产生日益广泛而深远的国际影响，"一带一路"建议的实施就是很好的说明。这表明中国共产党的百年奋斗、中华人民共和国的发展、构建人类命运共同体的倡议，展示了中国共产党的人类观。它不仅与中华民族"天下大同"的优秀传统文化一脉相承，而且使之在现当代中国新的历史条件下展现出升华创新的光辉景象。

综上所述，百年来中国共产党以其崭新的理论创造和非凡的实践探索，形成了成体系的革命、建设和改革思想理论和治国方略。这些思想理论和治国方略，吸收了中华优秀传统文化的思想精华，彰显了中华优秀传统文化的道德精髓，提升了中华优秀传统文化的时代价值，使连绵不断的中华优秀传统文化与时俱进、光彩夺目，展示出丰厚的底蕴、广博的智慧和无尽的魅力。这是中国共产党在文化根脉上对中华民族所做出的伟大贡献！

（作者为宜昌市炎黄文化研究会学术顾问）

构建人类命运共同体的儒家价值基础

张舜清

构建人类命运共同体是习近平总书记针对当前人类大发展大变革的调整时期，在人类面临的各种挑战层出不穷、风险日益增多的时代，为谋求人类持久的和平与发展而提出的中国方案。这一中国方案体现出中国人对当今人类所面临的各种重大问题的深刻认识和未来发展方向的深刻思考，也体现出中国超越私利、义以为先、谋求全人类长远福祉的高度责任感。构建人类命运共同体，从中华优秀传统文化的角度说，这一提法深契儒家思想要义，显示出对儒家思想的继承和富有时代意义的创造性的诠释。

一

构建人类命运共同体的提法，在很多方面都契合了儒家思想的理论目的和实践诉求，这种契合性显示出构建人类命运共同体的提法在一定程度上是对儒家优秀文化成分的继承，也显示出中华优秀传统文化能够成为新时代人类社会发展的理论根基。

"构建人类命运共同体"是中国为谋求整体人类生存与发展而提出的一个方案。从这个方案的目的和内容上来说，它追求的是人类各个族群、共同体之间"建立平等相待、互商互谅的伙伴关系"，"营造公道正义、共建共享的安全格局"，"谋求开放创新、包容互惠的发展前景"，"促进和而不同、兼收并蓄的文明交流"，"构筑尊崇自然、绿色发展的生态体系"。① 这里面涉及世界各国、各民族之间如何和谐共处的问题，以及在这个基础上如

---

① 《习近平谈治国理政》第 2 卷，外文出版社 2017 年版，第 523~525 页。

何共同发展的问题，也涉及人与自然生态系统的平衡与和谐的问题。总体上看，这一方案是把人类社会的整体生存与发展和人类生存的大环境——宇宙生态系统的平衡与和谐综合考虑的一个宏伟方案。这一方案，就其目的而言，与儒家的社会理想和终极的生命境界追求存在着高度的契合性。

从儒家的角度来说，建立一个人与人之间相亲相爱，各个国家、各个民族和谐共处的社会，是儒家孜孜以求的目标。儒家不仅把"万民之和""万邦协和"看作政治的一种理想状态，也一直将之视为统治者施政应当遵循的基本纲领。并且，追求天地四方之民的和谐生存，对儒家而言，也是"天命"对人的神圣要求，是统治者有资格继续领受上天赋予的"大命"的根本依据和证明，因而是统治者当然的义务。所谓"奉答天命，和恒四方民"（《尚书·洛诰》），说的便是这个意思。并且，从儒家的角度而言，人类要想实现永久的生存与发展，从方法论上说也别无选择，只能通过人类自身以及人类与其生存环境的和谐共处才能实现，也即只有通过"和"，把人与自然的和谐、人与人的和谐视为基本的手段和方法，才能从根本上实现人类长远的幸福生活。在儒家这里，这种思想存在着不同层级和形态的理论表达。比如《尚书》所说的"正德、利用、厚生，惟和"（《尚书·大禹谟》）和"庶政惟和，万国咸宁"（《尚书·周官》）等语，就相对直观地表达了这种思想。"惟和者不失其事也。"①儒家的这些思想，和构建人类命运共同体的目标追求显然存在着高度的契合性。而这种契合性，无疑也说明儒家思想和构建人类命运共同体这一宏伟目标之间可能存在着某种深刻的联系。这一联系，首先表现在儒家"万物同本同构"的理论与构建人类命运共同体的观念基础是一致的。

"人类命运共同体"这一概念，显然不是对持不同信仰和价值观念的世界各国和民族共同存在于地球上这一事实状况的单纯地客观描述，而是肯定人类内部不管人们在价值、信仰上如何不同，如何分属于不同

---

① 陈生玺：《治国明鉴》（上），浙江古籍出版社 2014 年版，第 297 页。

的国家和民族，但事实上均存在着命运上休戚与共的关系，存在着内在的联系。人类只有团结一致，以整体人类命运为思考与行动的出发点，从整体角度对待人类的生存与发展，才能从根本上保护人类自身。人类之间的龃龉、对抗只会把人类带入毁灭的边缘。并且，人类的持久性的存在与发展同样与其所处的地球生态有着内在的联系。因而"人类命运共同体"这个概念事实上是把不同的人类个体（包括国家与民族意义上的"个体"）和整体的自然生态环境看成一个具有内在联系和影响的生命共同体这样一个概念。而这种思想，儒家也有相应的表达，体现在儒家的"万物同本同构"的理论上。"同本"，表明万物具有共同的始源；"同构"，表明万物在材质构造上也是一样的。首先，儒家认为万物皆为上天所生，这是"同本"，即所谓"惟天地万物父母"。其次，儒家亦认为万物在构成上具有同一性，比如张载认为一切事物都是由气构成的。在他看来，天地宇宙的一切，不管是有形的，还是无形之物，本质上都是气化的状态。正因为万物皆由气构成，本质上是气的聚散状态，所以万物形象虽多，本质上其实是一物。"是以知万物虽多，其实一物；无无阴阳者，以是知天地变化，二端而已。"[1]正因为天下万物皆由气构成，从而决定了万物在存在本质上具有休戚与共、一脉相通的生命共通性。从"万物一体同气"的角度论证万物之一体贯通性，不独张载、二程、朱熹、王阳明等人均有类似认识。比如王阳明亦说："风雨露雷，日月星辰，禽兽草木，山川土石，与人原只一体。故五谷禽兽之类，皆可以养人；药石之类，皆可以疗疾：只为同此一气，故能相通耳。"[2]万物在本原和构成上皆具有同一性，彼此具有内在的联系，它们共处于同一生命系统和机制当中，遵循着普遍的天地之"生"的法则和规律。儒家这样一种认识，就为万物的整体同构、共建未来提供了坚实的本体论的观念基础，从而论证出构建人类命运共同体的必要性和可能性。天地万物与人原是一体，故包括人类社会在内的万有之生命实际上是休戚与共

---

① 张载：《张载集》，中华书局 1978 年版，第 10 页。
② 王阳明：《传习录》，岳麓书社 2004 年版，第 296 页。

的，是一个命运共同体，故而从整体的角度思考包括人类社会在内的万物之生长、发展问题，既是必要的，也是应该的，并且由于万物之命运本身具有一体同原的相关性，故而从整体角度思考包括人类生命在内的整体宇宙生命的存在与发展问题，构建人类命运共同体，也是可能的。不仅如此，儒家这种万物同本同构的理论，也成为我们应该善待众生、尊重一切生命的价值基础，在这个基础上形成的"万物有生"的价值观，也为我们今天尊重和平等对待各国、各民族，谋求各国、各民族的合作和共同发展提供了价值指引。

二

"万物同本同构"的理论不仅从本体的角度揭示出万物之间的休戚与共实际上是万物存在的本然状态，而且也揭示出万物在价值上的同一性。儒家认为，万物皆为天地所生，故万物先天皆赋有"生"的价值。所谓"天地之大德曰生"（《易·系辞下》），实际上就是把"生"明确地看成了一种价值。这就是说，天作为一种本体存在，它并非只是单纯的自然实体，而是本身就彰显着一种"生"的价值。儒家认为，"生"是天之所以为天的本性证明，也是天存在的本然状态和应然状态，它本身就具有本体的意义。"生"的本体性，也决定了"生"作为一种价值的普遍性和至高无上性。这也正如向世陵所说，"作为天地最根本的德性，生生体现了宇宙最高的价值，因为它从根本上保证了包括人类在内的一切生命系统的产生和延续"①。"生"是价值本体，这就说明一切价值也皆来源于这种"生"。因此，"生"既是万物之本，又是价值之源。万物生之于天，因此皆天赋有此种"生"之性，这就是说万物自身即具有自我创造、自我更新、自我保存、自我发展的本性。"生"是一切生命存在的动力根源，也是其存在目的本身。因此，"生"本身就是一种"善"。它完全是内在于生命体自身之中的，而与外部观察者的评价和利益无

---

① 王阳明：《传习录》，岳麓书社 2004 年版，第 18 页。

关。换句话说，在儒家看来，所有生命都有先天的价值规定，都拥有"生"的"内在价值"，这种价值取决于自然的创生机制，是"天命"为之而不受人的主体意识所限。这就是儒家万物有"生"价值论的基本观点。①

万物皆有"生"，承认"生"的本体地位和价值属性，也就等于承认包括人在内的万物皆有"生"的先天规定性，其存在皆具有不以人的意志为转移的价值地位。在这里，不管是对动物的生命而言，还是对人的生命而言，"生"都是最根本的、绝对的价值选项。"善生"是生命实现的方式，也是终极的伦理追求，所以"生"是内在于生命体的最为根本的价值，它体现为万有之生命的"生存意欲"，是与各种生命的生存需求相一致的、内在的价值。离开了"生"，万物将归于寂，而毫无价值和意义可言。

儒家这种生命价值观直接影响到儒家看待人与宇宙万物的关系、看待一切生命的基本态度和立场。从"生"的本体地位而言，万有之生命的价值都是天赋的，从性质上看，任何生命的价值也都具有同一性，并没有高低贵贱之分。"生"即是一切生命固有的价值，也是"天赋权利"，一切生命都有追求"善生"的意志和合"天理"的自然正当性。"万物并育而不相害，道并行而不相悖"（《中庸·第三十章》），这是宇宙万物的本然与应然存在。人类没有理由将一切非我生命视为纯粹意义上的工具性存在，除非人类不在这个"生"的机制里面。从这样的"生"的观念出发，儒家格外强调要尊重生命、仁爱生命，上天有好生之德，人有厚生之义务。儒家把关爱众生看作恪尽天德的表现，视为"君子"的当然义务和德性，从而培养起儒者"立人""达人"和"兼济天下"的责任感和广阔胸襟。由此，儒家这种万物有"生"的生命价值观点，不仅挺立起一切生命的价值地位，更为人类如何对待各种生命和人类自身指明了方向。这种观点，也为当今构建人类命运共同体提供了坚实的价值哲学的根据和

---

① 关于儒家这种生命价值观的详细论述，具体请参阅拙著《儒家生命伦理思想研究》（人民出版社 2018 年版）第五章第二节。

指引。为什么世界各国、各民族不分大小我们都应一视同仁、尊重其存在？为什么我们要追求各国、各民族的共同发展、合作共赢？因为每个国家、每个民族、每一个体都有其存在的价值，它们的和谐共存是"天命"使然，我们应该如此，当然如此。并且只有如此，人类才能获得长远生存与发展的根本条件。

并且，尤为难能可贵的是，儒家虽然强调万物有"生"，但并没有贬低人在宇宙天地中的地位和作用，相反，儒家格外看重人在维护万物和谐共生方面的精神自觉，因而极大张扬了人的存在意义和人在维护宇宙生态中的巨大作用。而这一点，也为构建人类命运共同体提供了强大的人的本质力量的支持。

三

构建人类命运共同体固然受各种条件的制约，但其中一个关键的因素，是人自身是否具有构建人类命运共同体的自觉，是否能觉悟到构建人类命运共同体对于人类长久生存的根本决定意义。因为人类命运共同体的构建，从根本上说，还是取决于人本身。从儒家的角度来说，人确实在维护人类生存环境方面负有先天的道德责任，发挥着重大的作用。而这种作用的发挥，完全取决于人是否能够对自身的道德存在这一本质特征具有明确的自觉。人如果不能意识到这一点，就无法区别于动物，也无法充分发挥人的本质力量，从而担负起助益天地创化的崇高责任。而对儒家而言，人理所应当要承担起助益天地创化的责任！儒家从不讳言人类自身在天地宇宙创化过程中所应担负的责任和所起到的积极作用，也坚定地认为只有人类自身才构成决定人类自身命运的根本力量。儒家对此有着坚实无比的信念。"惟天地万物父母，惟人万物之灵。"（《尚书·泰誓上》）"天之所生，地之所养，人为大矣。"（《礼记·礼运》）"天地之精所以生物者，莫贵于人。"（《春秋繁露·人副天数》）"人者，天地之心也。"（《礼记·礼运》）这些说法都可以看作对这一信念的反映。

人为什么是万物之灵，为何"最为天下贵"？从儒家的立场来看，贵就贵在人拥有一种天赋的特殊智识，拥有一种天赋的道德理性。如荀子所言："人有气有生有知亦且有义，故最为天下贵也。"（《荀子·富国》）而从更普遍地角度说，儒家认为人之所以最为天下贵，主要贵其有道德理性，贵其有构建"善"的生活能力。如董仲舒曰："惟人独能为仁义。"（《春秋繁露·人副天数》）又曰："人受命于天，固超然异于群生，入有父子兄弟之亲，出有君臣上下之谊，会聚相遇，则有耆老长幼之施；粲然有文以相接，欢然有恩以相爱，此人之所以贵也。"①历代儒家基本上都持此种观点。所以，儒家主张"天地之性人为贵"并不是为了突出人在价值上高于其他生命，而是强调人在天地宇宙整体生命系统中担负着特殊的责任和使命。中国古人正是因为有这种观念，并通过自觉地培育这种观念，从而借助人的道德理性，努力使人与其生存的自然环境处在一种相对和谐之中。

人毕竟就是人，不是动物，人的伟大之处，就在于人知道什么才构成真正的人类之"善"，从而形成道德自觉，采取正确行动。正是对人的这种道德理性的肯定，以及对"万物有生"的价值认同和对天地万物同本同构本是一体的本体认识，促使儒家相信，人类完全可以凭借人类自身的道德力量，去追求人类整体的和谐共存和万物的生生不息。至少，凭借这些信念，可以保证人类始终走在一条真正通往光明的康庄大道上。这也正是人类自身能够构建命运共同体的哲学基础和强大的精神动力根源。

（作者为湖北省炎黄文化研究会理事、中南财经政法大学哲学院教授）

---

① 班固：《汉书·董仲舒传》，浙江古籍出版社 2002 年版，第 799 页。

"民本思想"的升华超越和创新性发展

——"江山就是人民，人民就是江山"的思考

邵和平

中国共产党在领导人民进行革命、建设、改革的伟大实践中，自觉肩负起传承发展中华优秀传统文化的历史责任，是中华优秀传统文化的忠实继承者、弘扬者和建设者。这其中，习近平总书记2021年2月20日在党史学习教育动员大会上的讲话中指出："我们党的百年历史，就是一部践行党的初心使命的历史，就是一部党与人民心连心、同呼吸、共命运的历史。历史充分证明，江山就是人民，人民就是江山，人心向背关系党的生死存亡。"习近平这一重要论述，是对中华优秀传统文化中的民本思想的升华超越和创新性发展。

一、民本思想的形成及其演变

民本思想最初是西周统治者鉴于殷商纣王灭亡的历史教训提出要"以德辅天""敬德保民"而出现的。民本思想形成于奴隶制向封建制过渡的春秋战国时期，其后与封建君主专制相伴随不断演变。如子产的"为政必以德"，孔子的"仁民""爱民""德政"，墨子的"兼相爱、交相利"和"尚同"(利民为怀)，孟子的"政在得民""民贵君轻"，荀子的"爱民"，贾谊的"民为政本"，李世民的"君舟民水""民依于国、国依于民"，康熙的"手务足民"，黄宗羲的"天下之难，不在一姓之兴亡，而在万民之忧乐"，林则徐的"用民心、恃民力"，王夫之的"反对家天下"主张"公天下"，康有为的"夫国以民为本"，谭嗣同的"君末民本"，以至孙中山的"三大主义皆本于民"等。民本思想也为具有社会批判意识

的士大夫阶层人士所认同，对人民的疾苦予以同情。如屈原的"长太息以掩涕兮，哀民生之多艰"，杜甫的"穷年忧黎元，叹息肠内热"，陈子昂的"圣人不利己，忧济在元元"，等等。

民本思想在中国封建社会里，为进步的政治思想家所倡导，也为开明的统治者所采纳，与封建君主专制相伴随演变发展。其原因是中国历史上由民不聊生、民怨沸腾而引起的民变、民暴，导致国削君亡的事实，使得一些进步的政治思想家和开明的统治者明白"众怒难犯，专欲难成""民为邦本，本固邦宁"的重要性，领悟到民为水，君为舟，"水能载舟，亦能覆舟"，"得民心者得天下，失民心者失天下"的道理。从而从"重民"思想出发，提出了一套重视国计民生和为政重在"得民"的治国安邦之道，作为统治者长治久安设计的政治方案。

民本思想从本质上说并不是民本位思想，也不是什么主权在民。在封建社会里，人民始终是被统治者而君主是统治者。虽然民本思想也宣称"天下非一人之天下也，天下人之天下也"，然"治天下者惟君，……非他人所能也"。同时囿于阶级局限和历史局限，统治者无法真正做到以民为本。如果说"民有、民治、民享"三者作为民主政治必不可少的成分的话，那么民本思想与此相差甚远，还不具备民主主义的基础属性。

尽管如此，民本思想是对人民的地位和作用的一种历史的承认，对君主的权力作出某些限制，向君主专制的理论基石"君权天授论"，以及由此衍生出的"君权占有论"、君主与臣民"主奴关系论"等提出的挑战。民本思想是对君主权力的抑制，对推动近代中国向民主政治迈进起到了一定的作用。近代中国民主思潮的兴起，可以说在受到欧美的社会契约论、人民主权论、天赋人权论等影响的同时，是与民本思想的承袭和勃发放不开的。民本思想源远流长，作为中华优秀传统文化，其进步作用是不能忽视的。

二、"江山就是人民，人民就是江山"，升华超越和创新性发展了民本思想

党的十八大以来，习近平对中华优秀传统文化有过一系列精辟论

述。从中华民族生生不息、发展壮大的丰厚滋养、最深沉的精神追求、最根本的精神基因、独特的精神标识、民族精神的"根"与"魂"、最宝贵的精神品格和命脉的高度定位优秀传统文化；从中华民族最基本的文化基因、最深厚的软实力与坚定文化自信的坚实根基和突出优势的高度传承优秀传统文化；从中国特色社会主义植根于文化沃土、涵养社会主义核心价值观的重要源泉、实现"两个一百年"奋斗目标和中华民族伟大复兴中国梦的重要精神支撑、时代的发展和中华民族现代化进程的长远战略的高度弘扬和发展优秀传统文化，赋予了对中华优秀传统文化新的认知、新的境界和新的时代内涵，推进了优秀传统文化的创造性转化和创新性发展。

"江山就是人民，人民就是江山"，是人民当家做主的写照与彰扬。新中国的成立，使中国实现了从封建专制政治向人民民主进程的伟大变革。我们的国体是由工人阶级领导的、以工农联盟为基础的人民民主专政的社会主义国家；我们的政体是以全国人民代表大会制度为根本政治制度、以中国共产党领导的多党合作和政治协商的政党制度。人民是国家的主人，国家的一切属于人民。这是与历史上的民本思想有着本质区别的。毛泽东在回答民主人士黄炎培先生提出的历史上政权兴亡的"周期率"问题时说："我们已经找到新路，我们能够跳出这周期率。这条新路就是民主。只有让人民监督政府，政府才不敢松懈。只有人人起来负责，才不会人亡政息。"美国历史学家斯塔夫里阿诺斯曾这样认为，新中国的成立是中国长达数千年的历史中发生的根本改变中国政治和社会结构的三次大革命之一。

"江山就是人民，人民就是江山"，是历史唯物史观的科学认识和展现。如何认识人民群众在历史中的作用，是社会历史观的重大问题。历史唯心主义英雄史观认为，帝王将相创造历史。与此相对立，马克思主义的历史唯物主义群众史观把物质资料的生产方式作为人类社会发展的基础，强调人民群众是社会物质财富和精神财富的创造者，在创造历史过程中发挥着决定作用，提出人民是历史的创造者，是真正的英雄，这是人类历史发展的基本规律。正如习近平指出："波澜壮阔的中华民族发展史是中国人民书写的！博大精深的中华文明是中国人民创造的！历久弥新的中华民族精神是中国人民培育的！中华民族迎来了从站起来、富起来到强起来的伟大飞跃是中国人民奋斗出来的！"

"江山就是人民，人民就是江山"，是历史上政权兴亡的见证和警示。"得民心者得天下，失民心者失天下""政之所兴在顺民心，政之所废在逆民心"，人民与江山之间的辩证关系，揭示了数千年来中国历史上王朝兴衰更替的真谛。习近平指出："水能载舟，亦能覆舟。这个道理我们必须牢记，任何时候都不能忘却。老百姓是天，老百姓是地。忘记了人民，脱离了人民，我们就会成为无源之水、无本之木，就会一事无成。"人民拥护和支持是党执政的最牢固根基，人心向背关系党的生死存亡。党只有始终与人民心连心、同呼吸、共命运，始终依靠人民推动历史前进，才能做到哪怕"黑云压城城欲摧"，"我自岿然不动"，安如泰山、坚如磐石。

三、坚守初心使命，践行好"江山就是人民、人民就是江山"的执政理念

我们党的初心和使命，就是为中国人民谋幸福，为中华民族谋复兴，并一以贯之体现到党的全部奋斗之中。江山就是人民，人民就是江山，是我们党对执政规律的深刻把握，是我们党执政理念的彰显。践行好党的执政理念，就是要在新的历史条件下一如既往做到：

一切为了人民。为什么人的问题是检验一个政党、一个政权性质的试金石。一个政党只有回应民众诉求、满足人民期盼，才能获得人民的拥护和支持，从而拥有众志成城、无坚不摧的巨大力量。一切为了人民是我们党的根本政治立场和遵循的行动指南，我们党的百年进程就是以最广大人民的根本利益为我们一切工作的根本出发点和落脚点。一切为了人民，就要始终坚持人民至上，坚定不移地维护群众主体地位，发挥群众主体作用，把人民放在心中最高位置，始终以百姓心为心。在抗击新冠肺炎疫情中，我们坚持人民至上、生命至上的价值理念，毅然地为

了防控疫情，对经济社会发展按下了暂停键，不惜付出很高的代价，把人民的生命和健康放在第一位。坚持以人民为中心的思想，这不仅是党的理想信念、性质宗旨、初心使命的体现，也是党的奋斗历程和实践经验的深刻总结，坚持以人民为中心的思想，把人民拥护不拥护、赞成不赞成、高兴不高兴、答应不答应作为衡量一切工作得失的根本标准，实现好、维护好、发展好最广大人民的根本利益。

紧紧依靠人民。人民是我们党执政的最大底气，是我们共和国的坚实根基，是我们强党兴国的根本所在。依靠人民本质上体现的是历史唯物主义的群众史观。我们党来自人民，为人民而生，因人民而兴。同人民风雨同舟、血脉相通、生死与共，是我们党战胜一切困难和风险的根本保证。群众路线是我们党的生命线和根本工作路线，密切联系群众是我们党最大的优势和重要法宝，我们党就是在同人民群众的密切联系中成长、发展、壮大起来的，人民是党的力量之源和胜利之本。无论是在革命、建设还是改革的年代，我们党始终坚持群众路线，充分发挥广大人民群众积极性、主动性、创造性，保持与人民的血肉联系，紧紧依靠人民，跨过了一道又一道沟坎，战胜了一次又一次险阻，取得了一个又一个胜利，为中华民族作出了伟大历史贡献。我们党所取得的一切成就，都是与紧紧依靠人民分不开的，紧紧依靠人民，我们任何时候都不能削弱和丢掉。"大鹏之动，非一羽之轻也；骐骥之速，非一足之力也。"中国要飞得高、跑得快，就得汇集和激发14亿人民的磅礴力量。

不断造福人民。人民对美好生活的向往是我们党始终如一的奋斗目标，党领导人民进行革命、建设、改革的根本目的，就是让人民过上好日子。当前我国社会主要矛盾已经转化为人民日益增长的美好生活需要和不平衡不充分的发展之间的矛盾。要通过深化改革、创新驱动，提高经济发展质量和效益，生产出更多更好的物质精神产品，不断满足人民日益增长的物质文化需要。要"利民之事，丝发比兴；厉民之事，毫末必去"，有利于百姓的事再小也要做，危害百姓的事再小也要除。"心中常思百姓疾苦，脑中常谋富民之策"，把人民安居乐业、安危冷暖放在心上，用心用情用力解决群众关心的就业、教育、社保、医疗、住房、养老、食品安全、社会治安等实际问题，千方百计为群众排忧解难，努力让群众看到变化、得到实惠。要维护社会公平正义，解决好收入差距问题，使发展成果更多更公平惠及全体人民。

牢牢植根人民。党的根基在人民、血脉在人民、力量在人民。牢牢植根人民，就要牢记全心全意为人民服务的根本宗旨，始终与人民心心相印、与人民同甘共苦、与人民团结奋斗，当好人民的勤务员、人民的公仆，为人民俯首甘为孺子牛，鞠躬尽瘁。革命胜利后，毛泽东就告诫全党，坚持"两个务必"，要"全心全意为人民服务，不要半信半疑或者三分之二的心三分之二的意为人民服务"，"不要靠官，不要靠职位高，不要靠老资格吃饭"。只有全心全意为人民服务，党才能赢得人民的支持，人民才会和党同心同德，党的理论和路线方针政策才能变为群众的自觉行动。"以百姓心为心"，谁把人民放在心上，人民就把谁放在心上。

当今世界正经历百年未有之大变局，实现中华民族伟大复兴正处于关键时期，我们还会遇到各种各样的风险考验、难以想象的惊涛骇浪。我们要牢记"江山就是人民、人民就是江山"这一被历史和实践证明的真理，始终不渝坚持一切为了人民，紧紧依靠人民，不断造福人民，牢牢植根人民，充分激发广大人民顽强不屈的意志和坚忍不拔的毅力，凝聚起亿万人民推动事业发展的强大合力，我们就能够无往不胜，不断创造中华民族新的历史辉煌。

（作者为湖北省炎黄文化研究会理事、武汉市社科院研究员）

人类命运共同体理念的传统优秀文化探源

陈　晴　吕　玲

何为人类命运共同体？习近平总书记在 2017 年中国共产党与世界政党高层对话会上明确指出："人类命运共同体，顾名思义，就是每个民族、每个国家的前途命运都紧紧联系在一起，应该风雨同舟，荣辱与共，努力把我们生于斯、长于斯的这个星球建成一个和睦的大家庭，把世界各国人民对美好生活的向往变成现实。"我们引用习近平的原话，确保了概念的准确性和完整性。为什么要构建人类命运共同体呢？习近平从建设一个远离恐惧而普遍安全的世界、远离贫困而共同繁荣的世界、远离封闭而开放包容的世界、山清水秀且清洁美丽的世界这四个方面进行了详细的分析论述。那么，习近平关于人类命运共同体思想的文化底蕴又该是什么呢？这样的"世界大同"思想为何产生于我们中国并由我们的领导人提出呢？西方各国为何提不出这样的理论呢？这与中华民族五千多年深厚博大而深邃精湛的传统文化息息相关，这也正是我们要解析的课题。

一、人类命运共同体的传统文化探讨

党的十九大修改并通过的《中国共产党章程》指出："推动构建人类命运共同体，推动建设持久和平、共同繁荣的和谐世界。"这就是说，构建人类命运共同体，已经成为中国共产党人的政党义务和国际责任，是共产党人为之奋斗的长远目标和历史使命。人类命运共同体理论产生于中国并作为共产党人的目标追求，这与中华民族和谐与共、万物并育、有容乃大、古事知今、邻里相助等优秀传统文化密切相连。那么，习近平总书记的人类命运共同体理论，汲取了哪些传统文化滋养和借鉴了哪些文化源泉呢？为此，我们仅做以下简要探讨与阐述。

1. 和谐与共，奠定理论根基

习近平于 2019 年 5 月 15 日参加亚洲文明对话大会，在开幕式上做《深化文明交流互鉴，共建亚洲命运共同体》的主旨讲话，他指出："文明因多样而交流，因交流而互鉴，因互鉴而发展。"我们必须"坚持相互尊重、平等相待"，"坚持美人之美、美美与共"。这其中的"美美与共"源于中国几千年的"和谐文化"。中华民族历来讲究和追求和睦与共和爱好和平，强调"亲仁善邻""和谐万邦"，锻造出我们独树一帜的"和合"文化。它蕴含着天人合一的宇宙观、协和万邦的国际观、和而不同的社会观、人心向善的道德观。孔子认为"泛爱众，能亲仁"；老子主张"见素抱朴""道法自然"；孟子提倡"亲亲而仁民，仁民而爱物"；孙子反对战争而伤民，"百战百胜，非善之善也；不战而屈人之兵，善之善者也"；墨子倡导"兼相爱，交相利"的博爱观。这些优秀的传统文化基因，潜移默化地融入中华子孙的文化血脉，它对习近平总书记的影响同样深刻而深远，这是习近平人类命运共同体理论的重要文化基因和文化根源。以此为据，习近平倡议并实施"一带一路"倡议，在国际大舞台上阐述构建人类命运共同体的基本原则和中国担当责任，中国秉持"和谐与共"准则与世界各国打交道和交朋友，为建构一个和谐美丽的当代新世界做出中华民族的贡献。

2. 开放包容，兼容并蓄应变

习近平总书记在《把世界各国人民对美好生活的向往变成现实》中指出："我们应该坚持你好我好大家好的理念，推进开放、包容、普惠、平衡、共赢的经济全球化，创造全人类共同发展的良好条件，共同推动世界各国发展繁荣。"为此，就必须破除封闭狭隘的民族观念和唯我独尊的霸权思维模式，拥有开放包容的积极心态和顺道而行的行为规则。习近平说，中国有句古话："万物并育而不相害，道并行而不相悖。""文明的繁荣、人类的进步，离不开求同存异、开放包容，离不开文明交流、互学互鉴。历史呼唤着人类文明同放异彩，不同文明应该和谐共生、相得益彰，共同为人类发展提供精神力量。"同时，还必须消除文化壁垒，抵制观念纰缪，打破精神隔阂，"让各种文明和谐共存，让人人享有文化滋养"。开放包容精神是中华优秀文化的核心与精华之一。譬如孔子提出："君子和而不同，小人同而不和。"再如"大道之行，天下为公"的理念，"协和万邦，四海一家"的愿望，"己所不欲，勿施于人"的自律观，"先天下之忧而忧"的人生信念，"穷则独善其身，达则兼济天下"的人生抱负，"和衷共济"的处世态度，以及林则徐"苟利国家生死以，岂因祸福避趋之"的身体力行和无私奉献精神等，这些兼容天下和大局为重的家国情怀，这些为其国家民族大业不惜牺牲自己的视死如归精神，哺育了一代又一代英雄的中华儿女。习近平总书记的"我将无我"的家国情怀和国际主义精神深受中华传统文化的熏陶浸染，同时也深受其家庭和父母的榜样示范和言传身教。

3. 格局博大，担当责任使命

百年峥嵘岁月，百年创造辉煌。伴随着中华民族的崛起和小康目标的实现，我们拥有了史无前例的道路自信、理论自信、制度自信、文化自信，中华民族伟大复兴展现出前所未有的光辉进程。习近平在《发扬五四精神，不负伟大时代》中号召广大青年和全国人民志存高远，"立志而圣则圣矣，立志而贤则贤矣"，并且要建立人生自信，"自信人生二百年，会当水击三千里"。他在《共同绘制好"一带一路"的"工笔画"》中指出："当今世界正处于大发展大变革大调整时期，我们要具备战略眼光，树立全球视野，既要有风险忧患意识，又要有历史机遇意识，努力在这场百年未有之大变局中把握航向。"他要求以共建"一带一路"为实践平台推动构建人类命运共同体，这符合中华民族天下大同理念，符合中国人怀柔远人、谐和万邦的天下观，占据了国际道义制高点。依据习近平主席的战略规划，要"把握航向"，要占据"制高点"，要有全球"视野"格局，这是何等宽阔心胸与雄才大略！故，在古代典籍《中庸》中就指出："故至诚无息。不息则久，久则征，征则悠远，悠远则薄厚，薄厚则高明。薄厚，所以载物也；高明，所以覆物也；悠久，所以成物也。薄厚配地，高明配天，悠久无疆。如此者，不见而章，不动而变，无为而成。"可见，薄厚高明久远，天高地厚而岁月无垠；厚德而载物，至诚而事成；精诚所至金石为开。悠久薄厚高明的传统文化，正是孕育中华民族博大格局的精神营养，也为习近平总书记的人类命运共同体理论作了有力的佐证。

4. 互学互鉴，合作互利共赢

中国古代经典《管子·形势解》中有言："海不辞水，故能成其大。"习近平在《深化文明交流互鉴，共建亚洲命运共同体》中概括了亚洲人民创造的文明成果，譬如《诗经》《论语》《塔木德》《一千零一夜》《梨俱吠陀》《源氏物语》等名篇经典，楔形文字、地图、玻璃、阿拉伯数字、造纸术、印刷术等发明创造，长城、麦加大清真寺、泰姬陵、吴哥窟等宏伟建筑。亚洲先人早期就开始了文明交流互鉴，例如丝绸之路、茶叶之路、香料之路古老商路，推助丝绸、茶叶、陶瓷、香料、绘画雕塑等风靡亚洲各国，记录着先民的交往沟通、互通有无的文明对话。中华传统文化中也包含诸多这方面的论述与思想精华，例如孟子说："天时不如地利，地利不如人和。"在论及天时、地利与人和关系时，把"人和"置于首位。《后汉书》曰："共舆而驰，同舟而济，舆倾舟覆，患实共之。"《礼记礼运》云："大道之行也，天下为公，选贤与能，讲信修睦。故人不独亲其亲，不独子其子，使老有所终，壮有所用，幼有所长，矜寡孤独废疾者，皆有所养。"这些典籍箴言皆在昭示着一个真理：合作共赢，和谐共生。近代思想家康有为 1884 年撰写《礼运注》，提出了他的大同理想，1902 年完成他的《大同书》，勾列出小康大同说、天赋人权说等"大同世界"。无独有偶，中国革命的先行者孙中山提出中国大同和世界大同理想。这些理想存在于图纸或蓝图中，局限于当时主客观因素而难以实现。时空穿越，习近平总书记领导的社会主义建设的新时代，中国实现全面脱贫进入"小康"大同时代，亦在采取各项举措而推进"大同世界"。这其中构建人类命运共同体的谋划与实施，就是最好的例证。反证之，合作互利共赢战略决策，离不开中华传统文化的有益滋养和深远含蕴。

二、人类命运共同体的中华文化特征

习近平认为"中华优秀传统文化已经成为中华民族的基因"。他在2021年3月22日考察武夷山朱熹园时说："没有中华五千年文明，哪有我们今天的成功道路。"那么，人类命运共同体理论为何诞生于中国而不是产生于崇尚"丛林法则"的西方社会呢？中国的人类命运共同体理论为何招致以美国为首的西方社会的阻挠、敌视、破坏甚至扼杀呢？归根结底，文化根基或文化基因甚异而致！要之，习近平关于人类命运共同体的理论源于中华民族优秀的传统文化，源于中华民族对人类社会的大彻大悟和总体命运的把握，源于中华儿女的使命责任和国际担当。为此，我们简要概述中华传统文化的相关特征。

1. 文化的独特性

世界文化曾经流行过几大文明源头和文化体系，但能一以贯之和一如既往地演进到今天的历史文化，已经寥寥无几。然而，中华传统文化可谓源远流长，博大精深。它不但没有被历史的洪流湮灭，或被历史的车轮碾碎，反而更具厚重感和植入民心。譬如我们的文字、历史、典籍、习俗、性格等，它们不仅是中华民族的文明符号和传承工具，又把文化基因传递和文化传承创新有机结合，把"以不变应万变"和"以变应变"而有机结合，融入我们的生命和血液，所以这种文化基因才能千年传承和万年不倒。例如，我们的和合与共、美人其美、家国一体、世界大同等文化基因，正在成为人类命运共同体理论的独特注脚。

2. 文化的包容性

中华文化包含以儒家文化为主兼容华夏各民族文化及其吸纳外来文化的一个文化集合体，其包容性是其他文化无法比拟的，也是绝无仅有的。中华文化是由不同的异质文化融合和互鉴而成，先秦时期曾呈现诸子百家和百家争鸣的阔宏博大的学术争鸣场景，"不积小流，无以致江河；不纳百川，无以致江海"。孔子言"学而时习之，不亦乐乎"，强调学习和借鉴，而不是封闭与拒斥。孟子曰："孔子登东山而小鲁，登泰山而小天下，故观于海者难为水，游于圣人之门者难为言。"以至于唐代元稹借此喻诗"曾经沧海难为水，除却巫山不见云"。这种"观于海者难为水"的博大兼容情怀，的确是中华文化的独具特征。鸦片战争后，西方列强掀起瓜分中国的狂潮，我们华夏民族依然采取"师夷之长技以制夷"的应变策略，推行"中学为体、西学为用"和"西学东渐""近采日本"的救国国策。这种文化的包容性，既有利于吸收借鉴他族文化及其外来文化而发展壮大自身，也有利于在与其他文化的交融互动中获得认同与理解。同时，文化包容性也是构建人类命运共同体的重要理论源头。

3. 文化的坚韧性

有关学者在论及中华文化特质时除了独特性和包容性外，还有主体性、持续性、多元性、凝聚性、变通性等特征，我们认可这些观点，但是我们更加强调中华文化的坚韧性，所以作以有别的表述。儒学的创始者孔子就特别强调刚毅坚韧，他曰："南人有言曰：'人而无恒，不可以作巫医。'善夫！'不恒其德，或承之羞。'"曰："不占而已矣。"他还说："刚、毅、木、讷，近仁。""巧言乱德，小不忍则乱大谋。"儒家文化尤为注重文化在坚韧性和弹性之间转换，循环往复而一往无前。当外部环境险恶时就必须强调其坚韧性，以图续存；当外部环境宽松时就要强调弹性，以图发挥其最大效能。孔子时代，人心不古，礼崩乐坏，所以他和弟子们格外强调文化的坚韧性。中华文化的坚韧性也被西方学者所认同，黑格尔说："假如我们从上述的各国的国运来比较他们，那么，只有黄河、长江流过的中华帝国是世界上唯一持久的国家，征服无从影响这样的一个国家。"的确如此，无论是内部的动乱和少数民族征战，还是外来势力的入侵，只是走过一个破浪式的发展历程而已，从未被什么势力所征服。刚健而有为，恒者以致远。这种文化的坚韧性特质和优势，使得绵延久远而永不枯竭，这正是我们创建人类命运共同体的文化根基坚如磐石。

三、构建人类命运共同体的文化作为

习近平总书记倡导和构建的人类命运共同体理论是中国共产党的历史创举，也是中国人民为世界发展和履行国际主义义务所做出的重大贡献。红日初升，其道大光，中国作为人类命运共同体的首创者和播火者，怎样在人类命运共同体的建设中发挥"指挥"和"协调"作用，发挥中华优秀传统文化的区位优势和杠杆作用，使好事办得更好，造福中国人民和世界各国人民，为人类发展进步奉献中国智慧和做出更大贡献。这就需要把理论落实于实践中，这是一场"世纪之考"。

1. 坚守文化自信，以文化推助复兴

中华文化、中华精神是我们文化自信的源泉。2019 年 8 月 19 日，习近平在敦煌研究院座谈时指出："中华文明 5000 多年绵延不断、经久不衰，在长期演进过程中，形成了中国人看待世界、看待社会、看待人生的独特价值体系、文化内涵和精神品质，这是我们区别于其他国家和民族的根本特征，也铸就了中华民族博采众长的文化自信。"他早在 2016 年就指出："文化自信，是更基础、更广泛、更深厚的自信。""文化是一个国家、一个民族的灵魂。"为此，习近平进一步强调：向上向善的文化是一个国家、一个民族休戚与共、血脉相连的重要纽带。在庆祝中国共产党诞辰百年的新时代，在建设人类命运共同体的关键档口，我们更应该继承我们传统优秀文化的精髓和中国共产党的红色文化基因，自信而不自傲和主动而不被动地汲取借鉴文化"密码"，能动地肩负起各自责任和担当。首先要做好自己的事，做好单位的事，做好自己国家的事，在实现两个百年奋斗目标和民族复兴的中国梦中奉献力量与贡献智慧，"功成不必在我，功成必定有我"。打铁需要自身强，只有中国发展好了和强大了，推动人类命运共同体建设才有底气，才有力量，更能彰显中华文化的魅力和功效。

2. 坚守文化格局，以文化达成共识

做人，赢在格局，输在计较。同理之，民族或国家，赢在文化格局，输在文化封闭。习近平在谈论文化创新时引述《大学》中的"苟日新，日日新，又日新"。在谈到达成改革共识时他引述清末改革家和实业家张之洞之语："旧者因噎而食废，新者岐多而羊亡，旧者不知通，新者不知本，不知通则无应敌制变之术，不知本则有非薄名教之心。"寥寥数语，道出清末改革失败之故，其缘由就在于怎样处理传统文化与外来文化的融通关系。习近平强调文化自信和人类命运共同体，就是要向世人展示中国历史底蕴深厚、各民族多元一体、文化多元和谐的文明大国形象；展示政治清明、经济发展、文化繁荣、社会稳定、人民团结、山河秀丽的东方大国形象；展示坚持和平发展、促进共同发展、维护国际公平正义、为人类做出贡献的负责任大国形象；展示对外更加开放、更加具有亲和力、充满希望、充满活力的社会主义大国形象。在当今世界，多极化和多元化发展趋势更加凸显，各种利益冲突和文化冲突也日益明显，这就需要中国站立起来，以中华文化为根基，以"一带一路"为路径，以构建人类命运共同体为抓手，彰显中华文化的大台面和大格局，以便达成国家或国际共识，为建设美好世界发挥领头雁功能和积极的内驱作用。

3. 坚守文化兼容，以文化融通互鉴

明代官员袁可立在自己"弗过堂"中书自勉联"受益惟谦，有容乃大"。清末民族英雄林则徐亦书自勉联："海纳百川，有容乃大；壁立千仞，无欲则刚。"中华文化就是这样，纳百川而不满，积小流而不竭。习近平曾论及中华文化兼收并蓄的包容特性，他说："展开历史长卷，从赵灵王胡服骑射，到北魏孝文帝汉化改革；从'洛阳家家学胡乐'到'万里羌人尽汉歌'；从边疆民族习用'上衣下裳''雅歌儒服'，到中原盛行'上衣下裤'、胡衣胡帽，以及今天随处可见的舞狮、胡琴、旗袍等，展示了各民族文化的互鉴通融。各族文化交相辉映，中华文化历久弥新，这是今天我们强大文化自信的重要来源。"这足以点明中华文化是由各种民族文化的互学互鉴的产物和结果。与此同时，中华文化对外来文化同样采取有选择的接纳、消化和借鉴的开放态度。习近平说："我访问过世界上许多地方，最吸引我的就是韵味不同的文明，如中亚的古城撒马尔罕、埃及的卢克索神庙、新加坡的圣淘沙、泰国的曼谷玉佛寺、希腊的雅典卫城等。中国愿同各国开展亚洲文化遗产保护行动，为更好传承文明提供必要支撑。"由于历史的缘由，近代以来我们主要以"引进"为主，改革开放以来我们逐步"走出去"，当下我们全面进入融通互鉴的文化交流新时代。中华文化为构建人类命运共同体提供理论支持，必须探讨新的合作模式和渠道，"推动各种形式的合作走深走实，为推动文明交流互鉴创造条件"。

4. 坚守文化韧性，以文化抗击霸权

习近平在《弘扬"上海精神"，构建命运共同体》中全面论述了"和平合作、开放包容、互学互鉴、互利共赢"的上海精神，当下世界格局面临重大调整，此时世界矛盾也日益复杂多变。中华文化在历史演进中形成了一套应对顺境和逆境的施政策略，这就是中华文化刚健的坚韧性和灵活的适应性。习近平告诫全党全国人民："面对日益复杂化、综合化的安全威胁，单打独斗不行，迷信武力更不行。""战争从未远离，人类始终面临着战火的威胁。"毛泽东也曾告诫全党："凡是反动的东西，你不打，他就不倒。"目前，人类发展面临诸多严峻挑战，霸权主义和强权政治依然存在，保护主义和单边主义不断抬头，战乱恐袭和饥荒疫情此伏彼现，传统安全和非传统安全问题复杂交织。治理赤字、信任赤字、和平赤字、发展赤字，都构成了构建人类命运共同体的绊脚石和拦路虎。韬光养晦须有时，奋起斗争须果敢。面对强权与霸道，一味退让无意义。为此，我们更要坚守道路自信、理论自信、制度自信和文化自信，把百年的建党经验、新中国成立以来70多年的经验、改革开放40多年来的经验、近代以来历经磨难的坚韧意志和中华文化五千年巍峨屹立而坚不可摧的经验汇集起来，形成时代的最强音符和最强旋律，吹响属于东方巨龙的时代号角，不畏强权霸权，敢于斗争善于斗争。

综其所述，正值中国共产党建党百年，我们引鉴伟人毛泽东的诗词，即他于1937年书写的《念奴娇·昆仑》回应主题，来结束本文："横空出世，莽昆仑，阅尽人间春色。飞起玉龙三百万，搅得周天寒彻。夏日消溶，江河横溢，人或为鱼鳖。千秋功罪，谁人曾与评说？而今我谓昆仑：不要这高，不要这多雪。安得倚天抽宝剑，把汝裁为三截？一截遗欧，一截赠美，一截还东国。太平世界，环球同此凉热。"

参考文献：

［1］习近平：习近平谈治国理政（第三卷）（M）．外文出版社有限责任公司 2020 年版，第 433、434、468~469 页。

［2］冯颜利、唐庆：《习近平人类命运共同体思想的深刻内涵与时代价值》，载《当代世界》2017 年第 11 期。

［3］黄永富：《历史上中华民族的开放包容》，载《中国发展观察》2019 年第 7 期。

［4］理雅各英译，杨伯峻今译：《四书》，湖南出版社 1992 年版，第 50 页。

（作者分别为武汉体育学院教授、湖北省炎黄文化研究会常务理事；武汉体育学院副研究员）

近现代的发展探索与历史选择：写在中国共产党建党百年之际

萧洪恩

"历史家应当不哭，应当不笑，而是应当求得深解"，这是对历史家的最起码的要求。是的，我们应当不哭，应当不笑。当我们翻开中国历史，特别是翻开中国近三百年史，从这段历史上曾发生的壮烈的征战、奔驰的生命、豪放的呐喊和英雄的献身中，我们会看到一代代革命者的奋斗足迹，理解他们的奋斗终于汇集在中国共产党人身上，锻造了新一代中华民族的脊梁；我们会看到一个个政党组织为中华民族振兴的探索历程，理解中国共产党人找到了他们失败的秘密，发现了成功的诀窍，造就了新一代的中华民族的舵手；我们会看到一批批思想家凭着拳拳赤子之心为民族走出封建专制的中世纪而寻求救国救民之道的探索，理解他们或陷于空想或误入歧途的根源被中国共产党人发现，结果是引导中国走出了地狱之门，走上了社会主义的幸福道路，实现了中国人民站起来、富起来、强起来的民族复兴之梦；我们会看到一股股中外思潮的汇合激荡，理解它们都在马克思主义的科学真理面前败下阵来，结果是由中国共产党找到了中华民族的精神之魂，并续塑着这一民族精神之魂：毛泽东思想、邓小平理论、"三个代表"的重要思想、科学发展观、习近平新时代中国特色社会主义思想。在"乡村振兴"战略的基础上提出"乡村振兴道路"并积极实践，是中国现代化进程中的新探索、新成果。

忘记了过去就意味着背叛。只要我们真正地对过去求得深解，我们就一定会坚定地在中国共产党的领导下，坚持"五个认同"（对伟大祖国、中华民族、中华文化、中国共产党、中国特色社会主义的认同）、笃守"四个自信"（道路自信、理论自信、制度自信、文化自信）、强化

"四个意识"（政治意识、大局意识、核心意识、看齐意识），谋定"四个全面"（全面建成小康社会、全面深化改革、全面依法治国、全面从严治党），为探求中国特色的社会主义现代化道路并勇于实践而努力工作和探索。

一

"天下非多难，豪杰不豪杰"，多灾多难的中国近代，一方面是封建社会自身内部"富者愈富，贫者愈贫"的严重两极分化所导致的"贪婪罔极，骨肉相残"的严重的社会矛盾及其所引发的社会发展的凝固、迟缓和僵化；另一方面是西方帝国主义列强的破关入侵及对中国独立和主权的粗暴践踏（世界上几乎所有的帝国主义国家都侵略过中国，特别是"八国联军"）。在这内忧外患的强烈荡击下，一批批志士仁人振臂而呼，以中华民族大气磅礴的自强精神，为整个民族摆脱苦难和耻辱作出了不朽的努力和顽强的牺牲。

本来早在明朝末年，中国就有了资本主义的萌芽和发展，出现了早期无产者及早期资本主义性质的生产关系，出现了金钱至上的资本主义固有观念（"钱神司天，金令卓地"，见顾炎武《天下郡国利病书》）。因而产生了王夫之、方以智、顾炎武、李贽等早期资本主义的呼唤者。他们反对封建专制的苦难，要颠倒千万世之是非。但是，由于封建制度的巨大的历史惰力，他们终未呼唤出真正的结果，留下的只是不屈的生命和失败的愤怒。

清王朝统治下的中国，经过 100 年的发展，资本主义再次萌生，封建社会又一次走到了历史尽头。"日之将夕，悲风骤至，人思灯烛，惨惨目光，吸饮暮气，与梦为邻"①，"笔落惊风雨，诗成泣鬼神"。封建社会的衰世阶段，又一次产生了呼风唤雷的改革家和诗人，诸如龚自珍、魏源等。龚自珍曾以"九州生气恃风雷"的期待，感怀于"万马齐喑

---

① 龚自珍：《尊隐》。

究可哀"的衰世之难，以"我劝天公重抖擞，不拘一格降人才"的气势，企图通过封建社会的"自改革"来使中国走出苦难的封建中世纪。但外国帝国主义和中国封建主义又一次扼杀了他们的努力。他既害怕突来的西方列强（龚自珍死于鸦片战争爆发的 1840 年），又害怕农民革命起义，于是，最终演绎为封建的卫道士，说明他无法冲破其固有的阶级局限。魏源主张改革，甚至强调："变古愈尽，便民愈甚"，"治不必同，期于利民"。以"便民""利民"作为改革的标准，反映了他的封建叛逆精神。遗憾的是，外国帝国主义在"自由、平等、博爱、天赋人权"的大旗挥舞下，发动了野蛮的侵略中国的鸦片战争，使他的努力成了幻影。从此，在中国的志士仁人面前，直接地站立着两个敌人：外国帝国主义（直到如今仍然如此，我们必须时刻警惕，在一定程度上说，侵略是西方文化特别是美英文化的本性，日本"脱亚入欧"所沿袭的也正是这种文化本性）和中国封建主义。

明末清初的呼唤者和清朝中叶的改革者的失败，并没有使中华民族沉沦下去。"磨砺以须，问天下头颅几许；及锋而试，看老夫手段如何？"这则太平天国起事之前的一副藏有禅机的理发店对联，显示了太平天国英雄们磅礴的革命气势和历史勇气。他们高举反帝反封建的双重旗帜，于 1851 年在广西金田村举行了声势浩大的武装起义。遗憾的是，这一革命虽然坚持了 14 年，纵横 18 个省，攻克了 600 多座城市，时间之长、规模之大、影响之深都前之未有，甚至像地震似的震动了新加坡、英国、美国，（一些外国作家语）并因缩小了西方资本主义的市场而加速了资本主义危机的到来。但由于农民阶级自身的两重性：革命性和保守性、积极性和消极性、斗争的坚决性和斗争中找不到出路的不彻底性等矛盾性的影响；由于缺乏科学的世界观，由于中外反动势力的联合绞杀，使太平军内部出现了分裂，"天父杀天兄，终归一场空，打起包裹回家转，还是做长工"（关于太平天国革命的民歌），并最终导致了革命的失败。

太平天国的英雄们用革命的手段，东征西讨，南征北战，既未造就出亿万年太平天国，又未实现救民于水火的初衷。这使他们的后继者们得出了一个错误的结论,即不能树敌太多,于是有了洋务派的洋务运动。洋务运动既不反封建,又不反对帝国主义,只是企图通过改革和戎(与帝国主义讲和)以摆脱苦难。由于洋务派对封建制度采取的是变以自保,对帝国主义采取的是"避战求和"政策,结果是既未能自保又未能求和。洋务运动也因中日战争中北洋海军的覆灭而破产,并因此而为后世留下了一批不死的灵魂和不屈的精神。

洋务派本身有极大的封建性,窒息了洋务运动的生机。加上洋务运动"查治国之道,在乎自强"的宗旨①,也为西方资本主义所不容,更加上封建顽固派的阻挠和破坏,最终使洋务运动失败。中国既未因洋务运动而致富,更未因洋务运动而致强。原因何在?维新志士着眼于研究日本战胜中国、战胜俄国的历史现实,发现"日本变法,百不存一"的要诀,把洋务派的"练兵强天下之势"看成"权宜应敌之策,非立国之策"。他们认为,"变法成天下之治"是"立国自强"的根本大计。山川奇险风景美,韵调悲惊壮乐章。维新志士们以"今日中国不变法则必亡是已"(严复语)的高度历史警觉,以"外国变法,无不以流血终,中国尚无此例,愿自嗣同始"的崇高的历史责任,以"望门投止思张俭,忍死须臾待杜根;我自横刀向天笑,去留肝胆两昆仑"(谭嗣同《狱中题壁》诗语)的无畏历史勇气,进行了以拯救民族危亡、发展资本主义为宗旨的变法维新运动。

"历历维新梦,分明百日中",由于阶级的局限,维新派害怕"金田之役,复将起矣"的人民革命,不敢从根本上触动封建制度,加上对帝国主义抱有幻想(这是深刻的历史教训,在任何时候都不能对帝国主义抱有幻想,在今天更应对英美日帝国主义有清醒的认识),于是仅短短的 103 天便告失败。维新志士们只能在"有心杀贼,无力回天"的历史遗憾中退出历史舞台,并在中国历史上演奏出了一曲悲凉而绝壮的乐章。

家贫出赤子,国难见忠贞。孙中山先生没有被先人的失败所吓倒,40 余年殚心瘁力,譬以青天白日,红血红旌,为唤起自由独立精神。

---

① 奕䜣:《筹办夷务始末》。

他从维新派的牺牲中认识到"和平方法，不可复施"，走上了暴力革命道路。他先后领导了十数次武装起义，革命了 40 余年。然而，他的努力同样没有成功，还不时告诫大家继续革命（1923 年，孙中山在中国国民党恳亲大会上的题词"革命尚未成功，同志仍须努力"）。

不理解过去的失败，就不理解今天的胜利。为摆脱苦难，从王夫之、李贽、方以智到龚自珍、魏源，到太平天国、到洋务派，到维新派，到孙中山等，前后数代人作出了巨大的牺牲，用他们颤动着的血肉之躯托住了神州的落日，并用他们的精神激励着后继者从他们的失败走向胜利。中国共产党人正是站在前人的肩上，一腔热血荐轩辕，为了实现先人的遗愿，中国共产党仅在 28 年革命战争中就有近 2000 万人献出了宝贵的生命。中国共产党人的奋斗使"中国人民站起来了"。又经过社会主义革命和社会主义建设，特别是改革开放以来 40 多年的发展，中国人民更是走向了富起来、强起来的复兴之路，并探索出了具有中国特色的社会主义的现代化发展之路，如果我们深刻地理解了前人的失败和中国共产党人的成功，有谁会怀疑中国共产党是一个伟大光荣正确的党呢？有谁会怀疑中国共产党是中华民族的真正脊梁呢？可以明确地说，没有中国共产党，就不可能有现代化的中国，就没有中华民族的伟大复兴。

二

每当历史发展的关键时刻，都会有对"怎么办"的理论审视，列宁的《怎么办？》强调："给我们一个革命家组织，我们就能把俄国翻转过来。"①列宁的这句名言，曾使数代人为之奋斗。事实上，在中国历史上也曾有各种各样的政党组织，但都因不具有先进理论的指导，不是无产阶级的先进阶级组织，没有铁的纪律等，不是真正的革命家组织，未把中国翻转过来。在这方面，历史选择了中国共产党。

---

① 列宁：《列宁选集》（第 1 卷），人民出版社 1992 年版，第 406 页。

还在明朝末年，"东林党"①就成了封建社会丧钟的第一个敲响者，他们讽议朝政，裁量人物。以"一堂师友，冷风热血，洗涤乾坤"的精神②，倡导"天下之是非，当听之天下"的民主精神。然而，由于他们的阶级局限性，加上明清之际的世代之变，并未能真正实现其"洗涤乾坤"的目标。

"拜上帝会"是太平天国革命领袖洪秀全创立的革命组织，把斗争矛头直指清朝封建统治者（阎罗妖）和外国帝国主义，为建立"天下一家，共享太平"的理想作出了不懈的努力，他们以崇高的爱国主义精神和无畏的革命英雄气概，高举起反帝反封建的旗帜。遗憾的是，农民阶级的特有局限，使会员无法抵御封建思想的腐蚀与影响，致使等级观念和特权思想膨胀，致使宗派主义盛行。特别是太平天国的英雄们以基督教思想为精神支柱，结果当然是"拜上帝会"和太平天国革命一道被请到历史的后台去，留下的虽然有历史的光荣，但也既有愧对祖先的遗憾，又有启示后人的坎坷。

强学会是一个为维新变法而成立的政党性质的政治团体，成立于1895 年8 月，发起者是维新变法的积极鼓吹者康有为，办有《强学报》《中外纪闻》等刊物，提倡变法图强以挽救时局。该会成员鱼龙混杂，有帝党官僚文廷式，大官吏张之洞、刘坤一及至袁世凯等。他们要挽救时局，实现国家的独立与富强。但又不反对帝国主义的侵略和封建主义的统治，更不敢相信群众、发动和组织群众进行斗争。于是，强学会及其相信的改良主义道路被帝国主义和封建主义送进了历史博物馆，她在中国历史上虽然写下了惊世之笔意，但却未吐出胸中之块垒。

义和团是一个以农民为主体的带有浓厚宗教神秘色彩而又组织分散的农民革命党，曾领导了震惊中外的义和团运动。对内，有力地冲击了封建统治秩序，动摇了清王朝的统治，以至于"官吏熟视之而莫敢谁

---

① 东林党是明朝末年以江南士大夫为主的官僚阶级政治集团，由明朝吏部郎中顾宪成创立，直到明朝灭亡，共经历近 40 年时间。

② 《明儒学案·东林学案》。

何，纪纲法度，荡然无存"①。对外，义和团的斗争曾使教会在中国"四十余年所经营之事业一败涂地"，使帝国主义不得不承认"中国群众，……尚含有无限蓬勃生机"，"无论欧美日本各国，皆无此脑力与兵力可以统治此天下生灵四分之一"，"瓜分之说不啻梦呓"。然而，义和团由于阶级局限性，提不出正确的纲领和口号，找不到正确的斗争方式，其斗争虽然勇敢悲壮，其失败则势所难免。当然，在他们壮丽的牺牲中留下了让人憧憬的高尚生活。

国民党是孙中山先生创立的革命政党。孙中山先生于1894年11月在美国的檀香山创立兴中会，规定了"驱逐鞑虏，恢复中华，创立合众政府"的革命纲领。1904年2月15日，黄兴等在长沙成立华兴会。同年11月，蔡元培等在上海成立光复会，提出了"誓扫妖氛，重建新国，图共和之幸福"的革命纲领。1905年8月20日，兴中会、华兴会、光复会适应"结大团体"的革命形势需要，在东京联合成立中国同盟会，提出了"驱逐鞑虏，恢复中华，建立民国，平均地权"的革命纲领，确立了民族、民权、民生主义的三民主义目标。1912年8月，数个小党合并成为中国国民党，并成为中国资产阶级第一大政党，提出了"保持政治统一，发展地方自治，励行种族同化，采用民生政策，维持国家和平"的纲领。1927年大革命的失败，标志着国民党的彻底堕落，甚至一直延续至今。国民党并未领导中国走向独立富强，相反的是它自身在堕落中死去，把中国带进了战争的泥坑和国家分裂的苦海。

所有这些政党组织，都因阶级的局限、指导思想的错误、纪律的涣散等原因，特别是在利益问题上无法超越个人或集团利益的小圈子，因而皆不得不先后被请到历史的后台，被送进历史博物馆。他们的斗争虽勇敢悲壮，失败则势所难免；他们虽未倾吐出胸中的苦闷，却仍在历史上写下了惊世之笔；他们虽留下了愧对祖先的遗憾，但也留下了启示后人的坎坷；他们虽都一代代地做出了牺牲，但却在其壮丽的牺牲中留下

---

① 劳乃宣辑：《拳案杂存·义和团》（第四册），神州国光社1951年版，第451页。

了令人憧憬的高尚生活。

不懂得历史的艰辛，就不会珍视今日的幸福；不懂得历史上其他党派之所以无力救国，就不知道中国共产党的产生之所以必要，不懂得中国共产党的领导是中国历史的必然选择。事实正是这样，虽然在中国历史上出现了不少党派，最多时竟达300余个，诸如统一党、共和党、国民共进会、共和实进会等，她们和上述的各种党派一样，都未能成为真正的革命家组织，都未使中国摆脱苦难。与此相反的是，1919年五四运动前后崛起了李大钊、毛泽东等为代表的中国共产党人，并于1921年7月成立了中国共产党。作为无产阶级革命领袖，中国共产党聚集了真正的时代精华。她重新审视历史发展，思考现实问题，展示未来前景，以马列主义为武器，以十月革命为导师，呼唤起风起云涌的革命风暴，给中国革命注入了新的活力。"到中流击水"的历史责任，"谁主沉浮"的深刻思考，不仅激起了中国共产党人的奋斗热情，而且也把其他革命阶级及其政党团结在自己的周围，并最终使中华民族走出了苦难的深渊。如果不是别有用心，有谁会怀疑中国共产党是伟大光荣正确的党呢？有谁还会否认中国共产党的领导呢？鲁迅曾说"博大的人，应与天堂之极乐和地狱之苦痛相通"。请我们做一个博大的人，记住这强烈的历史对比吧！

中国共产党人的博大，正在于"共产党人同其他无产阶级政党不同的地方只是：一方面，在无产者不同的民族的斗争中，共产党人强调和坚持整个无产阶级共同的不分民族的利益；另一方面，在无产阶级和资产阶级的斗争所经历的各个发展阶段上，共产党人始终代表整个运动的利益。因此，在实践方面，共产党人是各国工人政党中最坚决的、始终起推动作用的部分；在理论方面，他们胜过其余无产阶级群众的地方在于他们了解无产阶级运动的条件、进程和一般结果"（《共产党宣言》）。实践证明，这是中国共产党人成功的关键。2020年至今的抗疫战役，使世界上不同的政党面目都有了清晰的呈现，中国共产党人的成功，再一次成为"中国共产党人博大"的证明。

三

中华民族从中世纪走向近代，"中国向何处去"的问题，无非二途：一是社会主义，二是资本主义。其他的道路，即使是所谓的中间道路也都是不可能的。

就资本主义而言，又有全面资本主义、部分资本主义两种情况。明末清初的资本主义呼唤者们，在一定程度上反映了发展资本主义的要求。遗憾的是，他们的呼唤因清初封建主义的历史回流而破灭，"思芳春兮迢遥，谁与娱兮今朝。意不属兮情不生，余踌躇兮倚空山而萧清"（王夫之《祓禊赋》语）。一方面，盼望美好的未来社会，另一方面，则眼前无以自娱。清代中叶龚自珍与魏源所作的努力，也可看作向资本主义发出的微笑。魏源要"以夷攻夷""以夷款夷""师夷之长技以制夷"（旧时只强调"师夷之长技以制夷"，但魏源《海国图志》序强调的是："是书何以作？曰为以夷攻夷而作，为以夷款夷而作，为师夷长技以制夷而作。"是三个目标，"以夷攻夷"是重视夷的方法，"以夷款夷"是重视夷的态度，"师夷长技以制夷而作"是重视夷的技术，可以说是具有国际地位平等诉求的理想设定），其所指的"长技"既有坚船利炮等技物器用，又有西方的政治制度等社会的整体建构。因此，他们的呼唤是企图在中国发展资本主义的又一次尝试。但是，一方面是强大的封建历史惰力，另一方面是突来的西方列强破关，终于使他们的呼唤成为幻梦。

洋务派是部分资本主义化的典型，他们要在封建制度的枯树上嫁接西方的现代技术，企图在封建制度的母体上移植西方资本主义的生产方式。不难看出，这里出现了目的和手段的矛盾，出现了治标与治本的矛盾。于是，封建顽固派反对，西方资本主义列强也反对，这就不得不使他们的有选择地发展资本主义的企图失败。（张之洞的《劝学篇》与福泽谕吉的《劝学篇》可以看成中国与日本变法维新的不同的文化纲领）太平天国革命的英雄们在革命后期以资本主义为方向，确认以大工业为基础的资产阶级私有制，他们企图取资西方，"兴车马之利""兴舟楫之利"

"兴宝藏（开矿）""兴银行""兴市镇公司""兴器皿技艺"等①，拟定了在中国发展资本主义，使中国"兵强国富"的宏伟规划。他们的失败同样是注定的，因为他们同样遇到的是帝国主义和封建主义这对双重敌人。戊戌变法的维新志士们向西方学习，企图以西方"自由为体、民主为用"为武器，通过变法维新，搞君主立宪，并把民主自由作为目标。改良主义的失败同样是不可避免的。资产阶级革命家欲号召人们"作十年血战之期"，以建立"中华共和国"。孙中山要"普列民主，确立共和"；章炳麟要实现"合众共和"，强调"公里之未明，即以革命明之；旧俗之俱在，即以革命去之"。孙中山革命40余年，最终未能建立一个真正独立富强的资产阶级共和国。以上表明，发展资本主义的道路在中国根本走不通。

走社会主义道路，也经过了一个由空想到科学的发展过程，其中当代中国特色社会主义是科学社会主义发展的新阶段。中国古代的大同社会、桃花源理想，可以看成中国特色社会主义思想的文化资源。太平天国所要努力实现的"天朝田亩制度"，虽然没有创造出一个"新天、新地、新人、新世界"，但他们主张废除土地私有制，要使"耕者有其田"，强调"凡天下田，天下人同耕"，应当看成"民主主义的伴侣和象征"。特别是他们"分田照人口，不论男女，算其家口多寡"，好坏搭配分配，这种"把全部土地从地主那里夺过来，分配或平均分给予农民，……表达了最彻底地消灭整个旧制度和全部农奴制残余的最坚决的愿望"。② 孙中山最初是一个社会主义和共产主义的同情者，知道它"今日成为各国之潮流"。后来，他在其领导的资产阶级革命失败后，转而相信社会主义，认识到"工人大团结""农民大联合"的历史作用，认识到"俄国革命"是第一次世界大战留下的"一个人类中的大希望"，认识到"今后之革命，非以俄为师，则断无成就"③，认识至"法美共和

---

① 俱见：《资政新编》。

② 列宁：《列宁全集》（第十二卷）（第一版），人民出版社1955—1963年版，第450页。

③ 孙中山：《孙中山选集》，人民出版社1956年版，第659、948页。

国皆旧式的，今日惟俄国为新式的，吾人今日当造成一个新式的共和国"。① 诚然，这些认识都得到过中国共产党人的帮助。事实也正是如此，当孙中山倾向社会主义、共产主义时，社会主义和共产主义已成为中国共产党人的自觉的行动。

研究历史要有现实感，研究现实要有历史感。当我们发现历史上走资本主义道路未走通，走科学社会主义道路得胜利，并探索出了一条有中国特色的社会主义道路时，我们有什么理由来诅咒科学社会主义的中国实践呢？当我们享受中国特色社会主义给我们带来的物质文明和精神文明成果时，我们又为什么不去研究历史，以了解是谁把我们引向科学社会主义的光辉殿堂的呢？"博大的人，应与天堂之极乐和地狱之苦相通；健康的神经，应该与慈母之心和赤子之心相连。"鲁迅的这句名言会提醒我们时刻牢记这样一个真谛：一个具有博大心胸的中国人，要看到中国人民对社会主义的赤子之心和看到中国共产党领导中国人民走科学社会主义道路的慈母用心，要看到中国共产党有不畏地狱之苦的奋斗

---

① 孙中山：《总理全集》（第二卷），上海民智书局1930年版，第241页。据笔者考证，黔军总司令席正铭（1884—1920年），沿河大垭乡人，是中国提出"以俄为师"口号的第一人。他至迟在1918年底已提出"师法俄国"的思想，并得到了孙中山的赞同。孙中山于1919年4月8日函复席正铭云："来书感喟于时局，谓俄国可为导师，深表同情，此次俄国革命，乃以人民自动而结合，军队自动而有同情附和平民政治，盖其成功之速，乃在人民之奋发，非以金钱为力也。……若兄能师俄人之所为，于所接近之军人，开示以平民政治之利益，则并革命亦不须起，此一国之改良已有可望，要在同志各尽其力以感化各地之人，使趋于革新之方面，则以人民大多数之志愿，何事不成，若各人能尽力于此，有成绩可见，则除金钱实无可设法外当代划种种进行之策，以冀进步。"（席少丹：《席正铭革命事略》，载贵州文史丛刊》1996年第5期，第30页。）1919年9月7日，席正铭致沿河一científ士张筱岩（1800—1962年，土家族）函提供了他的相应思想："此回欧战影响最大的事件，就是社会的变化，英、俄、德、日四大魔王，俄、德已改观了，英、日社会亦有变动象，所以我们法国式的革命是不能救国了，今后须学俄国式的。不特科举式的人材是旧的了，即学校式的人材，若不加以改新，亦不能说是新的，改良社会以救己，危己就无生的了。此后吾国教育方针必须迎合世界新潮而定立，但现在之政府是无希望的，惟望地方之教育当局各尽所能，各择所需。"（周万国、敬克基整理：《席正铭函电选载》，见中国人民政治协商会议沿河土家族自治县委员会文史资料研究委员会所编：《沿河文史资料》（第2辑），内部资料，1990年版。）

牺牲正是为了创造一个中国特色社会主义的理想"天堂",而不应别有用心地去说走社会主义道路是历史误会。"道路自信"是我们对自己发展方向的自信,同时也是对我们的理论、我们的文化自信。

四

在近代中国的历史长河中,许多思想家都曾探索过如何立国的问题。他们为建立一种自认为合理的国家而奔走呼号,而奋斗牺牲。结果只有中国共产党才使中华民族免除耻辱的印迹。

明末清初的启蒙思潮在十分不清晰的思维中反映了建立民主国家的要求。然而,他们最终未能冲决封建网罗,未能呼唤出一个真正的民主国家来。到清代中叶,魏源以便民利民为原则求治国之道,要求改革,倾心于美国总统制和西方的议会民主制。他认为,西方国家制度无世袭、公正周道、人皆称善。遗憾的是,他满心"以夷制夷""以夷攻夷""以夷款夷",得到的是帝国主义的疯狂侵略之报答,于是其蜕变为佛教徒(魏源晚年潜心学佛,法名承贯,辑有《净土四经》),空叫心力尽瘁。

太平天国要造就的是亿万世太平天国,开始是设立军政合一、政教合一的制度,实行"由天王决断"的中央集权制和个人专制,并实行公举或保举委派相结合的乡官制度。这种制度因反封建的不彻底性而葬送。后期倾慕西方,"准富人请人和雇工","倘有百万家财者,先将家货契式入库",承认了资本主义私有制和雇佣劳动制度。在此基础上,他们企图搬用西方的社会制度,强调官要"民有仁智者写票公举,置于柜内(投票箱)";要为改变"上下梗阻,君臣不通"现象设"书信馆";要为"议大事""明决断"设"暗柜",即"意见箱";要设"新闻馆"以收买人心等。当然,他们的努力也未成功。

洋务派要以"中学为体,西学为用"(避开"体用"的实际内容而言,这个口号在方向上是正确的,比照日本的"脱亚入欧"使日本如今不东不西来说,这个口号在形式上是可取的),实际上是照抄中国封建国家制度：中央集权制、封建官僚制、宗法等级制。虽然曾"立译馆""翻夷书"，但规定要"每日清晨，先读《四书》《五经》数刻，以端其本"①。

维新派政治上强调"身贵自由，国贵自主"，把西方"自由为体、民主为用"统一起来②，求西方"人人得其意，申其言，上下之势不相隔悬，君不甚尊，民不甚贱，而联若一体"的自由、民主、平等的社会制度。维新派的努力在历史上留下的也只是遗憾。

孙中山要建立的是典型的资产阶级共和国，但他的"学生"蒋介石却背叛了他的事业，使中国国无宁日，人无宁心。当中国老百姓说"蒋该死"、"括民党"（国民党）、"遭殃军"（国民党政府的所谓"中央军"）、"劫收"（抗战胜利时的"接收"）等特别词语时，人民已经作出了坚定的历史选择。③

所有这些努力，都未获得成功、都未冲决封建罗网、都未赶走帝国主义的欺凌、都未真正以人民为中心谋发展，因而也未呼唤出真正的民主国家来。

中国共产党致力于建立真正的民主共和国。在100年的历史上，中国共产党解决了五大问题，奠定了人民共和国的坚实基础：一是合理地解决了人民与政权的关系，建立了以工人阶级领导的、工农联盟为基础的人民民主专政的社会主义国家政权；二是合理地解决了中央与地方、国家整体与部分的关系，确定了合理的单一制的国家结构形式，其中包括在民族聚居地方实行民族区域自治，在香港、澳门实行"一国两制"；三是找到了人民行使国家权力的有效形式，实行人民代表大会制度；四是找到了保障人民当家作主的法宝，官僚主义的天敌——民主集中制；五是找到了政党与人民群众的关系正确通路，实行中国共产党领导的多

---

① 张之洞：《创办水师陆学堂折》。

② 严复：《原强》。

③ 20世纪80年代，笔者在鄂西大学（现在的湖北民族大学）附属医院住院，当时的"民革"领导人去看望，我向病友介绍说是"中国国民党……"时，后面的"革命委员会"还未讲出，一个年老病友即非常紧张地说："啊？你还和国民党有来往？"我后面加以解释。该老者才态度又好了起来。

党合作和政治协商制度。

历史只提供事实。这些事实需要我们有健全的理智去分析、思考。若此，我们有什么理由怀疑中国共产党是中华人民共和国的伟大旗手呢？有什么理由怀疑我们的"制度自信"呢？有什么理由不热爱我们的伟大祖国呢？

五

没有革命的理论，就没有革命的行动。伴随着一个民族走出中世纪的历史运动，各民族都有自己的历史探索。西方的启蒙思潮是西方资本主义发展的精神分泌物，天赋人权、社会契约、法权平等、诸权分立等理论则是西方资产阶级铸造资产阶级国家的精神支柱。在中国，由于奴隶社会的早熟性所套在中华民族身上的血缘关系、宗法制度、重农抑商等文化绳索，在保持中国文化连续性的同时，也使近代中国新社会长期难产，中国资产阶级晚生早熟，其理论准备严重不足，放眼西方而又饥不择食、食而不化，出现畸形。因此，在中国没有生产出成熟的资产阶级革命运动。结果是在 20 世纪初叶的思想激荡中，马克思主义占领思想阵地，并引导中国走上了科学社会主义革命的轨道，探索出了中国特色社会主义道路。

早在明末清初，伴随着中国资本主义的早期发展，人们开始了相应的思想探索。但鉴于当时资本主义经济还很脆弱，特别是明清的世代之变使早期资本主义夭折，使这一时期的理论分泌物也很细微，难成体系。到了清中叶，魏源为奖励国民对外之观念，对中国传统思想持否定态度，以为"择老不足以治天下国家矣，心性迂淡可治天下乎"。他以为宋明理学"托玄虚之理，以政事为粗才，而不知腐儒之无用"。但他并未铸造出自己的一套完整的经世治国理论。他刚发现西方的一些实际的"长技"如总统选举制度、议会民主制度等，就对突来的西方帝国主义失去了信心，他自己也变成了一名佛教徒。

"鸦片不曾发生催眠的作用，而倒发生了惊醒的作用。"（马克思语）

鸦片战争爆发后不久，拜上帝会成立，又不久便爆发了太平天国革命。在思想理论上，他们横扫中国的一切文化传统，选择了"一个危险的革命党"，作为"穷人的福音"——基督教。他们以基督教上帝面前人人平等的宗教平等观作为革命的旗帜，反对人与人之间的压迫，反对民族压迫，"天下多男子，尽皆兄弟之辈；天下多女子，尽是姐妹之群"。但是，宗教毕竟是人民的鸦片，它虽能帮助农民发动革命起义，但却不能满足革命斗争发展的需要，并最终成为导致革命失败的原因之一。太平天国革命后期，又醉心于西方的资产阶级思想，但无起死回生之效，未能挽救其必然失败的局面。

为开展洋务运动，洋务派醉心于"中学为体，西字为用"，虽讲变革，但思想理论上仍以维护封建统治秩序的纲常伦理为根本，这就注定了他们的失败。

维新派在思想理论上的创造不是很多，但却能根据《天演论》"物竞天择，适者生存"的原则，为戊戌改良运动找寻理论根据；能根据"公羊三世说"阐明改革的微言大义，并竭力探索"大同社会"的理想目标。这有一种跪着造反的意味，反映了软弱的资产阶级维新派的两面性。诚然，这种理论不可能指导出一场成功的改革运动。

封建制度的囚笼锁住的不单是囚徒，还有为推翻封建制度而奋斗的革命家、思想家和烈士。孙中山以其特有的历史洞察力发现以前各种斗争失败的原因在于没有一套很好的理论，在于不知道怎样斗争。于是他创立了"知难行易"学说，探索孙文学说，筹谋"建国方略"，以解决革命理论问题。对过去不知而行作了批判。他自己则先以旧三民主义，中以新三民主义，后以共产主义作为革命的指导性理论，找到了一种鼓舞人民进行革命斗争的旗帜。诚然，由于孙中山的早逝，他要进行的"以俄"为师的革命斗争，历史地落在了中国共产党人身上。

20世纪初，西方的各种思潮都曾在中国大地上汇合激荡。在汇合激荡、猛烈碰撞后，马克思主义排除沉渣，符合逻辑地取得了思想统治地位，并至后来把马克思主义中国化，形成了具有中国作风和中国气派的马克思主义的续编——毛泽东思想、邓小平理论、"三个代表"重要思想、科学发展观、习近平新时代中国特色社会主义思想等。在这一思想发展的历史过程中，尼采"重新估价一切"的怀疑主义、以自由化为特征的无政府主义、胡适从美国引进的实用主义等最为代表。由于尼采的反传统精神与中国的反对帝国主义和反对封建主义的要求吻和，因而影响了鲁迅、田汉等，"鲁迅是由嵇康的愤世，尼采的超人，配合着进化论，进而至于阶级革命论"（《鲁迅风》创刊号语）。故鲁迅处处要"显出尼采式的强者色彩来"。但因尼采否定一切的虚无主义，特别是他的学说无法指明救亡图强的方法，故很快在中国失去了市场。无政府主义要求无地主、资本家、婚姻制度、国家等，在五四时期，"起初各派的社会主义思想中，无政府主义是占着优势的"（刘少奇语）。但它反映的是小生产者的反抗心理和绝望情绪，故它的信仰者分化很快，一部分投降清廷，如刘师培，一部分成为国民党显贵，如吴稚晖、张继厚，一部分则成为坚强的共产主义战士，如施洋、陈延年、恽代英等。实用主义者胡适认为中国百事不如人，要全盘西化，故当时就被不少人所批评。

理论的成功才蕴藏了革命和建设的成功。当我们从历史上各种失败思潮的反差中看到马克思主义在中国的巨大胜利时，我们还有什么理由去怀疑马克思主义的真理性呢？我们有什么理由不为中国共产党人续写了马克思主义真理的伟大篇章而高兴呢？又有什么理由怀疑马克思主义中国化的理论成果——毛泽东思想、邓小平理论、"三个代表"重要思想、科学发展观、习近平新时代中国特色社会主义思想而失去"理论自信"呢？

考古所以决今，当我们熟读并理解中国近现代历史之后，特别是了解了中国共产党人长期的奋斗足迹及其成果以后，又有什么理由不能更加深刻地理解中国共产党是中华民族的坚强脊梁，是中华民族伟大的向导，是中华人民共和国坚定的旗手呢？又有什么理由不更加深信坚持共产党领导的正确性呢？又为什么不能体会完成中国共产党庄严使命和当前任务的紧迫性呢？当然，又有什么理由去怀疑中国共产党人继续续写马克思主义真理篇章的必要性呢？

中国农村的就地现代化，中国的乡村振兴道路，就必然且必须在中国共产党的领导下，在中国特色社会主义建设的道路上稳健地前进，并不断地续写中华民族的新的辉煌。

（作者为湖北省炎黄文化研究会理事，华中农业大学教授、博士生导师）

2020 年：中华优秀传统文化融入现代社会的最佳观察年份

周国林

2020 年是中国历史上重要的时间节点，2020 年元月，正当全国人民兴高采烈地迎接盛大的传统节日春节到来之际，一种前所未见的新型冠状病毒却悄然肆虐中华大地。面对突如其来的疫情，最早的爆发地武汉在除夕前一天断然采取关闭离汉通道的措施，切断了陆地和空中人们进出的通道。仅仅两天后，湖北省各地市也采取了严厉的交通管理措施，限制人员的流动。其他省市因先前已有病毒感染者返乡或前来出差，也迅疾开展截断传染源的工作。在全国防控的紧急状态下，传承了几千年的登门拜年习俗戛然而止，即使在乡村，也很难听到往年熟悉的鞭炮声。更让人揪心的是，春节过后的几十天中，电视上时常都会听到新冠病毒吞噬病人生命的消息，民间的传说尤其恐怖，给人极大的压抑感。按农历，春节过后就是庚子年。人们的记忆中，庚子年都不顺，往前推 60 年，1960 年自然灾害严重，发生大饥荒；再往前，1900 年，八国联军打进北京城，剿灭义和团，后来又逼迫清廷赔偿 4.5 亿两白银，史称"庚子赔款"；又往前，1840 年发生鸦片战争，是中国走向半殖民地社会的开端。难道在 2020 年，重大的灾难又将宿命般地降临到中国人民头上吗？与此同时，某些国外政客和媒体抱着幸灾乐祸的心理，将这次重大疫情视为遏止中国崛起的天赐良机，预测中国的"切尔诺贝利时刻"到了。然而，经过几个月艰苦卓绝的努力，湖北省取得了抗击疫情的决定性胜利。其后黑龙江、吉林、辽宁、北京、新疆、河北等省、市、自治区出现局部区域输入性感染人群，也通过精准防控阻止了新冠病毒的传播。世界卫生组织的报告评价说："面对一种先前不为人知的病毒，中国展开了或许是历史上最雄心勃勃、最灵活和最积极的疾病防控行动。"①以致美国彭博新闻社主编约翰·米克尔思韦特和英国《经济学人》政治编辑阿德里安·伍尔德里奇发出感慨：新冠病毒曾被视为中国的切尔诺贝利，结果看上去更像是"西方的滑铁卢"。② 而在控制疫情之后，中国又率先复工复产，并成为 2020 年全球唯一 GDP 正增长（2.3%）的主要经济体。凡是经历过 2020 年疫情的人，不能不感到这是一份沉甸甸的成就。

2020 年中国取得的成就还可列出一些，但最令人振奋的莫过于 2020 年 11 月 23 日中央电视台新闻联播中的报道，这一天贵州省宣布最后 9 个深度贫困县退出贫困县序列。这不仅标志着贵州省 66 个贫困县实现整体脱贫，也标志着国务院扶贫办确定的全国 832 个贫困县全部脱贫摘帽。在新冠病毒肆虐之年全面打赢脱贫攻坚战，消灭绝对贫困，实现全面建成小康社会的目标，这是一个人间奇迹。中国几千年来，一直在同贫困作斗争。从屈原"长太息以掩涕兮，哀民生之多艰"的感慨，到杜甫"安得广厦千万间，大庇天下寒士俱欢颜"的憧憬，再到孙中山"家给人足，四海之内无一夫不获其所"的夙愿，都反映了中华民族对摆脱贫困、丰衣足食的深深渴望。而今几千年的愿望终于变为现实，怎能不让人激动？美国库恩基金会主席罗伯特·劳伦斯·库恩在接受《环球时报》专访时说："中国脱贫攻坚也是史诗般的成就，过去 70 多年里，新中国成功实现 8.5 亿人摆脱贫困，其中包括过去 8 年里近 1 亿人摆脱难以解决的绝对贫困。它将被永远铭记。当未来的历史学家书写我们这个时代的编年史时，一个特写故事很可能就是中国的精准扶贫。"③

几年前，我们曾在一篇文章中将新中国 70 年的历史划分为两个时

---

① 引自特德·凯利：《新冠大流行凸显资本主义终极衰落——呼吸机上的资本主义书评》，原载《美国工人世界党网站》，转引自《参考消息》2021 年 4 月 8 日第 13 版。

② 蕾切尔·西尔维斯特：《西方必须觉醒，否则就要落后》，原载英国《泰晤士报》2020 年 8 月 31 日，转引自《参考消息》2020 年 9 月 2 日。

③ 张梦旭：《精准扶贫：打破对华成见的最好故事》，载《环球时报》2021 年 3 月 8 日第 7 版。

期：前30年为中华民族伟大复兴的启动时期，后40年为突破时期。"2020年显然是个时间节点，此后就会进入到一个新的(或许可称作全面复兴)时期。"①现在看来，在抗击疫情的背景下完成脱贫攻坚任务，2020年这一时间节点更显出绚烂的色彩。因此，以这一年抗击疫情、脱贫攻坚为中心，作为中华优秀传统文化融入现代社会的观察年份，是一个最佳的选择。

一、从"民本"到"以人民为中心"

中国古代有崇尚德治的传统，"民本"的思想认识深入人心。据《尚书》记载，虞舜之时皋陶说："天聪明，自我民聪明；天明畏，自我民明威。"(《皋陶谟》)大禹说："德惟善政，政在养民。"(《大禹谟》)并对后世留下"民为邦本，本固邦宁"的训诫(《伍子之歌》)。春秋时，孔子关心民众利益，他说："道千乘之国，敬事而信，节用而爱人，使民以时。"(《论语·学而》)老子也说过："圣人无常心，以百姓心为心。"(《老子》第四十九章)战国时，孟子更有"民为贵，社稷次之，君为轻"的名言(《孟子·尽心下》)。此后几千年，先秦时期这些包括安民、富民、利民、得民心等丰富内容的民本思想，成为传统政治文化的基石。中国共产党成立后，除了工人阶级和最广大人民群众的利益，没有自己的特殊利益。党的宗旨，就是全心全意为人民服务。毛泽东主席的名篇《为人民服务》，一开头就有对党的初心的准确表述："我们的共产党和共产党所领导的八路军、新四军，是革命的队伍。我们这个队伍完全是为着解放人民的，是彻底地为人民的利益工作的。"②这对古代的民本思想，明显是有继承的。在中国特色社会主义建设进入新时代之后，习近平总书记又对全党提出了"以人民为中心""人民至上"的要求。在庆祝

---

① 周国林：《全球视野下中华文明演进的阶段划分与道路选择》，载《河南师范大学学报》2018年第5期。

② 毛泽东：《毛泽东选集》第3卷，人民出版社1960年版，第1003页。

中国人民政治协商会议成立 65 周年大会上的讲话中，他首先征引了《尚书·泰誓》中"天视自我民视，天听自我民听"之言，然后说："要坚持把实现好、维护好、发展好最广大人民根本利益作为一切工作的出发点和落脚点，我们的重大工作和重大决策必须识民情、接地气。要以人民群众利益为重，以人民群众期盼为念，真诚倾听群众呼声，真实反映群众愿望，真情关心群众疾苦。要坚持工作重心下移，深入实际、深入基层、深入群众，做到知民情、解民忧、纾民怨、暖民心，多干让人民满意的好事实事，充分调动人民群众的积极性、主动性、创造性。"①这些论述，在 2020 年都有生动的体现。

在新冠疫情暴发之初，习近平总书记于 2020 年 1 月 20 日指出："各级党委和政府及有关部门要把人民群众生命安全和身体健康放在第一位，制定周密方案，组织各方力量开展防控，采取切实有效措施，坚决遏制疫情蔓延势头。要全力救治患者，尽快查明病毒感染和传播原因，加强病例监测，规范处置流程。"在他的亲自部署和指挥下，在武汉封城的第二天即除夕夜晚，军队系统的援鄂医疗队 450 名医护人员就来到了武汉，给予紧张的武汉人一副定心丸。2020 年 1 月 25 日，习近平总书记又指出："生命重于泰山。疫情就是命令，防疫就是责任，各级党委和政府必须按照党中央决策部署，全面动员，全面部署，全面加强工作，把人民群众生命安全和身体健康放在第一位，把疫情防控工作作为当前最重要的工作来抓。要加强联防联控工作，加强有关药品和物资供给保障工作，加强医护人员安全防护工作，加强市场供给保障工作，加强舆论引导工作，加强社会力量组织动员，维护社会大局稳定，确保人民群众度过一个安定祥和的新春佳节。"这是"人民至上"的完整表达。随之大量的医护人员驰援武汉和湖北各地市，大量物资也调运进来。为了解决就医难的问题，火速修建雷神山、火神山医院。为了满足"应收尽收"的需求，又急速搭建方舱医院，以切断病毒的感染源。至

① 习近平：《在庆祝中国人民政治协商会议成立 65 周年上的讲话》，载《光明日报》2014 年 9 月 22 日第 2 版。

2020年4月上旬，湖北省救治出院的病人达6万多人，其中3600多人年龄在80岁以上，尤其是100岁以上的有7人，年龄最长的是108岁。为了减轻病患家庭的经济负担，所有患者的治疗费，少者数万元，多者超过100万元，都由国家从医疗经费中拨出。由于国家层面不遗余力地投入人力、物力救治病人，湖北省仅用两个多月，就取得了防治新冠病毒的决定性胜利，让湖北广大人民群众的生活迅速走上了正常的轨道。

脱贫攻坚更是一场为人民谋幸福的持久战。党的十八大之后，习近平总书记每年都到贫困地区考察调研，几乎走遍了全国最贫困的地区。习近平总书记强调："我们党员干部都要有这样一个意识：只要还有一家一户乃至一个人没有解决基本生活问题，我们就不能安之若素；只要群众对幸福生活的憧憬还没有变成现实，我们就要毫不懈怠团结带领群众一起奋斗。""全面小康路上一个也不能少"的这个承诺，体现了党中央消除贫困的坚强决心。2013年11月，习总书记在湖南湘西考察时，首次作出了"实事求是、因地制宜、分类指导、精准扶贫"的重要指示。2014年1月，中办详细规制了精准扶贫工作模式的顶层设计，推动"精准扶贫"思想落地。2015年，扶贫开发已进入啃硬骨头、攻坚拔寨的冲刺期。中西部一些省(自治区、直辖市)贫困人口规模依然较大，剩下的贫困人口贫困程度较深，减贫成本较高，脱贫难度更大。为了实现到2020年让7000多万农村贫困人口摆脱贫困的既定目标，中共中央、国务院作出了《关于打赢脱贫攻坚战的决定》，这成为随后五年脱贫工作的纲领性文件。国家统计局数字显示，按照当年价现行农村贫困标准衡量，1978年我国农村贫困发生率约97.5%，农村贫困人口规模7.7亿人。而到2019年，农村贫困发生率已降至0.6%，人口规模551万。2020年是收官之年，中共中央、国务院下发的一号文件是《关于抓好"三农"领域重点工作确保如期实现全面小康的意见》，这是21世纪以来指导"三农"工作的连续第17个中央一号文件。7月中旬，在各地围绕一号文件开展大量工作后，国务院扶贫开发领导小组又派出22个督查组，到中西部有关省市开展脱贫攻坚督查工作。在资金方面，党的十八大之后的8年，中央、省、市县财政专项扶贫资金累计投入近1.6万亿元。正是这样几十年尤其是冲刺期间坚持不懈地努力，终于完成了使 8 亿多中国农民摆脱贫困的这一历史任务。

二、从"天下为公"到"社会主义大家庭"

在群己关系上，古代先哲非常强调人群的整体利益。孔子是仁学的创立者，其弟子樊迟问仁，孔子答曰"爱人"（《论语·颜渊》）。孟子在叙述古代土地制度时称赞："死徙无出乡，乡田同井，出入相友，守望相助，疾病相扶持。"（《孟子·滕文公上》）《礼记·礼运》中有一段对大同社会的描绘："大道之行也，天下为公，选贤与能，讲信修睦，故人不独亲其亲，不独子其子，使老有所终，壮有所用，幼有所长，鳏寡孤独废疾者皆有所养，男有分，女有归。货恶其弃于地也，不必藏于己；力恶其不出于身也，不必为己。"这些论述，一直是古代的主流价值观。新中国成立后，继承了这一优良传统，大力提倡集体主义精神。数十年来，全国范围内紧密协作，一方有难八方支援，"社会主义大家庭"的理念已经深入人心。如 2019 年 11 月，在希望工程实施 30 周年之际，习近平总书记寄语希望工程："全党全社会要继续关注和支持希望工程，让广大青少年都能充分感受到党的关怀和社会主义大家庭的温暖，努力成长为社会主义建设者和接班人。"在 2020 年 11 月的全国劳动模范和先进工作者表彰大会上，习近平总书记强调："要建立健全困难群众帮扶工作机制，把党和政府的关怀送到困难群众心坎上，让他们感受到社会主义大家庭的温暖。"并提出用实实在在的工作，使"社会主义大家庭"变为现实。

在抗击新冠肺炎疫情的全过程中，"社会主义大家庭"的故事一幕幕地展现在人们面前。最让人感动的是千千万万的医护人员，把救治病人作为压倒一切的大事。比如，春节当天，东部战区总医院一声令下，院本部、各医疗区医护人员迅速返回医院，表达请战意愿。在肾脏病科，刘志红院士主动取消春节休假，留守在一线，第一时间部署应急力量，科室医务人员纷纷请缨。普通外科全体人员请战："请求到最危险的地方去，请求站在抗击病毒感染的最前线，无谓生死、不计酬劳。"骨科赵建宁主任在微信群号召大家加入抗疫斗争，63 人的医生群和 16 人的护士群马上响应，争先恐后地请战。药品科的盛茜雯原计划 2020 年 1 月 30 日（大年初六）和她的先生步入婚姻殿堂，随着疫情的蔓延，她克服家人的不解和婚礼相关赔偿问题，毅然决定推迟婚期，主动申请前往抗疫第一线。普通外科护士夏明月说："疫情阻断交通、距离，但无法阻断我们守护健康的心。现在轮到我们 90 后保护这个社会。"这些实例，都是舍小家顾大家的典型。在当时医疗物资紧张的情势下，全国各地的企业家、爱心人士积极行动起来，购买大量急需物品运送到湖北，缓解了供给上的困难。还有不少志愿者从四面八方来到湖北，冲到抗疫第一线。据天津中医药大学校长张伯礼院士（2021 年 3 月 8 日作为全国人大代表通过网络接受采访）回忆，他当时以中央疫情指导组成员身份到武汉，接他的是私家车，司机是位企业家，来自黑龙江，自己到武汉抗疫，油钱自费。张院士还回顾当时需要大批量中药，请中医企业帮忙，"每天需要几万份，一直供应几个月，要送到隔离点方舱，何时付钱，定不了"，但企业家一口答应，为了救命他们什么都舍得。这种例子，在 2020 年是很普遍的。

脱贫攻坚同样是全国大协作的景象。在我国广大贫困地区脱贫攻坚的战役中，都有来自全国对口支援省市的帮扶，这些省市是贫困地区的坚强后盾。如北京市对口支援内蒙古、新疆等 7 省区 89 个贫困县，由北京市民政局牵头，开启北京市社会组织参与脱贫攻坚和精准救助推介对接活动，与受援省区民政部门签订合作框架，确保帮扶行动取得实效。上海市对口帮扶云南、西藏等 7 省区 98 个贫困县，按照"民生为本、产业为重、规划为先、人才为要"的工作方针，利用市场、技术、品牌等方面的优势，把双方所需和所能有机结合，把对口地区的资源优势变成发展优势，把当地群众的劳动技能变为劳动价值。青海的海西、海北州是我国深度贫困区域，海北藏族自治州由山东对口支援。海北各地比较有"气派"的建筑，大多与山东援建有关。许多学校、医院、体育场馆都是当地群众口中的"鲁援"项目。山东投资两亿元建设的海晏

"中藏药康复中心"是一座综合性医疗中心，不仅有现代化的医疗设施，也有藏医药的康复设备。海西蒙古族藏族自治州由浙江对口支援。十年中，一批批浙江干部人才来到海西，按照"中央要求、浙江优势、海西所需"的总体思路，以建立对口支援的长效机制为着眼点，逐步形成了全方位、多层次、宽领域的工作格局。他们通过全面提升贫困村的道路、饮水、电网等基础设施等大量工作，获得了高达 99.48% 的群众认可度。① 消除贫困，改善民生，实现全民族的共同富裕，这是全国人民的共同心愿。所以，各支援省市都是满怀激情，当作自己的事情尽心尽力地去工作的。

三、从"大一统"到坚持党的领导

中国自商周以来，一直主张实现国家的统一，并且有以国家主导的强大的管理系统。《诗经·小雅·北山》云："普天之下，莫非王土。率土之滨，莫非王臣。"《尚书·尧典》云："克明俊德，以亲九族。九族既睦，平章百姓。百姓昭明，协和万邦。"《论语·季氏》载孔子曰："天下有道，则礼乐征伐自天子出。"在对据传由孔子所著《春秋》的解说中，《公羊传》起首就提出了"大一统"的观点。在秦统一天下后，这些论述不仅是主流价值观，而且还被制度化，形成了几千年的中央集权制度。只是在近代，这一传统被打断，并在理论上受到质疑。新中国的建立，结束了全国四分五裂的局面。为了实现中华民族的复兴，毛泽东主席 1954 年在第一届全国人民代表大会上庄严宣告："领导我们事业的核心力量是中国共产党。"②党的领导受到全国人民拥护，并被载入《中华人民共和国宪法》。新中国 70 余年的发展，一再证明这一历史决断的正确性。

---

① 《脱贫攻坚中的国家力量——对口支援篇》，载《光明日报》2020 年 8 月 9 日第 2 版。

② 毛泽东：《毛泽东文集》第 6 卷，人民出版社 1960 年版，第 350 页。

抗击新冠肺炎疫情中,党的领导首先是决策上的前瞻力和规划力。在疫情发生之初,党中央把严防严控作为头等大事来抓,及时制定了疫情防控的战略策略。其中,把湖北和武汉作为主战场,坚决遏制住疫情扩散势头;对其他省份则加强分类指导,实施步步推进、层层深入,外防输入、内防扩散等策略。在疫情防控取得阶段性成效后,马上把恢复和发展生产提上日程,强调夺取疫情防控和经济社会发展双胜利。在国外疫情蔓延的局势下,党中央再次调整部署,确定了"外防输入,内防反弹"的策略。其次是各级党组织狠抓落实,高效传导,表现出强大的组织力和执行力。为了切断扩散途径,湖北省按照党中央部署,对人员外流实施全面严格控制,武汉全市公交、地铁、轮渡、长途客车迅即停止运营,机场、火车站关闭离汉通道,没有特殊原因市民不能离开武汉。7148 个社区实施封锁,由居委会等基层组织承担起社区内的防疫和生活管理。同时,北京、上海、广东等省市纷纷调整防控等级,全民动员,建立起联防联控的防控体系。为了帮助湖北渡过难关,中央组织了 19 个省市对口支援湖北省除武汉市外的 16 个市州及县级市。全国重点医疗物资和生活保障物资源源不断地涌向抗疫一线。在湖北省,各地党组织充分发挥作用,广大党员和社区工作人员下沉到基层,解决居民的各类困难。医疗队伍方面,全国先后有 346 支队伍 42600 余名医护人员来到湖北。为了攻坚克难,还组成了国家援鄂抗疫医疗队。国家援鄂抗疫医疗队由北京医院、北京协和医院、中日友好医院、北京大学第一医院、北京大学人民医院、北京大学第三医院精锐力量组成。一次次跨科、跨院大会诊,确保呼吸支持、循环支持、营养支持的面面俱到,保肝、保肾、抗病毒、抗感染的样样不落,以及神经、免疫、内分泌等多学科的协同攻坚。所有这些行动,都显示了中国共产党的执政能力。如果没有这种能力,控制疫情是不可想象的事情。

改革开放以来,党中央从全面建成小康社会全局出发,在决策层面先后制定和实施了《国家八七扶贫攻坚计划(1994—2000 年)》《中国农村扶贫开发纲要(2001—2010 年)》《中国农村扶贫开发纲要(2011—2020 年)》,把扶贫开发纳入"五位一体"总体布局和"四个全面"战略布局，把贫困人口的脱贫作为全面建成小康社会的底线任务和标志性指标。完成这项历史性任务的根本在于领导。为此，党中央确定脱贫攻坚中实行一把手负责制，省市县乡村五级书记一起抓脱贫工作，为脱贫攻坚提供坚强政治保证。2015 年 11 月，被外界称为"史上最高规格"的中央扶贫工作会议在北京举行。会议上，22 个中西部省（区、市）主要负责人在脱贫攻坚责任书上郑重签下自己的名字，向党中央立下"军令状"。在各地相应的是，地市向省、县向地市也要立下"军令状"，压力层层传导，责任层层压实，确保扶贫政策落实、落细、落地。党的领导当然不仅仅是各级党组织一把手的事，还体现在发挥广大党员的先锋模范作用和基层党支部的战斗堡垒作用。在实际工作中，各地都从党政群机关抽调大量优秀干部到基层，把他们放在脱贫攻坚的最前沿，带领贫困村民创业致富。每个县通常几百名甚至千名干部下基层，他们迫切希望改变家乡落后面貌，熟悉本地情况，长年累月在乡村中奋斗，是脱贫攻坚的骨干力量。有些地方还把事业心和责任心强、业务素质过硬、有培养前途的干部派到基层任"第一书记"，成为农民摘掉贫困帽子的带头人。据国务院扶贫办统计，自 2012 年底至 2018 年初，全国共选派277.8 万人驻村帮扶，为脱贫攻坚取得决定性进展、解决贫困村基层领导和组织力量不足的问题，发挥了重要作用。这种强大的执行力，使党的奋斗目标自上而下地抵达到社会的末梢，彰显了国家治理坚持党的领导、"全国一盘棋"的体制优势。

四、从崇尚勤劳勇敢到形成中国人的性格特征

古代经典中，充满了对勤劳、勇敢的品德的赞美之语。《尚书·金滕篇》中，周成王称赞叔父周公说："昔公勤劳王家，惟予冲人弗及知。"同书《无逸篇》云："厥父母勤劳稼穑，厥子乃不知稼穑之艰难。"至于勇敢，孔子将其与仁、智并列为三种最高的德目："君子道者三，我无能焉。仁者不忧，知者不惑，勇者不惧。"（《论语·宪问》）又说："知、仁、勇三者，天下之达德也。"（《礼记·中庸》）孟子也有"富贵不

能淫，贫贱不能移，威武不能屈，此之谓大丈夫"的名言（《孟子·滕文公下》）。这在几千年的古代社会，都极受推崇。但将勤劳与勇敢概括为中国人民的性格特征，是从毛泽东主席开始的。抗日战争时期，他在《中国革命和中国共产党》中说："中华民族不但以刻苦耐劳著称于世，同时又是酷爱自由、富于革命传统的民族。"①1949年，在中国人民政治协商会议第一届全体会议的开幕词《中国人民站起来了》中，毛泽东主席说："我们的民族将从此列入爱好和平自由的世界各民族的大家庭，以勇敢而勤劳的姿态工作着，创造自己的文明和幸福，同时也促进世界的和平和自由。"②正是因为有毛泽东主席这一表述，人们便将勤劳勇敢作为中国人性格特征的概括语。党的十八大以来，习近平总书记也常常以勤劳勇敢来激励人民大众。如他在2017年春节团拜会上说："中国人民拥有伟大梦想，更拥有为实现伟大梦想而吃苦耐劳、苦干实干的精神。勤劳勇敢的中国人民是中华民族生生不息、发展壮大的脊梁。"这些凝练的概括，实际上也在形塑着当代中国人的精神面貌。

抗击新冠病毒的战役中，广大医护人员奋战在第一线。他们穿着厚厚的防护服，一上班就要连续工作大半天，为了减少上卫生间的麻烦，半天都不敢喝一口水，等到脱下防护服，脸上布满一道道的痕沟。他们的工作是充满风险的，随时都有被病毒感染的危险，但没有人退缩。在最紧张的日子里，钟南山、李兰娟、王辰、张伯礼等院士始终工作在第一线，为整个防控工作提供技术上的支撑。张院士由于多日劳累发病，做了胆囊摘除手术，仅休息三天又开始工作。最令人感动的是武汉市金银潭医院院长张定宇，他在2018年就被确诊患上了运动神经元病，也就是人们常说的"渐冻症"，这种病目前无药可救，最后可能因呼吸衰竭而失去生命。作为武汉唯一一家传染病定点医院的院长，他在新冠肺炎疫情暴发期间，带领金银潭医院所有医护人员以超常规的方式高速运转。就在张定宇拖着行走不便的双腿夜以继日地救治患者时，他的妻子

---

① 毛泽东：《毛泽东选集》第2卷，人民出版社1960年版，第617页。
② 毛泽东：《毛泽东选集》第5卷，人民出版社1977年版，第5页。

也在另一家医院工作时感染了病毒，张定宇分身乏术，只去医院探望过一次。张定宇和他的医疗团队，以如此忘我的工作为患者建起了一道生命屏障。在医院外，同样有众多的建设者在奋战。10 天建成拥有 1000 张床位的火神山医院，15 天时间建成拥有 1600 张床位的雷神山医院，以平均一天半一座的速度建成 16 家方舱医院（提供 13000 张床位），被称为"中国速度"。速度的背后，是广大的施工人员（包括不少来自全国各地的志愿者）冒着严寒不分昼夜地辛勤劳动。志愿者中，快递员汪勇自大年三十起，就义务接送金银潭医院医护人员上下班，协调推动网约车企业参与接送医护人员，协调共享单车企业在医院周边投放单车。他还自行募集资金为医护人员提供泡面，"扫街"找餐馆，为医护人员免费送上热腾腾的饭菜。这些事现在看起来很平常，但在"封城"的萧瑟气氛中，是需要极大勇气的。

在消灭绝对贫困的岁月里，涌现出不少带领群众致富的模范人物。2020 年十大"感动中国人物"之一毛相林，就是其中的一位代表。他是重庆市巫山县竹贤乡下庄村村委会主任，43 年不改初心使命，坚持苦干实干，带领村民用最原始的方式在悬崖峭壁上凿石修道，历时 7 年铺就一条 8 公里的"绝壁天路"。在修这条通道之前，历年有 10 多位村民从险峻的山路跌落丧生，而为了修筑这条通道，又有一些人献身。毛相林为了修成这条路，不知操了多少心，费了多大力。道路修通后，他积极培养"三色"经济，发展乡村旅游，推进移风易俗，提振信心志气，把绿水青山变成了金山银山，让乡亲们改变了贫困落后面貌，过上了富裕文明的生活。而在历年总共 300 多万名驻村干部中，有 1800 多人英勇牺牲。出生于广西百色的黄文秀，2016 年北京师范大学硕士毕业，毅然放弃在外地工作的选择，回到家乡支援建设，成为乐业县新化镇百坭村的第一书记。在她服务百坭村的 1 年多时间里，帮助百坭村发展电商，使砂糖橘等土特产远销全国各地。他为百坭村申请到通电的路灯项目，在村里走夜路不再需要手电筒。她挨家挨户走访全村 195 个建档立卡户，记录本上清晰地标注着每一户的致贫原因。在遭遇强降雨后，她冒雨奔向受灾群众，不幸遭遇山洪，将她的生命定格在 30 岁。1985 年出生于甘肃舟曲县的张小娟，2003 年考入中央民族大学，攻读历史系和旅游管理双学位，毕业后本留在北京工作。但在"5·12"大地震后，她决定回到灾后的家乡。2008 年，她成为舟曲县立节镇的一名驻村干部。在工作期间，她访遍了全县 208 个村的所有贫困户，为群众解决困难。2019 年 10 月，她在下乡返回县城途中，因车辆坠河不幸殉职，年仅 34 岁。还有来自江西修水县的一对"90 后"夫妻(吴应谱、樊贞子)，也在扶贫路上献出了最美的青春和宝贵的生命。脱贫攻坚要拔掉千年的穷根，不可能轻轻松松达到目标。广大人民群众和驻村干部多年以"为有牺牲多壮志，敢教日月换新天"的精神努力奋斗，才终于完成这一千秋伟业。

五、启迪与展望

以上从民本等四个方面展现 2020 年中华优秀传统文化融入现代生活的表现，极其粗略，仅仅示例而已，实际上起作用的也不仅这四方面。它们之间相互配合，又相互为用，使人们在现代社会生活中充满了深厚的文化底蕴。或许有人会认为，当代人的行为没有必要都同古代文化扯上关系。殊不知传统文化如果同现代社会失去了联系，那就不过是故纸堆中的死文字，形同博物馆中的陈列品一样。而真正优秀的传统文化，是能够形成文化传统代代相传的。它如同春雨"随风潜入夜，润物细无声"，积淀为人们的思维模式和行为方式，有的还被制度化，变成人们默会于心、倏然从之的行动。每到关键时刻，就会潜移默化地发挥出巨大的能量来。正如一位学者所说："文化是价值观念、思维方式，是生活样式、信仰习俗。前两者是理念，后两者是实践。理念只有运用到实践中才会有生命，若两者脱节，理念充其量不过是知识而已。"①2020 年大量的事例表明，古代的一些理念并没有同现实脱节，它们经

---

① 邢宇皓：《楼宇烈：传统文化唤起自尊与自信》，载《光明日报》2007 年 3 月 20 日第 12 版。

过创造性转化，真真切切地体现在人们的生活中。比如，中国先哲历来重视群体，民众中自古以来已经形成集体主义传统，反对以个人自由为名损害他人利益或整体利益。因此，在新冠肺炎疫情期间戴口罩阻断传染源这类事情，在中国绝不会像某些西方国家那样会成为政治争议话题，而是会成为大家共同遵守的准则。这个简单的事实告诉我们，文化是一个国家、一个民族的灵魂，时时刻刻影响着人们的言论行为，虽然人们习焉不察，却无时不在。中国近几十年改革开放取得成功，包括2020 年全面建成小康社会，除了当代人的奋斗，也源于中国绵延五千年从未中断的历史，形成了独具特色、博大精深的价值观和文明体系；源于中国形成了统一的多民族、拥有 14 亿人口而又在精神上和文化上高度团结统一的国家。著名国学大师章太炎 100 多年前说过："夫国学者，国家所以成立之源泉也。"①此诚追本溯源、不忘其根之定论也。

而今，我们又站在新的历史起点上。从"十四五"规划开始，我们将分两步走，到 21 世纪中叶，把我国建成富裕民主文明和谐美丽的社会主义现代化强国。在新的征程中，我们需要继续发挥中华优秀传统文化的作用。2021 年 3 月，习近平总书记考察福建武夷山，来到朱熹园，他表示：我们走中国特色社会主义道路，一定要推进马克思主义中国化。如果没有中华五千年文明，哪里有什么中国特色？如果不是中国特色，哪有我们今天这么成功的中国特色社会主义道路？我们要特别重视挖掘中华五千年文明中的精华，弘扬优秀传统文化，把马克思主义立场观点方法结合起来，坚定不移走中国特色社会主义道路。习近平总书记这里实际上提出了文化自信的问题，建设社会主义现代化强国，必须从古代文化中汲取精华增强文化自信。相较于一般的宣传鼓动，这种自信是更为基础、更为广泛、更为深厚的自信，拥有极为基本、极为深沉、极为持久的力量。至于弘扬优秀传统文化，把马克思主义立场观点方法结合起来，那是更高一层的要求，需要下更大功夫，非全社会用力不可。

---

① 章太炎：《国学讲习会·序》，载《民报》1906 年第 7 号。

　　在现实生活中，当今各类传媒中存在不少消解优秀传统文化的声音，是值得我们警惕的。即如上面提到的勤劳勇敢的美德，在"奶嘴文化"宣扬者那里，时常用享乐主义观点来加以挤兑、稀释，甚至希望取代前者，客观上的确影响了一部分受众(连传统意义上最基本的家庭责任都不愿承担了)。历代肯定的"大一统"，被不加分析地封以"专制主义"的恶谥，一味加以批判，对现实政治是有危害的。这些现象表明，对传统文化既需要继续发掘那些有益于当今社会的思想资源，也需要大力维护那些被实践证明有价值的优秀成果，这是摆在传统文化研究者面前的双重任务。我们相信，随着国家综合实力的不断提高，民族自尊心和自豪感不断上升，人们对传统文化的认识也会不断增强。以优秀传统文化这一源头活水助力现代化强国建设，伟大的事业必将奔腾向前。"周虽旧邦，其命维新"，而与之相伴随的优秀传统文化也必定历久弥新！

　　(作者为湖北省炎黄文化研究会理事、华中师范大学教授)

中华和谐思想的逻辑形成与辩证思维的螺旋演进

左亚文　　侯文文

思想的发展有其自身的内在逻辑。正如黑格尔所说，在思想的领域内，将其推向前进的"是这个领域的内容本身，是它（这个内容）在自身中所具有的辩证法"①。而这种辩证法在这里又表现为"内在的否定性"②。但"否定的东西同样也是肯定的东西"③，即"否定是某种规定的东西，具有规定的内容，内部的矛盾使旧的内容为新的更高级的内容所代替"④。思想发展的这种内在否定的逻辑是通过不断克服旧的内容的本质缺陷，同时提出与之相反的新的原则而展开的，普列汉诺夫将其称为"矛盾律"。和谐思维作为一种辩证思维其提出和回归所遵循的正是这种思想发展的内在逻辑，即"矛盾律"。

一、"一分为二"与"合二而一"的讨论

和谐辩证思维，从其原生的形态上来看，本来是中华传统的朴素辩证思维，因其不同于西方的辩证传统而呈现出东方的智慧特色。自我先祖开辟宇宙洪荒、创造文明社会以来，和谐思维就开始逐渐生成，并成为中华民族深入骨髓的文化模式和思维方法。在一定意义上，和谐思维已成为我们民族的民族心理、民族个性和民族品格的表征。

---

① 转引自列宁：《哲学笔记》，人民出版社 1974 年版，第 95 页。
② 转引自列宁：《哲学笔记》，人民出版社 1974 年版，第 97 页。
③ 转引自列宁：《哲学笔记》，人民出版社 1974 年版，第 95 页。
④ 转引自列宁：《哲学笔记》，人民出版社 1974 年版，第 95 页。

但是，自近代以降，随着西方文化的东来，特别是五四新文化运动对传统文化的批判性反思，西方的矛盾辩证思维开始引入我国并逐渐在文化界占据话语的主导权。1949年中华人民共和国成立之后，中国传统文化被贴上"封建主义"的标签而受到持久的批判，"文化大革命"则把这种批判推到极端，以至造成了对中国传统文化的全面"浩劫"。与之相反，西方的矛盾辩证思维则被抬到绝对的地位，而最终堕变为二分对立的"斗争哲学"，其结果是辩证法走向了自己的反面。

辩证法在我国的这种遭遇，典型的表现是对"合二而一"的批判。1964年，中国理论界发生了一场关于"一分为二"和"合二而一"的论争。在当时极不正常的政治环境下，这种正常的学术讨论后来转化为革命批判和政治迫害，使它成了预示后来"文化大革命"到来的一段小小的序幕。

本来，"一分为二"与"合二而一"都是我国古代哲学家对辩证思维的一种极为精炼而又通俗的表达。在中国哲学史上，正式提出"一分为二"命题的是北宋邵雍。他将"太极"或"道"看作宇宙的本源，由其分化出阴阳两个方面，并从中派生万物。他说："太极，一也；不动，生二，二则神也。"（《观物外篇》）"是故一分为二，二分为四，四分为八，八分为十六，……合之斯为一，衍之斯为万。"但真正把"一分为二"从宇宙演化中的一个环节提升为反映事物普遍本质的哲学范畴的是朱熹。在他看来，万物都是阴阳对立面的统一，"一分为二"是一个普遍规律。他说："'一'是一个道理，却有两端，用处不同。譬如阴阳，阴中有阳，阳中有阴……"不仅如此，朱熹还认为："一分为二，节节如此，以至于无穷，皆是一生两尔。"（《语类》卷67）这就是说，就阴阳两个方面而言，每一方面又可以分化出阴与阳的矛盾，这种分化是无限的。例如，"就一个阳上，又生出一个阳，一个阴。就一个阴上，又生出一个阴，一个阳"（《语类》卷67）。可见，"一分为二"在朱熹哲学中已成为对阴阳辩证法的一种本质概括。

在中国哲学中，"合二而一"则是对阴阳辩证思维的另一种概括，提出这一命题的是明清之际的哲学家方以智。他在《东西均》一书中谈到事物运动变化的内在原因时，提出了"交"这个概念。他说："'交'也者，合二而一也。"所谓"交"，是指对立面的相互交感、相互联结和相互贯通。在他看来，事物发展的内在原因恰恰在于阴阳对立面的彼此交感这种相互作用。他说："两者无不交，则无不二而一者。相反相因，因二以济。"对于"相反相因"，他又进一步解释说："所谓相反相因者，相救、相胜而相成也。"这就是说，相反的东西之所以能成为发展的原因，是因为它们之间既相互结合、补救，又相互对立、斗争（即"相胜"），因而相辅相成。可见，"合二而一"与"一分为二"一样，都是中国哲学家在论证阴阳辩证法时所运用的两种不同的表达法，只是前者强调"合"的作用，后者强调"分"的作用，但它们的基本含义是完全一致的。

然而，从 20 世纪 60 年代中期起，当"斗争哲学"在中国大地风行之时，"一分为二"便成为权威的对于矛盾辩证法的中国式表达，而"合二而一"则被斥之为折衷主义和调和哲学。这样，矛盾对立面的"合一性"和"统一性"就不敢讲了，剩下的就只是矛盾的"分离性"和"斗争性"了。

最早用"一分为二"来称谓对立统一规律的是陈伯达。1952 年 5 月 13 日，他在《毛泽东同志论革命辩证法》一文中写道："辩证法最核心的东西是对立统一，是'一分为二'。"但在当时的哲学界并没有引起多大的反响。可是到了 1964 年 8 月，《红旗》杂志第 16 期刊登了题为《哲学路线上的新论战——关于杨献珍同志的"合二而一"的讨论报道》一文，文章指出："'一分为二'这个术语，极其准确、生动而又通俗地表达了辩证法的核心即对立统一规律的实质。"而杨献珍同志提出的"合二而一"，则是系的彻头彻尾的形而上学。从这之后，我国哲学界就只能使用"一分为二"而不能是其他中国式术语来表达矛盾辩证法了。

在《我的哲学"罪案"》一书中，杨献珍说明了他为什么提出"合二而一"的思想经过。列宁在《哲学笔记》中有一处提到"任何事物都是由两个对立面构成的"[1]，并说这是一种光辉的辩证法思想。杨献珍在研读

---

[1]　列宁：《哲学笔记》，人民出版社 1974 年版，第 238 页。

这段论述时，就产生了想在中国古代哲学家寻找类似思想的想法。20世纪 60 年代初，他在方以智的《东西均》中看到了"合二而一"这个命题，感到这里的"合"有"构成"的意思，"二"即是"对立面"，于是就得出了这样的结论："'合二而一'，同'任何事物都是由两个对立面构成的'，都是中国和外国的古代思想关于对立统一思想的不同的表达法"。后来，杨献珍在高级党校讲课时讲过自己的这些想法，曾引起反响。

1964 年 5 月 29 日，艾恒武、林青山在《光明日报》上发表了《'一分为二'与'合二而一'》的文章，对"合二而一"作为对立统一规律的另一种表达法进行了更为具体的论证。

于是几乎在全国范围内，一场关于"一分为二"与"合二而一"的讨论展开了。

但是，时过三个月，作为党的机关刊物的《红旗》杂志公开发表了批判杨献珍的文章，把这种正常的学术讨论定义为发生在"意识形态的一场严重的阶级斗争"，"是当前国际国内尖锐复杂的阶级斗争在意识形态上的一种反映"，并指出，杨献珍提出"合二而一"论，"并不是偶然的，而是有目的有计划地用资产阶级的反动世界观，来对抗无产阶级的唯物辩证法的世界观"①。党刊对这场讨论的定性，不仅意味着"合二而一"从此成为被否定的观念，而且也决定了杨献珍必然被打倒的命运。

自此之后，在我国的哲学研究和宣传中，只能讲"一分为二"，不能讲"合二而一"；在讲"一分为二"的时候，又只能讲矛盾两个方面的"分离性""斗争性"，而不能讲"不可分离性""同一性"。这种发展的逻辑结果是，把马克思主义的唯物辩证法蜕变为"斗争哲学"，"斗争"成为辩证法的代名词。

正如列宁曾经所指出的，任何真理都有其自己的适用限度，如果超出这个限度，哪怕只"再多走一小步，看来像是朝同一方向多走一小

---

① 《哲学路线上的新论战——关于杨献珍同志的"合二而一"的讨论报道》，载《红旗》，1964 年第 16 期。

步，真理就会变成错误"①。"一分为二"即是如此。用"一分为二"这个易于被中国人所理解和接受的命题来概括唯物辩证法，是未尝不可的，但必须讲清楚"一"与"二"以及"分"与"合"的关系，而不能局限于字面表达，一味强调"分"与"二"，而忽略"合"与"一"。实际上，在马克思主义的唯物辩证法中，矛盾两个方面的"斗争性"和"同一性"是相辅相成的，它们不仅相互对立、相互反对、相互斗争、相互冲突，而且相互依存、相互渗透、相互协调、相互补充。"斗争性"和"同一性"并不是两个独立的不同的东西，而是同一个东西的两个不同的方面，它们是二而一和一而二的问题。因此，如果要用通俗简明的中国语言来表达唯物辩证法的话，用"一分为二"可，用"合二而一"亦可。但正因为这种表达的通俗性和简明性，所以需要说明和解释，特别需要阐明矛盾两个方面的"分"与"合"的关系，否则就会使辩证法走向反面。

20世纪60年代中后期，我国对"合二而一"的批判以及对"一分为二"的片面宣传，是在"以阶级斗争为纲"的年代里，"左"的政治路线在哲学理论上的反映。正如"左"的错误是背离马克思主义的一样，排斥"合二而一"的"一分为二"也是违背唯物辩证法的。

十一届三中全会以后，随着政治上的"拨乱反正"，在哲学理论上对"左"的教条主义的批判成为思想解放的重要任务。在"一分为二"与"合二而一"的问题上，加在杨献珍头上的莫须有的"罪案"被推倒了，"斗争哲学"开始退出历史的舞台，"一分为二"与"合二而一"重新结合起来，从而恢复了辩证法在这个问题上的本来面目。

今天，当我们回过头来再次反思发生在40多年前的这场争论，当我们撩开政治斗争的面纱，冷静地审视深藏其中的深层理论根源，我们终于认识到，"合二而一"与"一分为二"其实代表的是东西方两种不同特征的哲学辩证方法。前者代表的重统一、同一、和调的东方和谐辩证方法，后者代表的是重斗争、对立、冲突的西方矛盾辩证方法。但在当时，要达到这种认识，还需要经历一个艰难的探索过程。

---

① 《列宁选集》第4卷，人民出版社1995年版，第211页。

二、"一分为三"和"一分为多"的提出

20 世纪 80 年代初，当"合二而一"论得到平反，"一分为二"与"合二而一"的辩证关系得到恢复的时候，一些理论工作者开始思考"一分为三"和"一分为多"的问题。

由于长期以来对"一分为二"的片面宣传，"一分为二"与"合二而一"不仅被割裂开来，"一分为二"也被推到了绝对化的困境。特别是在全民大学哲学的年代里，"一分为二"被当作一个公式到处乱套。例如，人们被"一分为二"，不是革命，就是反革命；不是朋友，就是敌人；不是"左派"，就是"右派"，第三道路是不存在的。社会现象被"一分为二"，不是姓"社"，就是姓"资"，不打上阶级烙印的现象是不存在的。甚至人的感情也被"一分为二"，不是这个阶级的感情，就是那个阶级的感情，人们之间的亲情、友情都被冷冰冰的阶级感情消解掉了。在认识领域，不是唯物主义，就是唯心主义，不是真理，就是谬误，似乎相互交织、渗透的情形是不存在的。总之，世界的一切事物乃至自然界的现象都被强制性地套在固定不变的"一分为二"的框架之中，不管其具体情形究竟是怎样的。于是，"一分为二"这个辩证法的原型最终变质为僵化的、直线性的、非此即彼的、二值对立的形而上学思维。

"一分为二"的这种遭遇，固然有其应用和理解上的错误，但也说明了它与任何真理一样，其理论覆盖面不是无限的，也有适用的时空限度，如果超出这个限度，它就向反面转化。实际上，无论在社会历史领域，还是在人类思维和自然界，"一分为三"和"一分为多"的情形是比比皆是的，事物本来就是一个由多要素组成的有机集合体。

正是对"一分为二"的这种反思，促使理论界的一部分同志思考"一分为二"的局限性以及如何发展唯物辩证方法。在此背景下，从 20 世纪 80 年代初开始，人们开始谈论"一分为三"和"一分为多"的问题。

1982 年《争鸣》杂志第 3 期发表了署名坚毅的文章《"一分为三"新议》，文章公开提出了"一分为二"不是矛盾的"唯一形式"，除此之外，

"还存在着'一分为多',其中'一分为三'又是较为普遍的"这样一种令人耳目为之一新的观点。

坚毅在文章中首先列举了从自然科学、社会科学到思维科学领域的大量事例,说明"一分为三"是一种普遍现象。例如,在自然科学领域,除了正数和负数、微分和积分外,实际上还存在着中性数,零就是这样的"既不是正数又不是负数的唯一真正的中性数"(恩格斯语)。在物理学中,现代物理学认为,原子就是由原子核和电子这两种实体和电子场组成的统一体;原子核则是由质子和中子这两种实体和介子场组成的统一体,如此等等。在社会科学领域,社会结构是"一分为三"的:生产力、生产关系和上层建筑。生产力和生产关系都是由三大要素构成,如此等等。在思维科学领域,形式逻辑在反映和研究客观事物时就运用概念、判断和推理三种思维形式,辩证逻辑在研究人们的认识和思维规律时,也是"一分为三"的,即感性的具体、抽象的规定和思维的具体,如此等等。

当然,规律不是实例的总和,文章接着分析了产生"一分为三"的根据。作者首先认为,世界上一切客观的现实的事物都处在三维空间之中,因此人们必须运用"立体的方法"对其进行观照。其次,客观事物的发展有的要经历一个肯定—否定—否定之否定的过程,有的则是经历此物—亦此亦彼物—彼物的过程,这也必然出现中间阶段或中间环节,如处于无脊椎动物与脊椎动物之间的文昌鱼,处于爬行类与鸟类之间的始祖鸟,处于鸟类与兽类之间的鸭嘴兽,处于猿类与人类之间的有类人猿等。正是根据这些原因,作者得出了这样的结论:事物的"一分为三"决不是偶然的,而是具有一定的必然性。

此文发表之后,在理论界引起了热烈的争鸣。由于传统惯性的作用,在开始时有相当一部分同志仍然坚守"一分为二"这一思维模式,不愿承认和接受任何其他的辩证思维方式的存在。例如,有的人认为,"矛盾"就是对立面的统一,就是"一分为二",怎么能说是"一分为三"呢?这样的反驳只是在自己所设定的思想范围内作循环论证而已,其实质是把自己封闭起来,拒人于千里之外,因而这样的批评意见不过是旧思维方式的一种自然反弹。其中最具代表性的是林青山、李烈炎的文章《"一分为三"是唯物辩证法的命题吗？——与持"一分为三"的观点者商榷》。该文虽然已认识到，在一个大系统中，总是有多种矛盾并存，而不可能只存在一种矛盾；但是它却坚持认为，这些并存的矛盾却只是一种矛盾和另一种矛盾的外在的相互关系，就每一对来说，还是一分为二。例如，社会就存在生产力和生产关系、经济基础和上层建筑两对基本矛盾和四个方面，这两对基本矛盾之间是一种矛盾和另一种矛盾的关系，而不是一个事物内部的"一分为三"或"一分为多"。这种观点的症结就在于无法超越传统的二元、二值的思维模式，它虽然触摸到了"系统"，但由于受旧的思维方式的禁锢，却与真理擦肩而过。

与此同时，更多的人则欣然接受了"一分为三"的观点，另有一些人虽然并不完全同意这种观点，但是对这种新探讨却持开放的赞赏态度。例如，1982 年初，武汉大学哲学系曾邀请庞朴先生专门来校做关于"一分为三"的专题报告，在广大师生中产生了热烈的反响。

正是在这种宽容、宽松和热烈的学术气氛中，人们的认识逐渐趋于一致。在这一过程中，美籍奥地利理论生物学家贝塔朗菲（L. V. Bertalanffy，1901—1972）的系统论开始被介绍到我国，这无疑给了正在探索中的学人们以思想的启迪和催化作用。如果说"一分为二""合二而一"可以看作矛盾规律的中国式表达的话，那么，"一分为多"则可以看作系统论的通俗概括。因此，在改革开放之初，当学术界在思想解放号角的鼓舞之下，试图冲破二值对立的斗争型思维方式的束缚，思考和探索新的辩证思维方式，并开始独立地接触到"系统"的一些辩证思维方法时，来自西方的成熟的系统论正好切合了这种需要。这种自我探索和外在理论的"相遇"和"契合"，把我国哲学界对辩证思维的探索推进到了一个新阶段。正是在这样的基础之上，理论界逐渐达到了这样的思想共识：任何事物都是一个由多层次、多要素组合起来的动态系统，它包含的方面几乎是无限多样的，因此，它既不限于"一分为二"，也不囿于"一分为三"，而是"一分为多"；但是，人们对事物的考察总是根据一定的需要，从某一角度或侧面出发，去分析、解剖事物的某几个方面，因而事物对于其认识主体来说，既可以是"一分为二"，也可以是"一分为三"，还可以是"一分为四"或"一分为五"。至于我要考察事物哪几个方面，这是由事物的客观属性和认识任务决定的。但是，需要指出的是，"一分为二"在认识中仍然具有特殊重要的意义，因为对于任何一个系统，当你着手对其进行考察的时候，你就必须运用"一分为二"即矛盾分析的方法进行具体分析。例如你要考察社会这个大系统，就必须深入社会内部，具体解剖社会结构，分析经济的、政治的和文化的各种社会关系，把握它们之间对立统一的关系特征。系统和环境之间也是一种对立统一的关系，离开对立统一即矛盾的分析方法，我们将重新落入抽象思辨的窠臼。因此，"一分为二"的方法仍然是我们认识问题的最基本的方法。与此相联系，"一分为三"在认识中也具有十分重要的作用，因为对立两极的融合、统一就形成一个"亦此亦彼"的第三者，这个第三者实际上是一个现实的存在。例如，弗洛伊德把人格划分为本我、自我和超我，本和超我是对立的两极，自我则是把这两极以扬弃的形式融合、统一起来的第三者，而这个第三者即自我就是现实的我。再如，自由与必然、必然与偶然、绝对真理与相对真理、本质与现象、内容与形式主义等都不是两个不同的事物，而是同一个事物内容包含的两个不同的方面，这两个方面的融合、统一而形成第三者即现实的存在。因此，"一分为二"的矛盾关系也可作"一分为三"的分析。这种"一分为三"的分析，不仅能够把对问题的认识引向深入，而且往往能保证辩证思维的实现，防止陷入非此即彼、两极对立的思维误区。

当然，"一分为三"还有另一种含义，即任何事物都可以区分为三个基本方面。这不仅是因其发展都要经历肯定—否定—否定之否定三个基本阶段，而且因其内在结构亦必然要分化为上中下、左中右、前中后三个层次。因此，在一定意义上，"一分为三"可以看作辩证思维的一种相对独立的形态。

但是，"一分为二"也好，"一分为三"也好，都不能代替"一分为多"。这是因为事物本来就是一个由多要素组成的有机系统，并不仅仅只是包含两个方面或三个方面。用矛盾的观点看，一个大的事物，必然有多对矛盾并存，要说明这些矛盾之间的内在关系，就必须超越"一分为二"或"一分为三"的思维框架，把它们看作一个有机系统内的构成要素，然后用"一分为多"的方法去分析它的诸多方面及其内在联系，这样才能认识事物的全体，把握事物的本质。例如，就社会来说，我们可以从网络系统的角度，将其看作一个由经济、政治、文化、生态、社会管理等诸多要素相互联结、相互渗透、相互作用而形成的"一分为多"的立体有机系统，这在理论形态上就呈现出为"立体网络模型"。这种理论模型与马克思主义唯物史观所构建的生产力—生产关系（经济基础）—上层建筑之间由前者层层决定后者、再由后者层层反作用前者的"金字塔模型"，显然是有所不同的。就这两种理论模型来说，它们各自从不同维度揭示了社会发展的本质规律及其运行机制，我们既不能用后者取代前者，也不能用前者取代后者。

这两种理论模型也可以相互为用。例如，我们在运用唯物史观理论分析生产力时，就可以借用系统论的观点。因为生产力本身就是一个系统，它不仅包含了劳动者、劳动资料和劳动对象这些实体性要素，而且包含了科学技术、教育、管理以及哲学社会等渗透性要素，如果不用"一分为多"的方法，就难以把握生产力内部诸多要素及其内在结构。同样，我们在运用系统论的观点考察经济与政治或文化的关系时，也可以借用唯物辩证的方法，具体分析它们之间的"对立统一"的关系，假如不用这种矛盾的方法，就难以把握它们各自之间的真正辩证的关系。因此，"一分为多"的提出不是偶然的，它不是某个思想家内心激动的产物和主观的发现，而是在现代社会发展日益全面化和复杂化的条件下，在"一分为二"被推向极端而陷入二元对立的困境时，人类认识必然要向前发展的合乎逻辑的结果。

由此可知，无论是"一分为二""合二而一"，还是"一分为三""一分为多"，它们都是关于事物本质及其规律的辩证法命题，都在各自的视域内揭示了事物的特定的本质属性。因此，它们之间相互补充、相互为用，并非一个取代另一个的关系。20世纪80年代初以来，理论界以"一分为二"和"合二而一"的争论开始，经过"一分为三"，最后达到

"一分为多"的认识，实际上反映了在辩证思维的范围内人们认识的不断深化。"一分为二""合二而一"以及"一分为三"属于同一层次的命题，揭示的是事物内部两种基本力量的既对立又同一的关系，"一分为三"的第三个方面实质上是对立两极的融合和统一，因而是"一分为二"的另一种表现。"一分为多"则是现代认识的产物，它是在"一分为二"和"一分为三"基础上发展起来的新的思维方法，"一分为三"不过是现代系统论的通俗表达。

三、系统辩证法的建构

贝塔朗菲的系统论引入我国之后，一些学者开始思考将系统论的观点提升到哲学本体论的高度来加以研究，因而提出了"系统辩证法"或"系统辩证学"的概念，并力图建构一种新的辩证法的理论形态。乌杰先生的"系统辩证学"就是这种思考和研究的结晶。

1988 年，乌杰先生出版了其专著《系统辩证论》，随后又主持创办了《系统辩证学学报》，大力宣传和倡导系统辩证法思想，在全国特别在学术界产生了积极和广泛的影响。

一般系统论是指运用逻辑和数学的手段，从定性和定量的结合上，研究和描述系统的一般原则、模式及其规律的科学，其创立者是贝塔朗菲。他在研究"有机生物学"的过程中，在总结自己研究成果的基础上，提出了具有普遍意义的一般系统论的观点，并于 20 世纪 30~40 年代创立了这门新兴的综合性科学。

系统论的最基本的内容是对系统属性的论证和对系统方法论的说明。它认为，世界上万事万物，从宇宙世界到基本粒子，从自然界到人类社会，都是一个系统。所谓系统，贝塔朗菲在他的《一般系统的历史和现状》一书中是这样定义的："系统的定义可以确定为处在一定的相互关系中并与环境发生关系的各组成部分(要素)的总体。"根据这一定义，贝塔朗菲具体地阐述了系统所具有的非加和的整体性、等级性和开放性的基本属性。

从本质上看,系统论的基本思想和基本原则即是哲学的本体论亦即辩证的方法论,但它与传统的辩证法相比,又呈现出现时代的显著特征,因而成为当代哲学的新形态即系统辩证法。如果说传统的辩证法——不论是西方的矛盾辩证法还是东方的和谐辩证法——其致思重心在于事物的二分、二元、二维的辩证关系的话,那么,系统辩证法的致思重心则在于多分、多元、多维的辩证关系。

在我国,乌杰先生是构建系统辩证论(系统辩证学)的第一人。1988年其《系统辩证论》正式问世之后,不仅在我国产生了广泛的影响,而且被译成英文,在国外得到了一定的传播。1991年和1997年,该书出了第二版和第三版。2003年,该书更名为《系统辩证学》,并进行修订再版,由中国财政经济出版社出版。乌杰先生的系统辩证学不是简单地介绍和移植西方的系统论思想,而是把它与唯物辩证法相结合,用系统论的观点来深化和发展唯物辩证法;同时,根据现代科学技术的发展以及当今社会实践的新变动,对系统论中蕴含的系统辩证法的基本范畴、基本观点、基本原理、基本规律,进行了全面的改造、清理和重释,将其引入认识论、方法论和价值论,特别是把它应用到我国改革实践和当今世界的发展之中,提出了不少有价值的新思想和新观点。

乌杰先生认为,系统辩证学是结合现代科学的研究成果和新的理论成就,以客观系统物质世界为研究对象的一门哲学科学。它是对辩证唯物主义哲学的补充、丰富、完善和发展,是当代哲学的新形态。他指出,人类的认识经历了这样一个过程:"由从前的'实物中心论'到'矛盾中心论',进而又到'系统中心论,即由'物质世界'、'矛盾世界'转向'系统联系世界'。这表明认识的深化和发展是一个过程。"①与这一过程相对应的是人类思维的发展。"如果说形而上学思维侧重的是'一'的思维,是单一的,是一成不变的和单值的思维;那么,矛盾辩证思维侧重的是'二'的思维,是'一分为二'或'分'的思维;而系统思维则侧重的是'多'的思维,是'整体'的思维,是系统联系、整体优化的思维。

① 乌杰:《系统辩证学》,中国财政经济出版社2003年版,第56页。

后两种思维是人类思维领域迄今所取得的最大成果。尤其'多'的思维、系统的思维是一种最新的成果。"①

就其内容来看，系统辩证学是一个由特定的范畴、观点、原理和规律构建起来的科学体系。它从系统的观点出发，论证了物质世界的系统辩证性，包括系统观、过程观和时空观；阐明了系统辩证学的基本规律，包括自组织涌现律、差异协同律、结构功能律、层次转化律、整体优化律以及一系列范畴的本质内涵；揭示了系统辩证学的认识论、方法论和价值论意义及其在当代实践中的应用。其中最富创意的是用辩证的观点，辩证地论明了系统辩证法与唯物辩证法的辩证关系。在论述差异协同律时，乌杰先生明确地辨析了其与对立统一规律的异同关系，指出差异协同律引用差异原理、协同原理和自组织原理来阐述系统物质世界运动的规律，深化和发展了对立统一规律。"差异协同律对于'一分为二'的理解，已不是传统意义上的理解，而是系统的、多极的、非线性的、耦合循环的理解。"②"一分为二"揭示了事物内部所包含的两个方面和两重属性的"对立统一"关系，对于理解矛盾辩证法起了重要作用。"但它并不能揭示事物发展的全过程、演化的全部内涵和全部结局，也不是最科学的表述。"③这是因为，辩证法既要讲"分"，又要讲"合"，只讲"分"不讲"合"，必然要引申出"斗争哲学"。所以，"差异协同律认为，'一分为二'加'合二而一'才是对立统一的较为完整的表述"。④

进一步，乌杰先生具体地分析了差异、差别和对立、斗争的关系。其一，在现实的社会生活中，绝大多数的差异不会转化为对立斗争，它们大都通过系统内的竞争、涨落、协同、选择、融合、共振、对话而转化为合力与动力，以此推动世界系统和谐一致的发展。其二，协同产生合力、动力，合动力比起分动力来，更能推动系统整体的发展。其三，差异是系统发展的常住阶段，对立是差异发展的特殊阶段，斗争是差异

---

① 乌杰：《系统辩证学》，中国财政经济出版社 2003 年版，第 32 页。
② 乌杰：《系统辩证学》，中国财政经济出版社 2003 年版，第 87 页。
③ 乌杰：《系统辩证学》，中国财政经济出版社 2003 年版，第 87 页。
④ 乌杰：《系统辩证学》，中国财政经济出版社 2003 年版，第 87 页。

发展的非常阶段。差异孕育着对立和斗争，但绝不等于就是对立和斗争。其四，差异的竞争、涨落和协同、融合，比之于对立和斗争更具有普遍性和客观性，更接近系统物质世界的本质。而且处于对立和斗争阶段的事物，只要从系统整体的优化出发，也会出现协同发展、和谐一致的可能。

但是，乌杰先生的系统辩证学并没有否定唯物辩证法的应有价值，相反，"系统辩证学一开始就把唯物辩证法的基本原则作为自身立论的基础，但又不满足于它，并综合地发展了它"①。综观全书，乌杰先生是力图将"一分为二""合二而一"与"一分为多"辩证地统一起来的，这是贯穿全书的一个基本指导思想。

除此之外，乌杰先生在论述结构功能律和整体优化律时，对于它们如何深化和发展了质量互变规律和否定之否定规律，也做了具体的论证。他的指导思想是十分明确的，这就是随着时代的发展和科技的进步，人们需要超越二分对立的思维模式而确立起系统辩证的思维方法，而系统辩证方法又以扬弃的形式包含了"一分为二""合二而一"与"一分为多"的思想于自身之内，因而成为更高发展阶段的现代辩证法的新形态。

乌杰先生的《系统辩证学》是系统辩证方法在我国辩证思维领域逐渐争得自己的一席之地的一个最集中的反映。实际上，在我国，还有不少学者在不懈地研究和宣传系统辩证论的思想，并运用它来分析和指导社会实践。现在，无论你是从事自然科学还是社会科学研究，抑或进行领导和管理活动的决策，都离不开系统辩证思维的指导。在一定的意义上，系统辩证思想已经成为我们这个时代的哲学精神。

然而，人类辩证思维演进的道路是曲折的。在我国，还有相当多的人由于受传统思想的束缚，并未能从传统的二分对立的思维方式中走出来，头脑里还残存着"斗争哲学"的阴影；有一部分人尤其是那些从事科学和理论研究的人士，他们并不反对系统辩证法，甚至在自觉不自觉地

---

① 乌杰：《系统辩证学》，中国财政经济出版社 2003 年版，第 93 页。

运用系统辩证法分析和解决问题，但是，却不能从理性上认识和理解传统辩证法和系统辩证法的内在联系，因而也就不可真正辩证地运用它们。

最为关键的是，辩证思维是一种多维的、多值的开放性思维，这就决定了辩证思维的形态不是单一的，而是多样的。除了源自西方的矛盾辩证法和系统辩证法，还有出自我们古老东方的和谐辩证法，随着历史的发展，必然会有更为新型的辩证法形态涌现出来。辩证思维的发展，从纵向看，它呈现出一个由低级到高级、由简单到复杂的深化过程；从横向看，它则是一个由一维到多维、由单线到多线的拓展过程；而纵横两个方面的发展，又不是各自独立的，而是处在相互包蕴、相互促进的辩证关系之中。对于这一点，无论是过去还是现在，还不能被大多数人所认可和理解。

因此，辩证思维发展的逻辑注定了它必然要彻底冲突单一的和狭隘的思维构架，合乎逻辑地向多维、多样的方向艰难地向前演进。

四、和谐辩证法的出场

今天，我们很难确定究竟是谁最先提出了"和谐辩证法"的概念，而这种考证也没有多大意义。我们需要弄清楚的是在和平与发展成为时代主题、中国的改革开放呼唤和谐的理念与和谐思维的历史条件下，和合文化如何升华为和谐辩证思维，从而被推到理论的前台。

从我们所掌握的资料看，钱穆先生早在 20 世纪 40 年代就提出中国文化的特点是"好合""喜合"，强调"和凝为一""融会协调"。成中英先生在 1977 年发表了《构建和谐辩证法》一文，对和谐辩证法的内涵及其理论构建作了初步的阐述。但这些都是纯学理上的思考。真正从时代的根本需要出发，契入时代精神，抽象和凝练出和谐的思想，并提升到哲学本体辩证法的高度，则发生在 20 个世纪 80~90 年代。即便在此时，我们也很难说谁最先对和谐问题作出了哲学辩证法的思考。应该说，当时有一批有识之士不约而同地从各个不同的角度在思考和探索这个问题。在这一过程中，张立文先生的"和合学"研究及其成果起了重要的奠基作用。张先生虽然把他所建构的宏大的"和合学"体系确立为"21世纪文化战略的构想",并反复强调其价值观和文化战略思维的意义,但实际上已涉及"和合哲学"的问题。张先生的《和合学概论——21世纪文化战略构想》一书不仅对中华和合文化的源流进行了梳理,而且探讨了作为形上和合哲学的基本意蕴。张先生在该著中指出,对和合精神的追寻,必然要上升到形上之维,达致形上之境,因而对形上的和合哲学进行了专门的探讨。他认为,"和合体自身就是一存有的方式"[1],"和合的本质,即和合所是"[2]。这就是说,和合作为一是者,既是其是,亦即是其所是,我们不能在和合之上或之外追寻是或者所是。通俗地说,和合即是事物的存在方式,事物只能以这种方式存在,而不能以别种方式存在;同时,和合亦是事物生生不息的源泉,是和合体赖以存在和发展的根据和根源。

除此之外,张先生的"和合学"还深入到和合的内部,具体地探讨了和合的本质内涵,亦即和合内部所包含的阴阳对待和合与系统要素和合的辩证关系。张先生明确地界定了和合的三层内涵:"其一,是诸多性质不同或对立的要素、事物所构成的和合体,即统一体;其二,是相互差异、对立的东西互济互补,以达到平衡、均平、和谐;其三,是平衡、和谐为了形成新的和合体,即新东西、新事物的产生。"[3]正是事物内部的这种阴阳对待和合关系以及诸多差分要素间和合关系,推动着事物的变易和发展。在此基础上,张先生提出了构建一个新的和合本体哲学及其辩证思维的设想。

在 20 世纪 90 年代中后期所兴起的关于"和合文化"的讨论中,不少学者的文章实际上都已涉及和谐辩证思维方式的问题,例如,邢贲思

---

　① 张立文:《和合学概论——21 世纪文化战略的构想》上卷,首都师范大学出版社 1996 年版,第 443 页。

　② 张立文:《和合学概论——21 世纪文化战略的构想》上卷,首都师范大学出版社 1996 年版,第 442 页。

　③ 张立文:《和合学概论——21 世纪文化战略的构想》上卷,首都师范大学出版社 1996 年版,第 467 页。

先生把中华和合思想概括为"整体系统观念"，即"从整体上认识世界、改造世界的系统观念"，而整体系统观实质上是一种思维方式。季羡林先生则明确地把东方文化定义为"综合思维模式"，并以此与西方文化的"分析思维模式"相对照。还有一些人士甚至把"和谐"作为哲学辩证法的一个范畴进行了专门的研究，如李殿斌先生提出："和谐是事物本质中差异面的统一，是事物存在和发展的一种状况，它是反映矛盾统一体在其发展过程中对立面之间所表现出来的协调性、一致、平衡性、完整性和合乎规律性的辩证法范畴，它是矛盾同一性的表现形式之一。"①

但是，在这一阶段，大多数的文章主要还是从价值观念和思想理念的角度来谈论"和合"或"和谐"的，其目的也主要是发掘传统文化中的和合资源，克服以往"斗争哲学"的消极影响，以便为改革和建设的实践服务。

然而，中华和谐思想在根本上是一种哲学的本体论，即独具东方智慧特色的辩证思维，而要让这种曾遭到无情批判和唾弃的东方辩证法明珠重现光彩，就必须从辩证法的形态上来揭示它的精神实质及其独特价值，并辨明其与西方矛盾辩证法以及辩证法本身的内在关系，只有在这样的基础上，我们才能真正体认和谐辩证法或和谐辩证思维在整个无限发展着的人类辩证法中所占有的不可替代的地位，也才能真正认清西方的矛盾辩证法的实质及其视域界限。在探讨中华和谐思想的时候，如果我们不能从辩证法形态的高度来把握它的话，就不能理解它的内在本质；在理解它的内在辩证本性的时候，如果我们不能从中西辩证思维的对比中认识它的话，就不能判别它的智慧特色；在判别它的智慧特点的时候，如果我们不能从一个多维、多样的视野来看待它的话，就不可能真正从一个辩证的观点来处理中西辩证法的辩证关系。

（作者分别为湖北省炎黄文化研究会理事，武汉大学教授、博士生导师；武汉大学博士生）

---

① 李殿斌：《简论和谐论》，载《河北师范大学学报》1998 年第 4 期。

毛泽东对儒家道德的传承简论

孙君恒　李　祎

毛泽东是儒家道德的继承者，现在仍然难以找到像他那样认真、仔细、全面解剖儒家道德的人，而毛泽东作为革新者，尤其是在个人晚年因为林彪事件而发动批判孔子的运动，对儒家道德的否定，带来了严重的问题。为了全面把握毛泽东思想，有必要完整收集毛泽东对儒家道德的思想，把毛泽东和儒家道德的关系进行比较全面的研究，深入探讨其得失，进行系统的历史整理、归类。这对现在的道德建设继承中国古代优秀传统，培养中华民族的道德情操，吸取历史经验和教训，也有借鉴作用。

一、国内外研究简况

国内，学者研究毛泽东与儒家道德的关系，突出的成果是中央党校许全兴教授的《毛泽东与孔夫子》（国家社会科学基金课题，人民出版社2003年版）。在许全兴教授的书里，有关于毛泽东对孔子的道德研究，指出孔子思想以仁为基础，"仁在孔子后闹得一塌糊涂"，毛泽东对"仁"进行了历史唯物论的批判，并且"我们还要提倡父慈子孝"，同时对"知、仁、勇"进行了哲学评析，说明德治思想及其双重影响。但是，由于许先生的研究是从总体上说明毛泽东和孔子的关系，对道德方面的探讨，仅是九篇内的一篇，儒家的思想家阵容中的孟子、朱熹、王阳明、王夫之等没有涉及，对毛泽东喜欢谈论和评价的儒将关公、岳飞的道德品格也没有论述。其他研究书籍，例如《毛泽东的文化性格》《毛泽东眼中的历史人物》《毛泽东这样学习历史这样评点历史》《毛泽东读史有学问》等，从不同的侧面，记载和再现了毛泽东对于儒家思想的关注，很有线索参考价值，但是进行专题的、集中的对毛泽东与儒家道德的关系传承研究，仍然比较欠缺。

国外，学者的探讨往往着重毛泽东的传记、毛泽东对中国和世界历史发展的影响。例如，费正清教授的《剑桥中华人民共和国史》只是通史说明，魏斐德的《历史与意志：毛泽东思想的哲学透视》（中国人民大学出版社，2005 年版）提到毛泽东和儒家道德的内容仅仅有礼治、道德教化、节俭、伦理信念等四条。施拉姆的《毛泽东的思想》、史华慈的《中国的共产主义和毛泽东的崛起》等研究，由于资料和文字方面的局限，对毛泽东的个人故事、社会背景和历史影响进行了广泛的说明，但是对毛泽东与儒家道德的具体、深入的探讨，显得比较匮乏。

二、毛泽东的儒家道德认识心路

毛泽东对儒家道德的认识过程，包括青年时代的毛泽东、革命时期的毛泽东、建设时期的毛泽东、"文化大革命"期间的毛泽东对孔子和儒家道德认识的历史。

青年毛泽东，把孔子当作圣人，十分崇拜和尊敬。立志以"言天下国家之大计，成全道德，适当于立身处世之道"①，作为自己的人生追求。他深信，"内省不明"则无以立身，只有通过持之以恒的"尽吾之性，完吾之心"的道德实践，使自己达到内圣的人格境界，即"发展吾之一身，使吾内而思维、外而行事，皆达正鹄"②。1917 年 8 月 23 日，毛泽东在致黎锦熙的信中说：圣人，既得大本者也；贤人，略得大本者也；愚人，不得大本者也。圣人通达天地，明贯过去现在未来，洞悉三界现象，例如孔子的"百世可知"，孟子的"圣人复起，不易吾言"。这

---

① 中共中央文献研究室、中共湖南省委《毛泽东早期文稿》编辑组：《毛泽东早期文稿》，湖南出版社 1990 年版，第 84 页。

② 中共中央文献研究室、中共湖南省委《毛泽东早期文稿》编辑组：《毛泽东早期文稿》，湖南出版社 1990 年版，第 204 页。

里明确指出孔子为"既得大本"的圣人，表明了毛泽东对孔子的崇拜。1917 年 11 月，毛泽东主持湖南第一师范工人夜学的开学仪式，程序之一就是向孔子像，行三鞠躬礼。毛泽东在《夜学日志》中亲笔记道：在仪式上，师生员工"整队向国旗、孔圣行三鞠礼，职教、学生相向互行一鞠躬礼"。孔子思想对青年毛泽东的深刻影响，显而易见。毛泽东受时代思潮和传统道德的影响，认为改造中国"宜从哲学伦理学入手"。在他看来，哲学探讨宇宙观要是能得大本大源就会成圣人，所以毛泽东提出"普及哲学"的治国之道："人人有哲学见解，自然人己平，争端息，真理流行，群妄退匿"，"普及哲学"可使"天下皆为圣贤，而无凡愚，可尽毁一切世法，呼太和之气而吸清海之波。孔子知此义，故立太平世为鹄，而不废据乱、升平二世。大同者，吾人之鹄也。"青年毛泽东诚心诚意地致力于道德品行的修炼，但他越是真诚地进行道德反省，就越产生出深切的道德紧张感，即一种对于自身道德功夫难以企及圣贤气质的忧患意识，以"夙夜危惧，愧对君子"。①

革命时期的毛泽东，对孔子大多肯定。1937 年 10 月 19 日，毛泽东在纪念鲁迅逝世一周年的大会上说，鲁迅在中国的价值，要算是中国的第一等圣人，孔夫子是封建社会的圣人，鲁迅则是现代中国的圣人。1938 年 10 月，毛泽东在中共六届六中全会上向全党提出研究历史时指出："从孔夫子到孙中山，我们应当给以总结，承继这一份珍贵的遗产。"②"从孔夫子到孙中山"的提法，表达了毛泽东对孔子在中国历史长河上的定位。1973 年 5 月，在谈到郭沫若的《十批判书》时，毛泽东又说："从孔夫子到孙中山，从乌龟壳（甲骨文）到现在，都要进行研究、总结。"毛泽东常以孔子事迹为例，开导人们。例如 1930 年的《反对本本主义》中说，没有调查就没有发言权，提倡"学习孔夫子的'每事问'"。1942 年的《反对党八股》中称赞孔子的学习态度："知之为知之，

---

① 中共中央文献研究室、中共湖南省委《毛泽东早期文稿》编辑组：《毛泽东早期文稿》，湖南出版社 1990 年版，第 19 页。
② 《毛泽东选集》第二卷，人民出版社 1991 年版，第 534 页。

不知为不知，是知也"，并提出要"不耻下问""学而不厌，诲人不倦"。

　　建设时期的毛泽东，能够按照儒家的孝道传统祭祀父母，并且对孔子赞扬有加。1959 年 6 月 26 日清晨，毛泽东就去谒拜家乡父母的陵墓，在坟前深深地鞠了 3 个躬，并且默默地沉思，表示"前人辛苦，后人幸福，下次再来看你们"。毛泽东和罗瑞卿交谈时说："我们共产党人不讲迷信，但生我者父母，教我者师长，不能忘。"1958 年 5 月，毛泽东就破除迷信问题讲话时，举了古今很多学问少的打倒学问多的例子，其中说道："孔夫子当时也没有什么地位，他当过吹鼓手，后来教学。他虽然做过官，在鲁国当过'司法部长'，鲁国当时只有几十万人口，相当于我们现在县政府的司法科长，他还做过管钱的小官，相当于我们农业社的会计，可是他却学会了许多本领。"1959 年夏天，毛泽东与孔从周将军谈话时又说："你先人孔子是伟大的政治家、思想家、教育家嘛！我幼年读的就是'子曰：学而时习之，不亦乐乎'一套。要不是孔夫子，我连字可能都不认识哩！"1964 年 2 月 13 日，毛泽东在春节座谈会上谈教育问题时，充分肯定了孔子的教育思想。毛泽东对主管教育工作的同志说：孔夫子的传统不要丢。在谈话中，毛泽东还以赞赏的口气讲了孔子的经历，说明孔子的学问是从实践中自学得来的。毛泽东认为，孔子这个人爱说老实话，为此吃了不少苦，挨了不少骂，其老老实实为人处世的做法值得赞扬。

　　毛泽东从崇拜孔子到怀疑、反省、批评孔子，自 1919 年 7 月开始。他主编《湘江评论》创刊号，发表了四则揭露康有为等人"尊孔"丑行的短评。这是他早期文稿中最早的"批孔"文字，标志孔子的权威已开始动摇，发生了思想转折，对孔子的认识逐步一分为二。

　　晚年的毛泽东，则极力反对儒家道德。毛泽东认为，"儒家满口仁义道德，一肚子男盗女娼，主张厚古薄今，开倒车的""孔夫子是讲空话的""祖龙魂死业犹在，孔学名高实秕糠"等，评语失之偏颇。1966 年12 月，毛泽东对一位外宾讲："无产阶级文化大革命"的重要任务之一是消除孔夫子在各方面的影响。针对西方资产阶级反对"文化大革命"这一点，毛泽东强调要抓住阶级斗争和还未完成的反封建主义的斗争，彻底消除孔夫子在大学文科的影响,如哲学、历史、美术等方面。儒家灌输帝王将相思想、资产阶级思想,要在教育方面进行革命。在"文化大革命"时期,毛泽东全盘否定孔子儒家的道德。

毛泽东的一生,大部分时期尊孔、客观评孔,并且用儒家道德为人处世。毛泽东晚年批孔,并不能代表他一生对孔夫子的态度。青年毛泽东的人生理想,受儒家"内圣外王"的影响,注重探讨大本大源,致力于道德品行的修炼。五四运动后,随着毛泽东世界观、价值观、人生观的转变,"内圣外王"的内涵和实现方式,发生了根本性的转变,由相信,变为怀疑、反对、批判,但是也有肯定,从总体上说毛泽东对孔子的肯定、赞扬多于批判、贬低。例如,"孔子是中国第一个教育家""有教无类",是"教育的人民性",应该"学个孔夫子每事问"。我们应该从毛泽东的人生轨迹和言论,客观、全面地认识他对儒家道德的观点,才能还原历史的真正情况。

三、毛泽东赞扬文臣儒将的美德

毛泽东对于儒家杰出道德人物的评价,清楚反映出他对儒家道德的赞扬和继承。他勤奋阅读和点评祖国历史文献(例如《二十四历史》等),表达了他对儒家传统文化的喜爱,大量吸收了儒家道德思想,将历史评价和道德评价进行了高度综合,客观上肯定并且在实际上提倡了儒家美德。以下我们分别以武将(岳飞)、文臣(范仲淹)两个儒家道德人物为典型,进行说明。

(一)毛泽东赞扬儒将岳飞

毛泽东赞扬儒家人格,对岳飞这个儒将特别喜爱。他高度评价岳飞热爱祖国忠心耿耿,从严治军奋勇作战,能文能武千古流芳。对岳飞这个历史人物的评论、尊敬,表明了毛泽东对儒家道德、君子人格的肯定。

毛泽东将岳家军与红军相提并论,赞扬纪律严明,是胜利法宝。

1935 年 3 月 2 日，毛泽东在四川听朱德讲红军遵守纪律后说："岳飞军，饿死不掳掠，冻死不拆屋。朱毛红军的纪律在井冈山是这样。"①1963 年 2 月 15 日，罗瑞卿向毛泽东汇报中印边界反击作战的主要经验："一不怕苦，二不怕死"。毛泽东听了非常高兴地说："岳飞治军是有他的一套的。'撼山易，撼岳家军难。'"毛泽东加重了语气："谁要撼我们解放军，那就更加困难了。撼山易，撼解放军难。"②

毛泽东希望外国政要了解民族英雄岳飞的伟大。1950 年 2 月，毛泽东在苏联向斯大林介绍了 12 世纪古代中国著名统帅岳飞以抗女真人入侵而出名。斯大林听完轻轻说："这位将领，真是有勇有谋啊。"③

毛泽东赞扬岳飞及其后代的爱国情怀。1952 年 11 月 1 日，毛泽东执意要在岳飞故乡汤阴站下车，去看岳庙。毛泽东对《岳忠武王故里》碑仔细观赏后，又小声念起了碑文："宋岳飞军冻死不拆屋，饿死不掳掠……撼山易，撼岳家军难"。汤阴县长向毛泽东汇报："岳家后代没有一个当过汉奸的。"毛泽东听后高兴地说："很好，很好，岳飞是个大好人，岳家又没有一个当汉奸的，都保持了岳飞的爱国主义气节，好!"④

毛泽东对岳飞之死，一方面非常惋惜，另一方面又进行了历史的、辩证的分析。1936 年毛泽东在延安痛陈岳飞的悲剧：中国贤明皇帝，忠臣当朝；昏君，奸臣当朝。宋徽、钦二帝，秦桧在朝，害死岳飞，弄得山河破裂。⑤ 正是岳飞蒙冤的悲惨人生，让人们永远怀念这个伟大的民族英雄。1958 年，毛泽东说："岳飞被杀，就家喻户晓并且流芳千古了。他流了血，这血就渗透到我们民族体内，世世代代传下来，他要是

---

① 吴启权：《毛泽东长征在四川》，四川人民出版社 1996 年版，第 49 页。

② 《罗瑞卿传》，当代中国出版社 1996 年版，第 384 页。

③ 武原、曹爽编：《外国人眼中的中共群星》，四川人民出版社 1991 年版，第 19~21 页。

④ 李约翰、镡德山、王春明：《和省委书记们》，中央文献出版社 1994 年版，第 84~85 页。

⑤ 参见陈晋：《毛泽东之魂》(增订本)，中央文献出版社 1997 年版，第 367 页。

没流血,就不会有这么大的作用。"①毛泽东到杭州西湖,触景生情,就怀念岳飞,并为岳飞献花圈。1954年春天,毛泽东在杭州指示:"除了岳王墓等少数几个有代表性人物的坟墓外,其他的应该统统迁到别处去。西湖风景区应该成为劳动人民休息和游览的地方。"毛泽东能够详细地说明、背诵岳飞的《满江红》,然后请当时的浙江公安厅厅长王芳替他给岳王坟献了花圈。当天下午,在岳王坟的花圈丛中,又增添了一枚制作精美但没有标明敬挽人姓名的花圈。

毛泽东敬佩岳飞的过硬本领和战斗能力。1936年8月,毛泽东在抗大说岳飞自学成才:李逵什么也没有学,仗打得很好,岳飞也不是什么地方毕业。②

一代伟人毛泽东非常敬重岳飞的民族气节和文韬武略,一生常吟《满江红》。毛泽东在晚年做白内障手术的时候,就是在《满江红》音乐下进行的。毛泽东也有亲笔手书的《满江红》。

(二)毛泽东赞扬儒相范仲淹

北宋著名的政治家和文学家范仲淹的名言"先天下之忧而忧,后天下之乐而乐",有口皆碑。毛泽东称赞范仲淹是"文武双全"的知识分子、中国历史上罕有的集诸葛孔孟而兼办事传教之人。毛泽东对范仲淹有四次肯定。

第一次:青年毛泽东赞扬范仲淹既建功立业,又以思想品行影响后世。1913年11月23日他的《修身》课堂记录:"有办事之人,有传教之人。前如诸葛武侯范希文,后如孔孟朱陆王阳明等是也。宋韩范并称,清曾左并称。然韩左办事之人也,范曾办事而兼传教之人也。"

第二次:毛泽东对范仲淹感愤自立深表敬佩。1913年11月29日他的课堂记录是:"初不自知其为范氏子也,人告以故,乃感极而泣。立志苦学,三年衣不解带。"

---

① 转自权延赤:《龙困》,广东旅游出版社1997年版,第84页。
② 参见陈晋:《毛泽东的文化性格》,中国青年出版社1991年版,第218页。

第三次：1917年8月，毛泽东在《致黎锦熙》信中说自己："拟学颜子之箪瓢，与范公之画粥，冀可勉强支持也。阁下于此，不知赞否若何？"

第四次：1957年夏天，政治家诗人毛泽东纵论范词："介于婉约与豪放两派之间，可算中间派"，"既苍凉又优美，使人不厌读"①。

四、毛泽东研究和传承儒家道德的原则

毛泽东认为，对于传统文化，应该吸取精华，剔除糟粕，古为今用。什么是精华和糟粕，其标准如何确定，怎样古为今用，需要深入探讨。

对孔子和儒家道德思想某些合理性肯定，构成了毛泽东对儒家道德的继承；批孔运动，批判了儒家道德，乃至全盘否定儒家道德，违背了他对于传统文化的基本指导思想。毛泽东是革命家，强调厚今薄古、创造新事物。他的思想深处，倾向于法家的革命。但他并不完全否定儒家思想。他批判儒家，或许同他着意要"除旧布新"的现实考虑有关。1953年，毛泽东在一次讲话中说：关于孔夫子的缺点，我认为就是不民主，没有自我批评精神。"吾自得子路而恶声不入于耳""三盈三虚""三月而诛少正卯"，很有些恶霸作风，法西斯气味。不过，第二年，毛泽东在一次讲话中说过与此相反的话：孔夫子是革命党，此人不可一笔抹杀，不能简单地就是"打倒孔家店"。

毛泽东认为道德具有阶级性，儒家道德（仁爱）自然不能例外。世界上没有无缘无故的爱，也没有无缘无故的恨。儒家的思想之所以被2000多年的封建社会奉为统治思想，根本原因在于它能够为封建阶级辩护，维护的是地主阶级的利益。1964年8月18日，毛泽东在北戴河的哲学谈话中说：孔子讲"仁者人也""仁者爱人"。爱什么人？所有的人？没有那回事。爱剥削者？也不完全，只是剥削者的一部分。不然为

---

① 《毛泽东文集》第7卷，人民出版社1998年版，第305页。

什么孔子不能做大官?人家不要他。接着,在谈到《诗经》时,他又称赞了孔子,说孔夫子也相当民主,男女恋爱的诗,他也收。

毛泽东提出既继承又抛弃、既肯定又发展的传统文化对策,对我们现在科学地传承儒家道德,有重要指导意义。例如,儒家君子人格的培养去掉封建思想,可以和毛泽东心目中的民族英雄(岳飞、文天祥等)、"四有"新人进行联系(有理想与仁、有道德与义、有文化与智、有纪律与礼有近似对应联系);孝的思想和行为,是中华民族美德,已经被普遍认可和发扬;儒家的礼仪思想,也应该在今天的世界发展、市场经济背景下,进行调适,与今天的主流意识进行融合,化入马克思主义,以推动文明的全面和科学发展,使儒家之道德更好地为老百姓所喜闻乐见。

(作者分别为湖北省炎黄文化研究会理事、武汉科技大学教授兼国学研究中心主任;武汉科技大学档案馆副研究员)

核心价值观视域下中国传统和谐思想探析[*]

姚才刚　李　莉

和谐自古以来就是中华文明遵循的核心价值理念之一，中国古人一向追求家庭和睦、社会和谐以及国家之间乃至各种文化之间的共存共生。10 余年来，党和国家高度重视对和谐思想的研究和宣传。2006 年 10 月，党的十六届六中全会审议通过了《中共中央关于构建社会主义和谐社会若干重大问题的决定》，大力倡导构建社会主义和谐社会。2012 年 11 月，党的十八大又将和谐作为国家层面的社会主义核心价值观之一，这种和谐勾画的是一个民主法治、公平正义、诚信友爱、充满活力、安定有序、人与自然和谐相处的社会。社会主义核心价值观中的和谐充分汲取了中国传统和谐思想的营养。

一

和谐的思想早在中国古代就以"和""合"二字的表述出现在人们的视野之中。和合思想的提出有其社会和政治背景。"和"字最初表示声音的相应和谐。《说文解字》说："和，相应也，从口禾声。"其引申义是指各种事物有条不紊、井然有序和相互协调。"合"字最初是指上、下唇相合，《说文解字》说："合，合口也，从亼口。"西周末年，史伯就提到了"和合"一词。他说："夫成天地之大功者，其子孙未常不章，虞、夏、商、

＊ 基金项目：本文系湖北省教育厅哲学社会科学重大项目"明代甘泉后学文献整理与思想研究"（18ZD012）、湖北省道德与文明研究中心开放基金项目"明代心学伦理思想研究"的阶段性成果。

周是也。……商契能和合五教，以保于百姓者也。周弃能播殖五谷蔬，以衣食民人者。其后皆为王、公、侯、伯。"（《国语·郑语》）当时的周幽王昏庸无能，身为司徒的郑桓公预见到周将灭亡，他曾问史伯如何才可避免这样的灾难。史伯指出，有大功德于天地万民者，子孙才能昌盛，统治才能长久。周幽王之所以会灭亡，一个很重要的原因就是他摒弃了和合。史伯又倡导"和实生物"。他说："夫和实生物，同则不继。以他平他谓之和，故能丰长而物归之；若以同裨同，尽乃弃矣。"（《国语·郑语》）在史伯看来，聚集不同的事物而得其平衡，称为"和"，"和"能产生新事物，所以说"和实生物"。这就需要承认事物之间的差异性，"和"不等同于"同"，"和"是建立在不同事物、不同因素之上的相互配合、相互协调；而"同"是指单一的事物和因素，相同事物无论怎样叠加，都无法生成新的事物。"和"是多样性、差异性在更高层次上的统一，是五光十色、欣欣向荣、生机盎然、活力充沛的；"同"是形式上的整齐划一，是单调乏味、萧索冷落、生机断绝、活力枯槁的。①

《管子》《墨子》等先秦典籍中也出现了"和合"的概念。《管子·兵法》曰："蓄之以道，养之以德。蓄之以道，则民和；养之以德，则民合。和合故能习，习故能偕，偕习以悉，莫之能伤也。"此处强调的是道德修养，认为提升了德性品质，有利于实现和合的目标。《墨子·尚同上》则曰："内者父子兄弟作怨恶，离散不能相和合，天下之百姓，皆以水火毒药相亏害。"墨子认为，如果家庭内部父子兄弟之间相互怨恨、使坏，推及天下百姓，同样也会相互亏害，国家社会就会离散灭亡；只有和合，才能使家庭、国家、社会和谐、协调。

"和谐"也见于古代部分典籍，比如，《左传》曰："如乐之和，无所不谐。"这是强调要把自己的意愿与他人的要求统一起来，以追求自己与他人的和谐统一。有的典籍尽管没有在字面上使用"和谐"一词，但却生动地描绘了和谐的图景，比较典型的是《礼记·礼运》。该篇曰：

---

① 参见郭齐勇主编：《大国声音——中华优秀传统文化与时代精神》，湖北教育出版社 2016 年版，第 155~157 页。

"大道之行也，天下为公。……是故谋闭而不兴，盗窃乱贼而不作。故户外而不闭，是谓大同。"也就是说，天下是人们所共有的，人们都愿意为公众之事竭尽全力，而一定不是为自己谋私利，人与人之间，国与国之间，讲究信用，谋求和睦，注重诚信，由此构成了家家户户都不用关闭门窗、气氛和睦的理想社会状态。《礼记·礼运》篇构想了一个物质丰富、政治开明、人人都是圣贤君子、和谐融洽的理想社会。

可以说，和谐是中国优秀传统文化的思想精华，是中华民族的一种价值核心理念，也是当代核心价值观的重要源泉。"和谐"一词的基本含义就是不同事物之间或同一事物各组成元素之间所形成的关系恰当、恰到好处的均衡协调状态，其前提就是承认自然、社会、人际、心灵、文明中的诸多元素与要素，他们之间相互冲突、融合，并在冲突与融合的过程中结合为新的结构方式、形成新的事物和新的生命。它同时也代表着一个从人的内心世界到人伦关系，再到社会、政治、宇宙的多层互动的、协调发展的系统。和谐不是同类的相加，而是和而不同，是有差别的统一。中国传统文化崇尚和谐，追求和谐，但并不等于无原则地调和，更不等于泯灭差别而同一。中国传统和谐思想可分为三个层面：天人和谐、社会和谐、人的身心和谐。笔者下面拟对这三个层面的和谐思想分别加以概述。

（一）天人和谐。天人和谐主要涉及人与自然的关系问题。在此问题上，中国古代不少思想家认为，人不是自然万物的主宰者，而是自然界的一个有机组成部分，他们不主张征服自然，而是强调人对万物的生养负有不可推卸的道德义务。以古代思想家的"万物一体"说为例，此学说发端于先秦，先秦儒、道诸家的典籍大多蕴含了"万物一体"的思想萌芽。宋明理学家进一步将"万物一体"说提炼为一种系统的哲学理论。"万物一体"说是人与自然得以和谐的本体论根据。人若能明白"万物一体"的道理，便有可能做到与自然和谐相处，尊重自然规律，一方面满足人的基本需求，充分彰显人的本性，另一方面又能运用智慧让自然万物得到应有的生存机会，达到与天地和谐并生。同时，人还要尽可能地善待自然万物，合理利用自然资源，而不可片面地利用自然、过度地开发自然，更不可一味地向自然界索取。

(二)社会和谐。社会和谐亦即人与人的和谐。在此问题上，中国古代思想家有重"和"去"同"的思想倾向，主张以广阔的胸襟、海纳百川的气概，容纳不同的意见。春秋时期齐国的晏婴就主张重"和"而去"同"，他主张，君臣所见，互有可否，相互补充，才能做到政平人和。如果单纯地追求"同"，搞一言堂，虽有表面上的稳定、团结，可是这种虚假的团结却不能保持长久，终究一天会出问题。事实上，在晏婴之前，西周末年的史伯就曾经从哲学层面区分了"和"和"同"。晏婴对君臣关系的论述即是史伯的"和同论"在政治层面上的应用。孔子从人生实践角度继承并发展了史伯、晏婴的重"和"去"同"的思想，主张"君子和而不同，小人同而不和"(《论语·子路》)。孔子还主张"礼之用，和为贵"(《论语·学而》)，他把"和为贵"看成礼仪制度和伦理道德的基本原则，"和"是修身、齐家、治国的出发点、中心点，也是其归宿点。孟子十分看重"人和"，认为"天时不如地利，地利不如人和"(《孟子·公孙丑下》)。孟子之后的很多思想家也从人际关系角度对"和"做了论述，限于篇幅，笔者不再一一列举。

(三)人的身心和谐。人的身心和谐是人与自然和谐、人与人和谐的前提和基础，因而也被历代思想家津津乐道。不过，在实现身心和谐的途径上，不同派别的思想家提出了不同的见解。比如，道家主张谦下不争、知足者常乐；儒家认为，要达到身心和谐的境界，就必须加强道德修养，做到温良恭俭让，正心诚意，修身养性，控制情感，节制行为。儒家文化以实现个人、社会、自然和谐统一为价值理想，而为了实现这一理想，又总是将目标集中到人的身心和谐发展上，寄托在个体的人格完善上。

二

中国传统和谐思想具有较强的现代价值，在构建社会主义和谐社会以及培育与践行社会主义核心价值观的过程中，需要从中国传统文化中汲取营养，积极吸收、借鉴蕴含于其中的和谐思想。比如，在物欲泛滥、人类"自信心"极度膨胀的今天，我们需要重新定位人与自然的关系，中国传统文化中关于人与自然和谐的观点对于我们具有一定的启示意义。现在愈来愈多的人已经意识到，如果人类继续对自然进行无节制的开发、利用、消耗与破坏，就相当于是在剥夺未来人类生存的权利。因此，人类需要爱护自己的环境，不能超越自然界的承受力去改造自然、征服自然，而只能在遵循自然规律的前提下适度地利用自然、调整自然，使之更加符合人类的需要，也使自然界的万物都能生长、发展。我们现在有必要重新提倡中国古代天人和谐的理念，它对于解决当今世界由于工业化和无限制地征服自然而带来的环境污染和生态破坏等问题具有重要的启迪意义；对于中国特色社会主义建设更有着防患于未然的重大现实意义。社会主义核心价值观的培育与践行无疑也要重视这种思想资源。当然，我们现在不能如老、庄那样片面突出因顺自然，而是以更加主动的方式达到人与自然的动态平衡。

笔者拟重点从如何促进社会和谐（人与人的和谐）的角度揭示中国传统和谐思想的现代价值。首先，保障人民的基本生活是促进社会和谐的物质基础。比如，孟子倡导"制民之产"（《孟子·梁惠王上》）。在他看来，没有固定的产业收入却仍坚守道德底线，只有少数君子圣人才能做到；对于大多数老百姓而言，需要先保障其衣食住行等基本生活。如果老百姓没有固定的产业收入，个人和家庭的基本生存得不到保障，就不能够固守好的道德观念和行为准则，很容易走上违法乱纪的道路。孟子认为，"制民之产"、保障人民的基本生活是实施"仁政"、构建和谐社会的物质基础。社会主义核心价值观中的"和谐"，集中体现于广大人民学有所教、劳有所得、病有所医、老有所养、住有所居的生动局面。它是社会主义现代化国家在社会建设领域的价值诉求，是经济社会和谐稳定、持续健康发展的重要保证。而要做到此点，就需要大力发展经济，以便满足人民基本的物质生活需要；同时加强对个人合法财产的保护，进一步完善基本社会保障，注重分配调节，避免贫富差距过大。从这个角度来看，孟子的"制民之产"说不无现代启示意义。

其次，实现社会公正是促进社会和谐的前提条件。在不少古代思想家看来，要促进社会和谐，就必须实现公平、正义。比如，宋代大儒朱熹认为，影响社会和谐的因素很多，但有两方面至关重要：一是该社会制定的政令、法度公正与否；二是政府官员在执行过程之中公正与否。任何社会都存在着导致不和谐的种种因素，不同阶层、不同群体之间存在着利益之争，在利益之争的过程之中可能会产生较大的摩擦，甚至空前激化社会矛盾。但是，如果制定了较为公正的法令及施政纲领，以此来协调各方面的利益关系，对各方的正当、合理利益均能有所顾及，这样就可避免社会矛盾被扩大到难以控制的程度，社会才能趋于和谐。朱熹还主张，官员在执行政令、法度的过程中应秉公办事、公正执法。① 明代心学大师王阳明认为，良知是实现公平正义的基础，而公平正义能够推动社会和谐。在他看来，良知是人的内在的道德判断和道德评价的体系，良知作为意识结构中的一个独立的部分，具有指导、监督、评价、判断的作用。如此一来，道德法则不再是与己无关、纯粹客观外在的东西，而是根植于人的内心深处，或者说，道德法则和道德主体具有统一性。王阳明认为，良知本身就具有一种"他是便知是，非便知非"（《传习录》下）的道德知觉能力，人只要遵循良知去做，不欺骗良知，就能够合于天理之则。当然，这里所说的道德法则和道德主体具有统一性，主要是从应然层面上讲，现实中的人并不能完全统一，只有在良知发挥作用的时候，才能使两者保持统一。良知既然能够知是知非，自然也能够判断何为公平、正义。从这个意义上讲，王阳明的"致良知"即是人们扩充、推致良知于事物的过程，也是人们培养公平正义之心的过程。人们如果按照良知的要求和指引去做，自然会"对符合公平正义的行为给予赞扬，而对违背公平正义的行为给予贬斥，使之不能到处横行，危害社会"②。由以上分析也可以看出，王阳明极力主张将公平正

---

① 参见徐惟诚主编：《和谐社会与社会公正问题研究》，人民出版社2014年版，第50~51页。

② 张小明：《良知与公平正义》，载《贵阳学院学报》（社科版）2007年第2期，第9页。

义内化为人的良知。当然，要实现社会的公平正义，法治和制度建设也是非常重要的，它能够保证公平正义的贯彻落实，因此，我们也需要加强法治和制度建设。

和谐思想是贯穿上下五千年中华文明的文化精髓和灵魂，它源远而流长，历久而弥新。在我国构建社会主义和谐社会、培育与践行社会主义核心价值观的伟大征程中，传统和谐思想将展现出其巨大魅力和迷人风采。

（作者分别为湖北省炎黄文化研究会理事、湖北大学教授、博士生导师；湖北大学博士生）

孔子的社会理想与共产主义

王齐洲

中国传统文化中包含有中国人的社会理想，尤以孔子的社会理想最具代表性。孔子的社会理想是从现实的社会治理中提炼出来的。所谓社会治理，就是通常所说的政治。

对于政治，孔子主张"德治"，他说："为政以德，譬如北辰，居其所而众星共之。"(《论语·为政》)又说："君子之德风，小人之德草，草上之风必偃。"(《论语·颜渊》)在孔子看来，理想的政治就是靠执政者的德行来引导民众、教育民众、感化民众。而"礼乐皆得，谓之有德。德者，得也"(《礼记·乐记》)；内得于心，外得于人，才是有德。而有德之人一定是守礼之人，因此，"德治"在一定意义上说就是"礼治"。所以孔子又说："道(导)之以政，齐之以刑，民免而无耻；道(导)之以德，齐之以礼，有耻且格。"(《论语·为政》)这样说来，"礼治"就是现实最好的政治，同时"礼教"也就成为政治教化的必要手段。

孔子弟子子张问政于孔子。孔子回答："君子明于礼乐，举而错(措)之而已。"子张不甚理解，继续追问，孔子说："师(子张名颛孙师，子张是其字)，尔以为必铺几筵、升降、酌献、酬酢，然后谓之礼乎？尔以为必行缀兆，兴羽籥，作钟鼓，然后谓之乐乎？言而履之，礼也；行而乐之，乐也。君子力此二者，以南面而立，夫是以天下太平也。诸侯朝，万物服体，而百官莫敢不承事矣。礼之所兴，众之所治也。礼之所废，众之所乱也。目巧之室则有奥阼，席则有上下，车则有左右，行则有随，立则有序，古之义也。室而无奥阼，则乱于堂室也；席而无上下，则乱于席上也；车而无左右，则乱于车也；行而无随，则乱于涂也；立而无序，则乱于位也。昔圣帝、明王、诸侯，辨贵贱、长幼、远近、男女、外内，莫敢相踰越，皆由此涂出也。"(《礼记·仲尼燕居》)孔子明确告诉子张，"礼"是国家治理的关键，与日常生活中需要秩序的道理是相通的。而以"礼"治国，并非无中生有或异想天开，而是历史演进的自然选择和逻辑发展。

《礼记·礼运》记载有孔子曾对子游谈"礼"的来历，他说："夫礼之初，始诸饮食，其燔黍捭豚，污尊而抔饮，蒉桴而土鼓，犹若可以致其敬于鬼神。"他从上古先人逝世后的饮食祭奠（"升屋而号""饭腥而苴孰（熟）""天望而地藏""死者北首，生者南乡（向），皆从其初"）来论证祭祀鬼神上帝的合理性，再由祭祀鬼神上帝的合理性论证"礼"之"以正君臣，以笃父子，以睦兄弟，以齐上下，夫妇有所"的合理性，虽然采用的是类比推理，还是有一定的说服力的。孔子还以武王、周公的孝行来论证由"孝道"推衍出来的"礼治"的合理性。他说："武王、周公其达孝矣乎！夫孝者，善继人之志，善述人之事者也。春秋修其祖庙，陈其宗器，设其裳衣，荐其时食。宗庙之礼，所以序昭穆也；序爵，所以辨贵贱也；序事，所以辨贤也；旅酬下为上，所以逮贱也；燕毛，所以序齿也。践其位，行其礼，奏其乐，敬其所尊，爱其所亲，事死如事生，事亡如事存，孝之至也。郊社之礼，所以祀上帝也；宗庙之礼，所以祀乎其先也。明乎郊社之礼，禘尝之义，治国其如示诸掌乎。"(《礼记·中庸》)正是孝亲礼仪所体现的上下尊卑等级秩序和同祖共祭的风俗，推衍出宗法社会的治理模式，成就了周公的礼乐制度和礼乐文化，使得"礼治"成为周代社会的基本政治手段。孔子的"德治"（"礼治"）和"礼教"思想即是继承周公所留下的传统。

周公传留的礼乐制度和礼乐文化，是孔子主张"礼治"和实施"礼教"的历史依据。孔子对于周代的礼乐制度和礼乐文化十分服膺，给予了很高的评价。他说："周监于二代（指夏、商），郁郁乎文哉，吾从周。"(《论语·八佾》)"周之德，其可谓至德也已矣。"(《论语·中庸》)明确表示要继承和弘扬周代文化。在孔子心目中，夏、商、周三代的圣王明君是达到了"礼治"的高水平的，可以称为"小康"。他说："大道既隐，天下为家，各亲其亲，各子其子，货力为已，大人世及以为礼，城郭沟池以为固，礼义以为纪。以正君臣，以笃父子，以睦兄弟，以和夫妇，以设制度，以立田里，以贤勇知，以功为已。故谋用是作，而兵由此起。禹、汤、文、武、成王、周公，由此其选也。此六君子者，未有不谨于礼者也。以著其义，以考其信，著有过，刑仁讲让，示民有常。如有不由此者，在埶（势）者去，众以为殃，是谓小康。"（《礼记·礼运》）"小康"社会包括了禹、汤、文、武、成王、周公"六君子"时代，这些都是历史上公认的社会治理最好的时代。成王、周公时代确实可以称为"礼治"最辉煌的时代，而禹、汤、文、武时代并没有后来的礼乐制度和礼乐文化，所以他们的时代不能说成"礼治"社会；只是因为他们是圣王明君，孔子依据成王、周公而推想他们，才将他们的时代也作为"礼治"成功的"小康"社会。

不过，"小康"社会并非孔子最理想的社会，因为禹、汤、文、武、成王、周公的社会，是一个"天下为家，各亲其亲，各子其子，货力为己，大人世及以为礼，城郭沟池以为固，礼义以为纪"的社会，即人们通常所说的"家天下"的社会。在这样的社会里，每个人都有私心，都要防备他人，要有保护自己和进攻他人的武装，要建立一套维护个人利益、家族利益的具有等级秩序的社会制度，连圣王明君也不能例外。因此，孔子并不认为这样的社会是最理想的社会。在孔子心目中，有比禹、汤、文、武、成王、周公时代更公平的社会，这就是尧、舜时代。孔子曾感叹说："大哉尧之为君也！巍巍乎！唯天为大，唯尧则之，荡荡乎，民无能名焉。巍巍乎其有成功也，焕乎其有文章！"（《论语·泰伯》）又说："无为而治者，其舜也与（欤）？夫何为哉？恭己正南面而已矣。"（《论语·卫灵公》）孔子为何对尧、舜有着如此高的评价呢？因为他们的时代代表了比禹、汤、文、武、成王、周公"六君子"的"小康"社会更好的社会治理。

尧、舜政治最突出的特点是禅让，他们对自己要求很严，对他人却要求很宽，毫无私心杂念，能够一心为公，"允执其中"，保证了社会公平。他们甚至愿意为百姓的过错承担责任，做到了"天下之民归心"。他们的个人品质，可以说无懈可击，深得民众信任。孔子曾评价舜说：

"舜其大知也与（欤）！舜好问而好察迩言，隐恶而扬善，执其两端，用其中于民，其斯以为舜乎！"（《礼记·中庸》）又说："舜其大孝也与（欤）！德为圣人，尊为天子，富有四海之内。宗庙飨之，子孙保之，故大德必得其位，必得其禄，必得其名，必得其寿。故天之生物，必因其材而笃焉。故栽者培之，倾者覆之。《诗》曰：'嘉乐君子，宪宪令德！宜民宜人，受禄于天。保佑命之，自天申之。'故大德者必受命。"（《礼记·中庸》）无论是"知（智）"还是"孝"，尧、舜都超越了禹、汤、文、武、成王、周公"六君子"，是比他们更伟大的圣王，是"公天下"的典型。他们的时代不是"小康"，而是"大同"，而"大同"正是孔子所憧憬的社会治理的最理想状态。他对弟子子游说："大道之行也，与三代之英，丘未之逮也，而有志焉。大道之行也，天下为公，选贤与能，讲信修睦。故人不独亲其亲，不独子其子，使老有所终，壮有所用，幼有所长，矜寡孤独废疾者皆有所养，男有分，女有归。货恶其弃于地也，不必藏于己；力恶其不出于身也，不必为己。是故谋闭而不兴，盗窃乱贼而不作，故外户而不闭。是谓大同。"（《礼记·礼运》）

"大同"社会是孔子与子游论"礼"时提出的，其立足点和出发点都与社会治理有关。孔子虽然认为"小康"社会已经是很好的社会治理状态，然而，却还不是理想的社会治理状态，只有"大同"社会才是。本来，孔子是赞成"和"而不赞成"同"的，他认为："君子和而不同，小人同而不和。"（《论语·子路》）因为"和"则"矜而不争，群而不党"（《论语·卫灵公》），"同"则"比而不周"（《论语·为政》），人云亦云。然而，孔子所描述的"大同"社会则是没有上下尊卑等级秩序的平等无差别境界：在这个社会里，没有私有财产，不必为私利钩心斗角，不必因私利而屈从或依附他人，人与人之间相互信任，感情亲如父子，至多只有性别、年龄、健康与否之分；这个社会能够让每个人包括弱势群体都能享受到有尊严的生活，都有安全感；推选出来的君长都是贤能之人，都没有自私自利之心，不倡导"和"而自然和谐，不排除"同"而天下皆同。因此，"和""同"混一，是为"大同"。此"大同"并非小人的"同而不和"。总之，这个社会"天下为公，选贤与能，讲信修睦"，是一个不需要讲"礼"而又最为合理的社会，是一个没有制度约束而又秩序井然的社会。这样的社会是孔子在现实社会治理结构的基础上逻辑地推导出来的，也是有尧舜禅让故事传说作为历史依据的。当然，说尧舜时代"天下为公"，并不一定符合历史实际。在今人看来，"天下为公"的社会是对"原始共产主义"社会的美化，尧、舜时代的中国可能已经进入了阶级社会，或者如有些学者所说的是联邦酋长制社会，并非真正的"天下为公"的社会。

不过，也应该看到，孔子在对弟子进行"礼教"时，将"大同"社会作为"礼治"的最高境界，说明孔子心目中的"礼"并非以维持宗法等级制社会为前提。这与他解释《诗经·泂酌》的"岂弟君子，民之父母"，提倡"无体之礼"，主张"天无私覆，地无私载，日月无私照"（《礼记·孔子闲居》）的思想是一致的。提到孔子"礼教"，人们往往更多地关注其"君君、臣臣、父父、子子"（《论语·为政》）的表述，或者对他要求颜渊"非礼勿视，非礼勿听，非礼勿言，非礼勿动"（同上）近乎禁欲主义的教条进行批评。实际上，这都是"家天下"环境下对社会秩序和个人修养方面的要求，其对人性的约束是显而易见的，说它落后保守并不为过。然而，如果没有这些限制和要求，社会就有可能失去秩序，或者不能达到有效的治理，百姓的痛苦也许因此会更多，因为没有秩序的社会混乱可能比不好的社会秩序更为糟糕。而要想解除这些约束，使人性得到自由发展，使社会真正和谐安定，就只有寄希望于孔子所说的"天下为公"的"大同"社会了。

2016年1月18日，习近平在省部级领导干部学习贯彻党的十八届五中全会精神专题研讨班上讲话时指出："共同富裕，是马克思主义的一个基本目标，也是自古以来我国人民的一个基本理想。孔子说：'不患寡而患不均，不患贫而患不安。'孟子说：'老吾老以及人之老，幼吾幼以及人之幼。'《礼记·礼运》具体而生动地描绘了'小康'社会和'大同'社会的状态。按照马克思、恩格斯的构想，共产主义社会将彻底消除阶级之间、城乡之间、脑力劳动和体力劳动之间的对立和差别，实行各尽所能、按需分配，真正实现社会共享、实现每个人自由而全面的发展。"这一论述将中国传统文化与共产主义理想有机结合起来，回答了许多重要问题，给予我们深刻的思想启发。为什么"十月革命一声炮响，给中国送来了马克思主义"的苏联，却在维持不到70年后分崩离析了？为什么向苏联老大哥学习的中国却很好地继承和发展了马克思主义，仍然坚持共产主义理想？这虽然可以从多方面来解答，如执政党的建设、社会的治理、经济的发展、民族的融合、科技的创新、教育的改革、国家的开放，等等，但最为重要的，则是中国传统文化所培育的社会理想与共产主义社会理想的高度契合，使得中国人民很容易接受马克思、恩格斯所描述的共产主义社会理想，并从骨子里认可"大同"社会就是"共产主义"，并且认为，这种理想并非空想，因为实现理想社会有可以遵循的途径，这就是先实现"小康"社会。在"小康"社会里，可以有私心，可以有等级，可以有差别，甚至可以有剥削。然而，这都不是社会的理想状态，必须朝"大同"社会发展，社会才能进步，人类才有未来。因为只有"大同"社会才能消除社会矛盾和社会冲突，实现每个人自由而全面的发展和社会的长治久安。因此，在"小康"社会里，可以允许一部分人先富起来，但先富必须帮后富，最后达到共同富裕，以减小社会阶级矛盾；可以允许各种等级的存在，但所有等级必须随着社会的发展逐步缩小而不是扩大，以降低社会冲突风险；可以保护私有财产，但私有财产必须来源于劳动所得而不是非法所得，并且鼓励大资产者多做公益慈善事业，以促进社会的稳定与和谐。总之，"小康"社会有一个相当长的发展阶段，会有初级、中级、高级的差别，但"小康"社会还不是中国人的社会理想，"大同"社会才是中国人的社会理想。共产党人"不忘初心"，就是要实现中华民族的"大同"社会理想；共产党人入党誓词"为共产主义奋斗终生"，就是要为中华民族的社会理想奋斗终生。在这里，孔子的社会理想与共产党人的社会理想是可以无缝对接的。这也体现出中国传统文化的巨大魅力，我们应该珍惜这份宝贵的文化遗产。

（作者为湖北省炎黄文化研究会理事，华中师范大学教授、博士生导师）

弘扬红色文化 锻造理想信念

——基于随州地区红色文化的当代思考

刘永国

随州地区由于地理位置的重要性、特殊性，在新民主主义革命阶段，随州的党组织和人民群众既经历了变革社会制度的大革命、土地革命战争、解放战争，也经历了反抗外敌入侵的抗日战争，革命历程既"链条完整"，且"史实丰富"，形成了斑斓沉雄、催人奋进的红色文化。学习党史，浸润红色文化，用这些身边的红色文化做精神营养，有利于我们——和平建设时期的共产党员锻造理想信念，拒腐防变，励志前行。

一、地方党史中红色文化内涵的感悟

一个地方的红色文化，与当地的中国共产党历史（以下简称"党史"）紧密相关，而党史人物是其灵魂。

1. 入党——革命的初衷：求人间大同

随州市党组织最初的建立有两个鲜明的特点：一是地点的"中心+边远"；二是大部分党员非穷人出身。

1926年初，随州最先建立党组织的地方是城区和一东一西两个边远乡村。东边祝林店和西边双河店的第一个共产党员，都是在武汉上大学时入党的年轻人，而且都是富家子弟。他们接受党组织的派遣，回到家乡闹革命，都是一屁股坐到了穷人的板凳上，为穷人争自由、争权益。

祝林店的第一个共产党员、祝林店第一任党支部书记张德宣是中华学院的学生，家中有 48 亩土地，父亲是教书先生。他对张德宣说："你领着穷人造反，路漫漫，风潇潇，何时是个头啊？我教书传道，不也是帮人助人吗？"

张德宣回答："不革命，不造反，世道不变，穷人翻不了身！你教书，教了几个穷人的娃？你传道，能实现人间大同吗？"

双河店的第一个共产党员、随西党支部的第一任书记刘德全，家里有 300 多亩土地、10 多个长工，他看到了富家的绫罗绸缎、白米白饭，也看到了穷人的破衣烂衫、糠菜稀粥，他要求加入中国共产党的首要动机就是"让穷人有饭吃有衣穿，让天下人无饥寒"。

他父亲警告他："你领着穷人造反，一会败家，二会丢命！家中有你的吃有你的喝，你瞎闹什么？"

刘德全回答："共产党员追求的是天下大同！"

老地主对儿子无可奈何，既然"拉不回"，就断然切割——分家，刘德全则果断地卖掉母亲为他争来的一份土地，给赤卫队买了 80 多条枪。

共产党员张德宣、刘德全入党的初衷与理想信念高度一致，他们带领群众斗土豪、惩劣绅、举行秋收起义，建立了祝林区苏维埃、随西苏维埃，在一定区域初步实现"天下大同"的社会理想与人生价值。

张德宣、刘德全不是特例，随州第一个党小组的 5 名成员，家庭出身有穷有富，穷富不决定志向，理想和信仰决定志向，当年的他们——随州市第一批共产党员，意气风发，豪情万丈，立志推翻旧制度，建设人间大同的新中华。

2. 革命的历程：充满牺牲精神

随州早期的共产党员，基本上是在求学地武汉、北京、襄阳等地受到马克思主义影响，为实现社会革命而加入的共产党。革命征途，步步凶险。1926 年，派回随州开展农民运动的第一个共产党员名叫刘顺成，他串联穷苦农民成立农会，土豪劣绅预感到不妙，勾结民团杀害了刘顺成。

刘顺成牺牲后，武昌地委向随州续派了阮芳皋、李彩奇等 10 多名共产党员。明知山有虎，偏向虎山行，一个共产党人倒下了，更多的共产党人冒死前行。阮芳皋、李彩奇等共产党员回到随州后，建立党小组、党支部、特别支部，成立了县区农会，组织起浩浩荡荡的农军队伍，工农大众扬眉吐气，土豪劣绅威风扫地。

1927 年，蒋介石、汪精卫等国民党反动集团先后叛变革命后，活动在随州的共产党员、农民运动骨干遭到追捕和屠杀。八七会议后，幸存的共产党员站了出来，他们和上级新派来的同志一起深入乡村，组织队伍，在桐柏山中的祝林店、吴山店、青苔店和大洪山中的鲍集店举行了四次秋收起义，以革命武装反抗国民党的反革命武装，建立局部苏维埃政权，实行红色割据。在秋收起义和秋收起义成功后的反"围剿"中，成百上千的共产党员、农民自卫军、红军游击队指战员壮烈牺牲，他们之中包括随西苏区的创建者、红 9 军 78 团团长刘德全，领导秋收起义的中共随县县委书记李彩奇。

抗日战争和解放战争中的随州，处于风口地带。1938 年 11 月日军侵占武汉后，随州成为抗日前线，两次"随枣会战"的前沿阵地在随州，李先念创建的随南白兆山抗日根据地在随县、安陆、京山的结合部，数以万计的共产党员、仁人志士浴血抗战一线，筑成了阻挡日军西进的血肉长城。解放战争时期，战斗在随州的共产党员和党的干部经受了 1946 年中原突围、1948 年反"扫荡"等形势巨变前后的考验，将生命置之度外，前仆后继地与国民党反动派开展斗争，配合和支持江汉军区、桐柏军区的军事斗争，随州成为湖北解放的前进基地。

从第一个党小组在随州西关成立，到 1949 年 4 月江汉区党委从随州大洪山出发、至孝感花园组建湖北省委，20 多年的革命征程中，革命先贤展现出了一系列的高贵品质、精神，其中最难能可贵的是牺牲精神。"为有牺牲多壮志，敢教日月换新天"，先贤们的鲜血染红了胜利的旗帜。

3. 向往的前景：民富国强

从大革命、土地革命到抗日战争和解放战争，为了推翻剥削制度、反抗帝国主义侵略，在随州这块土地上牺牲的共产党员数以百计，加上红军、新四军和解放军指战员则数以千计，再加上大革命、土地革命时期的农民自卫军、赤卫队和抗日战争时期的游击队员、杀寇志士以及解放战争时期的贫农团员、农会干部、土改积极分子，牺牲者数以万计，牺牲精神贯穿各个时期的革命历程。

牺牲精神具有不可阻挡的力量，而牺牲精神的产生则来源于对马克思主义的执着、对共产主义的向往与追求。

辛亥革命推翻了皇帝，却未能打倒土豪劣绅和剥削制度，未能驱除帝国主义势力，中国共产党诞生于国家积贫积弱、民族危机四伏的土壤，改变国家和民族的命运是中国共产党的历史使命也是共产党员的政治抱负。当时的随州，北洋军阀和地方豪强掌握政权，土地兼并、高额地租、洋货泛滥吞噬着人民大众的生机；欧美传教士把教堂建到了乡村集镇，帝国主义的精神鸦片渗透到了乡村社会。以随州城西八十里的溵潭店为例，当时的社会矛盾可见一斑。

溵潭店富豪黎缙珊家庭占有土地 11 万亩，田畴相连，一望无际，他自诩"出黎家大院进州城，黎家人无须过他人田埂！"一边是贫苦农民在富豪的压榨下呻吟，一边是西方教堂的精神催眠："忏悔吧，接受命运的安排吧！"这个时候的共产党员，走进党的大门的使命就是唤起工农、挑战命运，用革命的手段掀翻"旧房子"，重构"新大厦"，实现天下大同、国强民富的社会理想。

"新大厦"是共产党人对革命前景、对共产主义的向往，他们的向往与憧憬，激励着自己；正因为这样，共产党人冲破了家庭出身的局限、生与死的局限，为理想、为信仰奋不顾身；他们对革命前景的向往与描绘，动员与鼓舞了向往美好生活的劳苦大众，"唤起工农千百万，不周山下红旗乱"。于是，狂飙突进、摧枯拉朽，历经 28 年，"旧房子"倒了，"新大厦"树了起来。

在红色的历史里徜徉，我们发现先烈们对革命前景的描述十分清晰。1928 年 1 月，随县县委书记李彩奇正在紧张地筹划吴山秋收暴动时，有人问"胜利之后怎么办"，李彩奇说："胜利之后立即成立革命委员会(稍后称苏维埃)，取消地租、高利贷，平分土地，驱逐洋人传教士，开办平民子弟学校。"到了 1948 年，革命者对胜利前景的描述则更宏大更吸引人，江汉解放区在大洪山下开办江汉公学，准备为接管政权培养各方面的干部，为建设新中国培养干才！"新中国是个什么样？"概而言之："独立自主，民富国强。"

向往着新中国的民富国强，北京、上海、武汉等地数十名城市青年穿越多个战场，走进了战火硝烟中的江汉公学，在战争中学习和平建设，描绘新中国的蓝图。经过两次反"扫荡"，有几位学员在遭遇战中壮烈牺牲。这其中有位名叫季强的年轻人，文质彬彬的，戴副深度近视眼镜，在北京上大学时入党，到江汉公学后很快就分配到《江汉日报》工作，还当了校对科长、行政科长，他说："新中国建立后，我要写很多很多新闻，记录人民大众的新生活、新中国的新面貌。"遗憾的是，反"扫荡"时，他牺牲了；更遗憾的是，30 年后，他当年的战友（记者同事）找到他的家乡山东省平原县，试图探望他的家人时才发现，家乡人压根就不知道季强是革命烈士，有人甚至以为在北京上大学的"边家少爷"随国民党出逃了。这个事例表明，革命战争年代志士仁人入党动机的单纯执着，还表明对光明的追求、信仰的力量大于"阶级立场"的惯性逻辑。

二、红色文化的滋养

1. 红色文化的当代诠释

一个地方的党史，就是一个地方红色文化的成长史。

从进步学生将《共产党宣言》《新青年》带回随州传阅，到年轻的共产党员在随州创办传播马列主义的刊物《觉剑》；从第一批共产党员"读书返乡"，到新党员本土本乡化；从第一个党小组、第一个党支部在随州产生，到党的基层组织"上山下乡"遍地开花；从区乡苏维埃"块状红区"的开辟，到跨县抗日根据地、成片成规模解放区的建立；从共产党员刘顺成第一个为"唤起工农"而遇害，到成千上万志士仁人为打倒北洋军阀和国民党反动派、驱逐日本侵略者而流血牺牲；发生在随州的这些奋斗史实、事件及其地点、人物及其行状、烈士及其精神灵魂、故事及传说、遗存及收藏等，共同构成了随州市丰富的红色文化。

概而言之，红色文化是革命战争年代中国共产党人和人民群众奋斗历程、理想信仰所记录、体现、蕴含的革命文化，它存在的形式包括物质文化和非物质文化。物质文化部分如史料、遗址遗存等；非物质文化部分如人物故事、精神气概、信仰追求等。红色文化是一种重要资源，是中华民族宝贵的财富。

当然，也有论者认为，红色文化有广义和狭义之说，广义的红色文化包世界社会主义运动历史进程中的文化结晶，狭义的红色文化是指中国共产党领导中国人民实现社会变革和民族解放历程中的文化结晶。在时间维度上，有论者主张，中国的红色文化应延至社会主义建设时期。

本文立论，立足于中国的红色文化，以革命战争年代为重点。

2. 红色文化与传统优秀文化

一个地方的党史，浓缩着一个地方红色文化的精神灵魂。以上对随州党史和党史人物的片段叙述中，本文尝试从三个方面概括其精神灵魂：其一，坚定的信仰，革命的初衷是为了求人间大同；其二，在革命的历程中，重义轻利，义无反顾，前仆后继，充满牺牲精神；其三，追求国强民富的远大理想，用理想之光点亮前进的道路。

概而言之，为穷人打天下，为民族求解放，为国家谋独立富强，为信仰、为理想、为大众、为民族、为国家的利益而勇于牺牲，这是随州地方党史中悟出的红色文化的精髓。

习近平总书记在党的十九大报告中指出："中国特色社会主义文化，源自于中华民族五千多年文明历史所孕育的中华优秀传统文化，熔铸于党领导人民在革命、建设、改革中创造的革命文化和社会主义先进文化，植根于中国特色社会主义伟大实践。"

习近平总书记的论述揭示，中国优秀传统文化与红色文化具有传承关系，红色文化是中国优秀传统文化的发扬光大，是对中国传统文化中最优秀的部分的传承与升华。

中华优秀传统文化是"民族文化血脉"。中华民族发展过程中，从

"盘古开天地""女娲造人"到"神农尝百草""仓颉造字""精忠报国",从"炼石补天""后羿射日"到"嫦娥奔月""精卫填海""愚公移山",这些人物和人物故事,所体现的是中华民族的理想追求以及百折不挠的顽强意志与牺牲精神。

中华优秀传统文化强调"民惟邦本""天人合一";"大道之行也,天下为公""天下大同";"天下兴亡,匹夫有责";"君子喻于义""君子义以为质";"杀身成仁""视死如归";"挽狂澜于既倒,扶大厦之将倾"等,这些思想和理念,滋润着华夏志士仁人,引导有志者树立"家国情怀""天下大同"的社会理想、"舍身取义"的牺牲精神与高贵品质。

随州党史人物大多受过良好的教育,读书最少的也上过一两年私塾,在学堂里、在社会上、在成长的人生路上受到过中华优秀传统文化的熏染,接受了优秀传统文化的理念,接触到马列主义和共产党组织后,党组织的革命理论、纲领,包括动员口号,与优秀传统文化中的情怀、理想、品质形成了共鸣与升华。这种共鸣与升华,是红色文化与中华优秀传统文化的衔接与升华。

3. 红色文化的日常营养

红色文化具有丰富的精神文化营养。随州市地方党史中在新民主主义革命时期的四个阶段有大量的遗址遗迹、杰出人物和人物故事、言论,这些身边的红色文化,时时熏染着我们,是我们身边的日常精神营养。

我们吸收红色文化的日常营养,首先应该作用于锻造理想信念。理想信念是人生的灯塔,共产党人的理想是为实现共产主义而奋斗,共产主义是终极目标。实现这个最终目标有一个漫长的过程,这个过程要划分成一个个阶段、一段段里程,不同的阶段、不同的理程有不同的任务。

在新民主主义阶段,共产党人的理想信念就是"为穷人求翻身,为民族求解放,为国家求独立、富强",即推翻"三座大山"。在这个阶段,随州这块土地上的共产党人,同全国各地的共产党人一样,奋不顾身、前仆后继地为理想而奋斗。理想高于一切,当家庭利益与革命理想相悖时，富家出身的共产党员刘德全放弃了家庭利益，发动穷苦农民与土豪劣绅作斗争；当个人读书求职与回乡组织秋收起义、抗日斗争相冲突时，李彩奇、张德宣、刘时舫、周立青等一大批共产党人选择了听从党的召唤，到前哨阵地冲锋陷阵；当理想信念遭到扼杀、面临生死关头时，李彩奇、黄春庭、孙志盖等烈士义无反顾地选择了牺牲，以鲜血和生命维护理想的高洁。

社会主义革命和建设时期，明火执仗的敌人已被打倒（这是指境内，境外的明火执仗则依然存在），但"糖衣炮弹"不仅不曾绝迹，而且花样翻新，层出不穷。为什么总有人"伸手"，总有人堕落，总有人被"围猎"？那是一些人的理想信念出了问题。新时期，共产党人的理想信念具备了新的内容，人民的富裕、国家的富强、人类命运共同体的营建成了新的奋斗目标。以经济建设为中心，经济活动成了大舞台，一些共产党人和领导干部没有当好时代潮流的引领角色，不是尽责任、比贡献，而是错误地与"先富者"暗比富有程度。这一比就将自己比进了"乱泥坑""沼泽地"。

共产党人应该时常用红色文化洗涤心灵，用红色文化对比对照我们在新时期的理想信念，校正人生灯塔，确立正确的人生目标，迈好人生的每一步，坚定不移地为人民的利益、民族的复兴、祖国的荣光而努力奋斗。

（作者为中共随州市委宣传部原副部长、中华炎黄文化研究会理事）

留住中华文化之"根"

涂爱荣

世间万物都有"根"，树木有树根，大厦有根基，事情有根据，思想有根源，文化有根脉……中华优秀传统文化就是中华民族的文化根脉、社会主义核心价值观的根源、中国特色社会主义的根基。

一、"根脉"：中华优秀传统文化是中华民族文化的命脉

马克思说："人们自己创造自己的历史，但是他们并不是随心所欲地创造，并不是在他们自己选定的条件下创造，而是在直接碰到的、既定的、从过去承继下来的条件下创造。"中华民族的文化也是从中国传统文化中承继、发展而来的。习近平将中华优秀传统文化升华为"中华民族的基因""民族文化血脉"和"中华民族的精神命脉"，使其成为中华民族文化的源头和"根脉"，为世界上所有华人提供了"文化家园"，使之找到了自己的文化"基因"所在。

(一)"中华民族的基因"

习近平指出，"一个民族最深沉的精神追求，一定要在其薪火相传的民族精神和民族文化中来进行基因测序"。在纪念孔子诞辰2565周年大会开幕式上，他指出，"中国传统思想文化记载了中华民族自古以来在建设家园的奋斗中开展的精神活动、进行的理性思维、创造的文化成果，反映了中华民族的精神追求，体现着中华民族世世代代在生产生活中形成和传承的世界观、人生观、价值观、审美观等，是中华民族生生不息、发展壮大的重要滋养，其中最核心的内容已经成为中华民族最基

本的文化基因"。个体的人有自己独有的基因，一个家族有自己家族的基因，一个民族有本民族的基因。习近平认为"中华优秀传统文化已经成为中华民族的基因"。他不止一次援引"基因"这一现代自然科学概念，生动形象地说明中华文化是中华民族最为独特的精神标识，已经融入中华儿女的血液和肌体。

2014年9月9日，第30个教师节前夕，习近平到北京师范大学看望师生代表时说："我很不赞成把古代经典诗词和散文从课本中去掉，'去中国化'是很悲哀的。应该把这些经典嵌在学生脑子里，成为中华民族文化的基因。"2014年9月11日，在出访途中，在与记者交谈时又说："古诗文经典已融入中华民族的血脉，成了我们的基因。我们现在一说话就蹦出来的那些东西，都是小时候记下的。语文课应该学古诗文经典，把中华民族优秀传统文化不断传承下去。"他认为，这些最基本的文化基因，是中华民族和中国人民在修齐治平、尊时守位、知常达变、开物成务、建功立业过程中逐渐形成的有别于其他民族的独特标识，不仅对中国发展产生了深刻影响，而且对人类文明进步作出了重大贡献。

(二)"民族文化的血脉"

习近平提出，中华优秀传统文化是"民族文化的血脉"。中华民族在发展过程中，从"四书五经"到二十四史，从诸子百家到唐诗宋词，从"盘古开天地""女娲造人"到"神农尝百草""仓颉造字"，从"精卫填海""炼石补天""后羿射日"到"嫦娥奔月""愚公移山""天人合一"，等等，都属于中华文化的范畴。在世界四大古代文明中，唯有中华民族一直延续并不断创造着五千多年有文字记载的连绵不断的文明历史，一直延续并不断创造着博大精深的中华文化，为人类文明与进步作出了不可磨灭的贡献。而且，中华文化把56个民族、13亿多人紧密团结在一起，紧紧凝聚在一起，共存共荣、共同发展。中华文化凝聚着中华民族共同经历的奋斗历程，蕴含着中华民族共同培育的民族精神，贯穿着中华民族共同坚守的理想信念，是中华民族共同创造的精神家园。中华民族能够在历经磨难中一直屹立于世界的东方,具有强大凝聚力、继承性和包容性的中华优秀传统文化功不可没。

习近平强调,不忘历史才能开辟未来,善于继承才能善于创新。只有坚持从历史走向未来,从延续民族文化血脉中开拓前进,我们才能做好今天的事业。中华优秀传统文化的"民族文化血脉"作用,不仅在中华民族的形成、发展中发挥着重要作用,而且在今天增强民族凝聚力、实现中华民族伟大复兴的中国梦中必将发挥更大作用。

(三)"中华民族的精神命脉"

2014 年 9 月 24 日,习近平在出席纪念孔子诞辰 2565 周年大会开幕式上指出,"优秀传统文化是一个国家、一个民族传承和发展的根本,如果丢掉了,就割断了精神命脉"。在此,他把中华优秀传统文化比作中华民族的精神命脉,也是"中华民族永远不能离别的精神家园"。习近平提出:"中华文化积淀着中华民族最深沉的精神追求,是中华民族独特的精神标识。"中国人之所以为中国人,正是因为独特的中华优秀传统文化,它给每个中国人打上了精神烙印,成为每个中国人的精神基因。中华民族"独特的精神标识"主要从它独特的、独有的思想观念和精神气质中得到表达,即从其中所蕴含的丰富哲学思想、人文精神、教化思想、道德理念等思想观念中所表达。

中华文明是四大古文明中唯一没有中断的文明,中华民族在长期生产生活实践中产生和形成的优秀传统文化,为中华民族的生息、发展和壮大提供了丰厚的精神滋养。"中华文明源远流长,蕴育了中华民族的宝贵精神品格,培育了中国人民的崇高价值追求。自强不息、厚德载物的思想,支撑着中华民族生生不息、薪火相传。"中华文化塑造了中华民族自强日新、厚德载物的"最深沉"的精神追求,赋予中华民族生生不息的生命力。

二、"根源"：中华优秀传统文化是社会主义核心价值观的源泉

社会主义核心价值观作为当今中国价值观念的最大公约数，并不是凭空产生的，它需要具备历史与现实的基础才能落地生根。社会主义核心价值观"落地生根"的历史基础就是中华优秀传统文化。

（一）中华优秀传统文化是社会主义核心价值观的"丰厚土壤"

中华优秀传统文化是社会主义核心价值观的"丰厚土壤"，强调的是，中华优秀传统文化是价值观认同的"丰厚土壤"。社会主义核心价值观只有植根于中华优秀传统文化的土壤中，才能被人们普遍理解和接受，才能为人们自觉遵守和奉行，成为中国人民的价值追求和行为规范。习近平指出："一个民族、一个国家的核心价值观必须同这个民族、这个国家的历史文化相契合。"这就明确指出，培育和践行社会主义核心价值观必须从中国历史中、从中国传统文化中不断汲取营养，才能获得普遍认同，因为中华优秀传统文化已经成为中华民族最基本的文化基因，潜移默化影响着中国人的思想方式和行为方式，决定了中国独特的历史传统、文化积淀、基本国情。

（二）中华优秀传统文化是社会主义核心价值观的"固有根本"

中华优秀传统文化是社会主义核心价值观的"固有根本"，强调的是，必须以中华优秀传统文化为根本。习近平讲道，"牢固的核心价值观，都有其固有的根本"，根本不牢、地动山摇，社会主义核心价值观"牢固"的前提和基础是"有其固有的根本"，"固有"是"古已有之"，"根本"是本源和根基，这个"固有的根本"从时间的维度就是历史、传统，从空间的维度就是中国的，从内容的维度就是中国的文化。综之，中华优秀传统文化就是培育和弘扬社会主义核心价值观的"固有的根

本"。因此，在讲到培育和践行社会主义核心价值观的时候，习近平反复强调，"中华优秀传统文化是涵养社会主义核心价值观的重要源泉，也是我们在世界文化激荡中站稳脚跟的坚实根基。培育和弘扬社会主义核心价值观必须立足中华优秀传统文化"。

（三）中华优秀传统文化是社会主义核心价值观的"重要源泉"

中华优秀传统文化是社会主义核心价值观的"重要源泉"，强调的是，中华优秀传统文化是社会主义核心价值观的价值源泉。习近平在讲到中华优秀传统文化与社会主义核心价值观问题时，把"深入发掘中华优秀传统文化蕴含的思想观念、人文精神、道德规范，结合时代要求继承创新，让中华文化展现出永久魅力和时代风采"作为培育和践行社会主义核心价值观的重要内容。他提出"要认真汲取中华优秀传统文化的思想精华和道德精髓，深入挖掘和阐发中华优秀传统文化讲仁爱、重民本、守诚信、崇正义、尚和合、求大同的时代价值，使中华优秀传统文化成为涵养社会主义核心价值观的重要源泉"。这样，就把古老的中华优秀传统文化与当代的社会主义核心价值观一下子打通了、联通了、畅通了，将它们贯通在一起、联结在一起、融合在一起，使中华民族的历史基因得以世代传承，永葆其青春活力和时代魅力。

三、"根基"：中华优秀传统文化是中国特色社会主义植根的沃土

习近平总书记在讲到我们党的建设时曾用"顶天立地"这个形象化的说法，顶天，就是顶马克思主义的天；立地，就是立足中国大地。同样，中国特色社会主义也要顶这样的"天"，立这样的"地"。中国特色社会主义包含中国特色社会主义理论、制度、道路、文化四个维度。

（一）中华优秀传统文化是"中国特色"的文化标识

中国特色社会主义强调要坚持将中华优秀传统文化与当代中国改革

开放、社会主义建设的实际结合起来，对此，习近平总书记提出要围绕四个"讲清楚"来宣传和阐释"中国特色"，强调要"讲清楚每个国家和民族的历史传统、文化积淀、基本国情不同，其发展道路必然有着自己的特色；讲清楚中华文化积淀着中华民族最深沉的精神追求，是中华民族生生不息、发展壮大的丰厚滋养；讲清楚中华优秀传统文化是中华民族的突出优势，是我们最深厚的文化软实力；讲清楚中国特色社会主义植根于中华文化沃土、反映中国人民意愿、适应中国和时代发展进步要求，有着深厚历史渊源和广泛现实基础"。习近平总书记在"四个讲清楚"中，用"历史传统""文化积淀""最深沉的精神追求""丰厚滋养""突出优势""最深厚的文化软实力""中华文化沃土""深厚历史渊源"等词汇，有针对性地提出中华优秀传统文化具有永恒魅力和强大生命力，中国特色社会主义的现在与未来都与中华优秀传统文化有着内在关联，强调中华文化对坚持中国特色社会主义发展道路、实现民族伟大复兴具有独特价值，为我们清醒认识传统文化、正确对待传统文化指明了方向，为文化自信找到了源泉和动力。四个"讲清楚"揭示了中华优秀传统文化与中国特色社会主义之间的内在关系，也是对中国特色社会主义之"中国特色"的最好注脚。

(二) 中华优秀传统文化是中国自信的文化基石

习近平指出："独特的文化传统，独特的历史命运，独特的基本国情，注定了我们必然要走适合自己特点的发展道路。"中国特色社会主义理论、制度、道路、文化之"特"是由三个"独特"所决定的，而"独特的文化传统"和"独特的历史命运"直接指向的就是中国传统文化。习近平多次提出，"中华优秀传统文化是我们最深厚的文化软实力，也是中国特色社会主义植根的文化沃土"，中华优秀传统文化与中国特色社会主义联系紧密，是理论自信、制度自信、道路自信、文化自信的源泉。

中华优秀传统文化是中国特色社会主义文化自信之源。党的十九大报告将中国特色社会主义文化概括为中华优秀传统文化、革命文化、社会主义先进文化三个组成部分："中国特色社会主义文化源自于中华民族五千多年文明历史所孕育的中华优秀传统文化，熔铸于党领导人民在革命、建设、改革中创造的革命文化和社会主义先进文化，植根于中国特色社会主义伟大实践。"党的十八大后，以习近平同志为核心的党中央越来越强调文化自信的重要性，将培育和提升文化自信上升为建设中国特色社会主义文化的重要工程，并将传统文化与这一工程结合起来，将传统文化的积极基因植入提升文化自信这一工程的方方面面。习近平总书记在强调中华优秀传统文化对提升文化自信的重要性时说，"我们坚定文化自信的坚实根基和突出优势，就在于中国优秀传统文化。博大精深的中华优秀传统文化、中国人几千年来积累的知识智慧和理性思辨，是我们最深厚的软实力"。中华优秀传统文化是文化自信的基石，是中国特色社会主义文化植根的土壤。审视中华优秀传统文化，它蕴含着提升文化自信的丰富理论资源和提升文化自信的独特精神特质，能够成为而且也应该成为中国特色社会主义文化自信的根源。同时，中华优秀传统文化也只有融入当代中国的文化建设，成为当代中国文化新形态的有机组成部分，才能延续其生命、彰显其价值、展示其魅力，中华文化的发展才不至出现断裂。

四、结语

每一种文明都延续着一个国家和民族的精神血脉，既需要薪火相传、代代守护，更需要与时俱进、勇于创新。中国人民在实现中国梦的进程中，将按照时代的新进步，推动中华文明创造性转化和创新性发展，激活其生命力，在"四个讲清楚"的基础上，深入挖掘传统文化中的精华部分，与时代特色结合，通过现代化的传播手段让优秀传统文化在中华大地上落地生"根"！

（作者为湖北省炎黄文化研究会理事，湖北经济学院马克思主义学院副院长、教授）

结合新时代条件弘扬荆楚文化

黄　莹

文化是民族的血脉，中华优秀传统文化是中华民族得以血脉延续的纽带和精神力量。2014年10月15日，习近平总书记在文艺工作座谈会上的讲话指出："中华优秀传统文化是中华民族的精神命脉，是涵养社会主义核心价值观的重要源泉，也是我们在世界文化激荡中站稳脚跟的坚实根基。要结合新的时代条件传承和弘扬中华优秀传统文化。"①党的十九大报告提及"文化"一词有79次，足见国家对于新时代中国特色社会主义文化建设的高度重视。目前正值"十四五"时期开局之际，我们应坚持以习近平传统文化观为指导，紧握"一带一路"的战略契机，结合新时代条件弘扬荆楚文化，把变革创新作为建设文化强省的动力，推进湖北文化事业全面繁荣、文化产业发展壮大。

一、深入发掘和诠释荆楚文化

习近平总书记指出："中华优秀传统文化是中华民族的突出优势，是我们最深厚的文化软实力。"②2018年4月27日，国家主席习近平同印度总理莫迪举行非正式会晤时指出："荆楚文化是悠久的中华文明的重要组成部分，在中华文明发展史上地位举足轻重。"2000多年荆楚文化历史传承，让湖北文化的内涵拥有厚重的历史沉淀。从文化价值来

---

① 习近平：《在文艺工作座谈会上的讲话》，新华网，http：//www.xinhuanet. com/politics/2015-10/14/c_ 1116825558. htm。

② 人民日报理论部：《深入领会习近平总书记重要讲话精神：下》，人民出版社2014年版，第604页。

看，荆楚文化资源具有地缘唯一性和区域独特性，是中国文明，特别是长江文明发展和延续的结晶和文化多样性的重要证据。

按历史发展进程来看，湖北有炎帝神农文化、楚文化、三国文化、巴土文化、名山古寺文化、长江三峡文化、江城武汉文化、首义文化、红色革命文化、孝文化、汉派文化等系列。按类别来看，有始祖文化、古代科技文化、屈原文化、楚辞文化、忠义文化、道教文化、医药文化、码头文化、清江文化、近代工业文化、讲习所文化、三峡工程等为代表的现代科技文化等各类文化资源。

按物质及非物质文化遗产资源来看，湖北拥有世界级人类非物质文化遗产代表作名录4项①，世界文化、自然遗产保护名录4项②；国家级旅游文化名城5座（荆州、武汉、襄阳、随州、钟祥），国家级非遗代表性项目127项，省级非遗代表性项目347项；有三国历史遗迹180多处，148处全国文物重点保护单位和850多处省级文物重点保护单位。全省有不可移动文物数量36473处，居全国第7位；可移动文物数量153万余件，居全国第5位。③ 湖北省共有102名非遗传承人被认定为国家级非物质文化遗产代表性项目代表性传承人④，有武当山古建筑群、钟祥明显陵、恩施唐崖土司城、荆州古城等众多物质文化遗产资源和秭归端午文化节、鄂州雕花剪纸、清江巴土文化、黄梅采茶戏、赵李

---

① 湖北拥有世界遗产保护名录4项。其中包括《世界文化遗产保护名录》3项：武当山古建筑群（1994年）、钟祥明显陵（2000）被联合国列入《世界文化遗产保护名录》，2015年7月4日，湖北恩施唐崖土司城等3处遗址在内的"中国土司遗产"项目申遗成功，湖北有了第三项世界级的文化遗产。《世界自然遗产名录》1项：湖北神农架，2016年7月17日成功列入世界自然遗产名录，成为中国第50个世界遗产项目。

② 湖北拥有世界级非物质文化遗产4项：①中国"端午节"（秭归县的"屈原故里端午习俗"、黄石市的"西塞神舟会"）；②中国剪纸（鄂州雕花剪纸、沔阳雕花剪纸）；③皮影戏（云梦皮影、江汉平原皮影戏）；④京剧（湖北京剧院）。

③ 李荣娟、吴成国：《湖北文化发展报告（2016—2017）》，社会科学文献出版社2017年版，第73页。

④ 《我省再增45名国家级非物质文化遗产代表性传承人》，http：//www.hbwh. gov. cn/xwdt/zgyw/28718. htm。

桥砖茶制作技艺等非物质文化遗产。

这些文化资源均彰显了湖北文化底蕴的厚重。它们之所以能流传至今，背后有当时的创造者的生存智慧和造物哲学，这些智慧、思想、审美不会随着时代的变迁而出现价值消退，对人类而言具有永恒的价值。"不忘本来才能开辟未来，善于继承才能更好创新。"①在新的时代，需要我们深入发掘和诠释荆楚文化，需要我们通过跨学科的协作与努力，把这些散落的、隐形的荆楚文化信息重新梳理出来、挖掘出来，通过历史文脉和历史叙事的梳理，把内在的文化精神提炼出来。要从历史的时间维度、社会的生态维度、地理的空间维度等多层面来进行深入的定位、挖掘和解剖，深层挖掘荆楚文化符号，才能讲好荆楚故事。只有从文化资源走向文化叙事，才能真正树立荆楚文化的主体性，真正塑造一个有灵魂、有温度的荆楚文化故事，也才能真正吸引别人来感受，来品鉴，来回味。

二、荆楚文化的创造性转化、创新性发展

习近平总书记强调："要加强对中华优秀传统文化的挖掘和阐发，努力实现中华传统美德的创造性转化、创新性发展，把跨越时空、超越国度、富有永恒的魅力、具有当代价值的文化精神弘扬起来，把继承传统优秀文化又弘扬时代精神、立足本国又面向世界的当代中国文化创新成果传播出去。"②创造性转化的落脚点在于转化，这就要求我们要深入地挖掘和阐释中华传统文化的精髓；创新性发展的落脚点则在"创新"和"发展"上，只有敢于并善于突破，才能有所创新和发展。对待中华传统文化要坚持改革创新精神，以开阔的胸襟吸收新鲜血液，实现中华传统文化的新发展。

---

① 习近平：《习近平谈治国理政》，外文出版社 2014 年版，第 164 页。
② 习近平：《在中国文联十大、中国作协九大开幕式上的讲话》，新华网，http：//www. xinhuanet. com/politics/2016-11/30/c_ 1120025319. htm。

独特的荆楚文化资源，包括名山大川、神话传说、历史人物、物质和非物质文化遗产等，如何顺应国家文化发展大势，保护、传承与利用好荆楚文化资源，促进荆楚文化的创造性转化与创新性发展，推动湖北文化旅游深度融合，是我们值得深思的问题。首先，将荆楚文化转换为浓厚的文化氛围和日常的行为规范。通过各种有效的方式，例如加大宣传力度等来促进各行各业的人们对荆楚文化有透彻的了解，并且将推广荆楚文化作为自己的责任和义务，从而使得人们在浓厚的文化氛围中生活，同时又在这样的文化氛围中成长和熏陶。其次，创新性发展，就是要不断与时俱进，对荆楚文化的话语体系、表达方式、解释系统都需要进行转化和创新，不断赋予当下时代的意义。要将荆楚文化有效融入社会群众，从而赋予其现代化、平民化、通俗化、生活化的特色，不断激发荆楚文化遗产传承的活力。

只有与时俱进，与时代同步，荆楚文化才能更好地沿袭传承。习近平总书记指出："坚持古为今用、推陈出新，结合新的实践和时代要求进行正确取舍，而不能一股脑都拿到今天来套用。"①荆楚文化创新性发展的关键，在于要找到历史与现实的价值共识点、利益交汇点、情感共鸣点。例如加强以移动互联网为代表的新媒体、新渠道传播，用适当的方式融入荆楚文化的元素，做到"润物细无声"；在青少年易于接受的内容载体中融入荆楚文化；大力鼓励蕴含荆楚文化精华的文艺作品、影视作品、理论作品的创作、培养、发掘；鼓励具有创新意识、创业精神的人才等，可以从年轻受众的角度考量进行地域文化的创新突破，增进荆楚文化的时代感、生活感、意义感，让荆楚文化离我们越来越近。

三、培育荆楚特色文化产业高质量发展

文化产业的繁荣是中华优秀传统文化"走出去"的前提和基础。习

---

① 习近平：《在纪念孔子诞辰 2565 周年国际学术研讨会暨国际儒学联合会第五届会员大会开幕会上的讲话》，人民出版社 2014 年版，第 11 页。

近平总书记指出，广大文化工作者要加强对中华优秀传统文化的挖掘和阐释，"让收藏在禁宫里的文物、陈列在广阔大地上的遗产、书写在古籍里的文字都活起来"①。在传承和发扬地方特色文化的过程中，通过发展地方特色文化产业是一种有效的方式。文化产业以低能耗、无污染的特点被称为"绿色产业"，又以其迅速增长、高收益的特点被称为"朝阳产业"。通过挖掘和培育具有荆楚特色的文化产品，可以利用品牌进行市场开拓，利用市场服务人民群众，不断丰富荆楚文化的内涵，促进荆楚文化的发展繁荣，让人们在享受舒适、便捷、健康的当代产品和服务时，继续保持地域文化的连续、文化基质的承传、文化养分的汲取，以及文化自信心和自豪感的确立。可以从以下几个方面培育荆楚特色文化产业的高质量发展。

壮大文化市场主体。深化湖北长江出版传媒集团、长江广电传媒集团、鄂旅投旅游发展股份有限公司、湖北省演艺集团等国有大型文化企业的公司制改革，规范公司治理，促进转型发展；稳妥推进符合政策条件的国有文化企业实施股份制、混合所有制改革，开展股权激励和核心骨干员工持股试点；大力引进扶持培育江通动画、斗鱼 TV 等民营骨干文化企业；重点支持"专、精、特、新"文化创意企业，孵化一批小微文化企业；坚持把社会效益放在首位，实现社会效益和经济效益相统一；实施支持企业上市行动，争取 3~5 家文化企业上市。

打造湖北文化旅游品牌。统筹推进湖北红色文化、荆楚文化、三国文化等文化资源的创造性转化和创新性发展，加快构建生产和服务、开发和保护良性发展格局。围绕大武汉、长江三峡、武当山、神农架、鄂西生态文化旅游圈等地域文化特色发展全域旅游，吸引更多国内外游客来湖北旅游，实现入境旅游大突破。着力推进文化与旅游融合，精心规划建设一批文化旅游精品线路，大力发展长江国际黄金旅游带核心区的生态长江品牌；大别山、湘鄂西、武汉市等红色旅游品牌；旅游带动乡

---

① 中共中央宣传部：《习近平总书记系列重要讲话读本》，学习出版社、人民出版社 2016 年版，第 203 页。

村振兴的乡村旅游品牌；既要挖掘旅游品牌历史文化的闪光点，同时又要赋予其新时代的气息，从而实现开发的价值。建设国家绿色生态旅游、红色教育旅游和历史文化旅游目的地。鼓励利用历史遗迹、文化遗存及生态宜居环境等资源发展文化休闲旅游业。打造特色文化节庆品牌，鼓励重点景区打造具有湖北特色的原创演艺精品，如音乐剧《黄四姐》、实景剧汉秀、《时舞·印象咸宁》等，开发富有创意的文化旅游商品，进一步唱响"灵秀湖北、楚楚动人"品牌。

形成具有荆楚特色的高品质工艺产品。加强文化文物文创产品开发，大力发展汉绣、楚式漆器、玉雕等民间工艺美术精品，推进特色非遗产品研发、生产和销售，搭建非遗产品交易展示平台。加强特色文化小镇、文化名村和特色街区建设，深入挖掘特色文化元素，把民族民间文化元素融入乡村建设。鼓励引导民间艺人、非遗传承人、文化志愿者和文化企业向特色文化小镇、文化名村和特色街区聚集。继续办好随州市世界华人炎帝故里寻根节、宜昌市屈原故里端午文化节、中国长江三峡国际旅游节等活动，发展特色节庆经济。发展特色餐饮，塑造湖北味道的"荆楚味道"品牌；构建名景名城名镇名村名店名节"六名一体"的多层次、全产业链的荆楚文化品牌。深度参与"互联网+中华文明"行动计划，积极推进文博创意产品开发，培育形成体现荆楚特色的文化创意类旅游纪念品。

四、实施荆楚文化"走出去"战略

在新的时代背景下，习近平总书记明确指出，传承和创新中华传统文化必须实施"走出去"战略，"把继承传统优秀文化又弘扬时代精神、立足本国又面向世界的当代中国文化创新成果传播出去"[1]。党的十九大报告指出："加强中外人文交流，以我为主、兼收并蓄。推进国际传播能力建设，讲好中国故事，展现真实、立体、全面的中国，提高国家

---

[1]　习近平：《习近平谈治国理政》，外文出版社 2014 年版，第 106 页。

文化软实力。"我们还需要加快形成荆楚文化传播和旅游推广合力，加大境内外旅游宣传推广，更好地展示湖北形象，促进荆楚文化的展示和传播。

近年来，湖北积极推进荆楚文化走出去，文化自信不断增强。着力培育"荆楚韵味、国际水准"的文化品牌，向世界传播阐释荆楚文化蕴含的深刻内涵和中国价值，提升荆楚文化的国际影响力。制定实施湖北"一带一路"文化交流合作行动计划，举办"一带一路"湖北文化国际巡展，着力打造"荆楚文化走世界""荆楚文化丝路行""荆楚风·中俄情——湖北文化走进俄罗斯"等品牌，积极参与国家对外文化交流项目，讲好湖北故事。加快省部共建中国文化中心建设。突出抓好楚式漆器、湖北京剧、雕花剪纸、皮影戏、太极、艾灸、黄梅戏、武汉杂技、湖北大鼓等特色文化项目，赴国(境)外交流展示。大力支持民间文化交流活动，培育和扶持与国际接轨、具备国际市场运作能力的文化中介机构，加强与国际艺术机构的专业交流。推动湖北优秀文学作品、图书、影视产品等走出去。优化走出去文化产品结构，推动蓬勃发展的体现湖北文化特色的文学、影视、工艺美术、动漫、文创、舞台艺术等产品走向世界。扶持企业建立国际营销网络，积极拓展国际文化市场。支持文化企业参加重要国际性文化节展。如落户宜昌市的柏斯音乐集团，已成为世界第三、亚洲第一的钢琴制造企业，所生产的"长江牌"钢琴销往世界各地。

发掘"新媒体"文化传播的优势，创新荆楚优秀传统文化传播模式。习近平总书记在党的新闻舆论工作座谈会上强调了"新媒体传播的优势"，要求加强国际传播能力建设，着力打造具有较强国际影响的外宣旗舰媒体，增强国际话语权，集中讲好中国故事。在国家"一带一路"倡议的契机下，思考更多向外部联动的途径。在"一带一路"倡议推进中，通过"新媒体"传播中华优秀传统文化。可以充分利用微信、微博客户端和抖音、火山等短视频平台等新媒体，对荆楚文化进行宣传和推介；利用视频直播平台，深入有文化意义的荆楚文化标志点，通过直播展现鲜活的荆楚文化，令观看者体会身临其境的真实感，提高文化交融的便利性和亲和力。在传播形式上，可以通过举办不同层次的国学讲座、策划书法艺术展览、举办各类文化专题演讲对话等，让更多"一带一路"沿线国家和地区的人民感受荆楚文化的魅力。如2016年推出的武汉城市形象宣传片《大城崛起》就整合了多种传播渠道，突显国际传播的目的性，并产生了广泛影响。《大城崛起》采取多种渠道增强宣传推介力度，抢占网络制高点，通过优酷、腾讯、长江网、新浪网、凤凰网等20余家知名视频网站及自媒体播出，并与美国多家媒体合作，通过Twitter、Facebook推广宣传片；制作英、俄、韩语等多语种版本，在重大节日或赛事和对外交往活动中广泛使用；此外，该片的推广部门也加强与武汉各高校联络，通过海外招生、公派留学生推介等形式，在国内外广泛传播。由此可见，中国文化对外传播已经呈现国际媒体和国内媒体、官方媒体和民间媒体组合传播的特点。传统文化如今已经焕发出了强大生命力，时代风云变幻，荆楚文化传播也要随着时代和科技的进步不断地调整我们在中西文化传播进程中的方式和内容，只有这样我们才能更有效、更有趣、更有意义地传播荆楚文化。

传统文化是中华民族的根基所在，在中华民族文化中占据着非常重要的作用。在推动荆楚文化创造性转化和创新性的发展过程中，要注意贯彻落实习近平总书记的传统文化观，从而促进荆楚文化的传承和发扬。只有真正找到荆楚文化资源在今天的文化生存土壤和生存条件，找到与当地、当代人的生活连接，将荆楚文化资源的血液融入现代人的生产生活，背靠"历史"、立足"当下"、面向"未来"，形成日用而不觉的效果，才能真正让荆楚文化焕发新的活力。

（作者为湖北省炎黄文化研究会理事、湖北省社会科学院楚文化所副研究员）

试论以优秀传统文化引导青年
树立正确价值观

王彬洁

中华传统文化博大精深，源远流长，哺育了一代代探索进取的炎黄儿女，谱写了一曲曲气壮山河的壮美诗篇。在中华民族伟大复兴的新的历史时期，大力弘扬优秀传统文化，是关乎党的建设事业成败的关键。在全国抗击新冠肺炎疫情表彰大会上，习近平总书记指出："历史和现实都告诉我们，只要不断培育和践行社会主义核心价值观，始终继承和弘扬中华优秀传统文化，我们就一定能够建设好全国各族人民的精神家园，筑牢中华儿女团结奋进、一往无前的思想基础。"青年一代是社会发展进步的中坚力量，青年的价值取向影响和决定了未来社会的价值取向。在新的社会形势下，进一步继承发扬中华传统文化的精神内涵，深入研究青年一代的心理、思想特点，以传统文化引领社会价值取向，构筑思想建设的坚实屏障，对保障党的建设事业的健康发展具有重要的理论意义。

一、中华优秀传统文化中"德"的时代价值和现实意义

中华文明是唯——支一脉延续、从未间断的文明，中华传统文化是中华民族在五千多年的社会实践中形成的思想理念、传统美德和人文精神的集合，体现出中华民族特有的思维方式和精神风格，它在历史上为推动民族进步和社会发展发挥了重要作用。优秀传统文化是民族智慧的结晶，折射出了光辉的人生哲理，能够引导民众远离浮躁低俗，帮助人

们树立正确的国家观、民族观、文化观,激发人们实现"中国梦"的豪情。中华传统文化是坚持和发展新时代中国特色社会主义的文化之根、精神之源。科学辨析传统文化的内涵实质,实现优秀传统文化的创造性发展,为社会主义现代化建设提供精神滋养和智力支撑,对弘扬社会主义核心价值观,丰富治国理政的核心理念,增强文化自信、文化担当具有重要意义。

中华传统文化在规范传统社会的政治秩序、维系家庭和谐、规范个人道德价值取向等方面发挥过积极作用。传统文化以"德"为中心,注重人的德性的形成和培养。彰显深厚的文化底蕴,"德积者昌,殃积者亡"。"结有德之朋,绝无义之友。""大学之道,在明明德,在亲民,在止于至善。"这些富有向上、向善力量的传统文化引导并规范着人与人、人与社会之间的关系,承载着中华五千年文明的道德责任,培育着"讲道德、尊道德、守道德"的良好氛围,提升着人们的文化道德素养。

传统文化历来注重人的德行问题,强调人的道德内化和修身立德,注重人的自立自觉。致力于引导人们修身养性,追求理想人格和崇高的道德境界。"修身、齐家、治国、平天下"追求的是实现小我与大我的辩证统一。《大学》明确指出"修身"是"齐家、治国、平天下"的根本前提,加强修身教育能够培养人们树立坚定的理想信念,深化人们对爱国主义、集体主义的认识,能够促使人们自觉地以国家、民族和人民利益为重。

"德"是中国传统文化的核心价值理念,贯穿中国传统文化发展的全过程,是中国价值体系中最核心的因素。党的十八大以来,习近平总书记围绕德育工作进行了大量论述,明确要求以"立德树人"为本,将培育和践行社会主义核心价值观融入教书育人全过程,着力培养德、智、体、美全面发展的中国特色社会主义事业建设者和接班人。在实现中华民族伟大复兴的新征程中,要深化对传统文化的科学认知,继承和发展传统文化的时代内涵,赋予优秀传统文化现代表达形式,激发传统文化的创造活力,充分挖掘传统文化的时代价值,实现中华优秀传统文化的转型和创新,实现历史与现实的辩证统一。

二、青年一代的知识构成、思维方式和行为模式分析

青年群体是文化传承最为重要的主体力量，习近平总书记指出："中华民族伟大复兴终将在广大青年的接力奋斗中变为现实。"针对青年一代的思维方式、认知与行为特点，因势利导地引导其价值取向，使其成为坚定的社会主义建设者和接班人，对实现中华民族伟大复兴具有重要战略意义。

文化传统对青年的成长影响巨大，中华优秀传统文化是中华民族的根基与血脉，传承着五千年的中华文明，激励着华夏儿女奋发向上、有所作为。当前，随着经济全球化的深入推进和网络信息技术的快速发展，世界范围内文化力量交流、交融、交锋的新形势日益呈现，新时代青年的思想观念被多元、多样、多变的文化深刻影响，其价值观的培育面临前所未有的挑战。当今世界是一个全球化、市场化的世界，受到西方后现代主义思潮和多元文化的影响，部分青年对优秀传统文化越来越缺少深入了解，对优秀传统文化产生敬畏感和疏远感，虽然愿意参加传承和弘扬中华优秀传统文化的活动，但是仅停留在基本认知层面上，这种现象存在潜在的危险，威胁着国家文化的安全。

新媒体的快速发展，成为广受大众欢迎的媒体形式，在传播中华优秀传统文化方面发挥了积极作用，丰富了青年的精神生活，开拓了青年的文化视野。但是也应清楚地看到，新媒体虽然提供了丰富的内容和快捷的获取渠道，但其提供的优质内容却比较单一、肤浅、缺乏理论深度和系统化。青年习惯于通过互联网和新媒体进行阅读，这种阅读是"快餐式""碎片化"的，很难进行深入学习，无法正确认识和真正领会中华优秀传统文化的精神实质，使主流的价值认同难以立竿见影。网络新媒体信息使青年的世界观、人生观、价值观受到了前所未有的冲击，拜金主义、享乐主义弱化了中华优秀传统文化，追求网络游戏、快餐文化等文化产品，更多关注自身的生存状况和发展，而忽视了对崇高精神的追

求，扰乱了青年的价值选择，淡化了中华优秀传统文化的伦理规范和道德教化。

价值观作为主体对客体及自身总的观点、态度或信念，不仅深刻影响着青年一代自身发展，同时也深刻地影响着社会的发展。随着世界经济日益一体化和人类交往的不断发展，不可避免地蕴涵着各种不同道德价值观念的碰撞和冲突。尤其是不断加深的信息全球化，有利于青年形成开阔的视野、多元开放的文化精神，也对西方文化与价值观带来了一定的影响与冲击。针对这种新的变化，在对青年进行教育的过程中，应当加大对传统文化的系统性研究，培育青年树立正确的价值观，引导青年一代在传统文化与西方价值观不断碰撞中坚定信念，自觉构筑起抵制西方不良思想侵袭的思想屏障。

三、以中华优秀传统文化构筑青年价值观的坚强壁垒

以习近平同志为核心的党中央高度重视中华优秀传统文化的传承与发展，始终从中华民族精神追求的深度看待优秀传统文化，从国家战略资源的高度继承优秀传统文化，从推动中华民族现代化进程的角度创新发展优秀传统文化，使之成为实现"两个一百年"奋斗目标和中华民族伟大复兴中国梦的根本性力量。习近平总书记在党的十九大报告中指出，要"推动中华优秀传统文化创造性转化、创新性发展，继承革命文化，发展社会主义先进文化，不忘本来、吸收外来、面向未来，更好构筑中国精神、中国价值、中国力量，为人民提供精神指引"。习近平总书记的一系列重要论述，为传承和创新发展中华优秀传统文化指引了方向。将中华优秀传统文化充分融入青年价值观培育，从理论和实践层面加强青年对中华优秀传统文化的学习，对促进青年的健康发展，提升新时代青年的文化自信具有重要的现实意义。

传统文化是价值观、人生观形成的内在动力，也是人类文明得以传承和发展的基石。中华优秀传统文化历来注重人的道德修养，并在历史

的演化中不断革故鼎新。加强与青年的沟通与对话，要用中华优秀传统文化引领青年的社会主义核心价值观，注重传统价值理念的丰富性、全面性和系统性，更要根据青年群体的实际情况以及现实需求，深刻挖掘中华优秀传统文化的内涵，提升传统文化的当代价值。

弘扬中华优秀传统文化必须坚持理论与社会实践相结合。中华文化自古以来就特别注重实践性，强调于社会生活中追寻真理，这种实事求是的社会实践精神，对于中华优秀传统文化的形成和发展具有决定性意义。青年的个人价值和社会价值具有统一性，个人的价值成长离不开国家和社会的价值引领，社会实践对青年的全面发展具有不可替代的作用，社会实践活动是不断提升中华优秀传统文化教育的重要载体。切实把握新时代发展的特征和青年群体特点，把握青年思想动向和成长发展需要，开展的传统文化教育要紧贴时代发展变化，将传承、弘扬中华优秀传统文化与培育和践行社会主义核心价值观有机结合起来，让更多青年在教育中得到锻炼，促进青年的成长。引导青年结合自己的专业和兴趣去开展社会实践，去观察、体验和感悟国家的发展，用具有广泛感召力的社会主义核心价值观，引领和整合青年多样化的价值取向，帮助青年更好地认识到自己的责任，引导青年通过社会实践进行亲身经历和主动思考，深刻理解个人与社会的关系，使青年在社会实践中亲身体验中华优秀传统文化，提高对优秀传统文化的价值认同。在理论与实践的统一中不断增强青年的政治认同、情感认同，形成真正的社会责任感，使青年更好地融入社会和国家发展。

令人欣慰的是，青年一代在传统文化的熏陶下，在民族复兴的事业中展现出了大无畏、敢作为的责任与担当。庚子之初，新冠肺炎疫情突袭中华大地，在这场突如其来的严峻疫情"大考"中，广大青年响应党的号召，在抗疫最前沿用行动书写了一份壮怀激烈的青春答卷，成为取得这场攻坚战决定性胜利的中流砥柱、核心力量。习近平总书记在给北京大学援鄂医疗队全体"90后"党员的回信中高度评价新时代中国青年："青年人同在一线英勇奋战的广大疫情防控人员一道，不畏艰险、冲锋在前、舍生忘死，彰显了青春的蓬勃力量，交出了合格答卷。广大青年用行动证明，新时代的中国青年是好样的，是堪当大任的！"

四、结语

弘扬中华优秀传统文化必须坚持与创新形式相结合，不断赋予优秀传统文化新的时代内涵，不断提升中华优秀传统文化的吸引力、说服力和感染力。把新媒体打造成引领优秀传统文化的新阵地，以更多创新形式来吸引青年学习优秀传统文化，弘扬传统美德，不断扩展中华优秀传统文化的内涵，使传统文化成为他们成长过程中取之不尽、用之不竭的精神粮仓。

中国青年历来有追求、有担当，始终和时代同步伐、与国家共命运。100 多年前，在中华民族内忧外患之际，五四运动吹响了"爱国、进步、民主、科学"的时代号角。100 年后，中国正处在一个朝着实现中华民族伟大复兴的中国梦奋勇前进的新时代，面对这个"百年未有之大变局"，应大力弘扬中华优秀传统文化，引导他们与党同心同向，把个人的小我融入国家、民族和时代的大我，开创更加广阔的人生舞台。在实现中华民族伟大复兴的历史征程中，具有深厚中华传统文化底蕴的青年一代必将成为走在时代前列的开拓者、建设者、奉献者，必将绽放出绚丽的青春之花。

参考文献

[1]习近平：《在全国抗击新冠肺炎疫情表彰大会上的讲话》，新华社 2020 年 9 月 8 日。

[2]习近平：《习近平谈治国理政（第三卷）》，外文出版社 2020 年版。

[3]张志臣、洪晓楠：《习近平总书记关于中华优秀传统文化重要论述及其时代价值》，载《当代世界社会主义问题》2019 年第 10 期。

[4]杨雄：《"00 后"群体思维方式与价值观念的新特征》，载人民

论坛网，2021 年 4 月 2 日。

[5]董泽芳、黄燕：《论大学弘扬中华优秀传统文化的价值与路径》，载《国家教育行政学院学报》2019 年第 2 期。

[6]张永奇：《中华优秀传统文化传承发展机制的构建：价值、内容与策略》，载《马克思主义研究》2017 年第 12 期。

[7]张阳：《习近平新时代中国特色社会主义思想对青年成长的影响》，载《当代青年研究》2018 年第 1 期。

[8]周作福：《新时代高校中华优秀传统文化教育的实践与创新》，载《学校党建与思想教育》2019 年第 3 期。

[9]胡培培：《反思与建构：当代青年的中国传统文化认同》，载《宁夏社会科学》2018 年第 4 期。

[10]黄岩、朱杨莉：《中华优秀传统文化融入高校思政课的思考》，载《思想政治教育研究》2019 年第 1 期。

[11]张述存：《新时代如何大力弘扬中华优秀传统文化》，载《光明日报》2019 年 1 月 24 日。

（作者为湖北省炎黄文化研究会理事、武汉工程大学副教授）

中国共产党的优秀传统：见贤思齐

——从习近平给父亲的家书说起

赵秀琴

习近平总书记曾说："务必把加强道德修养作为十分重要的人生必修课，自觉从中华优秀传统文化中汲取营养，老老实实向人民群众学习，时时处处见贤思齐。"①中国古代的儒家一直倡导"见贤思齐焉，见不贤而内省也"，回顾中国共产党的辉煌历史，一直坚持见贤思齐的优秀传统。习近平总书记给父亲习仲勋的一封信，就可称为典型的范例，可以给我们很多的启示。

一、习仲勋的做人、做事、信仰、情怀、家风

2001 年 10 月 15 日，习仲勋 88 岁，时任福建省省长的习近平因工作而不能前往祝寿，于是就写了一封拜寿信，读来感人，全文如下：

　　敬爱的爸爸：今天是您的 88 周岁生日，中国人将之称为米寿。若按旧历虚两岁的话，又是您 90 岁大寿。这是一个值得庆祝的大喜日子。昨晚我辗转反侧，夜不能寐，既为庆祝您的生日而激动，又因未能前往祝寿而感到遗憾和自责。自我呱呱落地以来，已随父母相伴 48 年，对父母的认知也和对父母的感情一样，久而弥深。我从您身上要继承和学习的高尚品质很多，最主要的有如下几点：

　　一是学您做人。爸爸年高德劭，深受广大人民群众和我党同

---

① 《平语近人》，人民出版社 2019 年版，第 120 页。

志、党外人士的尊敬。这主要是您为人坦诚忠厚、谦虚谨慎、光明磊落、宽宏大度。您一辈子没有整过人，坚持真理不说假话，并且要求我也这样做。我已把你的教诲牢记在心，身体力行。

二是学您做事。爸爸自少年就投身革命，几十年来勤勤恳恳、艰苦奋斗，为党和人民建功立业，我辈与您相比，实觉汗颜。特别是您对自己的革命业绩视如过眼烟云，从不居功，从不张扬，更值得我辈学习和效仿。

三是学习您对共产主义信仰的执著追求。无论是白色恐怖的年代，还是极"左"路线时期；无论是受人诬陷，还是身处逆境，爸爸对共产主义的信念仍坚定不移，相信我们的党是伟大的、正确的、光荣的。您的言行为我们指明了正确的前进方向。

四是学您的赤子情怀。爸爸是一个农民的儿子，热爱中国人民，热爱革命战友，热爱家乡父老，热爱您的父母、妻子、儿女。您自己博大的爱，影响着周围的人们。您像一头老黄牛，为中国人民默默地耕耘着。这也激励着我将毕生精力投入到为人民服务的事业中去。

五是学您的俭朴生活。爸爸平生一贯崇尚节俭，有时几近苛刻。家教的严格，是众所周知的。我们从小就是在您的这种教育下，养成勤俭持家习惯的。这样的好家风我辈将世代相传。

此时此刻，百感交集，书不尽言，上述几点，不能表达我的心情于万一。我衷心遥祝尊敬的爸爸健康长寿，幸福愉快！

儿近平叩首　二〇〇一年十月十五日①

信中，习近平提到了向父亲习仲勋学习的五个方面：做人、做事、信仰、情怀、家风。试从这五个方面对这封信作简要解读。

"一是学您做人"。这是对习仲勋的基本评价。习仲勋（1913 年 10

---

① 习近平写给父亲的拜寿信，引自人民网 2014 年 12 月 10 日，原载《习仲勋传》下卷，中央文献出版社 2013 年。

月 15 日—2002 年 5 月 24 日）祖籍河南省邓州，生于陕西省富平县，中国共产党的优秀党员，伟大的共产主义战士，杰出的无产阶级革命家，我党、我军卓越的政治工作领导人，陕甘边区革命根据地的主要创建者和领导者之一，新中国成立以来长期主持西北党、政、军全面工作。习仲勋 13 岁投身革命。1926 年 5 月在县立诚高小读书时加入共青团，1928 年 4 月转为中共党员，1930 年被派往杨虎城部警备骑兵第三旅开展兵运工作，1932 年 3 月在甘肃两当发动兵变，失败后曾转赴渭北、三源开展革命工作，1949 年 2 月起任西北军区政委、中共中央西北局书记，新中国成立后，任中央人民政府委员、人民革命军事委员会委员，西北军政委员会副主席、代主席。他一生为人坦诚忠厚、谦虚谨慎、光明磊落、宽宏大度，坚持真理不说假话，深受广大人民群众和我党同志、党外人士的尊敬。

"二是学您做事"。1952 年 9 月，习仲勋同志调任中共中央宣传部部长兼政务院文化教育委员会副主任、党组书记。1953 年 9 月任政务院(后为国务院)秘书长。1959 年 4 月任国务院副总理兼秘书长，负责国务院常务工作。历任中国共产党第十一届中央委员会书记处书记，第十二届中央政治局委员、书记处书记，第五、第七届全国人民代表大会常务委员会副委员长。他在国务院协助周恩来总理工作长达 10 年，兢兢业业，尽职尽责，受到周恩来总理的高度称赞。他几十年来勤勤恳恳、艰苦奋斗，为党和人民建功立业，对自己的革命业绩视如过眼烟云，从不居功，从不张扬，值得学习和效仿。

"三是学习您对共产主义信仰的执著追求"。1962 年之后，习仲勋受到迫害。康生在中共八届十中全会上借小说《刘志丹》之事陷害习仲勋，把习仲勋等人定为"习仲勋反党集团"。关键时刻，周恩来出面保护了习仲勋。周恩来在中央会议上提出，不能把习仲勋定为"敌我矛盾"，他还是我们的同志。中央接受了周恩来的意见。习仲勋对党"忠诚"，无论是白色恐怖的年代，还是极"左"路线时期；无论是受人诬陷，还是身处逆境，对共产主义的信念坚定不移，相信我们的党是伟大的、正确的、光荣的。

"四是学您的赤子情怀"。习仲勋是农民的儿子，他热爱人民，热爱革命战友，热爱家乡父老，热爱父母、妻子、儿女。他以博大的爱，影响着周围的人们。他像一头老黄牛，为人民默默地耕耘着。他的行为激励着人们将毕生精力投入为人民服务的事业。1978年3月，习仲勋复出，被选为第五届全国政协常委，后任中共广东省委书记，被增选为中共第十一届中央委员。1979年任广东省省长。1980年他坚决支持"实践是检验真理的唯一标准"的讨论，大刀阔斧地拨乱反正，全力平反冤假错案，妥善解决历史遗留问题，落实各项政策。他坚决贯彻执行党中央关于把工作重点转移到经济建设上来的重大决策，率先向党中央提出充分利用国内外的有利形势，发挥广东的特点和人文地缘优势，让广东在改革开放中先走一步的请求，得到了邓小平同志的赞同。1979年7月，党中央、国务院正式批准广东在改革开放中实行特殊政策、灵活措施和创办经济特区，为广东的改革开放奠定了基础，使广东成为中国改革开放的窗口、综合改革的试验区和排头兵，为国家实行对外开放政策提供了宝贵经验。

"五是学您的俭朴生活"。习仲勋一贯崇尚节俭，有时几近苛刻。家教严格，勤俭持家，有优秀的家风。1944年4月，习仲勋与齐心在陕北绥德结为革命伴侣。1944—1949年，齐心大部分时间在绥德县和延安的农村做基层工作，参加过历次土改。这时习仲勋担任中共西北中央局书记，常在延安，夫妻相隔几百里，长时间不能团聚。习仲勋常常只能写信给齐心，有一封信是这样写的："农村是一个大学校，是学之不尽的知识宝库，用之不竭的知识源泉。如果能做好一个乡的工作，就能做好一个区的工作。"1953年和1956年，习近平和习远平相继出生。齐心既要照顾家里管好孩子，还要做好工作，不管多苦多累都没有忘记丈夫的叮嘱：以事业为重，不耽误工作，有困难自己克服。在那一段时间里，齐心从来没有想过利用习仲勋的关系把工作调换到离家近的地方。

二、习近平的做人、做事、信仰、情怀、家风

既然习近平从五点评价他最尊敬的父亲习仲勋，说明这五个方面给他印象很深，习近平也是从这五个方面为我们做出了榜样。

（一）做人

做人，最重要的就是要修身，修身就需要多学习。习近平1953年6月出生于红色革命家庭，其父母都是一生追随共产主义的老革命。习近平15岁离开北京，上山下乡到延安。从儿童到青少年，他一直受到革命传统文化与历史优秀文化的影响。哪怕1962年，家里出了变故，习近平仍然热爱革命的父辈，热爱优秀传统文化。

习近平喜欢读书，2013年五四青年节，习近平在同各界优秀青年代表座谈时曾回忆自己插队时读书的情形，"上山放羊，我揣着书，把羊圈在山坡上，就开始看书。锄地到田头，开始休息一会儿时，我就拿出新华字典记一个字的多种含义，一点一滴积累"。习近平在《创新正当时，圆梦适得其势》提出要"以韦编三绝、悬梁刺股的毅力，以凿壁借光、囊萤映雪的劲头，努力扩大知识半径"。"韦编三绝"的故事，说的是孔子读《易》，成为儒学大师。悬梁刺股的故事，出自西汉刘向《战国策·秦策一》："（苏秦）读书欲睡，引锥自刺其股，血流至足。"

习近平认为，干部一定要有终生为民之心。他说："没有终生廉洁，终生为民的鸿鹄之志，期待飞得持久，扶摇直上，是困难的。"①习近平在《做人与做官》一文中引用了王安石的"修其心治其身，而后可以为政于天下"。② 修身关键在于正心，心正才能身正，才能科学为政。领导干部要正心，其实质就是要在内心深处培植科学而坚定的理想

① 习近平：《摆脱贫困》，福建人民出版社1992年版，第9页。
② 习近平：《之江新语》，浙江人民出版社2013年版，第258页。

信念。

2006 年 1 月 24 日，习近平在浙江省委办公厅系统总结表彰大会谈从政的体会，归纳为 28 个字：激浊扬清、敬业乐业、乐在人和、力戒浮躁、贵耳重目、求知善读、戒奢节俭。习近平说："中国人历来讲究修身，强调自天子以至于庶人，壹是皆以修身为本。"①

（二）做事

做事，要做实事。1969 年，不满 16 岁的习近平响应党中央知识青年上山下乡的号召，到陕西省延川县文安驿公社梁家河大队。习近平的文章《我是黄土地的儿子》，其中真实地反映了习近平在梁家河的思想变化。他在此文说："15 岁来到黄土地时，我迷惘、彷徨；22 岁离开黄土地时，我已经有着坚定的人生目标，充满自信。作为一个人民公仆，陕北高原是我的根，因为这里培养出了我不变的信念：要为人民做实事！"②

2015 年 9 月 22 日，习近平在华盛顿州当地政府和美国友好团体联合欢迎晚会上，谈到年轻时下放到陕西梁家河村，"那时候，我和乡亲们都住在土窑里，睡在土炕上，乡亲们生活十分贫困，经常是几个月吃不到一块肉。我了解乡亲们最需要什么。后来，我当了这个村子的党支部书记，带领乡亲们发展生产。我了解乡亲们需要什么。我很期盼的一件事，就是让乡亲们饱餐一顿肉，并且经常吃上肉。但是，这个心愿在当时是很难实现的。今年春节，我回到这个小村子。梁家河修起了柏油路，乡亲们住上了砖瓦房，用上了互联网，老人们享有基本养老，村民们有医疗保险，孩子们可以接受良好教育，当然，吃肉已不成问题"，讲话之中，充满了对人民的热爱。

习近平在正定工作时，发现农民负担太重、生活困难，就向上级报

---

① 2015 年 12 月习近平《在中央政治局"三严三实"专题民主生活会上的讲话》。

② 人民日报社：《习近平讲故事》，人民出版社 2017 年版，第 324 页。

告，要求减少国家对粮食的征购。河北省派工作组调研之后，同意减轻农民的缴粮负担，赞同扩大种植经济作物。正定由每年上交 7600 万斤粮食减为 4800 万斤，农民人年均收入从 148 元涨到 400 多元。根据百姓的要求，正定开通了从县里到省城的公交。正定举办了农民运动会，兴办了乒乓球体校。

（三）信仰

习近平经常告诫全体党员要有坚定的信仰，"不忘初心牢记使命"。他从小就树立了"精忠报国"的思想，敬佩革命前辈，以身许国。早在 1984 年，习近平就在《人民日报》（12 月 7 日）发表署名文章《中青年干部要"尊老"》，文章说，要认真学习老干部的坚强党性。几十年的革命斗争经历，造就了老一辈革命者对党对事业的耿耿忠心，铮铮铁骨。不论是战争年代的血雨腥风，还是十年动乱的身处逆境；不论是政治生活的大风大浪，还是个人遭遇的大起大落，"千磨万击还坚劲，任尔东西南北风"，他们对党始终忠贞不渝。正是因为有这样一批具有坚强党性的老同志所组成的中坚力量，我们党才有今天。

2016 年 12 月 12 日，习近平在会见第一届全国文明家庭代表时也颇有深意地说："我从小就看我妈妈给我买的小人书《岳飞传》，有十几本，其中一本就是讲'岳母刺字'，精忠报国在我脑海中留下的印象很深。作为父母和家长，应该把美好的道德观念从小就传递给孩子，引导他们有做人的气节和骨气，帮助他们形成美好心灵，促使他们健康成长，长大后成为对国家和人民有用的人。"①

2015 年 9 月 2 日，习近平在颁发"中国人民抗日战争胜利 70 周年"纪念章仪式上的讲话中说："以身许国、精忠报国是抗战英雄最鲜明的品质。面对民族生死存亡，全体同胞以'誓死不当亡国奴'的民族自尊，挺身而出，共赴国难。在中国共产党倡导建立的抗日民族统一战线旗帜

---

① 《习近平：在会见第一届全国文明家庭代表时的讲话》，载《人民日报》2016 年 12 月 16 日。

下，海内外中华儿女以强烈的家国情怀，空前团结起来，争先投入保家卫国的伟大斗争之中，形成了人民战争的汪洋大海，谱写下惊天地、泣鬼神的爱国主义篇章。"①

2018 年 3 月 1 日，习近平《在纪念周恩来同志诞辰 120 周年座谈会上的讲话》中说："周恩来同志是不忘初心、坚守信仰的杰出楷模。周恩来同志在确立共产主义信仰时就说过：我认的主义一定是不变了，并且很坚决地要为他宣传奔走。他还说过：在任何艰难困苦的情况下，都要以誓死不变的精神为共产主义奋斗到底。周恩来同志一生都遵奉自己的誓言。"

（四）情怀

习近平在正定县工作时，把县里第一辆小卧车让给老干部用，还特地设立了老干部病房和活动室，受到社会的好评。习近平不仅尊重老干部，对社会上各个层面的老人也都特别亲切、尊重。他不忘师恩，每逢过节给老师送上问候和祝福。他到各地考察，总是礼让老人。

习近平在 2013 年 3 月当选为中华人民共和国主席，在第十二届全国人民代表大会第一次会议上发表讲话中说："我们要随时倾听人民的呼声、回应人民的期待……病有所医，老有所养。"2013 年，习近平到山东沂蒙老区临沭县朱镇，亲切地拉着 83 岁的"老支前"王克昌谈话。2 月 4 日，习近平在甘肃省兰州养老餐厅，亲自给古稀之年的退休职工端盘送餐。9 月 26 日，习近平会见第四届全国道德模范及提名奖获得者，他饱含深情地向在场的 300 多位与会者介绍了一位年逾 90 岁的老人，说：我刚才看到这位老前辈，她就是我们的老将军甘祖昌的夫人龚全珍，她今年 90 多岁了，我看到她以后心里一阵阵的感动。习近平介绍，甘祖昌是我们共和国的开国将军，江西籍的老红军。新中国成立后，他当了将军，但是他坚持回家当农民。12 月 28 日，习近平在北京

① 《在颁发"中国人民抗日战争胜利七十周年"纪念章仪式上的讲话》，载《台州日报》2015 年 9 月 3 日。

四季青敬老院，耐心聆听老年人朗读《养生歌》。接着说了一段很深情的话：尊老敬老是中华民族的传统美德，爱老助老是全社会的共同责任；让所有老年人都能老有所养、老有所依、老有所乐、老有所安；让每一位老人都能生活得安心、静心、舒心，都能健康长寿、安享幸福晚年。

习近平 2015 年到北京大学看望 85 岁的汤一介老教授，要求社会尊重知识分子。2016 年 9 月 9 日，他在教师节前夕重回母校北京市八一学校，看望了当年的老师。习近平的老师陈秋影说，从 1965 年至今，两人就从未中断过联系。2017 年 11 月 17 日，全国精神文明建设表彰大会在北京人民大会堂举行，当习近平看到 93 岁的黄旭华和 82 岁的黄大发两位道德模范站在代表们中间，就主动请他们到身边坐。习近平说，给老道德模范让座，这是尊老敬老的传统美德，这就叫人伦常情。

（五）家风

习近平多次强调全体党员都要有好的家风。2008 年，习近平就任中央党校校长，在春季学期开学典礼上提出："各级领导干部都应当结合时代要求继承和发扬中华民族优秀文化传统……不断提高慎权、慎独、慎微、慎友的自觉性。""四慎"的思想，是党员干部立于不败之地的关键。这是讲传统文化与党员修养，讲到了自觉。

2014 年 5 月 30 日，在"六一"儿童节前夕，习近平到北京海淀区民族小学发表讲话，提到的学习榜样有"孝老爱亲的好人"，要求学生每天想一想"在家孝敬父母吗?"2015 年 2 月 17 日，在 2015 年春节团拜会上，习近平说：要发扬光大中华民族传统家庭美德，促进家庭和睦，促进亲人相亲相爱，促进下一代健康成长，促进老年人老有所养。

2015 年的春节团拜会，习近平提出："不论时代发生多大变化，不论生活格局发生多大变化，我们都要重视家庭建设、注重家庭、注重家教、注重家风……使千千万万个家庭成为国家发展、民族进步、社会和谐的重要基点。"习近平在《从小积极培育和践行社会主义核心价值观》一文说："家庭是孩子的第一个课堂，父母是孩子的每一个老师。家长要时时处处给孩子做榜样，用正确行动、正确思想、正确方法教育引导孩子。"

2017年12月25日至26日，习近平主持召开中央政治局民主生活会时强调"中央政治局的同志都应该明史知理，不能颠倒了公私、混淆了是非、模糊了义利、放纵了亲情，要带头树好廉洁自律的'风向标'，推动形成清正廉洁的党风。要勤于检视心灵、洗涤灵魂，校准价值坐标，坚守理想信念。要增强政治定力、道德定力，构筑起不想腐的思想堤坝，清清白白做人、干干净净做事。要管好家属子女和身边工作人员，坚决反对特权现象，树立好的家风家规"。2018年3月在参加十三届全国人大一次会议重庆代表团审议时，习近平说："所有党员、干部都要戒贪止欲、克己奉公，切实把人民赋予的权力用来造福于人民。要把家风建设摆在重要位置，廉洁修身，廉洁齐家，防止枕边风成为贪腐的导火索，防止子女打着自己的旗号非法牟利，防止身边人把自己拉下水。"

三、结语

习近平给父亲的家书，确实是一篇美文，是我党的一篇重要文献。其中提到的做人、做事、信仰、情怀、家风这五个方面，应当是每个共产党员用于自我检查、自我约束、不断努力的范式。党员在写家信与写思想汇报时，可以参照。

从写作角度而言：层次清楚，语言朴实。没有华丽的语句，言简意赅。

从思想角度而言：敬贤思齐，荡气回肠。高度概括，言之有据，观点来自实践。好的家信，根本的是文字背后的思想，思想是长期的阅读与思考的结果。

从传统文化而言，此信可与晋代李密的《陈情表》有一比。继承了优秀传统文化，修身齐家治国平天下，止于至善。

从现实意义而言，这是一篇新时代反映革命家庭家风的好家书，值得推广的好文章。

总之，这封家信体现了中国共产党见贤思齐优秀传统。每个党员都应当在做人、做事、信仰、情怀、家风这五个方面严格要求自己，有正确的导向。如此，我们的党将永葆青春，必将更好地承担历史的重任！

（作者为武汉大学口腔医院副教授）

弘扬红色文化，创新发展湖北省红色旅游

张金霞

一、引言

早在 2005 年 12 月，中共中央办公厅、国务院办公厅就印发了《2004—2010 年全国红色旅游发展规划纲要》，正式实施红色旅游规划。2017 年 3 月又制订了《2016—2020 年全国红色旅游发展规划纲要》，它是"十三五"时期全国红色旅游发展方向和路径的总体部署，着力推进全国红色旅游持续健康发展，与此同时，各地也相应制订了红色旅游规划。湖北省在 2015 年通过了《湖北省红安县红色旅游发展总体规划(2015—2030)》，2017 年 8 月由省委党史研究室和省旅游发展委员会编纂出版了《湖北省红色旅游指南》等，这些规划与指南为湖北省发展红色旅游提供了理论依据。

党的十八大以来，习近平总书记的"红色足迹"遍布大江南北，他说道："每一个红色旅游景点，都是一个常学常新的生动课堂，它蕴含着丰富的政治智慧和道德滋养。"并就"发展红色旅游"多次做出一系列重要指示。党的十九届五中全会审议通过的《十四五规划建议》第 34 条提出：发展红色旅游和乡村旅游。同时认为发展红色旅游是实现文化和旅游融合的新创造，是畅通"双循环"的新途径，为旅游业高质量发展提供了新支撑。这些重要思想为湖北省挖掘红色文化，更好地实施红色旅游，深刻理解党的历史以及开展爱国主义教育提供了坚实的信心和发展方向。

2021 年是中国共产党建党 100 周年，随着建党 100 周年纪念日的

到来，各地红色旅游持续升温。湖北省作为红色旅游资源丰富的大省，如何更好地挖掘红色文化资源，讲好红色故事，传承红色文化，更好地推进湖北省红色旅游的创新发展，是摆在我们旅游工作者面前的重要课题。

二、湖北红色文化资源的特点

湖北省有着丰富优质的红色文化资源，其特点主要体现在以下几个方面。

1. 红色文化资源类型多样，品位较高

湖北省红色文化资源类型多样，既有爱国主义类、重大历史事件类，又有历史人物类、政治斗争类，具体表现为革命历史遗址、烈士陵园、博物馆、故居、会议旧址等多种资源，且数量丰富，在《全国红色旅游发展纲要》规划全国重点打造的 100 个"红色旅游经典景区"中，湖北省占到了 8% 的份额，其中大部分革命遗迹属于国家重点文物保护单位，部分陵园或纪念碑属于全国重点烈士建筑物保护单位，品位较高。这些重要的红色文化资源，为湖北省发展红色旅游奠定了强大的物质基础。

2. 红色文化资源主题鲜明，分布面广

湖北省红色文化资源主题鲜明，辛亥革命、八七会议、二七大罢工、中原突围、挺进大别山等重大事件，几乎贯穿了整个中国革命历程，对旅游者具有强大的吸引力。

湖北省红色旅游旅游资源遍布全省各地，但主要分布在武汉、黄冈（大别山）、洪湖、监利、大悟、随州、阳新、鹤峰等地，它们正在逐步成为旅游热点，也促进了当地经济和社会的发展。

3. 红色文化资源地位重要，精神独特

在中国革命历史上，湖北省扮演着极其重要的角色，既是伟人的重要活动区域，又是中国革命的中心区域，为波澜壮阔的中国红色革命写下了辉煌的一页，这些革命活动在湖北留下了丰富的遗迹，成为比较有影响力和知名度的红色文化资源，在中国革命史上占有重要地位。

湖北的红色文化资源给后人带来了巨大的精神财富，特别是 1911

年发生在武昌的辛亥革命，推翻了清王朝统治，建立了中华民国。孙中山在 1912 年 1 月 1 日发布的《中华民国临时大总统宣言书》中称："武汉首义，十数行省先后独立。"这种湖北革命党人和无数仁人志士敢为天下先的独特精神永远载入了史册，也激励着一代又一代人前赴后继，勇往直前。

4. 红色文化资源与其他资源并存，独具魅力

湖北省既有红色文化资源，又有绿色、古色、土色（民俗）文化资源以及其他综合资源；同时，湖北九省通衢，与安徽、湖南、江西、重庆、河南、陕西相连，不同地区的文化资源在这里交汇。这些资源相互依存、融合，使湖北的红色文化资源更加丰富多彩，底蕴更加深厚。

例如，黄冈市不仅有独特的大别山自然山水风光，还有作为国家十二大红色旅游区之一的"大别山红色旅游区"的红色文化、中国禅宗文化、精英辈出的名人文化、三国赤壁文化、以黄梅戏为代表的曲艺文化和民俗文化等，它们构成了黄冈市规模宏大的旅游资源群。这里自然与人文交融，现代与历史相映，多种不同类型的资源并存，且独具魅力。

三、湖北红色旅游发展现状

近年来，随着政府的重视和扶持，湖北省红色旅游潜力巨大，发展强劲，红色旅游在弘扬革命传统、传播红色文化等方面发挥了重要作用，已成为湖北省旅游业新的增长点。但是与其他旅游形式相比，湖北省的红色旅游仍然却是不温不火，还存在一些制约因素。

1. 红色旅游发展兴旺

2004—2019 年，全国红色文化资源不断扩充，越来越多的珍贵革命文物与游客见面，据中国文旅部统计，每年参加红色旅游的人次也从 1.4 亿人增长到了 14.1 亿人[①]，许多红色景点吸引了不同群体，既成为

---

① 刘佳：《文旅部：2004 年到 2019 年每年参加红色旅游人次从 1.4 亿增长到 14.1 亿》，长江云，2021-03-23，http://news.hbtv.com.cn/p/1950030.html。

中老年人重温激情岁月、感怀时代变迁的体验地，也成为年轻人聆听红色故事、致敬英雄模范的"打卡地"。

早在 2010 年，湖北省在加强红色旅游景区景点建设的基础上，重点培育"大别山红色之旅""红色伟人寻踪之旅""将军故乡之旅""千里跃进大别山之旅""洪湖赤卫队之旅"等红色旅游主题线路。根据市场需求，大力培育和推介"一日游""二日游""三日游"等红色旅游线路。

随着湖北省红色景区升级及产品线路的完善和丰富，红色旅游越来越受到游客的喜爱。据统计，2017 年上半年湖北红色旅游景区接待游客达 3712.50 万人次，同比增长 27.03%，暑期更是达到红色旅游的高峰期①。

2021 年是中国共产党建党 100 周年，随着建党 100 周年纪念日的到来，各企事业单位纷纷开展党建活动，湖北省各地红色旅游又出现持续升温的态势。

2. 红色旅游发展的困境

纵观湖北省红色旅游的发展，仍然面临着一些困境，尤其在吸引年轻人参与度上，遇到很大的挑战。具体来看，主要有以下几点。

（1）缺乏震撼感

目前，湖北省红色旅游大多过于政治化，与游客尤其是年轻游客有距离感，不接地气。究其原因：红色旅游仍是地方政府精神层面的指导工具，并没有真正地成为一种旅游产品，成为一种不可或缺的旅游需求。

一方面，大部分红色旅游地的红色文化内涵挖掘不够，没有讲好红色故事；一些革命旧址仍然只有几副桌椅、几张照片+文字；红色事件的讲解千篇一律，宣传资料较少，宣传形式单一，缺乏震撼感。

另一方面，红色旅游景点互动性和体验性差。尽管有些声光电的运用，有些 VR 形式的体现，但仍缺乏沉浸式体验式旅游项目，难以让游

---

① 陈熹：《湖北红色旅游暑期人数暴增》，央广网，2017-07-21，http://www.cnr.cn/hubei/bk/ly/20170721/t20170721_523861524.shtml。

客心灵受到震撼，难以让游客在游览的过程中尽兴。

（2）缺乏普世价值

比起国内湖南、江西、安徽等省，湖北省红色旅游发展也相对滞后，究其原因，主要是红色旅游景区大多集中于对于革命价值的挖掘，较少挖掘普适性价值，同时缺少与现实的交集，缺少与现代精神文化价值的融合。

（3）缺乏产品创新

湖北省红色旅游产品缺乏创新，主要表现为：

一是形式单一，对游客吸引力不强。

湖北省大部分红色旅游区产品的开发仍然走的是简单化、程式化的道路，没能融入当地的历史文脉及地域文化，特色不明显，景区都是以广场+纪念碑（或雕像）+博物馆（或纪念馆）的形式布局，且博物馆陈列方式简单；产品类型单一，仍以观光型旅游产品为主，红色旅游线路大多是让游客来到红色旅游地参观一下，听讲解员讲解一下，最多增加一些很简单的宣誓、唱红歌、献花篮等仪式，产品枯燥、乏味，游客并没有真正体会到红色旅游的魅力。

二是产品同质化，市场竞争激烈。

例如，"大别山红色旅游区"是涉及湖北、安徽、河南的重要红色旅游区，湖北省的目标是将其培育成为主题鲜明、交通便利、服务配套、吸引力强，在省内外乃至国内外有较大影响的红色旅游目的地，但是相比安徽、河南，湖北的"千里跃进、将军故乡"的主题形象并没有从中特别凸显出来，反而造成激烈的市场竞争，这说明此产品高度同质化，品牌未形成，使湖北省红色旅游产品形象模糊。

三是湖北省红色旅游区季节性差异大，几乎都出现了"旺季过旺、淡季过淡"的问题。

（4）缺乏产业联动

一是红色文化资源整合不足。

如前所述，湖北省红色旅游景区既有红色，又有绿色、古色、土色（民俗）文化资源以及其他综合资源，但是却普遍存在着对不同地区、不同要素的红色文化资源整合不足，对红色文化资源与其他颜色资源的整合重视程度不够，缺乏对红色文化资源的创新等问题。

二是旅游带动不足。

湖北省红色旅游地对旅游产业链挖掘与打造不足，旅游业与其他产业的相互协调促进机制尚未形成，产业联动与产业延伸不足，红色旅游没有与文化旅游、农业旅游、生态旅游、自驾旅游等联动发展。

四、湖北红色旅游的创新发展策略

面对新时代，如何更好地挖掘红色文化资源、讲好红色故事、传承红色文化、更好地推进湖北省红色旅游发展是我们必须思考的问题。对此，惟有创新才是必由之路，湖北省必须围绕"创新"二字大做文章，以形成自己的红色旅游特色。

1. 营造历史现场感，创新红色旅游形式

基于以上分析，未来在湖北省的红色旅游景区，应该营造一种独特的氛围：红色旅游不仅要让游客接受革命教育，而且要营造情景化的历史现场感——让游客对革命伟大人物或革命先烈产生亲切感，对曾经发生的重大历史事件产生身临其境的感觉，对革命历史中的艰辛奋斗过程感同身受，对革命最终取得胜利由衷地产生振奋感。

为此，红色旅游形式必须做出相应创新。

首先是艺术形式的创新。不仅要综合运用文物、模型、雕塑等传统形式，强化红色文化的表现力和震撼力，还要通过歌舞、影视、灯光秀、实景剧等把革命历史事件和革命故事生动地展现出来，让红色旅游更震撼、更深入人心。

例如，在革命最艰苦的岁月里，贺龙领导红军在洪湖地区开展武装斗争，建立起一支游击队，开辟了湘鄂边根据地，其革命斗争的历史通过《洪湖赤卫队》的影片而家喻户晓。在洪湖赤卫队拍摄地让游客参与拍摄短片《洪湖赤卫队》，并依托贺龙住室，翟氏宗祠等景点还原历史场景，通过亲身拍摄和体验，具有极大而特殊的震撼力。

又如，在纪念馆参观中，可打破传统的讲解方式，让机器人充当讲解员，让游客既新奇又印象深刻。

其次是手段的创新。通过人工智能、VR、AR、区块链等科技手段，为红色旅游增光添彩。

再次是营销方式的创新。除了传统的营销方式外，还应突出节事营销，由于这些产品都有自身的重大历史事件作为故事背景素材，针对这些故事背景举行的节事活动对红色旅游的市场接待量具有极强的刺激作用，可以收到良好的效果。当然，还应充分利用影视、微信、微博、短视频等新媒体，拓展红色旅游营销渠道。

总之，应该把"文化+""设计+""创意+""科技+"等各种要素融入红色旅游，使红色旅游形式多种多样。

2. 挖掘普世价值，创新红色旅游内涵

纵观世界著名历史纪念地，大多蕴含着人类的普世精神，发生的历史事件和历史人物都具有很大的国际影响力，同时也具备很高的国际旅游价值，它们是吸引游客的核心所在。

湖北省的红色文化资源是中国革命历史的真实写照，是中华民族的宝贵文化遗产。对国际游客来说，其中国特色的红色文化既具有审美的"陌生感"和"新奇感"，也具有人类共同的情感，可对他们产生很大的吸引力。立足于旅游市场，在坚持红色文化资源中的正确政治方向基础上，将湖北省的红色文化资源所蕴含的普遍价值点挖掘出来，并与现代旅游消费热点进行碰撞对接，通过讲中国故事，讲好中国故事，使红色旅游不再是一个个静态的景点，而是让它们变得鲜活起来，让旅游者能产生共鸣。同时，让红色旅游不仅仅局限于国内，同样也要走向世界。

3. 满足市场需求，创新红色旅游产品体系

湖北省红色旅游区要获得长足发展，必须顺应市场的需求，改变目前旅游产品吸引力不足、结构单一、季节性强的现状，丰富红色旅游产品体系。

一是产品理念的创新。

为了满足旅游者的个性化和多样化需求，红色旅游区要从观光型旅

游产品向体验旅游产品转变，特别要开发沉浸式体验旅游产品。沉浸式体验旅游首先体现在场馆之中，可把各类纪念馆设计成沉浸式体验馆，要有代入感，要让旅游者参与进来，沉浸其中，真正体验红色旅游带来的体验与收获。

二是线路编排的创新。

沉浸式体验旅游还体现在红色旅游线路的编排中，可融入一些新鲜的、现代的元素，如讲党课、拍摄小视频、拍摄小电影，军事对抗游戏、徒步、热身活动（出操）、开展志愿者活动、带货直播、吃忆苦思甜饭、购文创商品等，让红色旅游产品更有新意，更能打动旅游者。

例如，通过讲党课，让游客对今天中国共产党的方针政策加强了解与学习，让我们在新时代继续保持一颗红心，并让红色基因永存，让红色文化代代相传。

三是产品结构的创新。

针对红色旅游出现的"旺季过旺、淡季过淡"的问题，必须建立一个既拥有特色节假日旅游产品体系，同时又拥有多样化日常旅游产品的旅游产品体系。为此，一方面，要加强纪念日和节假日的产品建设，举办各种有纪念意义的和有本土特色的节庆旅游产品，持续扩大红色旅游区的影响力；另一方面，还要加强"绿色旅游""彩色旅游""古色旅游""俗色旅游"等各种旅游产品的建设，做到"红色旅游"与"绿色旅游""彩色旅游""古色旅游""俗色旅游"的有机结合，形成一个多样化的旅游产品结构，以增强景区吸引力、吸引客源的目的。

4. 推进产业融合，创新红色旅游业态

旅游业与其他产业融合是当前学者们关注的焦点，也是红色旅游升级换代，可持续发展的必由之路。

湖北省应由政府搭建平台，以红色为底色，整合绿色（山水、生态）和古色（历史、文化）等旅游资源，形成"红色+山水"旅游、"红色+文化"旅游、"红色+农业"旅游、"红色+康养"旅游、"红色+研学"旅游、"红色+自驾"旅游等丰富的红色旅游业态，吸引资本和人才汇聚，实现跨界合作，构建起一个以红色为核心的产业链条，提升红色资源价值。

例如，大别山所在地黄冈，既是革命圣地，又是世界级地质公园，自然风光秀丽，最适合开展"红色+山水""红色+康养""红色+研学""红色+自驾"等旅游活动。

又如，洪湖市瞿家湾，既是革命圣地，又是古镇，且生态环境好，是湖北省的鱼米之乡，最适合开展"红色+文化""红色+农业""红色+研学""红色+自驾"等旅游活动。

综上所述，湖北省红色旅游的创新发展必须以红色文化资源为中心，以创新为动力，通过不断挖掘红色文化资源，整合当地的自然和人文资源，联动各个产业共同发展，才能真正实现游客与红色文化的良性互动与独特体验，才能真正实现本地区红色旅游的可持续发展①。

（作者为湖北省炎黄文化研究会理事、江汉大学教授）

---

① 澜德斯智库：《红色文化如何在文旅融合中创新发展？》，搜狐网，2018-11-12，https://www.sohu.com/a/274731010_100175017。

东风化雨，不朽之绪

——中国共产党与武汉抗战文艺运动

杨　昶

抗日战争的第一阶段(1937年夏到1938年秋)，是武汉文艺运动史前所未有的辉煌的一页，它与中国共产党对文艺运动的正确领导是紧密联系在一起的。

首先，中国共产党对抗战文艺运动的正确领导，体现在党的组织领导方面。

自1937年夏"七七事变"至1938年秋武汉失守为抗日战争的第一阶段。当时国共合作局面初步达成，致使中国共产党组织领导抗战文艺运动在许多的场合公开出面成为可能，并且为其他形式的领导创造了先决条件，提供了可靠的保证。

1937年9月中共中央的代表董必武同志赴汉，筹组"八路军武汉办事处"(简称"八办")，于10月下旬正式成立，中共中央在国民党统治中心区有了一个公开的代表机构、领导核心。除了为八路军供给军饷装备，组织运转募捐物资、人才之外，"八办"的另一重大工作为组织发展武汉的抗战救亡文艺宣传活动，并一开始就列它的议事日程。"八办"下设有文艺小组，成员为吴奚如、金山、陈波儿、沙梅、林路、蒋锡金等6人，分管戏剧电影、音乐歌咏和文学三方面事宜，每周星期五上午召开例会，讨论三方面的工作。当时武汉文坛若发生有关事情和问题，便进入文艺小组的议程；此小组直接受周恩来同志的领导。蒋锡金《"左联"解散以后党对国统区文艺工作领导的亲历侧记》文载："吴奚如同志是小组长，他当时是周恩来同志的秘书，所以，我们小组讨论而解决不了的问题，总是就由他去汇报和请示。"如当党员楼适夷、蒋锡金是否参与《抗战文艺》编务工作，党员陈波儿是否加入"三青团"等问题议而不决时，均请示周恩来才作出决定。

1937年12月，中共中央又在武汉设立派出机构中共长江中央局，对外称代表团，代表中共中央向国民党和各民主党派、知名人士开展工作；在党内为"长江局"，作为党中央派驻国统区的领导机构，领导南方党的工作。"八办"成为"长江局"的具体办事机构，以中共代表团的合法身份大力开展抗日民族统一战线工作，恢复、健全和发展各级党组织。为推动文艺界的抗日救亡工作，由博古、何伟、冯乃超、胡风组成"调整文艺领域工作小组"，据胡风在《在武汉》一文中谓："这个四人小组，每周开会一次，报告文艺界的情况，交换工作意见。"其成员中共湖北省委委员何伟担负文艺界的组织联系，此小组一直运作至"全国文协"成立时，为武汉抗战文艺运动打下了良好的组织基础。随着抗日救亡文艺运动的展开，党组织日趋健全完善，中共对文艺运动的领导得以加强提高。

1938年4月政治部第三厅成立，如阳翰笙《第三厅——国统区抗日民族统一战线的一个战斗堡垒》一文所写：为了把第三厅"建设成为以共产党为核心，动员各民主党派，人民团体和民主人士来参加的抗日民族统一战线的机构"，必须保证党对三厅的组织领导。故周恩来指示，在三厅内设立中共特别支部，通过"三厅"实行党对文艺运动的组织领导。三厅隶属的10个抗敌演剧队和4个抗敌宣传队，大多建立了中共地下支部，个别无党组织的队，也派出政治特派员随队工作。这些党组织或特派员，与三厅特别支部直接联系，基本形成了党组织网络，对及时传达党的指示、学习贯彻党的方针政策、整肃党的队伍起到了重要作用。如在戏剧团队组织之初，周恩来用毛泽东《论持久战》的思想教育全体同志，坚定抗战到底的决心。在戏剧队集训结束的一次大型会演前，周恩来亲笔写信给戏剧科科长戏剧家洪深，为会演作出具体指示："指定现在武昌之两三戏剧队在昙华林表演街头戏及他种宣传，并约田处长一同参加，以便审查各队是否能胜任前方的任务"，以保证宣传的质量。据吕复、徐桑楚在《周总理与抗敌演剧队》一文中称，当演剧队分赴各战区演出时，周恩来亲自安排制订了十四个队的出发计划，又在党内给演戏队的中共组织指示："到国民党军队中去，深入前线，随军行动，向战地军民宣传党的主张，占领文化宣传阵地，坚持原则立场，开展统战工作，利用合法身份，争取自主条件。"由于中国共产党的领导和党员的中坚作用，戏剧队历尽艰辛，百折不挠，不懈奋斗，成为抗战中文艺宣传的一支劲旅。

其次，中国共产党对抗战文艺运动的正确领导，体现在党对抗日民族统一战线政策领导方面。

建立中华民族抗日救亡的统一战线，是中国共产党在抗日战争时期最重要的政治主张之一。不言而喻，中共在文艺界的所有工作，理所当然地要围绕着这一战略决策进行。如何实现统一战线政治主张，在文艺界实施抗日民族统一战线政策的领导，是党对武汉抗战文艺领导进一步落实的又一重要环节。其中包括在统一战线旗帜下组建全国性的文艺团体；用统一战线精神教育、团结文艺界知名人士；用统一战线的形式改组、重建一些社团等。

1937 年底，由于京、津失陷及沪、宁沦落，众多文化团体和成批文艺工作者汇聚武汉。全国 18 个著名戏剧团体和九成以上的戏剧界代表人物都先后来到江城。武汉文坛一扫以往荒漠般的沉寂，集会、演出盛行不辍，群众自发的抗日救亡活动蓬勃开展。由于缺乏正确的领导和严密的组织，因而在文化宣传、创作出版诸方面，均存在着不同程度的盲目行为和混乱局面。团结合作、组织起来，成为社会上和文艺界当时的迫切呼声。

为迅速把文艺工作全面纳入民族解放斗争的队列，党在文艺界的首要任务，就是开展抗日民族统一战线政策的宣传，促成文艺界抗日民族统一战线的建立。周恩来多次出面，亲笔题词，撰写文章，发表演讲，广造舆论，为促进文艺界的团结大声疾呼。1938 年 1 月在《新华日报》上，周恩来发出号召："全中华民族团结起来，结成坚固的长城，坚持长期抗战、争取最后胜利，建立独立、自由、幸福的新中国。"4 月 1 日他在广播演讲中说："目前，全国各政治党派中心力量集于武汉，我们结成了不分党派，不分信仰，不分地域，不分种族的全民族的团结，这是抗战必胜，建国必成的基本条件，我们热望这种团结一直巩固下去，一直发展到全国，一直团结到抗战胜利以后。"他还相继发表《抗战以来的收获和教训》《现阶段青年运动的性质和任务》等文，宣传统战政策和党的十大纲领。据胡风的《在武汉》一文记载，周恩来对负责文化领导工作的同志指示，开展文艺界的统战工作"原则是一要工作面广阔，二是坚持原则立场。没有前者，就会陷于宗派关门主义，脱离人民群众的要求；没有后者，就会陷于机会主义甚至投降主义，两者都会招致抗战的失败，即革命的失败"。通过这些文章和讲话，周恩来强调了统一战线的必要性和广泛性，为文艺界统一战线指明了方向。周扬在武汉也发表《抗战时期的文学》等文，指出建立文艺界统一战线的重要性与可能性。当建立全国性文艺界统一战线组织的时机接近成熟，长江局和周恩来明确及时地给党员文艺工作者阳翰笙下达两项具体任务：一项是筹备组织文学艺术界各个抗敌协会；另一项是帮助郭沫若同志筹组第三厅，力促"文协"和"三厅"的建成。在全国性文艺界抗战救亡团体的筹备过程中，周恩来还就领导人选、经费筹措、组织机构等问题，与党内外文艺工作者、社会贤达多次磋商，曾指示党员楼适夷推荐老舍先生出面，担任"全国文协"领导。在党组织和周恩来的直接指导下，通过党内文艺工作者和党外进步人士的共同努力，完成了理论上、组织上、思想上的准备，1938年3月27日，第一个全国性文艺界抗日民族统一战线组织"中华全国文艺界抗敌协会"（简称"全国文协"）在武汉成立，完成了五四文学革命和"左联"之后文艺界第一次空前的大联合。周恩来出席成立大会，被推举为名誉主席团成员，当选为名誉理事。这个统一战线的文艺团体组织，有共产党和各民主党派的文艺家，也有国民党文人及文化官僚，但其核心是革命和进步的文艺工作者，真正实现了全民族文艺家的大联合。正如周恩来在大会演讲中所指出："全国的文艺作家们，在全民族面前，空前的团结起来。这种伟大团结，不仅仅是在最近，即在中国历史上，在世界上如此团结，也是少有！这是值得向全世界骄傲的。""全国文协"成立后，组织救亡宣传、开展街头剧与朗诵诗活动、编印抗日宣传刊物和传单、组织慰问团赴前线劳军；在"保卫大武汉"的悲壮日子里，"文协"进行紧急号召和动员，取得了举国瞩目的重大成绩；在抗日救亡民族解放斗争中，"文协"坚持八年之久，在中国近代史及新文学史上，写下浓墨重彩的一页。

于此期间，"中华全国戏剧界抗敌协会""中华全国电影界抗敌协会""中华全国摄影界抗敌协会""中华全国美术界抗敌协会""中华全国漫画界抗敌协会"等文艺团体在汉相继问世，数量众多的文艺社团如重重浪花，汇聚成抗战文艺的奔腾洪流，对全国的进步文艺运动起到了很大的推动作用，发生了深远的社会影响。这些抗日文艺社团的陆续组建，凸显了党的抗日民族统一战线政策的巨大感召力，党领导的文艺统一战线，为抗战文艺运动的广泛开展创造了条件。

党对文艺界统一战线政策的领导，还表现在用统一战线的精神教育、团结文艺界的知名人士，注意充分发挥爱国民主作家的作用。老舍是个以温和民主主义姿态步上文坛的作家，战前不大参与社会活动，当抗战群众的救亡运动兴起，激发了他的爱国热情，便毅然抛妻别子，走出书斋，来到抗战中心武汉。江城军民高昂的抗敌热情，使他深受鼓舞；共产党人的切实作风，让他看到了民族的希望。正当老舍经历着一生重大的思想转变时刻，周恩来约见了他，并作了亲切的谈话，老舍感怀这种信赖，欣然接受组建"文协"的重任。抗战的八年时间里，他始终担任"文协"主要领导，成为团结文艺界各种力量的最合适人选。1938年2月14日周恩来会晤"丘八诗人"冯玉祥，恳请冯以副委员长名义挺"文协"，从而也加速了全国抗战文艺界统一战线的形成。

党对文艺界统一战线政策的领导，又表现在用统一战线精神对原有文艺机构和团的改组扩建。在对众多文艺宣传团体、机构作出基本评估之后，因势利导来充分发挥其爱国抗日的作用，以遏阻反共卖国势力的生长。如"汉口摄影场"，是"南昌行营政训处"所辖的电影制片厂，战前曾拍过一些内容反动或格调低下的影片。"三厅"针对"汉口摄影场"人员缺乏的情况，将抗日救亡演剧队的陈波儿、郑君里、魏鹤龄和应云卫等进步电影工作者调入，选派阳翰笙担任编导委员会主任委员，改组扩建为"中国电影制片厂"，归"三厅"的电影科领导，从而保证了抗战电影活动的健康实施。1938年1月～10月，该厂先后完成了《保卫我们的土地》《热血忠魂》《八百壮士》三部故事片，及《八路军平型关大捷》等50部新闻纪录片制作，全部是抗日题材，对宣传抗战、鼓舞士气、争取国际舆论作用颇大。此时期武汉制作的电影，是整个抗战时期电影创作最显著阶段的成绩。这些成绩若无党的统一战线方针政策的正确实行，是完全不可能取得的。

复次，中国共产党对抗战文艺运动的正确领导，体现在党对文艺的思想领导方面。

武汉抗战文艺运动为抗日民族统一战线的全民族文学，究其实质是由中国共产党的号召所产生的、无产阶级思想领导的战斗文艺。党对文艺的思想领导，主要表现是以党在抗战时期的方针政策为根本，对抗战文艺运动予以方向性指示，对作家给以教育帮助，对创作提供文艺理论的指导，最终赋予抗战文艺以爱国主义的精神和勇猛战斗的力量。

1938年4月文艺刊物《自由中国》在汉创刊，中共中央委员会主席毛泽东亲笔题词："一切爱国人民团结起来，为自由中国而斗争。"该题词寄托着党对文艺工作者的殷切期望，这是中共领导人的手迹在国统区的首次公开发表，是给浴血奋战中武汉文艺界的极大激励和鼓舞。迎着抗战的硝烟烽火，《自由中国》杂志高举"为自由的中国而斗争"的旗帜，成长为一份思想倾向进步、政治色彩鲜明、艺术风格独特的革命文艺月刊。

抗战前夕，中国新文学旗手鲁迅先生辞世，当抗战文艺的浪潮汹涌而来，人们痛惜先驱的早逝，企盼继鲁迅之后有位力扛文坛旗帜的人物。据吴奚如在《郭沫若同志与党的关系》中回忆，1938年，由周恩来提议，中央作出决定并向党内传达，确认"以郭沫若为鲁迅的继承者，为中国文化界的领袖"。在错综复杂的历史条件下，党没有公开郭沫若的中共党员身份，让他以无党派民主人士的身份出面工作，既保证他能更广泛地团结各种文艺界力量，又使他能遵循党的立场，与国民党的顽固派巧妙周旋。这一正确而适时的决定为一度失去方寸的中国文坛树起了一面光辉旗帜，使武汉抗战文艺运动开创出新局面，有了领袖群英的文化巨擘。由于郭沫若的声望，"三厅"一时名流云集，群贤毕至；党的许多决定通过郭沫若的口与笔，得以传达给广大文艺工作者，借"三厅"这一合法渠道施行。确认郭沫若为文化领袖并非是对其学术地位的认定，而是特殊的历史环境下党对文艺进行思想领导所采取的重大战略部署。

中国共产党对文艺的思想领导的另一表现，是《新华日报》以社论、专论和专栏文章，直接传达党中央有关文艺的政策、方针和主张，及时指导抗战文艺运动和创作的发展。《新华日报》创刊后，即发表了张象云的"代社论"《我们对文化界同仁的一点建议》，对汇集到武汉的文艺家们提出希望；1938年2月25日发文《庄严热烈的文艺阵》，专论文艺界组织起来的重要意义；1938年3月21日发社论《前方文化工作问题》，提出不少抗战文艺中迫在眉睫的问题；"文协"成立时，发表长篇社论《全国文艺界抗敌协会成立大会》，严肃指出文艺在抗战中的神圣使命："无论阶级、集团、世界观、艺术方法如何不同的作家，已必然而然地要接触到血淋漓的生活现实，只有向这现实中深入进去，才有民族的出路，也是文艺的出路。"几乎所有大型文艺社团成立，《新华日报》均不惜篇幅，编专栏发专稿，提出指导意见；又如文艺界开展大众化问题讨论时，它在社论中指出文艺大众化是要完成作家深入生活和在群众中造就作家两件根本任务，从本质上解答了大众化的问题。总之，《新华日报》是党实行思想领导的一个重要阵地。

此外，周恩来和许多党的文艺工作者都撰写过一些文章，对于武汉抗战文艺运动中提出的问题、创作实践中的倾向、活动开展中的偏差，反复陈述过不少中肯的意见。如周恩来的专论《怎样进行二期抗战宣传周工作》，对开展救亡宣传就发表过具体详细的论述，成为"三厅"整个工作的指南。他在"文协"成立大会、鲁迅逝世两周年纪念会和演剧队集训会上的讲演，深入浅出，阐述了文艺与抗战、作家与大众、现实主义创作原则等一系列重大问题，强调了文艺大众化在抗战中的重要性和紧迫感，给作家们以深刻启示。他就文艺与生活的关系，曾精辟而深刻地指出："一种写实的作品没有不受环境的影响和加以主观见解的。只有主观上抓住最现实的生动材料，起了极深刻的反映，能产生成功的作品。"（详见《中华全国文艺界抗敌协会史料选编》）增强和加深了作家对现实斗争生活的理解，拓展了作家的视野。中国共产党的文艺工作者孔罗荪的《从"反民主论"谈起》、以群的《保卫武汉与今后的文艺工作》、冯乃超的《文艺统一战线的基础》、阳翰笙的《抗战戏剧运动应做到几件事》、楼适夷的《战地文艺服务》等近百篇文艺论文，几乎涉及抗战文艺中所有的问题，研讨了文艺在民族解放战争中前进的正确方向；周扬的《抗战时期的文学》一文，就"抗战后文艺界的情况""在抗战时期我们的新任务"两专题，分析了战时文坛的动向，提出了文艺的四大任务，断言"文艺和抗战的密切结合，这是新文学发展的一条正路"。上述系统的文艺理论给当时文艺创作以深刻的影响，由此大批优秀抗战诗作纷纷诞生，成为鼓舞人民抗日杀敌的号角和旗帜；而报告文学异军突起，即时反映着动荡不安的现实，与时代共呼吸；还有民众喜闻乐见的通俗文学盛极一时，其中虽不免有粗糙浅近者，但因表现了全民团结、抗敌御侮的民族精神，也是抗战腥风血雨里，中国共产党的思想领导下萌生的文艺之花。

（作者为湖北省炎黄文化研究会常务理事、华中师范大学教授）

论实事求是在马克思主义中国化过程中的基础作用

王文虎

马克思主义哲学中国化的过程实际上是产生于西方的马克思主义哲学话语转化为中国哲学的实事求是语言结构、思维结构和故事体系的过程，中国传统的实事求是之学在其中起着基础性作用。为了说明这个问题，本文试以 1921 年起马克思主义中国化第一个阶段的哲学成果即毛泽东哲学思想为分析案例。本文认为，毛泽东对马克思主义哲学的讲述以实事求是为精髓，它体现在马克思主义哲学语言结构的实事求是化、思维结构的实事求是化以及故事体系的实事求是化，这说明，实事求是在马克思主义中国化过程中起了基础性的支配作用。

一、马克思主义哲学中国化的实事求是话语结构

毛泽东将中国共产党的历史确定为马克思主义普遍真理与中国革命具体实践日益结合的历史，而这个日益结合的过程被毛泽东称为"实事求是"，在毛泽东看来，实事求是其实就是中国共产党的思想路线和优良传统。任何一种思想传统都有自己特定的语言表述习惯。例如讲述马克思主义普遍真理的话语结构中，有许多专有的翻译名词，如辩证唯物主义、历史唯物主义、唯物论辩证法、两军对战、生产力、生产关系等。这些名词也常见于毛泽东的著作中，不过它们并不是毛泽东最喜欢的词汇，毛泽东讲述马克思主义哲学最喜欢用的词汇是"实事求是"。

在毛泽东思想的研究者中，实事求是这个成语被视为毛泽东思想的活的灵魂或精髓。这符合毛泽东著作用语的实际情况。他的延安整风文

献，其实是"实事求是"四个大字；他的书法题词，"实事求是"多次被重复；他在延安中央研究院的讲话(1941 年 7 月)，题目即是"实事求是"。在这个讲话中，他解释了"实事求是"的含义之后，强调实事求是是研究方法和研究对象。作为方法，它是"向着实际的调查研究"①；作为对象，它是"以研究中国革命实际问题为中心，研究敌友我三方面的历史和现状"②。"实事求是"是毛泽东讲述马克思主义态度、方法与对象的话语系统，已经成为中国共产党的思想路线。

可是"实事求是"并不是从西方翻译而来的，它是中国传统文化的原创。对此，毛泽东曾有专门说明："河北省有个河间县，汉朝封了一个王叫河间献王。班固在《汉书·河间献王刘德》中说他'实事求是'，这句话一直流传到现在。提出今年搞个实事求是年，当然不是讲我们过去根本一点也不实事求是。我们党是有实事求是传统的，就是把马列主义的普遍真理同中国的实际相结合。"③

这个说明非常重要。不仅是因为它把实事求是诠释为"马列主义的普遍真理同中国的实际相结合"，更是因为它强调了实事求是有"两个传统"：一个是中国共产党人的实事求是传统；另一个是中国哲学的实事求是传统。这两个传统一脉相承，说明中国共产党人是中国哲学实事求是传统继承者，说明实事求是是中国优秀的传统文化。

在中国哲学中，强调实事求是。清人的考据学继承了这一传统。如在乾嘉学派的钱大昕提出"实事求是，护惜古人之苦心，可与海内共白"。④ 汪中的治学宗旨是"为古之学，惟实事求是，不尚墨守"⑤。洪吉亮(1746—1809 年)推崇邵晋涵"于学无所窥，而尤能推本述原，实事求是"⑥；推崇戴震的凌廷堪(1755—1809 年)说："昔河间献王实事求

① 《延安中央研究院回忆录》，中国社会科学出版社、湖南人民出版社 1984年版，第 36 页。

② 《毛泽东年谱》中卷，人民出版社、中央文献出版社 1993 年版，第 315 页。

③ 《毛泽东文集》第 8 卷，人民出版社 1999 年版，第 237 页。

④ 《二十二史考异序》。

⑤ 《述学·别录》卷 1，见《与巡抚毕侍郎书》。

⑥ 《卷施阁文甲集》卷 9。

是。夫实事在前，吾所谓是者，人不能强辞而非之；吾所谓非者，人不能强辞而是之也。如六书、九数及典章制度之学是也。"①至阮元，他把"实事求是"变成一门学问，称为"实事求是之教"或"实事求是之学"。阮元自称"余之说经，推明古训，实事求是而已，非敢立异也"②。其"实事求是之教"或"实事求是之学"这个范畴旨在反对宋明理学末流的"虚学""空疏"，推崇汉代经学之"纯粹"，提倡"笃实""实事求是"的学风。他说："汉书云，修学好古，实事求是。后儒之自遁于虚，而争是非于不可究诘之境也。岂河间献王竟逆料而知之乎。我朝儒者，束身修行，好古敏求，不立门户，不涉二氏，似有合于实事求是之教。"③，还说："后之学者，喜空谈而不务实学，薄艺事而不为，其学始衰，降及明代，寝以益微。"④"降及明代"的后儒显然是指宋明理学的"空文""虚学"的弊端，力求恢复儒学经典的本来面目，探讨圣贤之道的真义。严格说来，阮元的"实事求是之学"是一种"研经"方法。他曾说："窃谓士人读书，当从经学开始；经学当从注疏开始，空疏之士，高明之徒，徒读注疏不终倦而思卧者，不知有圣贤诸儒经传之学矣，至于注疏诸义，亦有是有非，我朝经学最盛，诸儒论之甚详，是又在好学深思，实事求是之士由注疏而推求寻览之也。"⑤玩味这段论述，阮元的"实事求是之教"，概而言之包括"研经"的路径，即从注疏研究经学，不从此注疏研究经学，必然落入空疏，此其一；其二是研经目标：求经义之真或是。注疏诸义，亦有是有非，"圣贤之道亦误矣"⑥，因此，不能迷信注疏，"从注可、违注亦可"是即从，非即违。他根据"实事求是之教"对儒学若干重要命题做出实践论的解释。如《论语》第一句是"学而时习之，不亦说乎"，他的解释是"'学而时习之'者，学兼诵之行之"，"故

① 《校礼堂文集》卷 35，见《戴东原先生事略传》。
② 《揅经室集·自序》。
③ 《揅经室三集》卷五《惜阴日记序》。
④ 《揅经室三集》卷五《里堂学算记序》。
⑤ 《揅经室三集》卷二。
⑥ 《揅经室一集》卷二。

学必兼诵之行之，其义乃全"①。对忠恕，他的解释是"忠恕者，子臣弟友，自天子至于庶人之实政、实行"②。在这种理解下，他得出的结论是"圣贤之道，无非实践"。他对孔子的"吾道一以贯之"进行了解释："贯者，行事也，即与格物同道也，曾子著书，今存十篇，首篇即名立事，立事即格物也。先儒论格物者多矣，乃多以虚参之，似非圣人立言之本意。元之论格物，非敢异也，亦实事求是而已。"③乾嘉学派的实事求是之学是作为考据学的训诂方法提出来的，主要局限在"经"这个范畴内。当然阮元也试图以之会通西方自然科学。他曾指出，"综算氏大名，纪步天之正轨，质之艺林，以谂来学，俾知术数之妙，穷幽极微，足以纲纪群伦，经纬天地，乃儒流实事求是之学"④。不过总的说来，此时的"实事求是之学"属于考据学的范畴。到了曾纪泽，"实事求是之学"与西学等同了起来。清人汪芝房曾撰《文法举隅》，曾纪泽曾为之序，强调"中国声明文物、彝伦道义，先圣昔贤六经典籍之教"，当"益以海国人士深思格物、实事求是之学"，反对"泛泛悠悠无实际"，总体的思路是依傍实际，将中国的"典籍之教"与西方的"实事求是之学"结合起来。

以上的梳理表明，中国哲学中有十分悠久而且优秀的实事求是传统。这个传统在近代的潇湘文化中有突出的表现。青年毛泽东正是在这种传统中成长起来的。刘人熙等人发起成立的船山学社是潇湘文化的重要学术组织。1914年6月，青年毛泽东参加船山学社，在参与船山学术思想的学习过程中，毛泽东学到了"言必征实，义必切理""即事穷理"的实学思想。在延安时，毛泽东讲授马克思主义哲学仍以船山遗书为重要参考。曾国藩是潇湘文化中的领军性人物，他强调实事求是。青年毛泽东多次提及曾氏是得大本源之人，在学术上他服曾国藩。毛泽东是带着实事求是的文化基因而成为马克思主义者的，他在这样的学术传

---

① 《揅经室一集》卷二《论语解》。
② 《揅经室一集》卷十一《石刻孝经论语记》。
③ 《揅经室一集》卷二《大学格物说》。
④ 《畴人传·凡例》。

统上讲述马克思主义用到实事求是的语言结构是十分自然的事情。

二、马克思主义哲学中国化的实事求是思维结构

既然"实事求是"是中国哲学的语言结构，那么很显然它同时也包含了中国哲学的思维结构。因此，中国化的马克思主义必定与实事求是的思维结构有关。马克思主义中国化的思想基础是实事求是之学，实事求是的思维结构在马克思主义中国化过程中起了关键作用。

实事求是的思维结构体现在这个学术传统中的学者对"实事求是"哲学含义的诠释结构中。在潇湘文化人物中，曾国藩对"实事求是"的思想含义作出了解释。他指出："近世乾嘉之间，诸儒务为浩博。惠定宇、戴东原之流钩研诂训，本河间献王实事求是之旨，薄宋贤为空疏。夫所谓事者，非物乎？是者，非理乎？实事求是，非即朱子所称即物穷理者乎？名目自高，低毁日月，亦变而蔽者也。别有颜习斋、李恕谷氏之学，忍嗜欲，苦筋骨，力勤于见迹，等于许行之并耕，病来贤为无用。又一蔽也。矫王氏而不塞其源、是五十步笑百步之类矣；由后之二蔽，矫王氏而过于正，是因噎废食之类矣。"①曾氏释"事"为"物"、"是"为"理"，强调"实事求是"即"即物穷理"，这个解释试图将汉学与宋学统一起来，他对毛泽东产生了巨大影响。在《改造我们的学习》中，毛泽东对"实事求是"的哲学含义进行了解释。他说："'实事'就是客观存在着的一切事物，'是'就是客观事物的内部联系，即规律性，'求'就是我们去研究。我们要从国内外、省内外、县内外、区内外的实际情况出发，从其中引出其固有的而不是臆造的规律性，即找出周围事变的内部联系，作为我们行动的向导。"②曾国藩释"事"为"物"、"是"为"理"，毛泽东亦然。但是毛泽东超越了曾国藩的地方在于，曾国藩没有对"求"作出解释，而毛泽东特别强调"求"，指出求是研究活动，强

---

① 《书学案小识后》，见《曾正文公全集文集卷三》。
② 《毛泽东选集》第 3 卷，人民出版社 1991 年版，第 801 页。

调包括从实际中得到规律，然后用此认识对"行"进行指导。经毛泽东对曾国藩解释的发展，我们看到，实事求是的思维结构变成了实事与是、规律性认识与行动两个对子。中国哲学称前者为事与理的关系，后者为知与行的关系。

毛泽东正是通过这两个对子来重构马克思主义哲学的。在延安讲授马克思主义哲学时，毛泽东最初是"照本"苏联哲学教科书讲，从"哲学中的两军对战"讲起，接着讲"辩证法唯物论"，依次展开的是物质论、运动论、时空论、意识论、反映论、真理论、实践论；讲唯物论辩证法时，拟依次展开的是对立统一法则、质量互变法则、否定之否定法则，以及八大对偶范畴。这个提纲或哲学体系是对苏联人所构建的马克思主义哲学的复制。毛泽东开始将它当作新哲学来学，可是后来他放弃了这个"新哲学"体系：将"辩证法唯物论"中的"实践论"抽出来，放在实事求是的知行关系层面给予改写，形成了后来的《实践论》；把"唯物论辩证法"中的"对立统一法则"抽出来，放在实事求是的事理关系层面给予改写，形成了后来的《矛盾论》。改写后的《矛盾论》将实事求是转换成特殊与一般，构建了一个从特殊到一般，又从一般到特殊的螺旋式环形思维结构；而《实践论》则将认识与实践转换成知与行，构建了一个从行到知，又从知到行的螺旋式环形思维结构。在《矛盾论》中，他将知行关系归于事理关系，这样"两论"实为一论，就是以事理关系即特殊普遍的螺旋式环形思维为构架，以从行到知，又从知到行的螺旋式环形思维结构为重点的道论体系。关于前者，《矛盾论》原稿中有这样一段话："这一共性个性、绝对相对的道理，矛盾学说的精髓，懂得了它，就可能一通百通。古人所谓闻道，以今观之，就是闻这个矛盾之道。"①关于后者，毛泽东在一次谈话中强调《实践论》比《矛盾论》重要。而"古人所谓闻道，以今观之，就是闻这个矛盾之道"正好表明了毛泽东自己讲述马克思主义哲学体系是关于"矛盾之道"，也就是实事求是之学的

---

① 金羽石仲泉杨耕主编：《毛泽东〈实践论〉〈矛盾论〉新探析探》，中国人民大学出版社 1991 年版，第 49 页。

体系。自从有了"两论"后，毛泽东就称苏联哲学所讲的那一套为"旧哲学"，他后来在批注李达的《马克思主义哲学大纲》时，称自己所构建的体系为"新哲学"。这样一来，所谓新马克思主义哲学，无非是用实事求是之学改写而成的以事理关系即特殊普遍的螺旋式环形思维为构架，以从行到知，又从知到行的螺旋式环形思维结构为重点的道论体系。

三、马克思主义哲学中国化的实事求是故事体系

从《辩证法唯物论（讲授提纲）》的创作，到"两论"的修改成篇，再到毛泽东用"实事求是"对"两论"思想的概括，构成了毛泽东从 1921 年成为马克思主义者的哲学故事。在这个故事中，实事求是的语言结构和思维结构起了支配性作用。这里，我们进一步指出，毛泽东实事求是的思想结构，在他成为马克思主义者之前，就已经形成。这是毛泽东哲学思想形成的"史前史"，它表明毛泽东是带着中国哲学的实事求是传统走进马克思主义中国化的，中国共产党人实事求是传统的主要源头之一，就是这个"史前史"。

我们从分析 1913 年的《讲堂录》开始。《讲堂录》所记载的思想主要不是毛泽东自己思考的结果，而是他从老师那里学来的"知识"，是毛泽东实事求是思想结构形成的摇篮。从《讲堂录》可知，毛泽东哲学思维结构赖以形成的知识元素有中学，也有西学。像"宋元多理学之士""安贫重实行"等属于中学的范畴，而"美感""科学"等则属于西学的范畴。中学与西学的融合构成了毛泽东进行思想的知识结构。在其中，中学多于、重于西学。《讲堂录》的内容分"国文"和"修身"两类，其中虽有《西师意（实学指针）序》、阁龙、牛董、芙兰克林、华德等西学常识之记，但绝大多数内容属于中学。而在中学里面，对毛泽东影响最大的是实学，如"荆州（川）端简所讲求皆有用之学，而能见之于事实者，杨王不足并也"，"宋、元二代人尚实学""古者为学，重在行事"①。很显

---

① 《毛泽东早期文稿》，湖南人民出版社 2013 年版，第 539 页。

然，在中学与西学融合的文化背景中，主导毛泽东思想的东西是中学，尤其是其中的实学思想。在这个思想中，既包括"从天下国家万事万物而学之"的"从事到理"的思想，又包括"理想者，事实之母也"的思想①，实学的事理环形结构已见思想萌芽，只是它似乎还是二元论的。

毛泽东从《讲堂录》中发展出来的第一个哲学形式是"本源哲学"。1917 年，毛泽东在《致黎锦熙信》中提出了自己的"本源哲学"。毛泽东认为，在他以及他以前的时代，我国主人之心的思想、范人之行的道德太旧、太坏，必须摧陷廓清。为此，必须从改造哲学、伦理学入手，"向大本大源处探讨"，构建有"一干竖立，枝叶扶疏之妙"的哲学和伦理学。为此，他提出自己的"本源"哲学，认为"议会、宪法、总统、内阁、军事、实业、教育，一切皆枝节也。枝节亦少，惟此等枝节，必有本源。本源未得，则此等枝节为赘疣，为不贯气，为支离灭烈，幸则本源略近，不幸则与本源背道而驰。夫以与本源背道而驰者而以之为临民制治之具，几乎不谬种流传，陷一世一国于败亡哉？……夫本源者，宇宙之真理。天下之生民，各为宇宙之一体，即宇宙之真理，各具于人人之心中，虽有偏全之不同，而总有几分之存在"。在这里，毛泽东将"天下纷纷"划分为两个方面：一是临民制治之具，为议会、宪法、总统、内阁、军事、实业、教育等"枝节"；二是具于人心之中的"宇宙之真理"。前者就是后来的毛泽东所说的"特殊""具体"，后者则是所谓"普遍""共性"。他的哲学所走的就是从普遍到特殊这条路线。根据这条路线，毛泽东以能否得大本者为标准论圣与贤。"圣人，既得大本者也；贤人，略得大本者也；愚人，不得大本者也。"②而袁世凯、孙文、康有为被那个时代的论人者称三，毛泽东评曰孙、袁不论，独康似略有本源，然而细究其本源不能指其实在何处，徒为华言炫听，并无"一干竖立，枝叶扶疏之妙"。有鉴于此，毛泽东表达了研究哲学、伦理学以见夫宇宙之真理的愿望。而此时的毛泽东所说的"本源"哲学并没有超

① 《毛泽东早期文稿》，湖南人民出版社 2013 年版，第 532 页。
② 《毛泽东早期文稿》，湖南人民出版社 2013 年版，第 73～74 页。

出陆王心学的范畴，因为所谓本源乃人心所具宇宙之真理的观点，正是陆王心学的核心。

但是这条哲学毛泽东并没有走到底，到了1919年，他的哲学发生了从"本源论"向"问题论"的转化。五四运动时期"多研究问题，少谈些主义"的实验主义者胡适曾一度是毛泽东的楷模，受他的影响，毛泽东将自己原来的以理为本的思想路线调整为以事为重的"问题论"。他说："凡事或理之为现代人生所必需，或不必需，而均尚未得到适当之解决，致影响于现代人生之进步者，成为问题。"①毛泽东在问题研究中未必运用了胡适所谓"实验主义"方法，但是它却使毛泽东的思想结构发生了一个根本转变，即由以理为本到以事为本的转化。在"本源哲学"中，毛泽东将"理"放在首位，而在"问题哲学"中，他将"事"放在"理"前。原来被他视为"枝节"的东西现在得到了高度重视，并拟成立"问题研究会"对所列出的65个问题给予研究。我们注意到，毛泽东对问题的研究是认真的。他从讨论赵女士自杀问题进到中国人的婚姻问题，又进到了教育问题。在研究赵女士自杀问题时，他有了"吾们讨论各种学理，应该依傍着活事件来讨论"。"理依傍着事"，这是毛泽东在"问题哲学"中形成的重要思想，时间在1919年11月16日。这应该是毛泽东面对实际的开始，要指出的是，虽然在1913年毛泽东认同"闭门求学，其学无用。欲从天下国家万事万物而学之，则汗漫九垓，遍游四宇而已"的道理②，并且在1917年他曾有一段游学经历，这可视为"从天下国家万事万物而学之"的实践，但是此时的毛泽东并没有形成依傍着活事件来讨论各种学理的思想，虽然如此，他毕竟从陆王心学走了出来。一旦走了出来，他就朝着"新社会生活"奔去，构想了一种教授时间减少学生自动研究及工作增多的学校，而学生的工作全然是农村的，如种园种田等。在依傍着活事件来讨论各种学理的过程中，毛泽东形成了对"中国"这个地盘进行实地的调查以形成知道的思想，如在1919年初，

---

① 《毛泽东早期文稿》，湖南人民出版社2013年版，第362页。
② 《毛泽东早期文稿》，湖南人民出版社2013年版，第530页。

他《在上海送别第一批去法国勤工俭学同学时讲话》中表示"我觉得我对于自己的国家我所知道的还太少，假若我把时间花费在本国，则对本国更为有利"。第二年他在《致周世钊信》中又表示："吾人如果要在现今的世界稍为尽一点力，当然脱不开'中国'这个地盘。关于这个地盘内的情形，似不可不加以实地的调查。"①显然这里的思想路线是从具体事物到普遍道理的路线。那么当毛泽东实现"从普遍到特殊"转向到"从具体事物到普遍道理"后，毛泽东是否彻底抛弃了"从普遍到特殊"这一环节呢？文献显示，此时的毛泽东虽然受胡适的问题哲学影响，但是李大钊重主义的哲学对毛泽东的影响同样是重大的。他认为"主义譬如一面旗子，旗子立起来了，大家才有所指望"，"没有主义，是造不成空气的"②。这就意味着他的思想中有从主义（理）到事（指望）这一环，他似乎在"事—理"和"理—事"这两条线路上徘徊。

还要指出的是，在毛泽东尚待成形的事理环形结构中包括动—静—动这样一个结构层次。在 1917 年的《体育之研究》中，毛泽东在分析"昔之为学者详德智而略于体"的弊病时，已经有了将中国传统哲学区分为"主动"与"主静"两派的思想。他指出："朱子主敬，陆子主静，静，静也；敬，非动也，亦静而已。老子曰'无动为大'，释氏务求寂静。"而"清之初世，颜习斋、李刚主文而兼武。颜习斋远跋千里之外学击剑之术于塞北……顾炎武，南人也，好居于北，不喜乘船而喜骑马。此数古人者，皆可师者也"③。在"主动"与"主静"的对子结构中，毛泽东师"主动之说"，他从"主动之说"中引出的观点是"天地盖惟动而已"。这个思想其实也是尔后的《矛盾论》在展开事理环形结构时所发挥的重要思想。

在从本源哲学到问题哲学的过程中，毛泽东既有从事到理的思想，也有从理到事的思想，这个思想具二元论的味道。他面临着一个如何对

---

① 《毛泽东早期文稿》，湖南人民出版社 2013 年版，第 428 页。
② 《毛泽东早期文稿》，湖南人民出版社 2013 年版，第 498 页。
③ 《毛泽东早期文稿》，湖南人民出版社 2013 年版，第 58~59 页。

自己的二元哲学信仰进行清理以获得一个明晰的概念的问题，在 1920年，他意识到了这个问题，并表示"想从译本及时贤所作的所章杂志，将古今中外的学说剌取精华，使他们各构成一个明了的概念""编成一本书"①。可问题是，他没有来得及做这件事。因为在当时，各地中国共产党小组正处于筹建中，他创建新民学会也处在向共产党组织的转型中。这件事盖过了将古今中外的学说精华构成一个明了概念的哲学研究。在建党过程中，向他扑面而来的"唯物史观"，他接受了唯物史观，认定"唯物史观是吾党哲学的根据，这是事实，不像唯理论之不能证实而容易被人摇动"②。尚待成形的事理螺旋环形结构被掩盖在"唯物史观"之中，它有意或无意地支配了毛泽东对马克思主义哲学的理解和构建。

当他终于有空闲延安讲授哲学问题的时候，尚待成形的事理螺旋环形思维结构与他所接受的"辩证法唯物论哲学"互相作用着。一方面，是马克思主义的辩证法唯物论哲学对其原来的带有二元论特点的事理及知行思维结构进行了完善化处理。对"从理到事"这条路线，他认为它不能证实而容易被人摇动，强调谈理以事件为依傍的唯物论；对"从事到理"的庸俗事务论，他认为没看到理论对于行动的指导作用，强调将哲学思想提升为以理指导事的辩证法，其结果就是原来尚待成形的事理二元结构转换为"特殊—普遍—特殊"这个螺旋式环形结构。另一方面，正像我们在前面已经指出过的，他用实事求是的思维结构对当时的"新哲学"进行改造，从而完成了以事理关系即特殊普遍的螺旋式环形思维为构架，以从行到知，又从知到行的螺旋式环形思维结构为重点的实事求是之学的体系构建。

四、结论

斯诺曾说，毛泽东"精通中国古典文学，博览群书，在哲学和历史

---

① 《毛泽东早期文稿》，湖南人民出版社 2013 年版，第 428 页。
② 《毛泽东文集》第 1 卷，人民出版社 1993 年版，第 4 页。

方面造诣很深"①。毛泽东对哲学和历史的精通,归纳起来就是"实事求是"四个大字。他带着中国哲学的实事求是传统走向马克思主义哲学阵营,用实事求是的语言结构讲述马克思主义哲学,用实事求是的思维结构革新苏联哲学教科书,从而构建了一个以事理关系即特殊普遍的螺旋式环形思维为基础,以行知螺旋式环形思维结构为重点的马克思主义哲学体系。

(作者为《编钟之声周刊》总编辑、随州市炎黄文化研究会副会长、武汉工商学院公共课部教师)

---

① 斯诺:《红星照耀中国》,长江文艺出版社 2018 年版,第 54 页。

疫情防控大考背景之下推进党建引领社会治理的青山实践

张建勇

改革开放以来，中国政治经济社会领域发生巨大变化，随着经济的快速发展和社会现状的不断改变，中国社会矛盾和社会问题日益凸显，表现形式也不断变化。2002 年党的十六大把社会管理和社会管理创新放在构建社会主义和谐社会的国家战略高度提出。2013 年党的十八届三中全会把国家治理现代化定为全面深化改革的总目标之一，首次使用社会治理概念，实现从社会管理到社会治理的重要转变。以习近平同志为核心的党中央统筹推进经济建设、政治建设、文化建设、社会建设、生态文明建设。"五位一体"的总体布局是一个有机整体，坚持"五位一体"建设全面推进、协调发展，才能形成经济富裕、政治民主、文化繁荣、社会公平、生态良好的发展格局，把中国建设成为富强民主文明和谐的社会主义现代化国家。党的十九大提出，完善党委领导、政府负责、社会协同、公众参与、法治保障的社会治理体制，提高社会治理现代化、法治化、专业化水平。党的十九届四中全会对坚持和完善中国特色社会主义制度、推进国家治理体系和治理能力现代化作出了全面部署。

"治国犹如栽树，本根不摇则枝叶茂荣"，党的建设是我们克敌制胜、从胜利走向胜利的重要法宝。社会治理是国家治理的重要内容。统筹考虑和总体设计党建工作，加强和改善党建引领社会治理的体制机制，对于提高党的社会治理能力，把中国特色社会主义制度优势转化为治理效能、以治理效能彰显制度优势至关重要。"基础不牢，地动山摇"，基层社会是国家治理的重要基石，是社会治理的关键支撑和重心所在，是推进国家治理体系和治理能力现代化的重要内容。以党建引领社会治理是夯实党的执政根基、加强社会治理的必然举措，始终抓住党建引领这条主线，才能有效激发社会治理活力，才能将党的政治优势、组织优势转化为治理优势，才能增强党组织凝聚力和战斗力，同心协力办实事、做好事、真干事、干成事，不断满足人民群众新期待。

近几年来，湖北省武汉市青山区坚持党建引领，发挥党建引领经济建设、政治建设、文化建设、社会建设、生态文明建设的作用，特别是在新冠肺炎疫情防控大考背景之下，全面推进新时代产业发达、治理高效、民生幸福、生态优美的青山治理实践，不断加强基层基础工作，不断提升基层社会治理水平，不断推进基层社会治理现代化，奋力谱写社会主义现代化青山绿水红钢城的新时代实践答卷。

一、党建引领对社会治理的意义

（一）党建引领社会治理是政治建设的必然要求

党是最高政治领导力量，党的领导是中国特色社会主义最本质的特征，是中国特色社会主义制度的最大优势。1926 年毛泽东在《纪念巴黎公社的重要意义》一文中提出："巴黎公社存在不过七十二天，何以失败这样快呢？有两个主要原因：（一）没有一个统一的集中的有纪律的党作指挥——我们欲革命成功，必须势力集中行动一致，所以有赖于一个有组织有纪律的党来发号施令。当时巴黎公社，因为没有一个统一的政党，以致内部意见分歧，势力分散，而予敌人以可乘之机，这是失败的第一个原因。"党的十九大报告指出，在统揽伟大斗争、伟大工程、伟大事业、伟大梦想中，起决定性作用的是新时代党的建设新的伟大工程。党的十九届四中全会《中共中央关于坚持和完善中国特色社会主义制度　推进国家治理体系和治理能力现代化若干重大问题的决定》提出坚持和完善共建共治共享的社会治理制度，强调"完善党委领导、政府负责、民主协商、社会协同、公众参与、法治保障、科技支撑的社会治理体系，建设人人有责、人人尽责、人人享有的社会治理共同体"，习近平同志指出："党政军民学，东西南北中，党是领导一切的。"中国共产党自诞生之日起，面对复杂多变的形势和挑战，深刻认识到党的领导的重要性。

当前加强党建引领社会治理，必须坚持和加强党的全面领导，完善党的领导、改进党的领导，发挥政治建设引领作用，党组织在社会治理中必须起到核心作用，承担起执政兴国的政治责任。随着社会发展进程不断推进，社会治理体系日趋复杂，既有涉及社会治理关键的方向性问题，也有诸多具体事务性问题。方向性问题决定着治理道路的选择，直接影响治理的成效，需要突出党建在社会治理中的引领作用，充分发挥党建的载体功能。在具体事务性问题上，要通过党建引领加强政治建设，充分发挥社会治理各主体的智慧，积极支持、鼓励、引导社会各主体共同参与治理。

（二）党建引领社会治理是经济建设的迫切要求

习近平同志强调"要坚持把以经济建设为中心作为兴国之要""发展是党执政兴国的第一要务，是解决中国所有问题的关键"。如果把党的建设看作平行于各项工作之外的一项工作，党对经济社会高质量发展的统领作用就无从谈起。加强党对经济工作的领导并不是包办一切，而是要管大事、议大事，发挥把方向、管大局、保落实作用。

经济建设要逐渐走向高质量的发展，需要不断加强党建工作，需要党建引领，为经济发展凝聚"红色动能"，为经济发展把握发展航向。中国经济是一艘巨轮，体量越大，风浪越大，掌舵领航越重要。越是形势复杂、挑战严峻，越要发挥党的领导的定海神针作用。党的十八大以来，面对纷繁复杂的外部环境，面对我国经济发展进入新常态等一系列深刻变化，我们之所以能推动党和国家事业取得历史性成就、发生历史性变革，关键就在于党的坚强领导。随着我国发展面临的环境更复杂，不确定性更大，我国经济运行稳中有变、变中有忧，风险和困难明显增多。越是在这样的形势下，越要加强党建引领，提高党领导经济工作能力和水平，确保中国经济巨轮劈波斩浪、行稳致远。

（三）党建引领社会治理是文化建设的客观要求

文化是一个民族的精神，是一个国家的软实力。习近平同志说，"理想信念就是共产党人精神上的'钙'"。因此必须教育引导广大党员干部筑牢信仰之基、补足精神之"钙"、把稳思想之舵。文化建设关系人民生活各个方面，特别是近年来，广大人民群众对于文化建设需求越来越强烈，在推动基层社会治理创新发展过程中要更加重视文化建设的价值和作用，需要通过开展群众喜闻乐见、丰富多彩的文化活动，大力宣扬社会主义核心价值观、弘扬社会正气，着力增强居民社会公德、职业道德、家庭美德和个人品德建设，吸引群众广泛参与，充分发挥党建引领在文化建设领域的价值和作用。通过党建引领文化建设，才能确保文化建设方向正确，才能推动文化发展和繁荣，才能充分发挥文化建设的渗透力、影响力、凝聚力和感染力，加大对党员群众的文化熏陶，切实提升幸福感、获得感和安全感，营造和谐向上、积极健康的社会氛围。

（四）党建引领社会治理是社会建设的根本要求

习近平同志提出："创新社会治理，要以最广大人民根本利益为根本坐标，从人民群众最关心最直接最现实的利益问题入手，把加强基层党的建设、巩固党的执政基础作为贯穿社会治理和基层建设的一条红线。"党建引领社会建设创新，全面强化党建对自治共治德治法治的引领，才能不断提升基层党组织推动发展能力、服务协调能力、狠抓落实能力、化解风险能力，才能强化领导干部系统思维、整体思维、底线思维，把准方向、激发活力，才能探索建立突破传统体制的利益共享、责任共担的新机制。要通过党建引领，解决困扰基层的形式主义问题，切实为基层减负、赋权、增能，少搞"一刀切"，使基层有职有权有物，激发基层创新担当；要通过党建引领，坚持问题导向，在利益格局深刻调整中兼顾不同群体的利益诉求，妥善协调和处理不同方面群众的利益关切，解决群众衣食住行困难，包括解决吃饭难、出行难、看病难等一系列具体问题，努力做到亲民有真感情，爱民有真措施，利民有真成效。

（五）党建引领社会治理是生态文明建设的内在要求

生态文明建设是关系民族永续发展的大计。党的十八大以来，党中央高度重视生态文明建设，提出了系列新思想、新理念、新战略，关于生态文明建设的思想得到不断完善和丰富，将生态文明建设纳入"五位一体"总体布局，将"绿色"作为新发展理念之一，将污染防治作为三大攻坚战之一，将人与自然和谐共生纳入新时代坚持和发展中国特色社会主义基本方略。习近平同志指出，保护生态环境和发展经济从根本上讲是有机统一、相辅相成的。在生态文明建设中，必须坚持底线思维，绝不为了发展经济而以牺牲环境为代价，这就需要以党建引领生态文明建设，统筹推进生态文明建设与经济发展。通过加强新形势下党的建设，强化党在生态文明建设中的全面领导，发挥党的领导核心力量，推动我国生态文明建设发生根本性、全局性、长久性的变化。在新形势下，探索以新时代党建引领生态文明建设之路，充分发挥党建在生态文明建设中的引领作用，认真贯彻"绿水青山就是金山银山"的理念，坚持科学谋划，提升思想认识，提高统筹能力，提高落实能力，进而提升党的执政能力，对促进经济社会发展具有十分重要的意义。

二、疫情防控对社会治理的考验

2019年底至2020年初，一场突如其来的新冠肺炎疫情肆虐湖北武汉、蔓延华夏大地，中华民族面临着新中国成立以来在中国发生的传播速度最快、感染范围最广、防控难度最大的一次重大突发公共卫生事件。一个民族的生命力和精神要面对磨难和灾害的锤炼，一个国家的治理体系和治理能力要应对风险和挑战的检验。习近平同志说："中华民族历史上经历过很多磨难，但从来没有被压垮过，而是愈挫愈勇，不断在磨难中成长、从磨难中奋起。"面对突如其来的巨大灾难，全国人民清醒地认识到，抗击疫情，既是一场大仗、硬仗，也是对我国治理体系和治理能力的一次深度检验、一次综合大考，中国人民需要比历史上任何时候都更加团结起来，心往一处想、劲往一处使。党政军民学、东西南北中，汇聚起排山倒海的雄伟力量，才能坚决打赢这场疫情防控的人民战争、总体战、阻击战。

（一）这是对政治建设的一次大考，考验的是责任担当之勇

在国土广袤、人口众多的国度里，短时间内通过政治号召和党政组织把各方面力量有序动员凝聚起来，轰轰烈烈地投入抗疫斗争，这是一件极不容易的巨大挑战。一件件具体的救治、防控工作看似只是"专业性""技术性"的工作，背后却都凝结着各个层级的政治制度架构的领导、组织、协调、运转力量。面对疫情，需要看党的组织是否领导有力，党组织和广大党员能否发挥战斗堡垒作用和先锋模范作用，能否把投身抗击疫情斗争作为践行初心使命、体现责任担当的试金石和磨刀石，能否广泛动员群众、宣传群众、组织群众、凝聚群众，党旗能否在疫情防控斗争第一线高高飘扬，构筑起群防群控的严密防线，这是对政治建设的一次大考。

（二）这是对经济建设的一次大考，考验的是统筹发展之谋

对于拥有 14 亿人口的中国来说，疫情凶猛，救治患者需要大量的口罩、防护服、酒精、消毒液、体温计等医疗物资。做好全国各地的防控工作每天需要海量的医疗物资，海量的需求与有限的物资存量形成巨大的缺口，武汉作为疫情重点地区，连武汉一线医护人员都一时处于医疗物资的紧平衡状态，自身原有的医疗资源难以满足防疫需要。疫情爆发时，恰逢春节假期，医疗物资生产企业大多放假，处于停产或半停产状态。习近平同志讲，打疫情防控阻击战，实际上也是打后勤保障战。这是对我国经济制度和经济实力进行实战考验的时刻。对处于发展关键时期的中国而言，疫情防控和复工复产不是选答题，而是一道考验治理

水平和治理能力的必答题。同时，经济社会是一个动态循环系统，不能长时期停摆。如何全面启动和保障医疗物资生产企业复工复产，如何解决用工、资金、原材料供应等问题，如何以战时状态全力加快转产扩产、多产快产，这是对经济建设的一次大考。

（三）这是对文化建设的一次大考，考验的是凝魂聚力之智

战胜疫情，既需要强大的物质力量，也需要顶天立地的精神支柱。伟大的精神为广大人民群众所认同，就会变为无穷无尽的强大力量。面对疫情，人们在理想信念、价值理念、道德观念上能否紧紧团结在一起；党员、干部和群众在危难时刻能否毫不退缩，能否在各自岗位牢牢坚守、默默奉献，平凡中见精神，尽责尽力，做出力所能及的贡献；群众能否把个人生活与国家利益联系在一起，克服种种不适和不便，严格执行规定、遵守秩序，主动配合防控工作，这是对文化建设的一次大考。

（四）这是对社会建设的一次大考，考验的是和谐稳定之能

社会稳定是疫情防控和经济社会发展的前提条件，疫情形势越是严峻复杂，越要全力维护社会稳定，依法严惩扰乱医疗秩序、防疫秩序、市场秩序、社会秩序等违法犯罪行为。法治是维护社会秩序、社会稳定的保障，同样也是疫情防控工作顺利开展的保障。社会治理的基础支撑在基层，城乡社区是疫情联防联控的第一线，也是外防输入、内防扩散最有效的防线。能不能在社区构筑起抵御疫情的严密防线，决定着抗疫斗争全局的成败；全国基层社区构建的网格化治理机制，能不能在疫情防控中发挥不可替代的重要作用；能不能快速建立健全区县、街道、城乡社区等防护网络，推动防控资源和力量下沉，调动社会力量共同参与疫情防控，全面落实早发现、早报告、早隔离、早治疗，这是对社会建设的一次大考。

（五）这是对生态文明建设的一次大考，考验的是生态保护之策

良好的生态环境是人民群众健康的重要保障。生态环境保护、生物

安全和健康文明的生活方式，同样是疫情防控的重要组成部分。疫情来袭之时，如果环境问题叠加爆发，就很有可能与公共卫生问题相互交织叠加，造成更大的灾害，进而引发严重的社会问题和政治问题。面对疫情发生的感染性医疗废物快速增长，能不能及时、有序、高效、无害化处置这些医疗废物，能不能解决城乡居民的安全饮用水问题、垃圾处理问题，能不能有效化解疫情带来的环境问题，阻遏疫情蔓延恶化，这是对生态文明建设的一次大考。

三、在疫情防控大考背景之下党建引领社会治理的青山实践答卷

2018 年 4 月 26 日，习近平同志亲临青山区工人村街青和居社区视察指导，对我们践行长江大保护成果和党建引领基层社会治理创新工作给予高度肯定，感叹"沧桑巨变，恍如隔世"，给我们以巨大鼓舞。青山坚持以习近平新时代中国特色社会主义思想为指导，落实习近平同志关于"探索超大城市现代化治理新路子"的重要指示精神，持续深化拓展"红色引擎共同创造"，持续深化推广青和居社会治理经验，推动"五大工作载体"全覆盖、全落实，发挥基层党组织政治功能和组织力，把党的政治优势、组织优势和密切联系群众优势转化为社会治理效能，加快建设现代化的青山绿水红钢城。

2020 年是极不平凡的一年。面对突如其来的新冠肺炎疫情，全区上下认真贯彻落实习近平同志系列重要指示精神，在中央和省市区委坚强领导下，大力实施"一轴两区三城"发展战略，统筹推进疫情防控和经济社会发展，上下一心、共克时艰，顽强拼搏、只争朝夕，奋发有为、比学赶超，全区疫情防控有力有序，经济社会发展稳中有进。特别是在抗击新冠肺炎疫情过程中，我们坚持党建引领，弘扬伟大抗疫精神，全区各级组织和广大干部职工坚守一线，在全区抗疫斗争中发挥了重要作用，作出了卓越贡献，交出了一份党建引领基层社会治理的青山实践答卷。青山成为全市第一个被评估为低风险区的中心城区，全区累

计确诊病例数在中心城区最少，白玉山街成为全市中心城区第一个无疫情街道。工人村街青和居社区党总支获评全国抗击新冠肺炎疫情先进集体、全国先进基层党组织、全国文明单位，社区党总支书记桂小妹作为全国先进基层党组织代表在人民大会堂做汇报发言，刘明瑜、孙明明、汪洋三位同志获评全国抗击新冠肺炎疫情先进个人，华雨辰同志获评全国疫情防控最美志愿者、全国最美教师，70个集体和个人获评省市先进称号。

(一)政治建设一以贯之，信念越来越坚定

①疫中冲锋在前，党旗高高飘扬。面对突如其来的新冠肺炎疫情，"疫情就是命令，防控就是责任"。青山党员和干部以最高的政治站位，作为头等大事全力应对。面对严峻的疫情防控形势、巨大的防控压力、繁杂的防控任务，坚决贯彻落实党中央和省市区委决策部署，"把疫情防控工作作为当前最重要的工作来抓"，服从指挥、步调一致，始终把党的政治建设作为坚决打赢疫情防控阻击战的根本保证。越是在艰难时刻，越全面加强党的政治建设。在组织实施上，青山党员干部始终坚持党的领导，充分发挥各级党组织和党员干部的先锋模范作用，紧密地团结带领广大人民群众，构建联防联控工作机制。在价值理念上，牢记人民利益高于一切，应送尽送、应收尽收、应治尽治，全面加强科学防治、送医送诊、精准施策等各项工作，把人民群众生命安全和身体健康放在第一位。在方法措施上，充分发挥党的领导作用，统筹、妥善处理医疗救治与有序防控、疫情防控与群众正常生活、信息公开与舆论引导等方面的关系，细致做好新冠肺炎疫情防控工作。在行动表率上，党员干部始终牢记疫情防控是"实打实"的大仗硬仗，不松懈、不松劲；始终冲锋在前，身先士卒，危难时刻挺身而出，积极担当作为；始终坚守一线，切实做到守土有责、守土担责、守土尽责，在疫情防控战中践行初心使命，让党旗在疫情防控斗争中高高飘扬。

②疫后与民同在，人心紧紧团结。在全国、省、市大力支援下，在全区人民有力防控、有序抗击下，辖区疫情迅速得到有效控制，防控工

作取得决定性成果。武汉市中心城区中，青山第一个被评估为低风险区，累计确诊人数最少。习近平同志指出，这是一场疫情防控的人民战争，要赢得这场抗疫之战，必须紧紧依靠人民群众。而团结依靠人民群众，关键在于人心。人心是最大的政治，人心向背事关疫情防控阻击战的成败。青山进一步深化"铸魂工程"，聚焦伟大的抗疫精神内涵，推进抗疫精神弘扬行动，面向党员群众广泛开展"普及防疫知识、弘扬抗疫精神"群众性主题教育活动，面向广大中小学生广泛开展"致敬抗疫一线逆行者"思政课活动，推进抗疫精神进课堂、进基层、进机关，使之扎根于心灵、见诸于行动，成风化俗，大力弘扬"万众一心、众志成城"的团结精神、"迎难而上、勇当先锋"的担当精神、"舍身忘死、日夜奋战"的奉献精神、"精准防控、精心救治"的科学精神、"一方有难、八方支援"的大爱精神，紧密地团结人民群众，为实施"一轴两区三城"发展战略、建设青山绿水红钢城提供强有力的思想保证和精神动力。

③未来加速赶超，共识层层凝聚。"十四五"时期是青山开启全面建设社会主义现代化的青山绿水红钢城新征程的第一个五年，也是谱写青山高质量发展新篇章的关键之年，是青山区实现后发赶超的重要战略机遇期，也是厚积薄发、改革蜕变、创新发展的冲刺期。干部队伍的能力水平是事关一个地区发展竞争力的关键因素，特别是全区一线干部，都担负着直接抓执行、抓落实的责任，担负着推动老工业基地高质量发展的重任，在建设青山绿水红钢城中真正发挥着中坚骨干作用。进入新发展阶段，我们面临的形势越来越复杂、需要解决的问题越来越多，我们将坚定不移地训练养成，真刀真枪锤炼能力，以过硬本领应对矛盾、困难和问题，真正做到想干事、能干事、干成事，将习近平同志要求的全面提高政治能力、调查研究能力、科学决策能力、改革攻坚能力、应急处突能力、群众工作能力、抓落实能力等"七种能力"，落实到青山干事创业的实践中，以开阔的视野、开放的心态，把上级撬动起来，把大企业撬动起来，争取多方指导和支持、汇聚各类信息和资源，凝聚起加快建设高质量发展的共识。

（二）经济建设始终坚持，基础越来越坚固

①疫中保障国企生产，展现"国之重器"的中流砥柱作用。面对突如其来的新冠肺炎疫情，2020年2月青山区在武汉市率先成立企业服务分指挥部，发挥工业基础雄厚的"国家重要的制造业基地"传统优势，特别是钢材、石化、氧气、氢气、建设装备产业及集群在疫情防控所涉及的产业体系中的重要地位。协调市、区返汉专班办理企业返汉人员审批手续，协调帮助保产保供"停不得"企业办理货运通行证及员工小区出入证，协调办理企业滞汉人员核酸检测及离汉手续，审核办理复工复产期间企业员工车辆通行证、小区出入证，全力服务全区69家涉及国计民生重点企业持续生产、安全生产、健康生产，驻区大企业武钢、中韩石化等为保障全市医用氧气、民用液化气、防护用品原材料，以及火神山、雷神山医院等应急防疫工程建设作出积极贡献，有效发挥了国有大中型企业在抗击疫情斗争中的"稳定器"作用，不愧为"国之重器""中流砥柱"。驻区和区内企业共有25个单位、49名个人获全国和全省、全市表彰。

②疫后重振地区经济，发挥"店小二精神"的优化营商环境作用。一是全力服务企业复产攻难点。积极克服疫情影响，发挥"店小二"精神服务企业，切实做好复工复产保障，及时解决企业人员出入、外地人员滞留等实际困难，全面落实房租减免、电费补贴、金融支持、专项补助等疫后重振政策。会同重点企业制定保产稳产计划，加快传统产业转型升级，81个增效、提质、智能化技改项目加快实施，电机用取向硅钢、高速铁路用耐腐蚀钢轨等2项产品全球首发。积极服务企业降本增效，全年新增减税降费17亿元，落实各类招商奖励资金，支持民营企业、中小企业加快发展，主动为企业搭建税银互动平台，积极指导辖区孵化平台完善功能、提档升级，加大科技成果转化服务力度，完成技术合同登记额10.3亿元，全区净增高新技术企业38家。二是大力优化营商环境破堵点。以"四办"改革为统领，推动下放事项权责清单清理，在全市率先完成个体工商户登记、小餐饮经营许可等事项下放。积极优

化调整政务服务事项，大力推行一窗受理、一网通办、容缺审批、并联审批，平均缩短审批时限 1.2 个工作日，不动产登记一般 4 个工作日办结，部分登记业务立等可办、跨区可办。建立公益帮办中心，开设"企业开办便利区"，推行延时、错时、预约和双休日"开门便企"等服务新举措，企业设立可当天办结，施工许可证核发时间压缩至 1 个工作日，"留抵退税"办理时限从 10 个工作日压缩到半天。企业类市场主体同比增长 16.6%，实现逆势上扬。三是大力发展服务产业育增点。以武钢大数据产业园二期启动建设为契机，培育发展数字经济，依托长江云通总部开展产业链招商，引进阿里云、中国系统、中国光彩等龙头企业，成功签约青山数谷项目，创青谷被授予湖北省电子商务示范基地。组织辖区商业综合体及商贸企业开展"音乐啤酒节"等形式多样的主题促销活动。充分利用区级媒体和网络平台资源，加强对恩施街美食街以及辖区特色小店、特色美食的宣传推介，快速唤醒疫后城市生气，积极促进市场消费。

③未来集聚新型业态，打造"青山新极"的高质量样板作用。一是建设国家老工业基地转型升级标杆区。以打造新时代大武汉复兴新地标为核心，推进"红钢城"到"新宝武"、武石化到"新中韩石化"转型，开展武汉中心城区老工业区产业转型升级的实践探索，贯彻新发展理念，深化供给侧结构性改革，加快新旧动能转换，推动钢铁石化产业向一体化、精细化、高端化、链条化、绿色化、智能化转型升级，实现重化工业走上绿色低碳高效可持续发展道路，让老工业基地焕发新生机，城市生态功能品质不断提升，建成国家级产业转型升级标杆区。二是建设湖北"双循环"改革创新试验区。把构建"双循环"新发展格局同实施长江经济带、中部崛起、"一主引领、两翼驱动、全域协同"战略、中国(湖北)自由贸易试验区和武汉国家中心城市等衔接起来，充分发挥青山特有的地理区位、"铁水公空"综合交通优势，联通武汉高铁、城际铁路、青山港口、湖北国际物流核心枢纽等枢纽，打造"双循环"长江开放走廊，联结长江新区与东湖高新，贯通光谷科创大走廊，率先探索形成"双循环"下改革开放新路径、新格局，打造"双循环"新格局下内陆改

革开放青山新高地，为推进"双循环"新发展格局探索青山路径。三是建设武汉数字经济发展示范区。依托数字经济基础，抢抓数字经济发展先机，突破性发展数字产业化、产业数字化，通过实施数字新基建、数字新产业、数字新融合工程，促进人工智能、区块链、云计算、大数据、5G等数字技术、数字经济与实体经济深度融合，力争全区数字经济取得突破性发展。依托武钢大数据产业园、青山高投数字经济产业谷，引入数字经济产业链上下游关联企业，发掘数字经济新业态、新模式，创建集营销、培训、IT、物流服务为一体的电商产业园，逐步占领智慧城市、信息科技、软件服务、电子商务、工业互联等数字经济行业高地，成为武汉数字经济发展示范区。

（三）文化建设厚积薄发，精神越来越坚强

①疫中引导团结一心，凝聚全区"精气神"。疫情期间，我们组织文艺爱好者们深入抗疫一线，创作并录制了包括歌曲、曲艺、快板、配乐诗朗诵等多种形式、脍炙人口的文艺作品。通过社区小喇叭、微信公众号等媒介，在全区范围内进行了广泛的播放和传唱，充分发挥了文艺创作鼓舞人心的作用。在方舱医院建立了"图书驿站"和线上"方舱时光"文化服务平台、"方舱数字文化之窗"数字电子阅读平台，为患者提供了文艺、科技、疾病防治方面的海量图书资源，丰富了他们的文化生活，引导他们正确认识疫情，树立保持良好心态。还将社会爱心捐献的书籍送到全区13个隔离点，让隔离点的居民能够摄取精神食粮，充实心灵。积极对接陕西国家救援队心理咨询专家，利用广播和微信平台对患者进行心理疏导。举办"云上聚知音"第九届琴台音乐节群众合唱展演（江南片）活动，表达了全民抗击疫情、决战决胜的信心。中央电视台新闻频道"战疫情"专题节目、湖南电视台、陕西电视台、河南日报、长江日报、楚天都市报等多家新闻媒体报道转载，引起了强烈的社会反响。

②疫后推广文化活动，积聚社会"烟火气"。稳住市场、激发消费、渡过难关，是全面复工复产后的头等大事，也是难点问题。为进一步推

动文体企业复工复产，让居民享受文体福利，盘活企业发展资源，带动小微企业人气，我区探索性搭建"青山文体服务平台"这一公共服务号平台，将包括体育类、艺术类、文化类培训和场馆经营类企业纳入平台。一方面开展线上宣传，通过街道、社区网格群、"青山文体荟"微信公众号宣传、发放课程免费券等方式，向居民进行平台宣传，方便青少年在线上享受各类培训课程。另一方面积极进行线下推广，在我区商圈、社区广场组织线下宣传推广活动，扩大群众知晓度和参与率。通过线上活动与线下福利相结合，让更多群众得到实惠、更多企业得到发展，进一步提振消费促进经济增长。通过"互联网+"直播体育健身活动，推动全民健身运动的开展。进一步拓展江滩文体活动品牌吸引力和影响力，在青山江滩沙滩排球中心举办了武汉市全民健身运动会男女混合沙滩气排球赛，来自全武汉市 25 个代表队气排球爱好者齐聚青山江滩参与活动。积极组织"武汉剪纸"非遗推广，代表武汉市参加了山东济南举办的第六届中国非物质文化遗产博览会，应邀出席第 15 届中国义乌文化和旅游产品交易博览会，得到了国家文旅部高度肯定和社会各界的广泛关注。

③未来建设文化高地，汇聚城市"美丽印象"。一是持续提升城市形象魅力。坚定文化自信，挖掘青山优秀传统文化与红色文化资源，实施"城市记忆"工程，擦亮"青山绿水红钢城"品牌，统筹文化事业和文化产业发展，满足人民文化需求、增强人民精神力量，打造国家工业遗产复兴典范城区。大力弘扬红钢城红色文化，加大城区形象原创歌曲的传播力度，讲好青山抗疫故事，加强"青山绿水红钢城"的城市形象建设与宣传推介。二是挖掘优秀文化资源。挖掘青山矶、武丰闸等青山地标的文史底蕴，弘扬青山艰苦创业、敢为人先、开放包容的城区精神，重燃建设新中国第一座大型钢厂的创业激情，大力弘扬新时代工匠精神。加快"非遗"的抢救性整理，对濒临失传的区级项目古代车轿制作技艺、市级项目明式家具微缩制作技艺等进行抢救性影像资料记录。加快对红色钢城文化、青山码头文化、传统剪纸文化、工业版画文化、老字号企业文化、特色小吃文化等优秀文化印记的整理。三是打造特色文

化品牌。进一步完善"钢城文化奖"奖励办法,加大专项资金奖励力度,繁荣青山群众文化。持续打造青山江滩特色活动品牌,举办系列群众文化活动,引进举办国际沙滩排球赛、江滩半程马拉松,引领"一区多品"赛事逐步落户,提高青山江滩赛事品牌知名度,打造具有青山元素的特色文化品牌。

(四)社会建设守正创新,治理越来越坚实

①疫中千方百计组织收治,坚决打赢疫情阻击战。一是全力以赴加强患者收治。按照"早发现、早报告、早隔离、早治疗"要求,在全区开展拉网式大排查,分类进行集中收治和隔离。全区6家二级以上医院开设发热门诊,组织"好样的工作队"突击队应急改造武钢二医院,抢修改造九医院东院、武钢体育中心青山方舱医院、青山楠姆方舱医院。征用宾馆、酒店、学校等公共设施,集中设置隔离点和康复驿站。全面统筹调配辖区医护力量、医疗资源,充分发挥6支驻区援汉医疗队作用,最大限度提高治愈率。二是严防死守做好封控管理。坚持"内防扩散、外防输出、严防输入",第一时间对全区物业小区和开放式老旧小区(村)实行全封闭管理,对辖区养老机构、监所、精神专科医院等场所进行严格封控。全面落实离区、离汉通道管控措施,切实做好境外返汉人员管理服务。以无疫小区创建为抓手,严格落实"四必"要求,大力开展爱国卫生运动,坚决切断疫情蔓延途径。三是用心用情落实生活保障。围绕"保基本、保兜底、保个性"目标,全区8000余名下沉干部、社区工作者、志愿者、公安干警、民兵等扎根社区,协同广大驻区企业开展社区服务、居民保供、物资调配工作。在全区投放特价蔬菜包、储备冻猪肉等物资,对特困家庭实施兜底服务。建立线上购买群,组织购药队,广泛开展"志愿服务关爱行动",为居民提供商品、药品无接触配送。为全区居民发放鲜鱼70万斤。八吉府街组织辖区村湾,以集体收购、集体配送方式,按照医院优先、病患优先的原则,全力做到"三保一销"即保重点场所蔬菜供应、保农贸市场蔬菜供应、保兄弟街道蔬菜供应、做好内销深加工,累计保供蔬菜760万斤。封控期间,

全区上下克服疫情影响，在极为困难的条件下，总体上做到了基本物资不缺、困难群众不愁、水电气网不停、社会秩序不乱。

②疫后百花齐放组织创建，坚决打胜治理总体战。落实习近平同志关于"探索超大城市现代化治理新路子"的重要指示精神，牢牢把握社会治理核心是人、重心在城乡社区、关键是体制机制创新的总要求。持续深化拓展"红色引擎共同创造"，坚持问题导向，补齐社会治理短板弱项，践行社会主义核心价值观、传承中华优秀传统文化、弘扬伟大抗疫精神，组织"五好创建"活动，把党的政治优势、组织优势和密切联系群众优势转化为社会治理效能。一是在家庭争做"好当家"。坚持抓党建带家庭文明创建，充分发挥党员中心户示范带动作用，通过开展"家和万事兴""把爱带回家""家爱伴成长""爱党爱家情""家风故事荟"等系列活动，厚植"家国文化"，推动家庭成员在为家庭谋幸福、为他人送温暖、为社会作贡献的过程中提升精神境界。二是在社区争做"好街坊"。强化党建引领，实施"家门口的党建"，进一步破解社区治理中"管不着、用不上、融不进、贴不紧"等难题。深化"家门口的议事厅"，激发"我的社区我的家"主人翁意识。拓展"家门口的风景"，打造多种多样的楼栋特色"我家楼栋千千景"。弘扬"家门口的关爱"，开展"邻里对对红"，与辖区高龄、空巢、失独、残疾人、低收入家庭等困难群众结对子。组织"家门口的节日"，以"青山街坊节"引导居民争当文明风尚的创领者、诚实守信的践行者、共建共治的参与者、幸福家园的守护者。三是在单位争做"好员工"。坚持以"党建带工建"，强化工会组织党的政治建设，引导职工群众争做奉献型、奋斗型、智慧型、技能型、团结型员工，听党话、跟党走，巩固党执政的阶级基础和群众基础。大力弘扬爱岗敬业的"劳模精神"、拼搏奋斗的"劳动精神"、精益求精的"工匠精神"，号召广大员工乐奉献、勇担当，对标先进、争当模范，成为助推青山高质量发展的产业工人主力军。四是在学校争做"好学生"。牢牢抓住"党建带团建促队建"这个核心，着力培育德智体美劳全面发展的社会主义建设者和接班人，引导广大青少年学生扎根人民、奉献国家。开展"我是青山代言人"活动，让学生了解青山历史，宣传青

山，代言青山；通过"我爱经典悦读荟"，弘扬书香文化；以"榜样力量助成长"，培育集体意识，培养团结精神，共同成长进步。五是在社会争做"好市民"。坚持以党风带民风、以民风促党风，充分发挥基层党组织战斗堡垒作用、党员先锋模范作用和市民主体作用，大力弘扬社会公德，规范文明行为，提升文明素养，养成文明习惯，引领社会风尚，全力打造青山道德高地。

③未来百折不挠推动创新，坚决打好服务整体战。始终坚持人民至上和人民主体地位，始终做到发展为了人民、发展依靠人民、发展成果由人民共享，激发全区人民积极性、主动性、创造性。深入推进"不忘初心、牢记使命"制度建设，进一步提升基层党建工作质量。坚持"红色引擎共同创造"，整区推广青和居社区治理模式与经验，拓展"五大红色服务载体"内涵，纵深推进"民有所呼、我必有应"改革，深入推进"天天敲门十八法"等特色工作，深入探索新时代党建引领的共建共治共享模式，大力推进社区治理新体制、新机制、新模式，稳步推进韧性城市建设，继续完善养老、教育、医疗等基本公共服务设施，民生组团基本建成，着力打造15分钟生活圈；改善宜业宜创环境与人居人文环境融合，区域生态生活资源整合起来，把城区肌理更新和老旧小区改造结合起来，持续深化行政管理体制改革，深入推进法治政府建设，切实提升法治政府建设水平，打造一流法治营商环境，打造最便捷、最温馨的幸福家园，打造基层社会治理青山模式，不断增强居民群众获得感幸福感安全感，不断实现人民对美好生活的向往。

（五）生态文明建设久久为功，环保越来越坚决

①疫中严守生态底线，坚决保障环境安全。疫情期间，全区上下坚决守牢疫情防控生态环保防线。面对医疗废物猛增数倍的严峻形势，环境执法人员日以继夜对41家定点医疗机构和隔离点进行一轮又一轮全覆盖现场检查，紧急完成武钢体育中心方舱医院、青山楠姆方舱医院、武钢二医院西区、工人村街绿地派克公馆康复驿站、九医院东院A区集中医学观察点污水处理设施等项目建设安装，全区定点医院、综合医

院、方舱医院安装在线医疗废水监测设施，实现 24 小时连续监测全覆盖，并每天对污水接入市政排口进行消杀检查。严格贯彻落实生态环境部医疗废物处置、废水处理"两个 100%"要求，迅速配合完成医疗废物处置改造，协调调度危废运输处置机构及协同处置，实现医废日产日清，实行医疗机构、隔离点等重点区域环保常态化监督管理，每周全覆盖检查，每天实施监测，确保医疗废水达标排放，确保生态环境安全，得到在武汉市指导工作的国家生态环境部领导高度肯定。

②疫后推进生态整改，坚决完成环境治理。一是全面开展水污染防治行动。加强工业企业水污染治理，完成钢轧区、烧结新区雨污分流工程及炼铁原料分厂 A2 料场环保改造项目，完成工业废水处理设施提标改造，实施雨污分流改造及纳管截污，开展工业港黑色水体问题集中整治，加快生活污水收集处理系统建设，积极推进北湖区域污水支管、连通管、污水管建设，完成社区雨污分流和污水管道改造强化重点水体保护，东部地区生活污水通过大东湖深隧传输工程纳入北湖污水处理厂处理。开展长江排口排查整治，开展监测、初步溯源和整治，率先实现长江青山段重点排口在线监测全覆盖，建立监测日报制度，完善长江排污口监督管理。整治河湖排口及混排沟渠，加快推进八吉府明渠等整治工程；持续开展涉水"散乱污"整治，采取提升、关停等方法分类处理，武汉市在青山区召开全市"散乱污"整治现场会肯定青山经验。二是持续强化大气污染防治行动。调整产业布局，完成化工企业关改搬转，超额完成年度任务。优化能源结构，16 家企业完成能源管理体系及能耗在线监测系统建设，重点能源企业开展余能回收提升技改节能。强化挥发性有机物（VOCs）污染治理，建立"四张清单"，督促重点石化企业泄漏检测、修复超标密封点位。完成燃气锅炉低氮改造，全区 20 吨以下燃煤锅炉实现"清零"。对工业企业无组织扬尘实施常态化巡查，四环线周边堆场开展综合整治。加强移动源排气污染治理，开展柴油车路检、用车大户调查和入户抽测、检查非道路移动机械、完成非道路移动编码登记、督办整改大气污染问题。三是有效实施土壤污染防治行动。开展重点企业周边土壤污染状况调查、地下水监测，开展地块土壤初

查、详查、风险评估，完成原化工厂地块土壤修复，实行异地热脱附修复，避免有机物异味扰民，该地块修复项目是《中华人民共和国土地管理法》实施后全市第一个土壤修复项目，被国家生态环境部列为全国土壤修复示范工程。

③未来坚持生态理念，坚决建成环境样板。一是全速建设长江经济带绿色发展引领区。坚持绿水青山就是金山银山理念，请生态当总设计师，守住自然生态安全边界，把修复长江生态环境摆在压倒性位置，稳步推进"森林中的钢厂""湿地中的化工区"建设。坚持生态优先、绿色发展，打造绿色生态宜业宜居新青山。构建综合治理新体系，加强生态环境综合治理、系统治理、源头治理。在严格保护生态环境的前提下，全面提高资源利用效率，加快推动绿色低碳发展，努力建设人与自然和谐共生的绿色发展示范带。扎实推进国家循环化改造和低碳园区试点与推广，建设绿色生态产业体系。通过加快北湖生态绿色发展示范区建设，高举绿色生态发展旗帜，加快生态修复、水资源保护及绿色转型发展，推动生态文明建设走在长江经济带前列，为推动长江经济带高质量发展作出青山贡献。二是全面加强生态环境综合整治修复。坚持山水林田湖草沙系统治理，一体推进产业导入、招商引资、民生改善、社会治理。按照高于标准、优于城区、融入城市的理念，服务督促驻区大企业加快推动环保技改项目，打造花园工厂、城市工厂。加大长江两岸造林综合支持力度，着力构建百里沿江文化生态画廊。深化东部生态绿楔、四环线生态带、长江北湖生态绿色发展示范区建设，持续实施严西湖及北湖区域环境整治及生态修复、高铁沿线环境综合整治及景观公园带建设、江南中心绿道武九线综合管廊工程、青山矶公园海绵化改造等重大生态修复工程。创新打造楠姆山生态示范区，不断推进武钢花园工厂建设及周边绿化，建设各类公园、街旁绿地、绿道项目，继续巩固国家生态园林城市创建成果，推动青山由"城区公园"向"公园城区"蝶变。三是全力探索生态保护补偿机制。加快探索政府绿色发展引导基金，通过市场机制配置环境资源，引导各类主体履行生态补偿义务与责任。加快环境污染损害赔偿评估、鉴定制度建设，建立环境司法鉴定机构标准规

范，建立企业环境保护信用体系，推动现有税制"绿色化"，增强企业绿色生产意识，实现末端治理向源头减污模式转变。推进市场化、多元化生态保护补偿机制建设，探索多元化投入机制。

参考文献

［1］习近平：《决胜全面建成小康社会　夺取新时代中国特色社会主义伟大胜利——在中国共产党第十九次全国代表大会上的报告》，人民出版社 2017 年版。

［2］周海南：《基层社会治理创新探索》，江苏人民出版社 2019年版。

［3］习近平：《中共中央关于坚持和完善中国特色社会主义制度推进国家治理体系和治理能力现代化若干重大问题的决定》，载《人民日报》2019 年 11 月 6 日。

［4］董宏达：《筑牢疫情防控的社区堡垒》，载《吉林日报》2020 年 2月 2 日。

［5］李强：《做好疫情防控须创新社会治理》，载《人民日报》2020年 2 月 27 日。

［6］王思斌：《发挥社会工作专业优势　深入参与新冠肺炎疫情防控战》，载《中国社会报》2020 年 2 月 28 日。

［7］王芳：《充分发挥基层党组织的战斗堡垒作用》，载《贵州日报》2020 年 2 月 29 日。

［8］孙涛：《在疫情大考中不断提升社区应急管理能力》，载《青岛日报》2020 年 3 月 30 日。

［9］席军良：《常态化和精准化：社区疫情防控新要求》，载《中国社会报》2020 年 4 月 13 日。

［10］北京市习近平新时代中国特色社会主义思想研究中心：《当群众诉求的"哨声"响起——北京市推进党建引领基层治理体制机制创新的探索》，载《求是》2018 年第 24 期。

[11]俞可平：《中国的治理改革（1978—2018）》，载《武汉大学学报（哲学社会科学版）》2018年第3期。

[12]习近平：《在中央政治局常委会会议研究应对新型冠状病毒肺炎疫情工作时的讲话》，载《求是》2020年第4期。

[13]顾昕：《知识的力量与社会治理的引入——突发性疫情早期预警系统的完善》，载《治理研究》2020年第4期。

[14]习近平：《在中央政治局常委会会议研究应对新型冠状病毒肺炎疫情工作时的讲话》，载《求是》2020年第4期。

[15]于靖园：《答好"疫考"中的社区治理题》，载《小康》2020年第9期。

[16]田毅鹏：《治理视域下城市社区抗击疫情体系构建》，载《社会科学辑刊》2020年第1期。

[17]陈斌：《充分发挥基层党组织在疫情防控阻击战中的战斗堡垒作用》，载《共产党员（河北）》2020年第5期。

[18]卢磊：《社区疫情防控：制度引领、行动景象和未来思考》，载《社会福利（理论版）》2020年第3期。

（作者为武汉市青山区民政局党组书记、局长）

试论中国共产党抗"疫"与中华优秀传统文化的传承

李亚飞　刘　蔚

2020 年伊始，本应是一个普天同庆、万家团圆的日子，武汉却因为突然暴发的新冠肺炎疫情而暂时关闭离汉通道，全国人民进入紧急备战状态。在极其危急的情况下，以习近平同志为核心的党中央积极应对，提出"一切以人民生命为重"的抗疫方针，不惜一切代价构筑起最严密的防控体系，全国上下众志成城，共同抗击疫情，这也让全国人民顿时有了定心丸、主心骨。

经过 8 个多月的奋战，我们的抗"疫"取得阶段性成功，这不仅得益于中国共产党的魄力与能力、一切以人民为中心的执政理念，以及我们中国特色社会主义制度的优势，而且也跟中华优秀传统文化的影响因子息息相关，正如习近平总书记在全国抗击新冠肺炎疫情表彰大会上的讲话中指出的那样："在这场同疫情的殊死较量中，中国人民和中华民族以敢于斗争、敢于胜利的大无畏气概，铸就了生命至上、举国同心、舍生忘死、尊重科学、命运与共的伟大抗疫精神。……抗疫斗争伟大实践再次证明，社会主义核心价值观、中华优秀传统文化所具有的强大精神动力，是凝聚人心、汇聚民力的强大力量。"伟大抗疫精神是中国共产党领导中国人民和中国社会抗击新冠肺炎疫情的精神写照，更彰显了中国特色社会主义的伟大力量；伟大抗疫精神极大释放和升华了中华民族精神，汇聚起万众一心、共克时艰的巨大力量；伟大抗疫精神是中华民族精神在特殊的历史发展进程中形成的精神风貌和价值取向的集中体现，充分展现了中国精神、中国力量和中国担当。

一、立党为公，执政为民的治国理念与民本主义精神不谋而合

从古至今，历代统治者几乎都视人民为维系政权的核心要义，从孔子提出的"节用而爱人，使民以时"的思想，发展到孟子时的"民为贵，社稷次之，君为轻"仁政思想，告诫统治者"爱民""利民"，轻刑薄赋，听政于民，与民同乐，民本思想至此真正形成。"君者，舟也；庶人者，水也。水则载舟，水则覆舟"成为历代所有政治统治集团的高度共识，实际上是从积极的角度要求统治者把民生问题、人民的安全与福祉当成政治统治的目的和归宿。

作为中国特色社会主义事业的坚强领导核心，中国共产党继承并发扬了中华传统文化中的这种民本主义精神，并赋予其新的时代意义。一方面，把人民作为执政的落脚点与归宿，强调"立党为公，执政为民"；另一方面，坚持一切为了群众，一切依靠群众，从群众中来，到群众中去，相信人民群众的力量，将人民群众作为历史的创造者，紧紧依靠和团结人民，"人民是历史的创造者，人民是真正的英雄"。面对突如其来的新冠肺炎疫情，"以人为本，生命至上"成为各级政府抗"疫"的最高准则，坚持时刻把人民群众生命安全和身体健康放在第一位，并采取一系列果断措施，为保障人民生命安全和身体健康筑牢制度防线。

疫情暴发后，党中央第一时间关闭离汉通道，调集4万多名医务人员组成100多支医疗队火速驰援武汉，同时建设火神山、雷神山医院；与此同时，还采取有力措施，对关系民生的所有基本物资进行统一调配，确保救灾物资供应与生活物资供应，并为灾后的复工复产做好准备；建立方舱医院；对于全国重症病人，派出国家级医疗团队"一对一"治疗；对所有新冠肺炎病人治疗费用由财政进行兜底等。而也正是因为相信人民群众的力量，我们才能最大限度地调动各种资源，将全国人民紧密团结起来，形成抗"疫"的众志之城。事实证明，中国共产党不仅传承了中华民族的仁爱传统，还使这一优秀传统进一步弘扬光大。

"民为贵，君为轻，社稷次之。"中国自古以来就崇尚爱民为民的仁爱思想，而党中央在疫情防控中所采取的一切措施，无不体现出以人民为中心的执政理念。"乐民之乐者，民亦乐其乐；忧民之忧者，民亦忧其忧。"中国共产党人一直把为民办实事、为民谋幸福作为自己的职责和担当，在抗击疫情中，这种精神体现得尤为至上。

二、家国一体的政治意识与舍生取义、甘于奉献的精神异曲同工

"在人类历史上，把国视为家的放大是一个大发明，从来没有第二个文明是像中国这样的。"即使在当代，这种情怀与意识也是激励无数中华儿女敢于牺牲、乐于奉献的强大精神力量。家国情怀与家国一体的政治意识首先是以家庭为本位，但不仅仅是家，更重要的是其所孕育的政治文化共同体意识。因此，才有"修身、齐家、治国、平天下"（《大学》），"杀身成仁"（孔子语），"舍身取义"（孟子语），"先天下之忧而忧，后天下之乐而乐"（范仲淹语），家国是相互依存、不可分割的，家寄于国，国系于家。

从古至今，每当中华民族面临危难之际，都会不由自主地迸发出万众一心共赴国难的爱国情怀。在此次伟大的抗疫斗争中，在党中央的号召下，从上到下，每一级组织、每一个单位、每一个家庭，都积极行动起来，共同与病毒作斗争。抗疫初期，物资奇缺，无数海外华人自觉组织起来，在全世界淘口罩、买防护服，一箱一箱地寄回中国；国内许多企业迅速站了出来，一线缺什么就生产什么，以至于制造汽车的五菱公司做起了医用口罩、生产空调的格力电器投入制作防护服、研发新能源的比亚迪生产起了消毒液……还有许许多多心怀家国的普通人也毫不犹豫地投身于抗疫行动：37岁的湖北阳新人骆名良，听说火神山医院需要建筑工人，每天清晨7点大老远地赶到工地，加班到晚上11点，连上厕所都要跑着去。奋战6天半后，他把7500元工钱全部买成牛奶送到了附近的同济医院给医护人员补充营养。面对记者的采访，他诚恳地

表达："有国才有家。"此外，离汉通道关闭后，成千上万的武汉人民为了尽快切断传染源，顾全大局，自觉主动地配合政府的行动和各种防疫部署。

"苟利国家生死以，岂因祸福避趋之。"在疫魔肆虐，武汉告急、湖北告急的危难时刻，广大党员干部毫不畏惧，主动请战，"随时准备为党和人民牺牲一切"，把共产党人的初心和使命转化为人民生命健康的"守护神"；来自全国各地的普通工人冒着生命危险，为火速建成火神山、雷神山医院争分夺秒，奋不顾身；更有几万名医务人员闻令而上，把个人的生死置之度外，义无反顾地战斗在最危险的第一线，成为疫情防控的"主力军"。

放眼全球，也只有中华民族的儿女才有这种责任感与使命感，义无反顾地扛起一份最沉重的责任。正如习近平总书记所说，"没有国家繁荣发展，就没有家庭幸福美满。同样，没有千千万万家庭幸福美满，就没有国家繁荣发展"。

三、命运与共的天下情怀与和衷共济、守望相助的道义担当一脉相承

习近平总书记指出："人类是一个命运共同体。战胜关乎各国人民安危的疫病，团结合作是最有力的武器。"公共卫生安全是人类面临的共同挑战，而在全球性的挑战面前，没有一个国家可以独善其身，也没有一个国家能够单打独斗；在你中有我、我中有你的全球化时代，各个国家都命运相连、休戚与共，唯有团结携手，共同应对，着力构建人类命运共同体，才是人类社会健康发展的正确选择。

在此次抗疫过程中，以习近平同志为核心的党中央始终坚持以大国的责任感与担当，与国际社会风雨同舟，同呼吸，共命运。疫情暴发之初，我们就不惜代价关闭离汉通道，并且及时监测出新型冠状病毒的危险性，第一时间向全球分享病毒全基因序列，向世界卫生组织和有关国家通报与疫情相关的信息，实时分享抗"疫"的中国经验与做法，向有

关国家派出医疗专家，并且向广大发展中国家捐赠口罩、呼吸机等医疗用具与器械，中国政府还积极加入"新冠肺炎疫苗实施计划"，中国政府和中国人民的行动都生动地体现出了中国人崇尚"亲仁善邻，天下一家"的和谐思想，为共同构建人类卫生健康共同体作出了积极努力。所有这些，不仅赢得了国际社会的高度认可与赞赏，而且也体现了一个大国应有的担当与风度。

一个民族的优秀传统文化，是一个民族的历史记忆形成的思想谱系，承载着这个民族在历史中沉淀的智慧。在新冠肺炎疫情暴发后，根植于中国人思想之中的文化基因被瞬间激活，并快速形成强大的精神力量，这种精神自发自觉地成为人们与病魔较量的精神鼓舞和力量源泉。中国共产党在此次抗击疫情的危急中所表现出来的"以人为本，生命至上"的抗疫原则以及所呈现的大国担当与我们中华民族优秀传统文化密切相关，这也是新时代中国精神的最生动诠释，是社会主义中国的宝贵精神财富，是实现中华民族伟大复兴的强大力量。

（作者分别为卓尔控股党委工作人员；湖北省炎黄文化研究会监事）

学习优秀传统文化　坚守道德底线

樊友刚

中华民族在漫长的历史进程中，创造了独树一帜的灿烂文化，形成了富有特色的思想体系和文化根脉、文化基因。中国优秀传统文化的丰富哲学思想、人文精神、教化思想、道德理念等，为人们认识和改造世界提供了有益的启迪，为道德建设提供了基本规范。正如习近平总书记《在中央党校建校 80 周年庆祝大会暨 2013 年春季学期开学典礼上的讲话》中所说："中国传统文化博大精深，学习和掌握其中的各种思想精华，对树立正确的世界观、人生观、价值观很有益处。古人所说的'先天下之忧而忧，后天下之乐而乐'的政治抱负，'位卑未敢忘忧国'、'苟利国家生死以，岂因祸福避趋之'的报国情怀，'富贵不能淫，贫贱不能移，威武不能屈'的浩然正气，'人生自古谁无死，留取丹心照汗青'、'鞠躬尽瘁，死而后已'的献身精神等，都体现了中华民族的优秀传统文化和民族精神，我们都应该继承和发扬。"

在我国相当长的时期内，尤其在极"左"思想的影响下，中国传统文化常常处于被批判的地位，造成了优秀传统文化出现断层。改革开放以来，各项事业虽取得了巨大的成就，但人们的思想道德建设显得滞后。党员干部中违法乱纪，贪赃枉法情况仍比较严重。据中央纪委国家监委通报 2020 年全国纪检监察机关监督检查、审查调查情况，全年共处分 60.4 万人（其中党纪处分 52.2 万人），包括省部级干部 27 人，厅局级干部 2859 人，县处级干部 2.2 万人，乡科级干部 8.3 万人，一般干部 9.9 万人，农村、企业等其他人员 39.8 万人。此外，去年全国纪检监察机关运用"四种形态"批评教育帮助和处理共 195.4 万人次。按上述处分数字，每月平均处理 5 万人。

党的十八大以来，以习近平同志为核心的党中央全面加强党的领导和党的建设，坚决改变管党治党宽松软状况，正风肃纪驰而不息，坚定不移"打虎""拍蝇""猎狐"，形成并巩固发展反腐败斗争压倒性态势。为什么各级干部中违纪违法问题仍没有得到根治？原因是多方面的，冰冻三尺，非一日之寒，这同我们弱化优秀传统文化教育无不关系。以我个人的经历为例，我的父辈曾受过良好的传统文化教育，在我懂事的时候，父亲便让我学《幼学琼林》，书中虽有一些封建观点，但有许多警句、格言，至今仍然传诵不绝。后又读《三字经》《千字文》，再后读《论语》《诗经》等。家教弥补了学校教育中的缺失之处。在我初中毕业之时，班主任送我一笔记本，第一页的嘱托语便是："勿以善小而不为，勿以恶小而为之"。

遗憾的是，十年"文化大革命"将中国优秀传统文化当作垃圾横扫，使我们刚刚形成的世界观完全被颠覆。这一时期正是我们这代人开始成家立业的时候，我们用什么思想去教育孩子呢？除了让孩子适应应试教育，再没有其他选择。在应试教育成长起来的这代人如今成了社会的脊梁，他们中的一部分人走上贪污腐败的道路不能不说是中国优秀传统文化丢失的表现，是道德底线失守的结果。

早在春秋战国时代，《晏子春秋·杂下》中说："廉者，政之本也。"认为清廉是从政的根本。宋代真德秀在《真文忠公文集》中也说："律己以廉。凡名士大夫者，万分廉洁，止是小善，一点贪污，便是大恶。不廉之吏，如蒙不洁，虽有他美，莫能自赎。故此以为四事之首。"他告诫从政者要以廉洁律己。凡是为官者，能够做到万分廉洁，只是一点小善，而贪污受贿便是大恶的贪官污吏。如果不廉洁，即使有其他的优点，也不能够弥补自己的罪过。所谓"四事"，即一是律己以廉，二是抚民以仁，三是存心于公，四是莅事以勤。

最近，我参观了已有600多年的淮安府署，大堂、正堂、二堂、各科室内、住宅房内，到处都挂有楹联。一类是关于怎样做官，警示官员忠于职守，秉公执法，处理好公与私、官与民的关系；二类是关于怎样做人，警示官员正确看待财利；三类是警示家人如何待人处事，修身养性。40 余幅楹联文化积淀极为深厚，极为灿烂，署中许多楹联令人叹服，有很好的警示教育意义。置身于淮安府署，就像走进了廉政教育大课堂，催人自警、自省、自励。如一厅联写道："两袖入清风，静忆此生宦况；一庭来好月，朗同吾辈心期。"大堂前戒石坊联："尔俸尔禄，民膏民脂；下民易虐，上天难欺。"正堂内联："吃百姓之饭，穿百姓之衣，莫道百姓可欺，自己也是百姓；得一官不荣，失一官不辱，勿说一官无用，地方全靠一官。"在一上房东厢有一联写道："远富近贫，以礼相交天下少；疏亲慢友，因财而散世间多。"在家眷卧及主人室内有两联写道："鹦鹉面前休多语；小人身边须慎行。""宽一分则民多受一分赐；取一文则官不值一文钱。"这些楹联都阐明了做人的道德底线。封建士大夫都懂得的道理，难道共产党人做不到吗！

淮安府署的楹联并非只是摆设，从《淮安府志》中可以看到有许多清正爱民，廉洁奉公的知府。其中有位湖北沔阳人叫陈文烛，他家是沔阳的一个显赫的家族，从其父至其子三代进士。陈文烛在 30 余岁时，于明嘉靖四十四年（1565）出任淮安府知府，在淮安评价很高，地方志中说他修复了许多公共设施，"政崇宽简，培植学校，敬养老更，有文翁化俗之风"。他非常敬重吴承恩（《西游记》作者），交往十分密切。

周恩来的外公万青选于光绪十六年（1890）升任淮安府同知，后代理一段时间的淮安府知府。他为官清正廉明，深得民望。他的政绩主要是筑圩代城，保境安民；公正廉明，据实断案；劝课棉桑，富民衣食；疏浚文渠，便民饮用；设厂赈粥，拯救饥民。在晚清时期，各级官吏昏庸无道，而万青选称得上是一位好官、清官，对周恩来产生较为深刻的影响。从上述两人的为官为人，可以看到淮安府署楹联的影响力。

怎样守住道德底线呢？淮安府署的楹联是最好的答案。首先，要严于律己，要明是非、识良莠、辨美丑、分善恶、晓荣辱、知行止，以德立身。有人走上贪污犯罪道路，就在于没把好第一关，收受贿赂有第一次，就有第二次、第三次……凡存侥幸心理者，只能越陷越深。这也是许多走上犯罪道路的人的切身体会。常言说："苍蝇不叮无缝蛋"，只有自身严于律己，才能抵御外来的诱惑。

其次，要树立正确的世界观、人生观、价值观，加强道德修养，自觉地"律己以廉"戒除贪心。儒家经典《中庸》讲"凡为天下国家有九经"，而首言"修身"。"修身"是立身处世、人生事业的根本。怎样"修身"呢？《大学》"八条目"在"修身"之前，列出"格物""致知""诚言""正心"四条目。南宋真德秀《大学衍义》将之归结为两事：将"格物""致知"归结为学习知识；将"诚言""正心"归结为克服私欲。这两事是紧密相联系的，只有加强学习，才不会被时代所淘汰，才会树立正确的世界观、人生观、价值观。

最后，敬畏之心。不论是做官还是做人，一要干事，二要干净，既要能干事、干成事，还要好共事、不出事。要分清公与私，公私分明养正气，公私不明生邪气。要时刻警醒，勿以恶小而为之，坚持"苟非吾之所有，虽一毫而莫取"，锻造出为公为民的坚韧品格，坦荡做人做事。明代泰安知州顾景祥深深懂得"公生明，廉生威。士不畏吾严而畏吾公，民不服吾能而服吾廉"。只有为官公正，才能使政治清明；只有为官清廉，才能在百姓中树立威信。做不到这点，只能身败名灭。正如清人丁日昌所言："廉能之吏，上司贤之，百姓爱之，身名俱泰，用度常觉宽然。而贪污之吏，朘民之膏，吮民之血，卒之身败名灭，妻子流离。天道昭昭，报应不爽，史亦何乐乎贪而不廉哉！"如果每一个从政者，尤其掌握着实权者都懂得这个道理，就会永是个头脑清醒者。如果把从政当官看作光宗耀祖、荣华富贵之路，这种人百分之百会走上犯罪道路。

中国优秀传统文化博大精深，认真学习中国优秀传统文化对每个人的思想道德修养有重要的意义，正如习近平总书记所言："中华优秀传统文化是中华民族的精神命脉，是涵养社会主义核心价值观的重要源泉，也是我们在世界文化激荡中站稳脚跟的坚实根基。增强文化自觉和文化自信，是坚定道路自信、理论自信、制度自信的题中应有之义。""中国优秀传统文化的丰富哲学思想、人文精神、教化思想、道德理念等，可以为人们认识和改造世界提供有益启迪，可以为治国理政提供有益启示，也可以为道德建设提供有益启发。对传统文化中适合于调理社会关系和鼓励人们向上向善的内容，我们要结合时代条件加以继承和发扬，赋予其新的涵义。"

（作者为湖北省炎黄文化研究会常务理事，随州日报原副总编辑、主任记者）

优秀传统文化与党风廉政建设

何相安

习近平总书记在十九届中央纪委五次全会上的重要讲话中指出：
"我们党作为百年大党，要永葆先进性和纯洁性、永葆生机活力，必须
一刻不停推进党风廉政建设和反腐败斗争。"推进党风廉政建设，一方
面要严格"正行"，把权力关进制度的笼子里，让权力在阳光下运行，
织密监督之网，权力就难以"特殊"、无法任性；另一方面，也要深入
"正心"，让广大党员干部不忘初心，永葆本色。在"正行正心"上，笔
者认为，中华优秀传统文化中有关修身立德、清廉节俭、体察民间疾苦
的论述，可以成为广大党员干部尤其是各级领导干部正心正行、敬畏法
度、心有所戒、行有所止的生动教材。

一、中华优秀传统文化中关于为官者须加强道德修养的论述，应成为党员干部"正心正行"的必修课目

《礼记·大学》是公认的中华传统文化经典篇目，其中有这样一段
话："古之欲明明德于天下者，先治其国；欲治其国者，先齐其家；欲
齐其家者，先修其身；欲修其身者，先正其心；欲正其心者，先诚其
意；欲诚其意者，先致其知；致知在格物。"这里提出的"修齐治平"乃
是中国传统哲学观中一个完整人格的成就路径。修身是格物、致知、诚
意、正心的落脚点，又是齐家、治国、平天下的出发点。在古人看来，
任何设计严密的政治体系，最终均需落实到具体个人。所以，对为政者
而言，个人修养水平至关重要，可以说是治国安邦的基础所在。

在中华优秀传统文化中，关于从政者须加强修身立德的论述是很多
的。《论语·学而》说："吾日三省吾身。"这是曾子所说的话，意思是他

每天都多次自觉地省察自己，从而避免过失。《论语·里仁》说："见贤思齐焉，见不贤而内自省也。"孔子这句话谈的是道德修养问题，这已成为后世儒家修身养德的座右铭，意思是要取他人之长补自己之短，又要以他人的过失为鉴，不重蹈覆辙。《礼记·中庸》说："是故君子戒慎乎其所不睹，恐惧乎其所不闻。莫见乎隐，莫显乎微，故君子慎其独也。"大意是讲君子在没有人看见的时候也谨慎守道，在没有人知道的时候也生怕离道。即使在隐蔽之处，或在细微的事情上，也没有离道的表现，因此君子在无人监督的情况下，仍能按照一定的道德规范行动，不做任何有违道德信念、做人原则的事。"慎独"的确是一种很高的道德境界。东汉张衡在重返太史令任职时写了一篇题为《应间》的文章，其中讲道："君子不患位之不尊，而患德之不崇……"意思是君子不担心地位不够尊崇，而担心自身道德不够完善，强调政德对于官员的特别意义。《洪范传》是北宋政治家、文学家王安石的重要哲学著作，在这篇著作中王安石提出了"修其心治其身，而后可以为政于天下"的主张，就是讲为政者要修心治身，充实德行，而后才能理政治国平天下。晚清被称为一代名臣的曾国藩著有《治心经·诚心篇》，曾国藩讲心、身并治，口、体兼防。他认为"治心之道，先去其毒"，又说："治心以'广大'二字为药，治身以'不药'二字为药。"基于此，曾国藩总结出一整套治心修身的方法，给后世以很大影响。

应该说，在中华传统文化经典篇目中，类似上述关于立德修身的论述还有很多，这是我们的祖先留下的宝贵思想遗产。广大党员干部要通过经常地温习这些先贤先哲的论述，从而自觉地培养和树立自省意识、敬畏意识，并高度重视克己修身，这样就能够在"乱花渐欲迷人眼"的喧嚣尘世保持定力，不忘初心。中国共产党建党百年来，涌现出很多注重修身养德、自觉陶冶情操的优秀党员干部，像我们熟悉的孔繁森就是其中的突出代表。1979 年，时任山东聊城地委宣传部副部长的孔繁森主动要求到条件艰苦的西藏工作。行前，他请人写了"是七尺男儿生能舍己，做千秋鬼雄死不还乡"的条幅。到西藏后，他又写下"青山处处埋忠骨，一腔热血洒高原"，以此铭志。由此也可以看出，孔繁森深受中华优秀传统文化的濡染，是很有人格魅力和道德感染力的党员领导干部。再反观党的十八大以后落马的"大老虎"，则是道德品质极端低下的人，解放军报就曾经刊文批徐才厚是"国妖"，是典型的"两面人"，善于表演，擅长伪装，用假面具掩盖自己极其肮脏的灵魂和丑恶的行为，演出了一幕幕丑剧。由于其心术不正，行为不正，因而最终被钉在了历史的耻辱柱上。

毛泽东同志在《纪念白求恩》一文中指出，一个人只要具有毫无自私自利之心，就是一个高尚的人、一个纯粹的人、一个有道德的人、一个脱离了低级趣味的人、一个有益于人民的人。这主要强调的是"德"。刘少奇同志在《论共产党员的修养》中指出："每一个共产党员即使在他个人独立工作，无人监督，有做坏事可能的时候，他能够慎独，不做任何坏事。"这是讲的共产党员要有自律意识，即使是在私底下、无人时、细微处，也始终不放纵、不越轨、不逾矩。作为党员干部尤其是领导干部，必须始终保持积极的人生态度、良好的道德品质、健康的生活情趣，固守内心那一方净土。

二、中华优秀传统文化中关于为官者须注重清廉节俭的论述，应成为党员干部"正心正行"的基本要求

现实中，少数党员干部总以为在大是大非面前把握住自己就行了，所以在"小节"上疏于防范，认为吃几顿饭、喝几瓶酒、收点小礼物无伤大雅，其结果往往是"小节不慎，大节难保"，最终铸成大错，悔之晚矣。

中华优秀传统文化中有很多为官者须注重清廉节俭的论述，在加强党风廉政建设的当下，这些论述仍然可视为对从政者"正心正行"的基本要求。春秋时代的老子就提出："祸莫大于不知足，咎莫大于欲得。"意思是，祸患没有比不知足更为严重的了，灾难没有比贪得无厌更为深重的了。老子十分推崇"知足"，他认为"知足不辱""知足者富"。古往今来，多少人就是由于不知足，跌入罪恶的深渊。"奢靡之始，危亡之

渐"，这是唐朝政治家褚遂良向唐太宗的谏言。唐太宗对此深表赞同，从而狠刹奢靡之风，也因此有了"贞观之治"。晚唐诗人李商隐在《咏史》诗中写道："历览前贤国与家，成由勤俭破由奢。"这一千古名句阐明了"俭则成、奢则败"的真理，的确发人深省。北宋苏轼在他早期的一篇史论文章《范增论》中提出："物必先腐，而后虫生。"东西总是自身先腐烂，虫子才会寄生，说明事物总是自己先有弱点然后才为外物所侵。这即是唯物辩证法的观点：内因是变化的根据，外因是变化的条件，外因通过内因起作用。腐败问题的关键在于腐败者自控能力差，在糖衣炮弹面前就必然要吃败仗。南宋诗人吕本中著《官箴》一书，共有三十三条，首条开头云："当官之法，惟有三事：曰清、曰慎、曰勤。"他认为，当官的法则只有三条，即清廉、谨慎、勤勉。他把清廉排在第一位。因为也只有守得住清贫，才能耐得住寂寞、稳得住心神、经得住考验，才能不以权谋私、不假公济私、不贪污腐败。明代山东巡抚年富将明初学者曹端的"官箴"之言稍作改动，成为："吏不畏吾严而畏吾廉，民不服吾能而服吾公；廉则吏不敢慢，公则民不敢欺；公生明，廉生威。"年富以此作为自己的为官座右铭。年富历事明成祖至明宪宗数朝，先后在地方和中央部门任职，一直做到清廉刚正，从而成为一代名臣。年富这三十六字的"官箴"，可谓字字警策，句句药石，它诠释为官之本最重要的莫过于两点：一是公，二是廉。明清之际杰出的思想家顾炎武在《与公肃甥书》中写道："诚欲正朝廷以正百官，当以激浊扬清为第一要义，而其本在于养廉。"顾之外甥徐公肃，顺治十六年状元，官至文华殿大学士兼翰林院掌院学士。顾炎武认为要正朝廷必须正百官，应以激浊扬清为第一要旨，而其根本在于培养并保持廉洁的美德。"激浊扬清"语出战国时代著名的政治家、先秦诸子百家之一尸佼的《尸子》，被认为是传统文化中的从政之德，也是营造一个良好政治生态的题中之义。"俭则约，约则百善俱兴；侈则肆，肆则百恶俱纵"，出自清代学者金缨编著的《格言联璧》。该书汇集历代先贤警策身心之语，此句意为：节俭就会有节制，有节制则百善都会兴起；奢侈就会放肆，放肆则百恶都会爆发。由此看来，节俭与奢侈绝不仅仅是个人生活问题，更关系到从政者的身心修养和为政之德。"一丝一粒，我之名节；一厘一毫，民之脂膏。宽一分，民受赐不止一分；取一文，我为人不值一文。谁云交际之常，廉耻实伤；倘非不义之财，此物何来？"这是被康熙誉为"天下第一清官"的张伯行在福建巡抚任上，为拒绝送礼者撰写的《禁止馈送檄》。张伯行将这篇檄文张贴于居所院门及巡抚衙门，那些送礼者见此犀利檄文，不敢自讨没趣，便悄悄离开。这篇檄文仅五十六个字，申述了关心百姓疾苦、注重个人名节、反对送礼行贿的主张，被视作为政清廉的"金绳铁矩"。

由此可见，中华传统文化一直将为官者的清廉节俭放在十分突出的位置。在加强党风廉政建设的今天，我们更应该把清廉节俭作为对广大党员干部"正心正行"的基本要求。党的十八大以来，中央重拳整治奢靡之风，坚持以零容忍态度惩治腐败，既防止"纵蝇为害"，也决不"养虎为患"，从李春城、刘志军，到薄熙来、周永康，一个个彪形"老虎"被揪出来；从"科长"到"村长"，一只只群众身边的"苍蝇"被拍扁。追寻那些贪官的腐败轨迹，往往就是从吃点、喝点、拿点开始的，最终走上了一条不归路。由此看来，对党员干部"正心正行"就要做到不弃微末、小处抓起，对小事、小节、小利也绝对不能掉以轻心。

三、中华优秀传统文化中关于为官者须体察民间疾苦的论述，应成为党员干部"正心正行"的重要内容

《诗经》是中国历史上第一部诗歌总集，其中的《十月之交》就有这样的诗句："下民之孽，匪降自天；噂沓背憎，职竟由人。"它的意思是：老百姓所以受罪，并不是上天给予的；所有纷争与祸乱，主要是由于人所造成。这种观点是对有神论、天命论的否定，也表达了对百姓疾苦的关注。《诗经》是中华传统文化最重要的原典之一，它对民间疾苦的关注对后世文化尤其是文学的影响是非常大的。

战国时期孟子提出"忧民之忧者，民亦忧其忧"，这是孟子民本思想的重要观点。"忧民之忧"，就是要为百姓排忧解难。"德莫高于爱

民，行莫贱于害民"，语出《晏子春秋》，晏子认为，没有比爱护百姓更高尚的品德，没有比祸害百姓更卑贱的行为。此言深刻阐释了为官者应该具有的为官风范，即不能残民以逞，必须正己爱民。"安得广厦千万间，大庇天下寒士俱欢颜"，这是唐朝著名诗人杜甫不朽诗篇《茅屋为秋风所破歌》中的诗句，衰老贫困的诗人不是仅仅哀叹自己的遭遇，而是推己及人，希望"天下寒士"都能免受其苦，这种关注众生的济世情怀可谓撼人心魄。"人间行路难，踏地出赋租"，是北宋诗人苏轼《鱼蛮子》中的诗句，反映了封建剥削的繁重和苛刻，也表达了诗人对底层百姓的同情。"去民之患，如除腹心之疾"，语出北宋苏辙《上皇帝书》，意思是：清除百姓的祸患，如同去除自己的心病一样。苏辙把百姓疾苦提升到"腹心之疾"的高度，说明"去民之患"刻不容缓，不可稍懈。"但愿苍生俱饱暖，不辞辛苦出山林"，是明代名臣于谦《咏煤炭》一诗中的尾联，可以视为作者为民效力愿望的真诚袒露，堪与杜甫"大庇天下寒士俱欢颜"媲美。"致理之要，惟在于安民，安民之道，在察其疾苦"，语出明朝张居正《请蠲积逋以安民生疏》，其意为：实现国家安定的关键，就在于使百姓安居乐业；而要让百姓安居乐业，就必须体察他们的疾苦。张居正的这一观点，继承并发展了儒家民本主义思想。"利民之事，丝发必兴；厉民之事，毫末必去"，语出清代学者万斯大《周官辨非》，意思是：凡是于民有利的事情，再小也要推行；于民有害的事情，再小也必须革除。万斯大把"利民"作为执政的价值标准，且细致到"丝发""毫末"的程度，确实具有民本思想的积极意义。"衙门卧听萧萧竹，疑是民间疾苦声。些小吾曹州县吏，一枝一叶总关情。"这是清代"扬州八怪"之一郑板桥的一首题画诗，是他在潍县知县任上赠给署理山东巡抚包括的。此诗寄寓了作者深厚的情感：百姓的冷暖安危时刻牵动着我们的心！

封建时代的官吏尚且能够做到体察民间疾苦、讲究为官风范，今天我们的广大党员干部更应该注重体察民情、关注民生，并将此作为"正心正行"的重要内容。2014年5月9日，习近平总书记在参加河南省兰考县县委常委班子专题民主生活会时的讲话中，曾引用了郑板桥赠包括的那首诗；2013 年 11 月 26 日，习近平总书记在山东省菏泽市座谈时，特意给在场的市、县委书记们念了一副对联："得一官不荣，失一官不辱，勿道一官无用，地方全靠一官；穿百姓之衣，吃百姓之饭，莫以百姓可欺，自己也是百姓。"他说，封建时代官吏尚有这样的认识，今天我们共产党人应该比这个境界高得多。他要求大家"干在实处，走在前列"。

胡锦涛同志曾经说过："群众利益无小事。"对老百姓来说，身边每一件琐碎的小事，都是实实在在的大事，有的甚至还是急事、难事。如果这些小事得不到及时解决，就会影响他们的思想和情绪。对小事的处理中显示出我们党员干部的担当和人格。被誉为县委书记榜样的焦裕禄当年在兰考工作仅仅只有一年零三个月时间，但他跑遍了全县 120 多个大队，查看了近百个风口、1600 多个沙丘，兰考大地处处留下他深深的脚印。如今在焦裕禄纪念馆还陈列着焦裕禄曾盖过的棉被和下乡时穿过的布鞋。棉被破旧，不少地方露着棉絮；鞋面脚趾处缀着补丁。然而，数九寒天，大雪封门，他却时时牵挂着群众的冷暖，踏雪推开一家家柴门，走进一户户乡亲家嘘寒问暖。当年采访焦裕禄事迹的新华社三位资深记者，后来重访兰考又满怀深情地写下了《人民呼唤焦裕禄》的通讯稿。人民呼唤焦裕禄，其实就是要求我们的广大党员干部学习焦裕禄精神，做亲民爱民的人民公仆。今天，站在两个一百年的历史交汇点上，面对人民对美好生活的新期待，广大党员干部只有更加关注民心所向、民瘼所在、民间疾苦，才能真正成为为人民服务的带头人，人民群众信赖、尊敬的贴心人，从而吸引和凝聚起亿万人民群众，汇聚起建设国家、复兴民族的强大力量。

（作者为湖北省作家协会会员、随州市炎黄文化研究会理事、随县万福店农场三级调研员）

论庄子的清廉思想对党建的启示

宋　辉

据《史记》和《庄子》的记载与描述，人们可知庄子一生在政治上不得志，曾做过蒙地的漆园吏，说明他任职时间可能不长，物质生活也相当窘迫，迫于生存他曾向人借贷却碰了壁。他性情孤傲清高，自由豁达，不愿与权贵交往，"故自王公大人不能器之"①，他毅然拒绝了楚国相位之邀，表现了一代圣哲的高风亮节。他的这种社会阅历对其思想的形成产生了决定性影响。他生活简朴，对名利地位看得很淡泊。作为道家思想的集大成者，庄子对天地之道、社会人生都有着特别透彻的感悟。他从对道的深刻理解出发明确阐述了自己的人生观、价值观，痛斥了统治者贪婪无度的腐朽奢靡生活，其中蕴含着丰富深刻的人生哲理，诸如人们应该如何正确对待名利地位，保持人格尊严，以及活得更有价值等人生问题，用现代政治话语来概括这些思想可以称之为清廉思想，这对于人们尤其是党政领导干部加强思想作风建设，保持清正廉洁，增强党的先进性、纯洁性和战斗力都具有一定的借鉴意义。

庄子清廉思想的理论精髓是他对道的深刻理解与感悟，这也是他整个思想体系的基本出发点。他所谓"心斋""坐忘"的悟道、守道、体道功夫是通过排除"外物"干扰达到与道合一的精神境界（陈鼓应先生解曰："'名'、'智'为造成人间纠纷的根源，去除求名斗智的心念，使心境达于空明的境地，是为'心斋'。"②"'离形去知，同于大通，此谓坐

---

① 司马迁：《史记》，中华书局 2000 年版，第 1704 页。
② 陈鼓应：《庄子今注今译》，中华书局 2009 年版，第 118 页。

忘。''离形'，即消解由生理所激起的贪欲。'去知'，即消解由心智作用所产生的伪诈。如此，心灵才能开敞无碍，无所系蔽，而通向广大的外境。"①）。现实生活中的人们不可能摆脱既定社会关系的制约，不可能不与现有的人与物打交道。因此，理解和把握庄子清廉思想的关键是如何正确处理好道与外物的关系问题，通俗地讲，就是如何做到"出淤泥而不染"，始终持守大道而不误入歧途。例如，他说："故圣人将游于物之所不得遁而皆存。"②"执道者德全，德全者形全，形全者神全，神全者圣人之道也。"③"恬恢寂漠，虚无无为，此天地之平而道德之质也。"④王玉彬先生指出："以心追逐外物的结果必然是'外乎子之神，劳乎子之精'（《德充符》），陷入'逐万物而不反'的劳攘之中无法自拔。"⑤"惟有'守其宗'，人才能在与外物的交接之中免其搅扰或解其束缚，这样才能在万物归于本然之和谐的同时成全自我之生命。"⑥如果引申开来讲，这个"道"就是天道人心，在思想政治领域中表现为党性、法纪和道德规范等。悟道、守道、体道即是始终持守住党性、法纪和道德规范的红线，修养好遵守党性、法纪和道德规范的自觉性。正确处理好道与外物的关系问题就可以具体化为以党性、法纪和道德规范来正确对待和处理具体工作中所面临的各种各样的复杂问题。质言之，人们如果能够始终自觉地以党性、法纪和道德规范来正确对待和处理具体工作中所面临的各种各样的复杂问题，就能够真正做到不忘初心，牢记使命，忠诚、干净、担当。沿着这一思路，庄子的清廉思想对党建的启示可以从以下方面展开论述。

---

① 陈鼓应：《庄子今注今译》，中华书局 2009 年版，第 185 页。
② 郭象注，成玄英疏：《庄子注疏》，中华书局 2011 年版，第 136 页。
③ 郭象注，成玄英疏：《庄子注疏》，中华书局 2011 年版，第 236 页。
④ 郭象注，成玄英疏：《庄子注疏》，中华书局 2011 年版，第 291 页。
⑤ 王玉彬：《从"生成"到"齐通"——庄子对老子之道物关系的理论转换及其哲学关切》，载《中国哲学史》2014 年第 1 期，第 21 页。
⑥ 王玉彬：《从"生成"到"齐通"——庄子对老子之道物关系的理论转换及其哲学关切》，载《中国哲学史》2014 年第 1 期，第 22 页。

一、持守大道不迷茫

庄子说："古之人，外化而内不化。"①庄学名家曹础基先生对此评论说："固守无为之道，虚怀若谷，随物应变，就可以与外界不发生矛盾，不至于招来祸害了。"②所谓"外化"，是指持守大道的人不固执于过时的教条不放，能够根据形势的发展变化而与时俱进，适时调整自己的处世态度，从而避免遭受各种打击。所谓"内不化"，是指持守大道的人自然无为，尊道贵德，从容淡定，不被外物挫伤心志，做到"知者不得说，美人不得滥，盗人不得劫，伏羲黄帝不得友"③。在庄子看来，只要人们不因通达为荣，不以穷困为耻，他就能做到无所追求，无所丧失，不以外物改变自己，无休止地返回自己的本性，因循常道而不困窘。德行完备的人形体健全，精神专一，功利机巧必然被忘掉。像这样的人，不合他的志向就不去，不合他的心意就不做，即使天下人都称誉他，也高傲地不予理睬，天下人都指责他，他也毫不在意。庄子的"外化而内不化"理论给人们提供了正确对待名利的重要原则和方法。这就是在纷乱复杂的现实世界里人们怎样才能保持名节不摇摆，不畏浮云遮望眼，同时又能够让自己的思想、行为与时俱化，以适应社会发展的需要。具体说来，尊贵、财富、社会地位等是众人所企盼和追求的，党员领导干部也不例外。但是，追求名利地位时要有基本的原则和底线，这个原则和底线就是党性、法纪和道德规范。人们在追求这些"外物"时不能乱来，不能不讲原则任意突破底线。这实际上是要求党员干部必须树立正确的财富观和荣誉观。首先，对财富要取之有道、量力而行。取之有道，就是要经过自己的辛勤劳动、创新创造来获得财富，不能通过不正当的途径来取得不当利益；量力而行，就是不为财富所累，不为财

---

① 郭象注，成玄英疏：《庄子注疏》，中华书局 2011 年版，第 407 页。
② 曹础基：《庄子浅注（修订重排本）》，中华书局 2007 年版，第 268 页。
③ 郭象注，成玄英疏：《庄子注疏》，中华书局 2011 年版，第 387 页。

富而疯狂，不能以丧失国格、人格为代价来换取财富，也不应该牺牲身心健康无休止地追逐财富。其次，对财富要用之有度、回馈社会。用之有度，就是应该理性消费，注意有可能带来的消极影响，有所节制，生活绿色低碳，节约资源，爱护环境；回馈社会，就是应该积极投身于公益事业造福民众。同时鼓励先富带后富，最终使全体人民实现共同富裕。再次，要严于律己、宽以待人。即要摆正领导者与群众的位置，在利益面前要先人后己，先群众后领导，不能与民众争利。又要与时俱进，更新观念，不断加强党性修养，追求高尚的精神生活，用党的创新理论武装自己，用先进的科学技术、领导方法充实自己。最后，要坚定崇高理想信念不动摇。不要被现实生活中的一些表象所迷惑，不能随波逐流跟着感觉走，不妨多一点固执，守住真我，在任何情况下都不能利令智昏、损人利己，危害党和人民的事业。

二、抱朴守真不奢靡

庄子继承和发展了由老子所确立的生活简朴观，推崇节俭朴素的生活方式。他说："圣人鹑居而鷇食，鸟行而无彰。"①圣人对物质生活的要求很简单，不追求奢侈过度的浮华生活。因为这种奢华的生活方式对人的危害极大。他还说："古之至人……食于苟简之田，立于不贷之圃。"②因为苟简而易养；不贷而无出，即是说草率简单，就易于生存；从不施与，就不会使自己受损。这种简朴的生活方式集中反映了道家的人生价值观，对我国历代士人独立人格的养成影响极其深远。许春华先生如此诠释了庄子的人生观价值观："庄子关注的是人的生命本身，而不是富贵、寿善、身安、厚味、美服、好色、音声等外在的生存境遇。……对这些外在生存境遇的追求，只会愈来愈堕入有形世界，故而

① 郭象注，成玄英疏：《庄子注疏》，中华书局 2011 年版，第 227~228 页。
② 郭象注，成玄英疏：《庄子注疏》，中华书局 2011 年版，第 320 页。

必定会产生'愚'、'外'、'疏''远'等'大忧'。"①圣人通过悟道、守道、体道,以达到精神上的"无所侍",游心于"无何有之乡",所以,超越了物质生活的层次。圣人的这种简朴生活方式是普通人所不能理解和企及的,然而,也正是圣人才能匡正社会恶习,引领社会清正风尚,把芸芸众生带出浑浑噩噩的状态。诚然,人们对于生活简朴不能机械地理解,不可能要求人们都像庄子那样生活。但是,简朴的生活方式是永远值得倡导的。这是因为人的基本生理需求没有善恶之分,但是,一旦放纵欲望,过度贪求享受,甚至通过损害他人的正当权益来达到自己的目的,就会成为邪恶,为社会所不容。因此,消费应该保持在合理的限度内,超出了合理的限度就是浪费,就会对社会产生副作用。以简朴的生活方式培育人的优秀品德也是历代圣贤们所一贯推崇的,是中华民族的传统美德。进一步讲,勤俭节约,艰苦奋斗的优良传统是中华民族安身立命之本。在某种意义上说,中华民族之所以能够在艰苦卓绝的历程中不断发展壮大,在某种程度上可能正是由于传承了这一优良传统。否则,这个民族就有可能失去生命力,陷于万劫不复的境地。沉溺于骄奢淫逸生活的人不可能有高尚的道德操守,结果只能是害己害人误事。沉溺于骄奢淫逸生活的民族只会走向自我毁灭。无数历史和现实的经验教训表明,奢靡纵欲是无边苦海、祸乱之始、灾难之源、亡国之途,古今中外莫能例外。在物质文明日益昌盛的当代更应该大力宣传倡导、弘扬勤俭节约、艰苦奋斗的优良传统,这是推动中国特色社会主义事业不断前进的强劲动力。在这方面,广大党员领导干部要身体力行做表率,从不忘初心,牢记使命的政治高度严格规范自身言行,养成志向远大、情趣高雅、洁身自好的高尚品性,为其他社会成员做示范,为党和人民的事业锐意进取,不断创造新辉煌。

---

① 许春华:《论庄子之"乐"》,载《哲学研究》2013年第11期,第43页。

三、爱民利民不谋私

庄子说："明王之治：功盖天下而似不自己，化贷万物而民弗恃。有莫举名，使物自喜。立乎不测，而游于无有者也。"①他的意思是明王治理天下，教化施及万物而人民却丝毫感觉不到有所依恃。即明王化贷天下苍生完全是出于本能，自然而然，没有任何私心执念。这与老子的"我无为而民自化，我好静而民自正，我无事而民自富，我无欲而民自朴"②的思想一脉相承。他还认为："古之君人者，以得为在民，以失为在己；以正为在民，以枉为在己。"③这实际上是在说古代的圣君们具有担当精神，勇于反省自己的过失，而不是诿过于人。不仅如此，那些品德高尚之人还"居无私，行无虑，不藏是非美恶。四海之内共利之之谓悦，共给之之谓安"④。品德高尚的人从来不考虑自己的是非得失，而是乐与"四海之内"的黎民百姓共享富贵安乐。这是一种什么样的情怀？简直就是理想中的共产主义精神境界！庄子的"明王之治"实际上是给君王们提出了治国理政应遵循的基本准则，即应该以民众的利益为根本，心中时刻装着民众，自觉主动地为民谋利造福，利益面前不能打个人的小算盘，处处把自己放在民众的前面。这种思想显然具有很强的现实借鉴意义。各级党政领导者应该自觉提升个人的精神境界，以共产主义的思想觉悟要求自己，克己奉公，清正廉洁，不谋私利。要公正地对待民众，以党性为标尺，做到情为民所系，权为民所用，利为民所谋。不能只想着为自己博名贴金、树碑立传。也正如庄子所讲的，应该以"天道"对待人事，而不能反过来以人事对待"天道"，要"去知与故，

---

① 郭象注，成玄英疏：《庄子注疏》，中华书局 2011 年版，第 161～162 页。
② 楼宇烈：《王弼集校释》，中华书局 1980 年版，第 151 页。
③ 郭象注，成玄英疏：《庄子注疏》，中华书局 2011 年版，第 471 页。
④ 郭象注，成玄英疏：《庄子注疏》，中华书局 2011 年版，第 238 页。

循天之理"①，要彻底摒弃人们自以为是的智谋、机巧或习惯，自觉回归到"天道"(党性、法纪和道德规范等)上来。可以说庄子笔下塑造的"圣人""明王"和"德人"等理想人格为君王和各级官吏们树立了一个亲民、爱民、利民的光辉典范，具有永恒的教育意义。各级党政领导干部如何掌好权、用好权是一个永不过时的话题，需要经常讲，反复讲，并且从制度、体制与机制上逐步完善，真正确保落实到行动上。各级党政领导者无论任何时候都应该为官一任，造福一方，也只有这样才能在百姓心中树立起一座不可磨灭的丰碑，不负党和人民的重托。

四、谨慎修身不背道

庄子提出的修身方法除了"坐忘""心斋"以外，还有"才全"和"德不形"(张默生先生释云："这才全的意义，便是内德具足，与大化同流；德不形的意义，便是上德不德，是以有德。"②简言之，"才全"即是才性完美，"德不形"即是德不显露)等悟道、守道、体道的真功夫。庄子的"坐忘""心斋"，"才全""德不形"对人们摆脱各种外来的诱惑或干扰，保持清廉品德具有重要参考价值，值得深入探讨。如果说"坐忘""心斋"是通过"致虚守静"的修炼功夫排除"外物"干扰以达到心灵虚寂与道合一的精神境界，那么，"才全"和"德不形"则是人们以一颗虚静之心来抵制"外物"干扰，从而使人达到永不离道的修炼方法。它们分别是侧重从内外两个方面(然而实际上是不能分离的)进行修炼，使人逐渐成为"圣人""真人"，以至于成为"至人"和"神人"。悟道、守道、体道是一个充满矛盾因而也是一个较为痛苦的过程，同时也是一个容易出现反复的漫长过程，需要持之以恒地保持定力才能修成正果。在各种"外物"的诱惑下，党员干部想要成为一个精神纯粹、品质高洁的

---

① 郭象注，成玄英疏：《庄子注疏》，中华书局2011年版，第292页。
② 张默生：《庄子新释》，新世界出版社2007年版，第121页。

人，就应该心存敬畏，心中有戒，心中有党和人民，警钟长鸣，消除侥幸心理，慎独慎微慎初，坚守正念不妄动。要善于从一些反面教材中吸取教训，常想初心使命，常思贪欲之害，把贪欲及时从心中排解出去，心地无私天地宽，心灵虚空就能够无欲则刚。人生的格局要大，境界要高，目光要远，理想要坚定，修炼功夫要笃实。要时常以无产阶级革命家、革命先烈和时代楷模的伟大事迹鼓舞、激励自己，让正气充盈于心，鼓起干事创业的精气神，让创新创造成为人生的主旋律，多开辟人生的活动领域，多为人民谋幸福，使得人生更加充实，更加绚烂多彩。不计较一时一事之得失，不存非分之想，要看到在人生中不仅有物质生活上的享受，而且还有更为广阔的精神世界，在精神世界里是可以大有作为的，因而也更有意义。人生中除了收获还有付出、奉献，其实为人民付出、奉献也是一种快乐，也可以实现人生价值，而且从更高的层次上说为人民付出、奉献，赢得了良好口碑具有更大的社会价值，才能够彪炳史册。与此同时，还需要以马克思主义的世界观和方法论武装头脑，牢固树立科学的世界观、人生观和价值观，增强抵抗形形色色"病毒"诱惑感染的免疫力，提高辨别各种事物的自觉性，善于反思、对照自身的言行，学会在与各种错误思想，尤其是与拜金主义、精致利己主义、享乐主义等资产阶级腐朽价值观的斗争中净化内心世界，提升思想政治觉悟与工作能力。

五、结语

庄子的清廉思想深刻地反映了他的人生价值观，也是他的毕生追求。他的这些思想虽然已经过去了两千多年，但是其精髓并不因年代久远而过时。这是因为无论何时何地人的安身立命之本都不应该丢掉，换言之，无论在任何情况下人们都应该做到心中守住"道"这个底线，言行讲操守，生活有目标，做事讲责任、敢担当，致力于实现有价值的人生，而不能不辨是非曲直，人云亦云，甚至混淆是非，颠倒黑白，迎合别人的心思，热衷于追求愚昧、低俗、腐朽堕落的生活方式，从而毁掉人生。庄子的清廉思想对于党员领导干部的警示意义也是毋庸置疑的。各级党政领导者手中都握有一定的权力，肩负着重要使命，要坚定共产主义理想信念不迷茫，努力提高政治站位，以忠诚、干净、担当和勤政、为民、务实、清廉为座右铭，不忘初心，牢记使命，积极践行党的根本宗旨；要自觉自省自励，牢记报效党和人民当以修身为本，时刻保持清醒头脑，注意防范脱离人民群众和腐化堕落的风险，锤炼革命意志和服务人民的过硬本领。只有这样，方能不负重托，不辱使命，行稳致远。广大党员干部如果能够铭记庄子的清廉思想，就会自觉做到不想腐。从这个意义上说，庄子为当代党的廉政建设实实在在地做出了重大的理论贡献。

（作者为安徽省哲学学会理事、安徽省庄子研究会会员、亳州市思想政治教育研究会副秘书长）

励精图治　国泰民安

——中国共产党的执政经验与优秀传统文化

姚静平

中国共产党执政 70 多年来，把一个积贫积弱、一穷二白的旧中国建设成世界第二大经济体，建成了惠及十几亿人的小康社会，并踏上了社会主义现代化建设的新征程，中国用几十年时间走出西方国家几百年走过的路，创造出经济快速发展、社会长期稳定的"两大奇迹"，其深层奥秘就在于中国特色社会主义制度，在于中国共产党坚强有力的领导。中国特色社会主义制度和国家治理体系根植于中华深厚的传统历史文化，在几千年的历史演进中，中华民族创造了灿烂的古代文明，形成了关于国家制度和国家治理的丰富思想，包括大道之行、天下为公的大同理想，民贵君轻、政在养民的民本思想，不违农时、艰苦奋斗、天人合一的务实发展之道等。这些思想是中华优秀传统文化的精华，为中华民族克服困难、生生不息提供了强大精神支撑，是我们在世界文化激荡中站稳脚跟的根基。中国共产党人是中华优秀传统文化的忠实传承者和弘扬者，是中国先进文化的积极引领者和践行者，同时也是马克思主义的忠诚信奉者、坚定实践者，继往开来的中国共产党人深刻认识到中华优秀传统文化的价值与意义，并将其作为治国理政的重要思想文化引领，战胜了一个又一个困难，取得了一个又一个胜利。

一、秉承"天下为公"之理想，始终坚持马克思主义指导地位，以马克思主义中国化的最新成果指导实践

中华优秀传统文化中蕴含着朴素唯物主义、朴素辩证法、朴素进步

历史观、家国天下的意识、大同思想的追求、"国家兴亡、匹夫有责"的责任感等，与马克思主义的唯物辩证法、人民主体立场、解放全人类的情怀、共产主义理想等存在许多契合与融通之处，为马克思主义在中国落地生根提供了适宜的文化土壤和历史文化基因。

"人之初，性本善"，蒙学《三字经》开宗明义教育孩童要向善，《礼记》载，大道之行也，天下为公，选贤与能，讲信修睦，引导人们要建立这样一个理想社会。在这种顺应历史潮流优秀文化的指引下，中国在人类发展史上曾经长期处于领先地位，逐步形成了一整套国家制度和国家治理体系，进入近代以后，封建统治腐朽无能，帝国主义列强入侵，导致中国逐步成为半殖民地半封建社会，统治中国几千年的君主专制制度陷入全面危机。面对日益深重的政治危机和民族危机，每一个中国人在他耳濡目染的教育中受到了大同思想的启发，对理想的社会充满了坚定的追求，无数仁人志士为改变中国前途命运，救亡图存，抛头颅、洒热血，以修身齐家治国平天下为人生价值追求。

十月革命一声炮响，马克思主义传到了中国，给先进的知识分子送来了指路明灯，并开始大力传播马克思主义，《共产党宣言》指出：共产党人不是同其他工人政党相对立的特殊政党；他们没有任何同整个无产阶级的利益不同的利益。共产党人可以把自己的理论概括为一句话：消灭私有制。代替那存在着阶级和阶级对立的资产阶级旧社会的，将是这样一个联合体，在那里，每个人的自由发展是一切人的自由发展的条件。那么，这样的共产党人是没有任何个人利益的政党，是为了谋求建立一个没有剥削、没有压迫的社会，并且每个人都将得到自由发展。这与大同思想的天下为公、选贤与能、讲信修睦的思想是无比契合的，所以，中国先进知识分子在当时中华民族山河破碎、民不聊生、内忧外患的黑暗境地，从马克思列宁主义科学真理中看到了解决中国问题的出路，1921 年中国共产党应运而生，中国共产党一经成立，先天的文化基因与马克思主义相结合，就把实现共产主义作为党的最高理想和最终目标，谋求民族独立、人民解放和国家富强、人民幸福，义无反顾肩负起实现中华民族伟大复兴的历史使命，团结带领人民进行了艰苦卓绝的斗争，谱写了气吞山河的壮丽史诗。

在一百年的奋斗中，我们党始终以马克思主义基本原理来分析把握历史大势，并与中国实际和时代特征相结合，不断推进理论创新、进行理论创造。一百年来，我们党坚定理想信念，坚持解放思想和实事求是相统一、培元固本和守正创新相统一，不断开辟马克思主义新境界，产生了毛泽东思想、邓小平理论、"三个代表"重要思想、科学发展观、习近平新时代中国特色社会主义思想，为党和人民事业在不同的发展阶段提供了科学的理论指导，实现了救国、兴国、富国、强国的民族大业，实现了中国人民从站起来、富起来到强起来的伟大飞跃，中国人民和中华民族找到了实现民族独立、人民解放和国家富强、人民幸福的正确道路。

二、秉承"仁者爱人"的民本思想，以人民利益至上，坚持全心全意为人民服务

"以民为本"的思想，是中国古代优秀传统文化之一。《尚书》云："民惟邦本，本固邦宁。"《孟子》提出："民为贵，社稷次之，君为轻。"《荀子》有言："君者，舟也；庶人者，水也；水则载舟，水则覆舟。"这些都是中国古代民本思想的直接体现，都是直接阐发民本思想的。孔孟的思想核心是"仁"，仁者爱人，这是民本思想的根本出发点，孔子曾提出"节用而爱人，使民以时""修己以安百姓""博施于民而能济众"，要求统治者克制私欲，广施恩泽以让人民安居乐业。孔子以民为本的思想，经孟子继承而发扬光大，强调人民的生存权，必须保证百姓"不饥不寒"，强调主政者应设身处地为民着想，忧民之忧，乐民之乐，把民本思想升华到一个相当自觉的政治道德境界。从屈原的"长太息以掩涕兮，哀民生之多艰"到范仲淹的"先天下之忧而忧，后天下之乐而乐"的深厚民生情怀，中国传统的民本思想，在古代历史发展中一直保持着其思想的先进性。

马克思主义唯物史观认为物质资料的生产是人类全部历史的基础，

是人类一切历史活动的真正发源地，因此，历史首先是生产发展的历史，是物质资料生产者本身的历史，是从事物质资料生产的广大劳动人民群众的历史，人民群众是历史的创造者，是推动历史发展的决定力量，换言之，人民群众是社会物质财富的创造者、精神财富的创造者，是变革社会的决定力量。

在推进马克思主义中国化进程中，中国共产党赋予古代民本思想以新的内涵，实现了对民本思想的创造性转化和创新性发展。毛泽东在中共七大上指出，全心全意为人民服务是人民军队的唯一宗旨。在坚持改革开放和社会发展的同时，中国共产党的历代领导人坚持人民至上，以人民为中心，以人民群众是否满意作为社会主义建设得失成败的标准，邓小平主张以是否有利于提高人民生活水平，来检验"全心全意为人民服务"的效果，江泽民明确提出："贯彻'三个代表'重要思想，本质在坚持执政为民。"胡锦涛强调：党员干部一定要做到权为民所用、情为民所系、利为民所谋。

党的十八大以来，习近平总书记立足新时代中国特色社会主义建设实践，指出："人民对美好生活的向往，就是我们的奋斗目标。"在党的十九大报告中，习近平总书记把"坚持以人民为中心"作为新时代坚持和发展中国特色社会主义的基本方略之一，强调必须坚持人民主体地位，坚持立党为公、执政为民，践行全心全意为人民服务的根本宗旨，把党的群众路线贯彻到治国理政全部活动之中。

经过全党全国各族人民共同努力，在迎来中国共产党成立一百周年的重要时刻，我国脱贫攻坚战取得了全面胜利，现行标准下9899万农村贫困人口全部脱贫，832个贫困县全部摘帽，12.8万个贫困村全部出列，区域性整体贫困得到解决，完成了消除绝对贫困的艰巨任务，创造了又一个彪炳史册的人间奇迹！这是中国人民的伟大光荣，是中国共产党的伟大光荣，是中华民族的伟大光荣！

在不同的历史时期，中国共产党审时度势，始终坚持以人民为中心，在新民主主义革命中为人民群众实现祖国统一和民族独立的美好愿望服务，在社会主义建设中为人民群众对于建立先进的工业国要求和经济文化迅速发展的需要服务，在改革开放中为满足人民群众日益增长的物质文化生活的需要服务，在中国特色社会主义新时代为满足人民日益增长的美好生活需要服务。

三、秉承"自强不息"的理念，践行艰苦奋斗的作风，把发展作为党执政兴国的第一要务

中国古代历来重视发展生产，艰苦劳作。传说神农尝百草，种植百草五谷、豢养家畜、种地稼穑，后发明农具以木制耒耜，制陶纺织，《周礼》劝课农桑曰："一曰稼穑，二曰树蓺，三曰作材，四曰阜藩，五曰饬材，六曰通材，七曰化材，八曰敛材，九曰生材，十曰学艺，十一曰世事，十二曰服事。"这里记载了十二项教民生产的职事，涉及大田农作、果树、蔬菜的耕种技术，采伐山林材物的生产技术，豢养鸟兽的养殖技术，以及化治丝麻等副业操作技术，几乎囊括了农、林、牧、副各业。

劳动人民在漫长的生产实践中实事求是，总结出历法、二十四节气、生产技术等，蕴含着中华民族悠久的文化内涵和科学积淀。如二十四节气，每个节气都表示着时候、气候、物候的不同变化，表达了人与自然宇宙之间独特的时间观念，是朴素的农业气象预报，有效地为农业生产服务。古人尊重客观规律，"不违农时"，抓好农业生产。历代统治者大力推行新技术，如中国古代农业发展史上最重大发明——铁犁，在汉代由当时的朝廷推广开来，极大地提高了生产力，从大禹治水到历代兴修水利工程，为人民安居乐业护航。在长期的农业生产中，以渔樵耕读、日出而作、日入而息、凿井而饮、耕田而食为代表的中华农耕文明，始终处于世界领先地位，其创造的国民财富占世界总财富的1/3，创造了光辉灿烂的优秀文化，也孕育了中国人自强不息、艰苦奋斗、勤劳勇敢、勤俭节约、应时取宜、守则慎独、天人合一、热爱家园的生产生活方式、文化传统。

"天行健，君子以自强不息。"新中国成立后，党开始了探索社会主

义建设的历程，我们党提出：要逐步实现国家的社会主义工业化，发展生产力，全国人民发扬一不怕苦、二不怕累的顽强拼搏精神，经过连续5个五年计划的建设，初步建立起独立的比较完整的工业体系和国民经济体系，为国家发展提供了基本的物质、技术条件，为实现了中华民族持续走向繁荣富强打下了坚实基础。

1978年12月，党的十一届三中全会召开，把党和国家的工作中心转移到经济建设上来，1987年，党的十三大提出中国社会发展的"三步走"战略。即第一步，解决温饱问题；第二步，达到小康水平；第三步，用50年左右时间进入中等发达国家行列。1997年，党的十五大根据变化了的实际，把第三步目标和步骤进一步具体化，提出21世纪中国社会发展的"三步走"设想，即第一个十年，全面建设小康；第二个十年，达到富裕小康水平；第三步，到2050年，基本实现现代化。

承前启后的中国共产党人一以贯之，团结带领全党全国各族人民砥砺奋进，尊重客观规律，发展生产，战胜贫穷，解决了人民的温饱问题，建成了全面小康社会，极大地解放了生产力，充分展现了中国特色社会主义的优越性。1978—2012年，我国始终坚持发展是第一要务，不断增强综合国力，经济高速增长，2010年超过日本，成为世界第二大经济体，出口超过德国，成为世界第一大出口国，并于2010年跨入上中等收入国家的行列。

2020年国内生产总值突破100万亿元；粮食年产量连续五年稳定在1.3万亿斤以上；人民生活水平显著提高，建成世界上规模最大的社会保障体系，新冠肺炎疫情防控取得重大战略成果，脱贫攻坚成果举世瞩目，对世界经济增长的贡献率达到30%。社会主义中国以更加雄伟的身姿屹立于世界东方。

古人云：衣食足而知荣辱，仓廪实而知礼仪。习近平总书记指出："发展是解决我国一切问题的基础和关键。"面向未来，全面建设社会主义现代化国家新征程已开启，党的十九大已经绘就了新的蓝图。第一个阶段，从2020年到2035年，基本实现社会主义现代化；第二个阶段，从2035年到21世纪中叶，把我国建成富强民主文明和谐美丽的社会主义现代化强国，实现中华民族伟大复兴的中国梦。根据党的十九大的展望，到 21 世纪中叶，我国物质文明、政治文明、精神文明、社会文明、生态文明将全面提升，实现国家治理体系和治理能力现代化，成为综合国力和国际影响力领先的国家，全体人民共同富裕基本实现，我国人民将享有更加幸福安康的生活，中华民族将以更加昂扬的姿态屹立于世界民族之林。

正如北宋张载所言："为天地立心，为生民立命，为往圣继绝学，为万世开太平。"当前，中华民族伟大复兴呈现出光明的前景，我们比历史上任何时期都更接近、更有信心和能力实现中华民族伟大复兴的目标。党的历史和实践证明：传承和弘扬中华优秀传统文化，坚持中国共产党的领导，广泛凝聚人民力量，建设中国特色社会主义，必将对推动整个中国特色社会主义制度体系更加成熟更加定型，把我国制度优势更好转化为国家治理现代化优势，把中国这艘巍巍巨轮驶向伟大复兴的美好明天。

（作者为荆州市委党校工作人员）

爱国主义、民族精神与党的理想信念

李之莺

在中华民族数千年的历史进程中，爱国主义始终闪耀着熠熠光辉。正因为有了爱国主义精神，每当民族危急关口，大家凝心聚力，戮力同心，让中华民族屹立于世界民族之林。爱国主义是固本安邦之基。

民族精神是一个民族的气节，是民族文化之根上的开枝散叶，是兴国强国之魂，为中国社会发展进程和人类文明进步提供了强大精神动力。

党的理想信念是爱国主义、民族精神的凝聚和体现，是利国利民之源。一个国家的富强离不开人民群众的奋斗；一个民族的兴盛离不开民族精神的支撑；一个伟大梦想的实现离不开理想信念的指引。只有当爱国主义、民族精神与党的理想信念相结合，才能使得"人民有信仰，国家有力量，民族有希望！"

一、爱国主义是固本安邦之基

爱国主义自古以来就是中华民族的光荣传统，是中国人民推崇的崇高美德，也是各民族大团结的政治基础和道德基础。爱国主义始终是把中华民族坚强团结在一起的精神力量，是民族强大的精神支柱。

中国是由 56 个民族组成的多民族统一国家，中国之所以是世界上唯一没有中断的文明古国，主要在于，从古至今，中国人始终怀抱"修身、齐家、治国、平天下"的理想，怀抱"天下兴亡，匹夫有责"的志气，把个体的命运和国家的命运结合起来，不畏强权，不怕牺牲，为民族解放、人民幸福而奋斗。

在历史长河中，爱国主义事迹灿若星汉，伟大爱国主义诗人屈原"虽九死其犹未悔"的长歌犹在耳畔；霍去病的"匈奴未灭，何以为家"何等铿锵；抗金名将岳飞后背"精忠报国"的刺字赫然眼前；爱国将领戚继光"南征倭寇，北御鞑靼"让敌丧胆；文天祥的"人生自古谁无死，留取丹心照汗青"气冲霄汉；林则徐的"苟利国家生死以，岂因祸福避趋之"正气长存；秋瑾的"生当作人杰，死亦为鬼雄"大义凛然；孙中山先生的"救国图存，振兴中华"壮心不已；革命者们抛头颅洒热血、壮志凌云。他们的爱国主义精神永载史册。

在中国文学作品中，仁人志士们留下不少爱国主义经典，从陆游的"位卑未敢忘国忧"，范仲淹的"先天下之忧而忧，后天下之乐而乐"，谭嗣同的"我自横刀向天笑，去留肝胆两昆仑"，戴叔伦的"愿得此身长报国"，鲁迅的"我以我血荐轩辕"，到夏明翰的《就义诗》"砍头不要紧，只要主义真，杀了我一个，还有后来人"，爱国主义精神一脉相承。

尤其是近代以来，在爱国主义这面旗帜的召唤下，中国人民为争取民族独立和解放进行了一系列英勇抗争，从而推动了中华民族发展，改变了中国近百年来屈辱压迫的历史地位。

正是爱国主义精神，辛亥革命武昌起义的革命党人，在没有任何外援及经济支撑、信息泄露、城门封锁、领导人被捕、清军戒严的情况下，依然打响了颠覆清王朝的正义枪声，终结了中国两千多年封建君主独裁专制制度，开启了一个以人民命名的时代。

正是爱国主义精神，让进步青年们走到一起，发动了一场反帝反封建的五四爱国运动。五四精神，唤醒了被压迫奴役的中国人民，提高了人民的思想觉悟，激励着人民朝着"爱国、进步、民主、科学"的目标奋勇前进，并为马克思主义进入中国、与中国革命道路相结合提供了先决条件，为中国共产党的诞生，为中国共产党的指导思想的确立，起到了极大的助推作用，促使中国迈向现代社会。

在民族蒙难国家存亡之时，正是爱国主义精神，让我们所有中国人在外敌来犯、领土和尊严受到威胁时，爱国主义再次成为中国人薪火相传的精神力量，无数优秀儿女为国家和民族献出了宝贵的生命。中国人民满怀爱国热情，争先投入保家卫国的正义战斗中，组成一道钢铁长城，让华夏民族之树千年不倒，万古长青。

在为共产主义而奋斗的伟大征程上，正是爱国主义精神，让走出国门的优秀知识分子把爱国之情、强国之志、报国之行统一起来，把自己的梦想融入为人民实现中国梦的无私奋斗，为中华民族崛起投入饱满的精力和热情。我们记住这些如雷贯耳的名字：气象地理学家竺可桢，数学家华罗庚，"两弹元勋"邓稼先，火箭、导弹控制系统专家梁思礼，导弹之父钱学森，地质学家李四光……他们无不是怀着一颗赤子之心，听从祖国母亲的召唤，漂洋过海，排除万难，回到祖国的怀抱，为中国的发展强大贡献毕生的力量！

在当前时代，爱国主义就是热爱祖国的大好河山，热爱我们的骨肉同胞，热爱祖国的灿烂文化，热爱我们的国家，维护祖国统一和民族团结，为实现中华民族的伟大复兴而作出自己的贡献。爱国主义已融入我们的血液，深入我们的骨髓，与生命共存。我们生在这个国家，长在这个国家，国家给了我们一片厚实的土地，让我们有了立足的根本；国家给了我们一个广阔的舞台，让我们能够生存；国家创造了和平稳定，让我们能够安居乐业，充分发挥自己的才能和价值，个人与国家变成一个共同体。爱国主义是一个国家固本安邦、基业长青的基石。

二、民族精神是兴国强国之魂

习近平总书记在十二届全国人大一次会议闭幕会上讲道："实现中国梦必须弘扬中国精神。这就是以爱国主义为核心的民族精神，以改革创新为核心的时代精神。这种精神是凝心聚力的兴国之魂、强国之魂。"

中华民族之所以能够源远流长，是因为中国传统文化的力量始终融铸在中华人民的生命力、创造力和凝聚力之中。中华民族精神就是在数千年的历史变迁中逐渐形成的一种高尚的民族情感，深深根植于中国绵延数千年的优秀文化传统中，是中华传统文化的精髓。

中国自古以来一直是一个多灾多难的民族，但中华民族总能焕发出迎难而上、自强不息的英雄气概，始终展现出中华民族敢于抗争的民族气节、越挫越勇的民族韧性。在每个危难关口，正是民族精神把各个民族各个阶层的中国人凝聚在一起，成为中华民族跨越艰难险阻的精神力量。尤其是近代以来，清政府腐败无能，欧洲列强趁机入侵，人民生活水深火热，整个国家千疮百孔，正是中华民族精神唤醒东方雄狮，让国人觉醒，紧密团结，奋力抗争，刮骨疗疮，使羸弱的祖国母亲重又焕发出青春的活力和生机。

中国民族精神首先体现在"民族气节"，即是孔子所说的"三军可夺帅，匹夫不可夺其志也"；即是孟子所说"贫贱不能移，富贵不能淫，威武不能屈"的大丈夫气概；即是汉代苏武被扣异邦十九年仍持节牧羊、至死不降的忠贞不屈；即是于谦的"粉骨碎身浑不怕，要留清白在人间"；即是谭嗣同的"我自横刀向天笑，去留肝胆两昆仑"。

中华民族精神，具体还表现在爱国主义。中华民族向来具有爱国主义传统，为了民族的独立、解放、发展和强大，一代代华夏儿女前赴后继，顽强拼搏，进行了艰苦卓绝的奋斗。在近代反侵略战争中，一批又一批爱国志士以救国救民为己任，挺身而出，担当抗击反动侵略的历史大任。抗日战争时期，爱国主义成为中华民族坚强支柱，支撑着危难中的中国人民齐心协力，终于取得抗日战争的最后胜利。东北抗日联军八女投江、八百勇士扼守苏州河、血战台儿庄、杨靖宇血染白山黑水、张自忠浴血宜枣、深南县王家铺村 14 名至死不说出八路军战士藏身处的普通村民……正是依靠爱国主义和民族精神的凝聚力，中国人民才能筑成新的精神长城，以弱胜强，打败侵略者。

正是中华民族精神的强大力量，一批批有志之士为振兴中华而上下求索、奋力拼搏，从而推动社会的发展和民族的进步，改变了国家和时代面貌。千百年来，中华民族精神薪火相传，生生不息，历久弥新，随着时代的发展和社会实践，不断丰富和发展。

三、党的理想信念是利国利民之源

党的理想信念是爱国主义、民族精神的凝聚和体现。党的十八大报告指出："共产党人必须坚定理想信念，坚守共产党人精神追求。对马克思主义的信仰，对社会主义和共产主义的信念，是共产党人的政治灵魂，是共产党人经受住任何考验的精神支柱。"

党的理想信念是为中国人民谋幸福、为中华民族谋复兴的初心和使命，谋利国利民之策，办利国利民之事。

中国共产党自创办以来，便以一切从人民的利益出发，全心全意为人民服务为宗旨，依靠坚定的理想信念，和为人类谋幸福的决心，带领全体中国人民共同奋斗，经过一代代人不懈努力，从而改变着中国和人民的社会地位。

坚定的理想信念带领中国人民站起来。中国经过无数次旧民主主义革命失败，从中吸取经验教训，走上了马克思主义与中国革命相结合的道路，认识到只有社会主义才能救中国，只有坚定走社会主义和共产主义道路，坚定马克思主义信仰，才能穿过黑暗，走向光明。

正是坚定的理想信念，中国共产党人继承和发扬中华民族精神和爱国主义的优良传统，为争取民族解放付出了巨大的牺牲，带领人民经过28 年浴血奋战，以生命和鲜血筑起一道坚不可摧的城墙，使中华民族摆脱任人宰割、备受欺凌的屈辱地位。

正是有着坚定的理想信念，赵尚志、左权、佟麟阁、戴安澜等抗日将领为国捐躯，狼牙山五壮士跳崖，刘老庄连等英雄团体壮烈殉国；无数共产党人隐姓埋名从事危险的地下革命工作，经受敌人的严刑拷打，不变节，不叛党；刘胡兰、江姐视死如归，宁死不屈；王凤阁将军在日本鬼子的威逼利诱下誓死不屈，英勇就义；董存瑞舍身炸碉堡；黄继光用胸膛堵住敌人的枪口。他们的功勋彪炳史册。

有着坚定的理想信念的共产党通过血与火的斗争，不怕死、不低头，充分展现中华民族的本色，最终推翻了压在中国人民身上帝国主义、封建主义、官僚资本主义三座大山，建立了社会主义新中国，让中国人民翻身成了主人。

坚定的理想信念带领中国人民富起来。中国共产党始终胸怀强烈的政治责任感、历史使命感，把人生理想融入国家富强、民族振兴、人民幸福的伟业。从 10 万官兵屯垦戍边，把荒无人烟的北大荒，开拓成举世闻名的"北大仓"，到 10 万林州人民，苦战 10 个春秋，在太行山悬崖峭壁上修成了全长 1500 公里的红旗渠，结束了十年九旱、水贵如油的苦难历史；从"贫油论"的中国大地里产出工业文明的大庆油田，到 2020 年全国所有的贫困县甩掉贫困帽子，中国共产党带领人民解决了温饱及贫困，中国开始迈步奔向小康。

一个社会的文明进步，是一个国家的富足强盛，不仅要有物质富裕，更要有精神富有。"把有限的生命投入到无限的为人民服务之中去，做一个平凡而伟大的共产主义战士"，雷锋精神的实质就是共产主义精神，是我国工人阶级和劳动人民高贵品质的生动反映；"活着没有把沙丘治好，死了也要看着兰考人民把沙丘治好"的焦裕禄；"宁愿一人脏，换来万家净"的掏粪工人时传祥；改革急先锋孔繁森；"心中有公，人民才安"的女公安局长任长霞，他们的精神和品质感动千万人，带动和影响人们的人生观和价值观。

"一方有难，八方支援"是中华民族的历史传统。中国人在危难时刻始终秉持悲悯情怀和民族大义，面对灾难，没有屈服，反而形成了前所未有的凝聚力，一次次灾难积淀下来的"抗洪精神""抗震救灾精神""战疫抗疫精神"都是中国人民宝贵的精神财富。在党中央的坚强领导下，全国人民不畏艰险、百折不挠，是爱国主义、民族精神的集中体现和新的发展。

在改革开放后，还形成了敢闯、敢冒、敢试、敢为天下先的特区精神。所有这些精神汇聚在一起，是激励我们战胜前进道路上一切艰难险阻的强大力量。

坚定的理想信念带领中华民族强起来。中国作为世界人口第二大国，版图面积占世界第三。在强汉盛唐时代，天下来朝，尽显威仪，但自晚清以来，清政府闭关锁国，导致国力衰微，民生多艰，中国被称为"东亚病夫"。新中国成立后，中国共产党带领人民一方面投入人力、物力、财力全面进行社会主义建设；另一方面大力推进科技兴国强国的战略国策。为增强国防实力，保卫和平，新中国开始研制"两弹一星"，即原子弹、导弹和人造卫星，经过几代人的不懈努力，中国已成为少数独立掌握核技术和空间技术的国家之一，并在某些关键技术领域走在世界前列。

载人航天精神是"特别能吃苦、特别能战斗、特别能攻关、特别能奉献"的高度概括，是我党我军在航天领域取得辉煌成就的巨大动力。

"陈景润"的"哥德巴赫猜想"站在科学的巅峰；杂交稻之父袁隆平一生致力于杂交稻研究，解决了泱泱大国吃饭问题；药学家屠呦呦经过长期研究发现菁蒿素，造福千万人；钟南山院士把中国治疗新型冠状病毒型肺炎的经验应用于全世界。他们都是中国走向世界前列的推动者，是中国人民的骄傲。

坚定党的理想信念，传承中华民族精神，有着对祖国未来光明前景的坚定自信，有着朝向"两个一百年"奋斗目标，有着面向社会主义现代化强国进军的满腔激情，中国人一代代接续奋斗，中国梦必将实现，中华民族的伟大复兴必将到来。

（作者为随州炎黄文化研究会会员）

炎帝神农文化的现代意义

刘晓慧

炎帝神农文化是中华民族数千年历史发展过程中创造的重要文明成果，蕴含着中华民族特有的精神价值、思维方式和想象力、创造力，是中华文明绵延数千年一脉相承的历史见证，是人类文明的瑰宝。

炎帝是中华民族的人文初祖，炎帝神农文化是中华文明初创时期的代表性文化，是中华文化的根脉所在，灵魂所在。正如费孝通先生所说："中华文化不断丰富、创新的发展，正是由于有炎黄二帝为代表的远古文化作为源头的始基；中华文化的许多精髓，是从炎黄时代一脉相承的。"

炎帝神农的每一项贡献，均可谓泽被后世，除却其中蕴含的物质文化和技艺传承之外，炎帝神农文化早已成为中华文明的精髓。我们以农业、医药二者为例，简要申论之。

一、炎帝神农开创的农耕文明

中华文明史，基本上是一部传统农业社会和农耕文明的进步史，而我国农耕的创始人正是炎帝神农。

民以食为本，食以农为先。炎帝神农氏始创的农业文化，奠基开拓了黄帝"抚万民、度四方"的不朽功业。《史记》记载黄帝"时播五谷草木，淳化鸟兽虫蛾"，正是因为承袭了炎帝神农氏的农耕文明，而教民耕种，使农业社会形态逐渐形成，才使黄帝能够"修德振兵""征师诸侯"，文治武功鼎盛一时，开疆辟土，臣服四方，奠定中原一统。

农业及农业文明所依附的土地，是中华民族的生命之源，一切的生命与生活，包括其衍生出来的风俗、信仰、科学、哲学、价值，都源于此。其实不只是中国，几乎所有的古文明都建立在农业的基础之上。

炎帝文化是农耕文化，这已成为古今学人的共识。距今 7000—5000 年前，大约可以看作炎黄时代。若以此为基准，南方的河姆渡文化、大溪文化和屈家岭文化，北方的磁山文化、裴李岗文化、北首岭下层文化，以及其后的仰韶文化，就可视为炎帝神农时代的文化。考古发现表明，无论是南方还是北方，距今 7000—5000 年前的炎帝时代是中国农耕文化非常灿烂的时代。其后，中国几千年的农业文明就是在炎帝时代农耕文化的基础上继续发展的。

世界上第一批原生形态的文明都是农业文明，如吃小麦、大麦的西亚两河流域的苏美尔文明、尼罗河流域的古埃及文明、印度河流域的古印度文明；吃小米、大米的中国文明；吃玉米的中美洲玛雅文明、特奥蒂瓦坎文明以及南美秘鲁的印加文明等。我们可以毫不夸张地说，在人类的文明史中，农业的发明是人类文明的共同起点，世界各地第一批原生形态文明诞生的先与后，与其定居农业出现的早与晚存在密切的关系。西亚在距今 1 万多年前即已进入定居农业，西亚两河流域的城市文明也先于其他地区，而起源于公元前 3500 年；中国的定居农业起源于距今 12000 年到 9000 年前，中国都邑文明也形成于公元前 3000—2000 年；而中美洲一直到公元前 2000 年左右才进入定居农业，其都市文明也迟至公元前 3 世纪到公元 1 世纪才出现。

与狩猎和采集相比，进入定居农业之后，人口获得较为明显的增长，较大的地域集团也开始形成；农业可以提供稳定的食物储备，使得一些社会成员有可能脱离食物生产，转而从事其他行业，社会生产出现专业化分工，社会的经济、政治、艺术文化也将随之向前发展；稳定的农业经济还有助于促进财富积累、所有制意识的萌发，以及贸易和交换的发展；对于农业民族来说，农业的发生和发展将会使社会性、政治性组织变得愈来愈复杂，农耕礼仪、宗教祭祀等观念形态得到充分发展，社会不平等、阶层和阶级分化的经济基础更加巩固。总之，农业的起源，是人类历史上的巨大进步，以农耕畜牧为基础的定居聚落的出现，是人类通向文明社会的共同起点。包括中华文明在内的世界上几个最古老的人类文明，都发生在最早出现农业经济的地方，就足以说明这一点。为此，我们说，炎帝在中国上古史中占有重要的地位；炎帝所代表的农业的大发展，是中国农耕文明的重要基础。

民以食为天，国以农为本，重农思想唯有中国最为发达。以农为本的传统产生以后，延续几千年，直至清末。在此过程中，中国有发展，有创造，有变迁，但是农业的地位总是高高在上，没有被推翻过，一直拥有至高无上的地位。在农耕文明基础上产生的自给自足的小农经济，是中国封建社会经济结构的根本特征，也是封建社会的政治、文化等上层建筑赖以建立和长期存在的深厚而坚实的基础。炎帝神农时代的最大贡献是对农业生产方面的发明创造，这是后世历代典籍所一致认定的，也是后世子孙一再传承和发扬的。这一时代所创造的农业文化，虽然还是比较原始的，但它确是灿烂的华夏文化的肇基之始，是随后兴起的标志着文明时代到来的黄帝文化的序幕。我们可以得知中华民族的先民们到了炎帝神农时期，为了告别茹毛饮血、居无定所的生活方式，在炎帝的带领下，向毒蛇猛兽挑战，向原始森林进军，开垦土地，教民种植五谷，实现了人类历史由狩猎向农耕的巨大转变。炎帝神农文化富有改革精神和创造性，是东方文化的母体，中华民族古老文化应是源自炎帝神农时期所开创的农业文明。

农业是古代决定性的生产部门，由于农业生产的状况直接关系到国民生计和国家的兴衰存亡，因此历代统治者都把发展农业当作大事来抓，努力督促和组织农业生产。与此同时，国家在经济政策上一直奉行以农为本政策，即保证经济政策向有利于农业发展的方向倾斜。这是因为农业的发展，会给国家和人民带来很多好处。首先，有利于安定民生，从而有利于稳定和巩固其统治地位。它的规律为：农业发展—立民之欲—安定民生—稳固统治，也就是农业发展—治民—治国。其次，农业是国家富强、实力雄厚的源泉，又是国富力强的标志。第三，农业的发展，也为手工业的发展提供了原料和市场。第四，农业也为战争提供了物质基础。中国封建社会缺乏严格的土地等级制度，土地的自由买卖和平均析产的继承制，造成了小土地的所有制和每家每户经营农业的持久条件。

农业是恒产，只有农业才可以有持续性的生产，这是大自然的天赋。人类从大自然得到农产品，吸收以后，排下的废物回归大自然。比如人与动物的粪便，又回归土壤，使土壤保持可持续性，这就是农业社会中人类与大自然的周而复始的循环。这种循环使得天人合一，自然和谐。重农思想除了其经济或物质方面的原因外，还有文化方面的原因，即"重义轻利"观念的影响。《周易·系辞》说："安土敦乎仁，故能爱。"可持续性的"安土"，能使天下仁爱，因此中国自神农时代开始，就以"以农为本，本固邦宁"为政治目标了。直到今天，每年"中央一号"文件都是关乎三农问题。

可以说，以农耕文明为突出特征的炎帝神农文化对中华文化的发轫、孕育及其发展具有深刻的影响，数千年来，炎帝神农精神和黄帝文化所孕育的民族精神一道，生生不息，薪火相传，为中华民族和中华文明的绵延壮大作出了杰出的贡献。

炎帝神农部落农业文明的一个显著特点，便是勤劳勇敢，富于发明创造，这是农耕文明的优秀传统之一，也是推动社会生产力发展的强有力的杠杆。中华民族在漫长的历史长河中，始终体现了同自然界做坚决斗争，同入侵之敌作殊死抵抗、宁死不屈的精神。勤劳勇敢的优秀传统使民族魂的塑造更具有文化内核的意义，它一次又一次地促使炎黄子孙在斗争中运用智慧，进行发明创造，从事改造自然、改造社会的斗争，创造了一个又一个人间奇迹。

炎帝神农文化是传承几千年的中华民族文化之源，是凝聚全世界炎黄子孙的民族之魂，更是激励华夏儿女不屈不挠、顽强拼搏、创新奉献的精神支柱。炎帝神农文化背后所蕴含的勤劳勇敢、自强不息的精神正是中华民族自尊、自立、自信、自强精神的活水源头。

中国是一个以农立国的国家，中国农耕历史之悠久，技术之精细，文化之灿烂，影响之深远，举世无双。炎帝神农即是农耕之始祖，形成这种现象的根源在炎帝神农时代，延续这种现象的根脉是炎帝神农文化。

二、神农尝百草与中医药文明

我国中医药著作可谓汗牛充栋，本草类蔚然大宗。自《神农本草》，经《新修本草》，至《本草纲目》而集大成。神农对于我国中医药学的贡献，仅《黄帝内经》可以并驾齐驱。当然，《黄帝内经》的最早成书时期是春秋战国时期，《神农本草经》基本定稿至少不晚于战国末期，成书年代尚未能明确分出前后。

但是，神农"尝百草"以疗民疾，确为中医药的真正肇始。公元前400年希腊医生希波克拉底开创医学，两两比较，神农开创的中医药在世界历史中居于遥遥领先地位。

神农尝百草，为民寻找食物，在此过程中发现了某些植物的药用价值。神农不仅是"农神"，同时为"药神"。在历史文献中有大量神农"尝百草"以救民疾的记载。深切感知黎民遭受的疾病困厄之境，神农冒着生死危险，出入茫茫森林，遍尝百草，以救治疾病与延续生命，担当起了最早的医者使命。

"神农尝百草"的创举，使得中国具有了最早的救死扶伤的医学实践活动，中医的先河得以开启。几千年来，中华民族得以繁衍，人民身体康健得力于中医有庇佑。同时，"本草"作为养生、疗伤与延命的药物，奠定了中医药深厚的"本草"文化内涵，所以后世本草类著作多托名神农。

"神农尝百草"赋予中医药重"经验"与"实践"的属性。神农尝百草，"尝"，既是"品尝"，又是"尝试"。正是反复品尝，神农才得以区分本草毒性之有无，进而体察总结其平、毒、寒、温之性，从而达到养生与救民之鹄的。中医药发展成为不同于西方医学的独特的医学体系。"西医重实验，中医重实践"，正是从神农而开端的优良传统。迄今为止，中医以其特有的"简、便、验、廉"的独特优势，始终放射着熠熠光辉。在现代科技推动下的西医，难免有束手无策之时，中医之巨大价值，仍然难以替代。

我们且看屠呦呦向全世界发表获得诺贝尔奖的感言："青蒿素是传统中医药送给世界人民的礼物，对防治疟疾等传染性疾病、维护世界人民健康具有重要意义。青蒿素的发现是集体发掘中药的成功范例，由此获奖是中国科学事业、中医中药走向世界的一个荣誉。"

再举两个眼前事情。新冠肺炎肆虐之际，中医药在新冠肺炎的救治和预防方面具有自己的优势和特点：中医药具有数千年治疗和预防疾病的丰富经验，在预防方面就起到了积极的作用。中医在减轻发热症状、减轻临床咳激、气短、喘息等方面有非常好的作用，可以有效控制病情进展。使用中医药，对于减少激素用量、减少抗生素用量等起到了很好的作用。中医药在减少并发症等方面有疗效显著，例如对于减少继发细菌感染、减少真菌感染、控制原发病等都极有作用。抗击疫情之际，湖北省中医院承担湖北省科技厅应急科技攻关项目"肺炎 1 号"的临床研究，"肺炎 1 号"由湖北省疫情防控指挥部向全省公开推荐，10 万剂"肺炎 1 号"第一时间配送到 14 个市州 121 个医疗点，参与治疗新冠肺炎病人 1 万多例，为疫情防控作出了重要贡献。

2021 年 2 月，湖北省科技创新大会对荣获 2020 年度湖北省科学技术奖的一大批科技工作者进行了表彰。由湖北省中医院牵头完成的"基于'三因制宜'思想中西医协同防治艾滋病应用研究"项目，荣获湖北省科技进步一等奖。湖北省中医院副院长刘建忠教授作为第一完成人，联合湖北省疾病预防控制中心、武汉市金银潭医院、湖北中医药大学等 7家单位，自 2002 年启动该项目研究至今，基于湖北省艾滋病防治的实际情况，不断创新思路，提出以中医"三因制宜"思想指导艾滋病的防控工作，成功地走出了一条中西医协同、中西药并用、预防与救治紧密结合的抗艾之路，为提高艾滋病患者的生存质量，减少和延缓艾滋病在既定区域内的进一步传播，减轻家庭和社会的经济负担，促进社会的稳定发挥了重要的作用。

"神农尝百草"奠定了中医药"药食同源"的独特气质。中医治病最主要的手段是中药和针灸，中药多属天然药物，包括植物、动物和矿物，而可供人类饮食的食物，同样来源于自然界的动物、植物及部分矿物质。显然，中药和食物的来源相同。只能用来治病者为药物，只能饮食者为食物，既可治病又能饮食者为药食两用。综览《神农本草经》，诸多"草药"依旧是当今健康且美味的食物。"神农尝百草"赋予了中医药自古以来"药食同源"的理论。中医药"药食同源"的特有属性，成为中医药在中国以及世界范围内获得长久生命力的重要法宝之一。

"神农尝百草"开始了后世医者为民献身的"大医精诚"。神农九死未悔，最终遇毒而亡，这种牺牲精神和博大品格，深深地影响了后世医生的自我定位和民众对于医生的期许。南北朝时杨泉《物理论·论医》云："夫医者，非仁爱之士，不可托也。"唐代孙思邈《备急千金要方》之《大医精诚》云："凡大医治病，必当安神定志，无欲无求，先发大慈恻隐之心，誓愿普救含灵之苦。"明末医学家喻昌言："医，仁术也。"就此立场，神农开启的中医药学是尊重生命、敬畏生命、爱护生命的医学。

"神农尝味百草"，和药济人，不仅惠泽于中华民族本身，同样产生了强大的国际辐射性影响力。炎帝神农为我们树立的是一座精神地标，激起我们对中医药"国医"地位的认同，激发我们因中医独树一帜而深感自豪。

参考文献：

[1]樊友刚选编：《炎帝神农典籍与传说》，武汉出版社2009年版。

[2]刘玉堂、易德生：《炎帝神农文化所蕴涵的民族精神及其时代价值》，见霍彦儒：《炎帝与民族复兴》，陕西人民出版社2006年版。

[3]李学勤：《炎黄文化与中华民族》，见黄爱平、王俊义编《炎黄文化与中华民族》，中国人民大学出版社1996年版。

[4]高有鹏、解浩：《关于中原地区的农耕文明问题》，载《河南大学学报》(社会科学版)2004年第6期。

（作者为湖北省炎黄文化研究会理事、湖北省社会科学院《社会科学动态》编辑）

大同中学传统文化教育传承的现状与思考

路望姣

习近平同志指出：培养和弘扬社会主义核心价值观必须立足中华优秀传统文化……中华传统美德是中华文化的精髓，蕴含着丰富的思想道德资源。一直以来，湖北省洪湖市大同中学坚持以科学发展观为指导，充分运用优秀的中华传统文化资源，开展各类传统文化活动。

首先，领导重视，层层布置。政教处根据学校教学实际，对全校德育工作合理地有针对性地进行布置与安排。德育校长、政教处、班主任、家长、学生，分线管理，分级落实，齐抓共管，德育工作分工不分家，团结协作与独立分工相结合。2021 年，大同中学加强了领导与班级的定点联系，班主任与科任老师的联系，并制定了《领导包班制度》等相关联系制度。

其次，合理运用地域资源进行传统文化教育。洪湖市是湖北南部的一座小城，瞿家湾、洪湖则是人们耳熟能详的革命根据地，这里有着丰富的地域文化和传统文化的土壤，而大同湖管理区作为一个红色乡镇，2015 年申报省级"中华诗词之乡"、2016 年申报国家级"中华诗词之乡"顺利通过。一个国营农场能取得如此殊荣，在全国也是不多见的，在这样的传统文化的熏陶下，大同中学的楹联诗词文化也自然是生机盎然。

几年来，大同中学开设了比较专业的诗词课、楹联课、书法课，让学生们实实在在感受到了中国传统文化魅力，学生写的对联与诗文出现在市刊、省刊，并在各大比赛中获奖。

最后，营造氛围，开展各类活动。一直以来，大同中学开展以学生为活动整体的"爱家、讲礼、守法、尚美"主题活动，并将"洁家、洁村、洁校"活动常态化，将"三礼""四法""五美"教育内心化、意识化、行为化，通过这一活动的开展，着力提高学生的综合素质，推进大同中学的文明建设，为实现"中国梦，我的梦"奠定了基础。

2017年3月底，大同中学开展了大型洁村活动，义务扫街3000米；4月初，借助清明扫墓，学生会、团支部组织学生开展了清明祭扫活动，进行爱国主义教育；5月，组织全体师生开展感恩征文、拔河比赛、颂洪湖歌赛，培养学生的感恩意识，陶冶其家国情怀；9月伊始，进行入学教育并测试，开展"俭以养德，从我做起"教育实践活动，进行"三节"教育，开展"祖国在我心中"征文活动，开展"诵读经典，展示青春风采"朗诵会；11月底，举办师生写字比赛活动，开展"再诵经典"德育主题教育活动，进行"三色洪湖，爱我家乡"德育主题教育活动；12月开展"俭以养德，从我做起"德育主题教育活动，在日常的教育教学中，对学生进行德育渗透教育，在这一系列活动中，学生品行得以提升，言行得以规范，德育工作落实到学生，收效明显。

传承经典，问鼎文明。学国学是当今很热门的一个词儿，是人们对于传统文化的反思和正视。其概念广泛、内涵丰富、分类多样，把我们祖辈们的经历、体验、方法以及感悟都融入这些文字，为我们后人所一一品读，并领悟其中的奥妙。他们把这些经典留给我们，自然是希望我们代代相传，修身、齐家、治国、平天下，真正做到学以致用。

一直以来，甚至是到宜昌培训之初，笔者一直以为传统文化就是一种大道理的说教，就是干巴巴的条条框框，而这次听了各位教授尤其是听了刘玉堂教授的传统教育课，我心中似有阳光照进，顿时豁然开朗。

中华传统文化是中国几千年优秀文化的统领，流传年代久远，分布广阔。文化是宇宙自然规律的描述，文化是道德的外延；文化自然本有，文化是生命，生命是文化；文化是软实力，是决定一切的内在驱动力；文化又是社会意识形态，是中华民族思想精神，是社会政治和经济的根本。

刘教授的讲课让人醍醐灌顶，其擅长用现代流行元素诠释楚文化，增色添彩，魅力十足。正所谓：

楚域文明，渊远蕴长存有道；

刘公境界，行云流水论无形。

其中笔者深刻印象的是用黄浦江名称的来历引出所要论述的话题，由楚国的芈八子、黄歇讲到了电影《芈月传》的拍摄，由屈原说到《思美人》，由羊肉摊子和楚王的故事剖析国家利益与个人利益，用古人"一鸣惊人""一飞冲天"的故事，诠释现代人要有创新意识，引经据典，旁征博引，串联出进取精神、开放气度、创新意识、和谐理念、爱国情结、诚信品格等内容，环环相扣，异彩纷呈。正所谓：

议芈月屈原，大象无形谈楚典；

喟春申老子，仁心有道叹维新。

回过头来看大同中学的传统文化教育，笔者觉得应该存在三点必须解决的问题：一是重知识的讲授而轻精神层面的分析；二是教育内容的系统性和整体性不足；第三是教育教学中技术性问题突出，主要表现在师资力量和自身素质有待加强，教育方法和手段滞后。

理论是死的，但是生活是活的，用故事的形式讲一些浅显的道理，各位教授的授课是这样做的。作为中小学老师听起课来尚且都甘之若饴，那么如若听众是我们的孩子，一定会让他们欢呼雀跃了。这样的方式可以让我们的教育更轻松，也易于学生接受。我们要在传承中发展，在发展中传承，与时俱进，为增强中华民族的凝聚力、影响力，提升中国人的爱国心和自豪感而努力。

作为教育工作者，我们要对中国传统文化有更多的感知，感受到传统文化的魅力和价值，同时明确自己肩上的责任。我们要以楚文化精神为准绳，汲取其中正能量，提升自我学养与修养，将其内化，后用外在行为影响他人，薪火相传，让我们的传统文化在我们的共同努力下闪烁出更加迷人的光彩！

（作者为洪湖市大同中学教师）

党建百年，重温毛泽东诗词

罗　炽

中国共产党诞生一百周年了。在这个难忘的日子，重温毛泽东诗词，抚今追昔，真可谓"别有一番滋味在心头"。据中央编译局统计，毛泽东同志留下的诗词共有 75 篇。其中，诗 38 首，词 37 阕。这些诗词，用形象思维的方式、豪放婉约的笔触、雄视今古的气概、忧乐天下的情怀、革命浪漫主义和现实主义辩证结合的创作手法，完美地表达了毛泽东同志的世界观、人生观、历史观、价值观、情爱观和战争观，体现了毛泽东作为中国无产阶级革命领袖的高尚人格，为我们树立了光辉的典范。今天的世界，是一个信息和科学技术高度发展的世界，同时又是一个充满战争和各种不确定因素的世界。今天的中国，是一个屹立于世界民族之林的发展中大国、强国，同时又是一个正在进行民族复兴逐梦明天的日新之国。当此之际，捧读华章，恍如一股源头活水，骎骎而来，既明了目，又浸了心，受到了一次巨大的精神鼓舞，其乐何如！

毛泽东诗词是一部中国共产党的革命史诗。1921 年 7 月 1 日，中国共产党在世界东方这片多难的神州大地破空而出。从此云帆高挂，一路劈波斩浪，搏风击雨，历尽了曲折、坎坷和艰辛，献出了无数革命先烈的宝贵生命，终于创造了一个红彤彤的新中国。这一段可歌可泣的革命史，毛泽东同志以一个伟大的革命者和领导人的身份，用形象思维的方式和艺术的语言，作了绘声绘色的描述。

按编年，所见毛泽东诗词始于 1915 年的《五古·挽易昌陶》和 1918 年的《七古·送纵宇一郎罗章龙东行》。当时毛泽东 22 岁开外，正值"风华正茂"之时。一"挽"一"送"，表达了毛泽东同志青春年少之时所具有的崇高的革命理想和奋发进取的精神，以及对同时代的有志之士真诚期待的情怀。中国共产党成立前夕，中国正遭列强瓜分之祸。1915
年1月，日本政府提出企图独霸中国的"二十一条"；5月向当时的中国
政府发出了强令签订"二十一条"的最后通牒，逼使袁世凯政府承认并
签字，因而激起了全国爱国人士的强烈抗议。毛泽东即有《明耻篇》题
志："五月七日，民国奇耻。何以报仇？在我学子。"1918年4月，毛泽
东同志便与蔡和森、萧子升等学友发起成立新民学会，嗣后为组织会员
赴法勤工俭学，北上进京。1919年五四运动爆发，毛泽东即与彭璜等
发起成立"湖南学生联合会"响应，并创立发行《湘江评论》会刊。1920
年初，毛泽东加入李大钊等人创立的"少年中国学会"，并赴上海与陈
独秀讨论马克思主义。回湘之后，即与周礼棠、彭璜等创办文化书社，
发行进步书刊，宣传马克思主义和新文化，并发起组织湖南俄罗斯研究
会。是年有《虞美人·枕上》词，抒发了"夜长天色总难眠"的忧国之思。
1921年7月，毛泽东与何叔衡作为长沙共产主义小组代表出席党的"一
大"，回长沙后，任中共湖南支部书记和中国劳动组合书记部湖南分部
主任，开始了创办湖南自修大学，考察安源等革命实践活动。1923年，
在中共第三次全国代表大会上，毛泽东当选为中央委员和中央局委员，
出任中央局秘书。会议决定与国民党建立统一战线，年底毛泽东告别杨
开慧，去广州参与筹备国民党"一大"，有词《贺新郎·赠别杨开慧》。
这首词从离愁别绪落脚头"凭割断愁丝恨缕，要似昆仑崩绝壁，又恰象
台风扫寰宇。重比翼，和云翥"抒发了作者豪迈奔放的崇高理想和革命
战友情怀。1935年，毛泽东为了给即将爆发的大革命造声势，发动湖
南农民运动与大革命同步进行，至即将南下广州投身反帝反封的革命洪
流之际，重游了岳麓山和橘子洲。诗人触景生情，面对金秋丽景，写出
了壮丽诗篇《沁园春·长沙》。全词围绕着对长沙秋景的观察，面对飞
潜动植"万类霜天竞自由"的景象，联想到了"谁主沉浮"这一终极的哲
学问题。诗人作了一个肯定的否定回答："谁主"即是自主。君不是挥
洒书生意气的峥嵘岁月，"同学们"指点江山，激扬文字，"粪土当年万
户侯"，何等豪迈！黑风恶波，岂能阻遏"到中流击水"的飞舟？读罢全
词，能不被作者的英雄气概深深地感染？这首词也是与腐恶统治势力开

战的有力鼓舞与动员。

1927 年，国内政治形势发生了巨大变化。一方面，大革命失败前后中国出现了一片黑暗的政治氛围。先是蒋介石 4 月 12 日在上海叛变；许克祥 5 月 21 日在长沙叛变；7 月 15 日，汪精卫在汉口叛变，无数群众倒在血泊之中。据中共六大统计，从 1927 年春到 1928 年上半年，被反动派杀害的共产党人和革命群众就达 31 万多人，其中共产党人 2.6 万多人，真可谓"黑云压城城欲摧"。另一方面，哪里压迫严重，哪里反抗也就激烈。"四·一二"反革命政变后，中国共产党为了挽救革命，决定对蒋介石的大屠杀进行武装反抗，1927 年 8 月 1 日，共产党举行了著名的南昌大起义，次年 4 月，义军到达井冈山地区和毛泽东领导的部队会师，组成了中国工农红军第四军。1927 年 8 月 7 日，党中央至汉口举行了"八七会议"，会议通过了《中共"八七"会议告全党党员书》《党的组织问题决议案》《最近农民斗争决议案》，确定了土地革命和武装反抗国民党反动派屠杀政策的方针，号召发动湘、鄂、赣、粤四省农民举行秋收起义。从此中国共产党实现了由农村包围城市，然后夺取城市、夺取全国政权的"枪杆子里面出政权"的伟大的战略转折。这期间，1927—1928 年，毛泽东创作了三首词：《菩萨蛮·黄鹤楼》《西江月·秋收起义》《西江月·井冈山》。《菩萨蛮·黄鹤楼》以含蓄委婉的手法、深邃的意境形象地反映了 1927 年春大革命失败前夕潜伏的政治危机和严峻形势，抒发了作者苍凉而又激荡的情怀。诗人伫立黄鹤楼头，俯瞰中原大地，但见九派落落，众流归一，奔向东海；又见粤汉、平汉铁路如一线沉沉，贯穿南北，祖国的山河大地正在时代的大激流中，作者笑看反动派欲阻挡历史激流的种种表演，徒生蓬雀与鲲鹏之感，"心潮逐浪高！""自信人生二百年，会当击溃三千里"，抟风搏雨，自有人来。《西江月·秋收起义》一词，则是对中国共产党顺应历史潮流的创举的写实。秋收起义成功后，各义军统一改称"工农革命军"，毛泽东领导的主力军编为工农革命军第一师，以饰有五星和锤镰的红旗为号令，直向湖南，以霹雳为威，破暮云之愁，揭开了伟大的武装序幕。"西江月"词为小令，整阕才 50 字，但词人却赋予了全词以丰满的内涵和浩瀚的气势。"军叫工农革命，旗号镰刀斧头""霹雳一声暴动！"全词激情洋溢。如果说《秋收起义》是写革命进攻，《井冈山》则是写革命防御。山下山头，两军对垒，敌我悬殊，但我军已是"森严壁垒""众志成城""岿然不动"。任尔"围困万千重"又其奈我何！最后还是灰溜溜地逃遁了。本词即是军史上著名黄洋界保卫战。实战很骨感，词人却记忆轻松，乌合之众何足道哉？表现了对国民党反动派的极端蔑视。高度的艺术概括，乐观豪放的气概，融于 50 字之中，真乃绝妙好词。

1929—1930 年，革命形势又有了新的发展。一方面是大革命失败以后新的军阀割据战争激烈开演，给中国工农红军的发展和壮大创造了良机。比如：1927 年 10 月李宗仁与唐生智的战争；10 月的宁汉战争；11～12 月的张发奎与李济深的战争；12 月蒋介石与广东军阀的战争等。1928 年 6 月，奉系军阀张作霖被日本国阴谋炸死，蒋、桂、冯、阎占领北京、天津，互相厮杀剧烈，给人民带来了巨大的灾难。毛泽东一阕《清平乐·蒋桂战争》用 45 个字表达了忧国忧民和乱中发展壮大自己的乐观情怀。首二句"风云突变，军阀重开战，洒向人间都是怨！"揭露了军阀开战给人民带来的灾祸、怨咎，接着便嗤笑了各路军阀欲霸全国的黄粱美梦。下阕一转，展现了"红旗跃过汀江""收拾金瓯一片""分田分地"的战斗胜利景象，同时也回答了"红旗能打多久"的疑问，展示了"星火燎原"的革命愿景。《中国的红色政权为什么能够存在》《星星之火，可以燎原》两篇宏论，毛泽东用一阕小词作了概括，这就是毛泽东的魅力。另一方面，革命阵营内部出现了一时的思想混乱，因建军原则和建立革命根据地等重大问题的严重分歧，毛泽东被迫离开了红军领导岗位。1929 年 10 月，毛泽东登上了新解放的上杭县城，环顾炫丽的秋山秋风秋花，直面奔流不息的汀江，诗人感从中来，吟成了《采桑子·重阳》首句临秋起兴，慨叹"人生易老"，含义深沉而丰富，这不是个人的得失问题啊！但不管如何，词的落脚点却是"战地黄花分外香"，构成了全词的主旋律。本词强调的是今日黄花，"今"即是"收拾金瓯一片，分田分地真忙"的 1929 年秋。沿着战地黄花的胜利之路，毛泽东又写了《如梦令·元旦》《减字木兰花·广昌路上》《蝶恋花·从汀州向长沙》三阕词，记录了工农红军突破敌军围剿，"箭指武夷风卷红旗如画"的壮丽场面；记录了"风卷红旗过大关""十万工农下吉安"的所向披靡的气势；记录了"六月天兵征腐恶""百万工农齐诵跃，席卷江西、直揭湘和鄂"的豪迈精神。这段时间，毛泽东不仅要与党内的"左"倾冒险路线作斗争，又要领军而上与国民党反动派反动势力的联合围剿作斗争，当我们读到"风卷旗如画""风卷红旗过大关""万丈长缨要把鲲鹏缚""国际悲歌一曲，狂飙为我从天落"这些经典句子时，心灵能不为之震撼！

1931—1936 年，是中国工农红军粉碎国民党反动派的多次大规模围剿，进行惊世骇俗的二万五千里长征，北上抗日，胜利到达陕北，创建延安革命根据地的重要历史时期。这期间，诗人写下了 14 首史诗。其中有反多次反革命围剿的词，有纪念长征的诗词。这些诗词以现实主义与革命浪漫主义相结合，运用形象思维的表现手法，艺术地再现了反围剿战斗的壮烈画面、与敌人鏖战的牺牲精神、为共产主义而奋斗的崇高理想，心系工农群众的革命情怀、藐视困难和一切反动势力的英雄气概和乐观放达的革命豪情。

1936 年春，毛泽东同志正欲率红一军团东渡黄河，开赴抗日前线，一场大雪笼罩了秦晋高原，大壮了东征行色。他置身于高原之巅，极目晶莹浑沦的银色世界，回顾中华民族悠久的文化历程，展望祖国的灿烂前程，激发了强烈的国家、民族的主人翁情怀，兴会飙举，谱出了《沁园春·雪》这阕占尽风骚的千古雄词。诗人眼前的雪景，不是风雪漫天、寒光凛冽的肃杀景象，琼枝玉树、霭霭生辉的馆榭风光，而是一幅寒极而暖，静极而动，充满勃勃生机的壮丽风景画。上阕即景，尽扫空间之无限，景物之多姿，点化出静中之动，赋予其睥睨一切的崇高品格；同时逐层递进，生出"须晴日，看红装素裹，分外妖娆"的遐想。雪后新天自然是一个红霞灿烂的新中国。下阕因景生情，以秦王扫六合到今朝以及未来，极尽时间之久远。千古名王"俱往矣"，风流人物"看今朝"。今天人民大众夺取政权后的文治武功，与往昔绝非同日而语。诗人这首即兴之作，酣畅淋漓，尽吐胸积蕴。写景，则囊括万象；咏史，则包举千年；抒怀，则超迈古今，气贯长虹。难怪后来发表时被"推为千古绝唱"，大长了革命派的志气，大灭了反动派的威风，预告了中国革命胜利的必然结局。

1936—1949 年，毛泽东作出了 7 首诗词。其中《七律·人民解放军占领南京》，标志着新旧中国的历史分野。中国共产党人领导全国各族人民进行了伟大的抗日战争和解放战争，推翻了压在人民头上的三座大山，推翻了蒋家王朝，建立了一个"分外妖娆"的新中国。本诗告诉我们，中国发生天翻地覆的乾坤大反转，人民民主专政的建立和国民党独裁专制的被摧毁，乃是"顺乎天而应乎人"的"人间正道"。颈联还特别指出要"追穷寇""不可沽名"，要继续革命到底。所以新中国成立以后，我们围绕巩固政权、发展经济、巩固国防、培养革命接班人、坚持社会主义道路方面，制定了正确的政治路线、思想路线和外交政策，在工业、农业和国防建设等方面取得了骄人的成绩，在廉政建设方面也取得了很大成绩，得到了全国人民的拥护。1949—1965 年，毛泽东同志留下了 20 余首诗词。这些诗词，有的是对革命伴侣和战友的深切怀念，如《蝶恋花·答李淑一》《吊罗荣桓同志》；有的是对社会主义建设和成就的歌颂；有的是对国际修正主义的嘲讽和批判，有的是和友人的唱和，有的是对历史人物的点评，内容丰富，情感真挚，诗味隽永浓郁，让人不忍释卷。

毛泽东诗词，不仅堪称韵文形式的党史、军史，是光辉的史诗，而且充满了哲理，是形象思维与理论思维辩证统一的典范。他不仅创造性地发展了马克思主义的辩证唯物主义和历史唯物主义，而且以高屋建瓴之姿，对几千年以来的中国社会发展进行了辩证的分析和科学的判断，并融入治国理政，为我们留下了宝贵的精神财富。毛泽东同志喜欢读史，正史之外，各种稗官野史他都有涉猎。一部三千多卷、四千多万字的二十四史，他居然以惊人的毅力读完，而且多圈圈点点，有的地方还注有精当的点评。1964 年春，他挥笔写出了《贺新郎·读史》一词，在历代诗人咏史诗中，又创造了一个空前纪录。

贺新郎·读史

人猿相揖别，只几个石头磨过，小儿时节。钢铁炉中翻火焰，为问何时猜得？不过几千寒热。人世难逢开口笑，上疆场，彼此弯弓月。流遍了，郊原血。一篇读罢头飞雪。但记得斑斑点点，几行陈迹。五帝三皇神圣事，骗了无涯过客。有多少风流人物？盗跖庄蹻流誉后，更陈王奋起挥黄钺。歌未竟，东方白。

这首词以长短 20 句百余字的篇幅，将人类几百万年的发生发展史，形象生动、科学准确地诉诸笔端，形诸纸上。并将中国的古史和传说本质地再现出来，使史和论、革命的浪漫主义和现实主义、形象思维和理论思维璧和为一，熔铸成一曲历代人民群众的阶级斗争、生产斗争和革命斗争创造和推动历史车轮前进的凌空绝响。词的上片是叙史。劳动创造了人类。人类从自然中异化出来，经历了历史上旧石器时代、青铜器时代、铁器时代，算来也不过数千寒热；进入阶级社会，文明一直是在生产斗争、阶级斗争中前进的。"流遍了，郊原血"，既指原始部落之间的利益争夺战，也指奴隶主阶级和广大农奴之间的奴役与反奴役之战，还包含了广大劳苦大众战天斗地的血的代价。这就是本原的历史。词的下片是评史、论史。作者以主人翁的态势，粃糠了以往千年史籍。那些汗牛充栋的正史、稗史、野史，都记了些什么？不过是"斑斑点点，几行陈迹"而已。至于那"五帝三皇神圣事"，都是无稽之传，各有传闻，骗了多少世人。真正的风流人物的事迹又记载了多少？屈指算来，至古有盗跖、庄蹻，秦末有陈涉、吴广，是他们前仆后继的反抗斗争，社会才发展、进步到了今天啊！是讴歌不尽的风流人物用他们的鲜血和生命才换来了今天的朗朗乾坤啊！"为有牺牲多壮志，敢教日月换新天"，面对革命果实、红色政权，我们能不珍惜吗？我们如何去珍惜呢？言有尽而意无穷，发人深省。刘勰说："古来辞人，异代接武，莫不参伍以相变，因荣以为功，特色尽而情有余者，晓会通也。"（《文心雕龙·特色》）诗人的因荣会通之意，未尽之情，我以为是不参自晓的。联想到新中国成立前夕毛泽东同志号召党内同志学习《甲申三百年祭》

的情景，联想到1976年周恩来、朱德同志和毛泽东同志相继去世以后曾一度出现的"反毛"暗流及造成的恶果，我们今天重读毛泽东的诗词，倍感滋润、亲切、受教和鼓舞。毛泽东同志的高尚人格、爱国爱民、大公无私和革命情操，还有他的文韬武略、诗人政治家的气质都蕴含在他的一卷诗词之中；他的诗词是艺术的结晶。今天，我们纪念中国共产党的百年华诞，认识到习近平总书记的中国特色社会主义的思想，正是毛泽东思想的赓续和新时期的创新发展。习近平总书记号召我们"不忘初心，牢记使命"，这"初心""使命"，与共产党的奋斗目标是一脉相承的。

记得1978年，我曾叶韵《读史》两阕，纪念毛泽东同志诞辰85周年，今天就用它来作本文的结尾，以表达不忘初心，牢记使命之诚。

贺新郎·读毛泽东《贺新郎·读史》

若问从何别，五千年、禹甸尧封，倩谁猜得？沧海桑田来得去，而覆云翻更迭。曾几度、金瓯圆缺。奴隶擎旗帜巨浪，尽西风、万里云如墨。颠倒了，红和黑。雄鸡唱东方白。看神州、星移物换，史翻新页。五十余年戎马事，折倒几多豪杰！漫说道、跖、庄蹻、陈涉。何事殷忧怀旧史？恐江山、易改形形色。长征路，从头越。

又

岁月伤离别，问秋风，几度霜侵，洞庭红叶？记江中流也水来：指点东西南北。欲扫尽、愁去千叠。已教三山遗一屿，挽雕弓、又射帮天蝎。看白羽，穿云月。韶华染就盈颠雪。但赢得、万紫千红，满园春色。耿耿丹心垂典范，彪炳辉煌史册。走雷霆、风流翰墨。伟绩丰功常记取，举红旗、四化宏图烨。看巨手，翻新阕。

（作者为湖北省炎黄文化研究会常务理事，湖北大学教授、博士生导师）

楚国的民本思想与当今以人为本
观念的异同

顾久幸

 2021 年是中国共产党成立一百周年的大庆，在建党一百周年之际，我们从历史上那些兴盛衰亡的例证，来总结一下中国共产党在发展过程中与历史上的那些兴旺发达时期的共同之处，并从中总结有益经验。作为从事楚文化研究多年的历史学者，我们主要从楚国发展壮大的历史中所贯穿的民本意识来总结一下其兴衰的过程。

一、楚人从艰辛立国中看到民众的重要作用

 楚国在立国 800 多年的历史上，有一条重要的指导思想贯穿统治者的头脑，那就是以民为本，其表现形式就是重民与抚民。楚国的迅速发展壮大有很多原因，但它的这一治国宗旨在其中起了很大的作用。
 楚人的民本思想可以追溯到西周时期，这是中国最早的民本思想的萌芽。《尚书·盘庚》篇记载有"重我民""罔不为民之承"，武王伐商时的《泰誓》中说"天视自我民视，天听自我民听"（《孟子·万章上》）。西周大政治家周公进一步认识到民众的重要，他说："人无于水鉴，当于民鉴。"（《尚书·酒诰》）并提出了"用康保民"的思想。这些提法表明，殷周时期民众的重要性已经为统治者意识到，这些应该是中国最早的民本思想。进入春秋战国后，民众的重要更加被统治者所认识，而楚国则是春秋时期这一思想发展的先驱。楚国最初的民本思想其实是通过随国的季梁表现出来的。楚武王是楚国历史上第一个称王的君主，他有宏大的理想与抱负，并为实现其理想而殚精竭虑。为了楚国的发展壮大，他

制定了一系列的扩张计划和战略目标，扩张的首要对象是汉东地区的一系列小国。汉东小国中的首领国家是随国，楚武王为顺利地灭亡这一些小国作了充分的准备，首先就是要攻下随国。当时的随国有一个很有头脑的官员名叫季梁，为对付楚武王的强大攻势，他对楚国的情况做了详细的研究。季梁认为楚国是当时的强国，单靠随国及其小国的力量与之硬抗是无济于事的，只有利用自己的有利条件才能达到与之抗衡的目的，这主要就是从道义上来压倒它。他对随国的君王和大臣们说了这样一段话，意思是：楚国眼下正得到天的庇佑，小国因此只能想办法用"道"来战胜他们。而"道"就是要忠于百姓而取信于神灵。作为统治者，想到对人民有利，这就叫做忠，而百姓则是神的主人，因而季梁说："夫民，神之主也。是以圣王先成民而后致力于神。"（《左传》桓公六年）所以圣王必须先团结好百姓，而后才可以致力于神灵。季梁的这一重视民众的思想，很明显是对殷周时代的民本思想的继承，但又有所发展。可见，以民为本的思想在当时已经是一种为先进者所接受的有力的思想武器。随国在当时是一个在各个方面都与楚国有千丝万缕联系的国家，季梁更是一个对楚国的历史与现状有着比较深刻了解的人物，他的思想正是在随国与楚国的不断交往中出现的。因此可以说他的思想在很大程度上反映了楚人的思想，这一点我们从楚国的历史中可以得到证明。

楚人早期艰辛的奋斗历史是他们的民本思想产生的原始动力。楚人在最初的草创阶段，部落首领与广大部落民众一起筚路蓝缕，艰苦奋斗，还要随时抵御外来的侵略和打击。楚人从他们早期的部落首领熊渠之时起，开始逐渐发展起来。由于熊渠重视和周围地区的民众关系，而"甚得江汉间民和，乃兴兵伐庸、扬粤，至于鄂"（《史记·楚世家》）。熊渠的发展为楚国后来的强大奠定了重要的基础，楚人因此深感民众的重要。就是靠着民众的力量，楚国才从一个部落小邦发展成敢于和周天子分庭抗礼的大国、强国。楚国的发展壮大使统治者中的有识之士意识到民众力量的重要性。楚国历史上比较明智的君王和官员们，在对待民众的问题上都有着比较清醒的头脑。楚庄王曾说："夫君国者，将民与之处，民实瘠矣，君安得肥?"（《国语·楚语上》）而楚人的民本思想是以重民和抚民为主要内容的。楚平王靠政变上台，这在楚国历史上是不多见的，而平王弃疾的上台却没有受到国人和官员们的谴责，原因就在于他深谙重民抚民之道，并且把它作为达到政治目的的手段。在他之前的楚灵王，由于暴虐地对待官员和民众，遭到众人的反对，独自彷徨于深山野林中，最后在孤独中自缢身亡。继灵王之后的子比，也因对民众不重视和无所施于民，而形成"无援于外，去晋，晋不送；归楚，楚不迎"（《史记·楚世家》）。因而人们认为他只即位十几天就被赶下台，正是情理中的事情。公子弃疾吸取这两位前任的教训，他"君陈、蔡，方城外属焉。苛慝不作，盗贼伏隐，私欲不违，民无怨心，先神命之，国民信之"，因而最终用阴谋的手段达到上台做楚国国君的目的。这就是以政治为目的，深谙民的重要而以重民抚民为表面文章的另一类楚国官员。

二、楚人懂得民为水之理

楚国还有一类以为政庇民为己任的官员，他们为了维护统治者的地位和自己本身的政治地位，不敢轻易得罪民众，往往为官一生，谨慎一生，因而受到民众的大力推崇。楚国有一位身为令尹的官员，他对民众的态度就达到这样一种战战兢兢如履薄冰的程度，他就是楚成王时期的令尹子文。子文在担任令尹时，节衣缩食，日子过得朝不虑夕，使上上下下的官员都看不下去了。楚成王听说这种情况后，便派人在每次上朝时，给子文准备一条肉、一盆粥，作为对他的犒劳。而每逢这时，子文都要千方百计地避开逃走。人们对他的这种做法都不能理解，说："人生求富，而子逃之，何也?"子文回答说："夫从政者，以庇民也。民多旷者，而我取富焉，是勤民以自封也，死无日矣。我逃死，非逃富也。"后来的人们对这件事是这样评价的："故庄王之世，灭若敖氏，唯子文之后在，至于今处郧，为楚良臣。是不先恤民而后己之富乎?"（《国语·楚语下》）由此看来，令尹子文其实是一个将自己的名誉地位和生命看得很重的人。正因为如此,他才处处心积虑地对人民奉若神灵,唯恐得罪了人民而丢掉了一切。由此可以看出,楚国官员重民思想的实质。

楚国有一个叫斗且廷的官员,他总结过楚国历代君王和高官的最后结局,最后的结论就是"夫民心之愠也,若防大川焉,溃而所犯必大矣。……成(王)能礼于穆(王),愿食熊蹯而死。灵不顾于民,一国弃之,如遗迹焉。子常为政,而无礼不顾甚于成、灵,其独何力以待之!"

楚国重民思想的另一个来源应该是周王朝的敬德保民观。周武王利用人民对商王朝的痛恨,推翻了商朝的统治。周王朝因此把民意作为天都不得不遵从的最高意愿。所谓"民之所欲,天必从之"(《左传》襄公三十一年)和"天视自我民视,天听自我民听"(《孟子·万章上》),就是周王朝当时的重民观。周王朝把民提到这样的高度,与商王朝是完全不同的。也许正是基于商朝鄙民虐民使民,而最后导致灭亡的结局,周王朝才格外注重对民的态度。周王朝的一个重要观点就是要保民,即关心民众的疾苦,以免引起民变;还要体察民情,对人民的疾苦不可不闻不问。并且周王还进一步指出,要以民众作为自己的镜子,"人无于水监,当于民监"(《尚书·酒诰》),以及后来的民贵君轻、民为邦本的观点。这种思想在奴隶社会乃至封建社会都是不可能完全实现的,但是这些思想中却鲜明地透露出古代民本思想的曙光。

三、楚人意识到抚民即以民为本的方式

楚国与中原各国以及周王朝以迅速的步伐进行着交流与融合,精神的、物质的文明融合后创造出灿烂的富有楚地特色的楚文化。

楚国最初的君王以民为本和对民的重视程度,有过于周王朝,它的最主要表现就是抚民、息民和取信于民。楚国的这一传统贯穿整个楚国的历史进程。楚庄王时修了一座匏居台,这个台"高不过望国氛,大不过容宴豆,木不妨守备,用不烦官府,民不废时务,官不易朝常"。这

大概是国君修建楼台中最节约民力的一项工程了。是楚庄王不想建成高大壮观的楼台吗？非也。庄王考虑的更多的是得民心的问题，他认为最美的事物不在于物体本身，"夫聚民利以自封而瘠民也，胡美之为？夫国者，将民之与处；民实瘠矣，君安得肥？"他知道"若敛民利以成其私欲，使民蒿焉而忘其安乐，而有远心，其为恶也甚矣，安用目观？"（《国语·楚语上》）就是说，如果把统治者的利益建立在使民贫困的基础上，那么君王也就无所谓富了。进一步说，如果得罪了民众，不用说这样一个小台看不成了，所有的一切都会化为泡影，这就是庄王的统治思想的根基所在，也是他治理国家的立足点。因此他在总结过去先辈修建高大建筑物时的经验时说："故先王之为台榭也，榭不过讲军实，台不过望氛祥。故榭度于大卒之居，台度于临观之高，其所不夺穑地，其为不匮财用，其事不烦官业，其日不废时务。……夫为台榭，将以教民利也，不知其以匮之也。"这段话实际上是指古代君王修台榭仍然是为了民众的利益，台是为了观察天象，以预防灾害；榭是为了检阅军队，以防御外寇。与庄王形成鲜明对照的是在他之后上百年的楚灵王，灵王疲民力，耗财用，为自己修建了一座高大华美的章华台，以至在当时和后世，他都受到人们无尽的谴责。这座章华台也成为他遭民众唾弃、被政变者赶下台的口实之一。

　　楚庄王是楚国历史上有着光辉业绩的一位君王，他一方面大力对外扩张，另一方面，从来也不忘记对民众的安抚和注重民众的休息。在楚晋两国进行著名的邲之战之前，楚国已有了两次对外征伐的战争，因此这时要再进行一次战争，在用民力的问题上是会有很大的困难的。但庄王为此在国内进行了全面的调整，做到了"民不疲劳，君无怨讟，政有经矣"，这是很不容易做到的事情。而最后战争的结果也显示了庄王在战前所进行的调整是成功的，楚国在这一场战争中大胜晋国。如果连年进行战争，国内对各类人等未做好安抚工作，明智的君王有时也会自动放弃战争，而先做好息民的工作。楚平王时期，吴国灭掉了楚国的州来这一个地方。令尹为此请求讨伐吴国。平王却不同意，原因是他认为"吾未抚民人，未事鬼神，未修守备，未定国家，而用民力，败不可悔"。平王对这件事显得胸有成竹,他对令尹说:"州来在吴,犹在楚国,子姑待之。"(《左传》昭公十三年)楚康王时的令尹蓬子冯在吴国纠集别国准备背叛楚国时,劝楚王暂且压下这口气,不要伐吴,他说:"姑待息民,以待其卒。"(《左传》襄公三十四年)就是说,在自己国内的民众未得到充分的休息之前,不如静待时机,让别国自动放弃。

四、楚人对不爱惜民力的君臣的制约

楚国注重民众的态度还表现在对那些不能善待民众的君王和官员,进行讨伐和罢免,如楚国民众对待灵王的态度。楚共王时也有这样一位官员,因不爱惜民力而受到人们的谴责。这位官员就是当时的司马子反。子反由于鲁莽而又不顾民力,有一位已经退休的申县县公申叔时找到他,对他坚持出征晋国给予了严厉的批评,他说:"今楚国内弃其民,而外绝其好;渎齐盟,而食话言;奸时以动,而疲民以逞。民不知信,进退罪也。人恤所厎,其谁致死?子其勉之,吾不复见子矣。"(《左传》成公十六年)楚成王时期的令尹子玉接替子文治兵,在军中大用刑法,得到很多人的赞扬,说子文会用人。人群中只有一个年龄尚小的孩子芳贾对子文说:"子玉刚而无礼,不可以治民,……苟入而贺,何后之有?"楚国人对于不抚民的态度是很鲜明的。楚平王时期的一位县公名叫沈尹戌,他对抚民的实际作用也有着清醒的认识。平王即将进行伐濮之战,他对此提出反对意见,有人指出"王施舍不倦,息民五年,可谓抚之矣"。他却认为"吾闻抚民者,节用于内,而树德于外,民乐其性,而无寇雠。今宫室无量,民人日骇,劳罢死转,忘寝与食,非抚之也"。(《左传》昭公十九年)沈尹戌一针见血地指出了平王所做的五年息民工作只是一种表面的工作,而抚民的根本工作却未做到,因此绝不能对外用兵。而息民的根本工作是什么呢?就是沈尹戌说的"民乐其性,而无寇雠"。只有民众从心里拥护君王,才能够达到国内安定的目的。如果做不到这一点,就会像楚国的斗且廷所说的那样"夫民心之所恼也,若防大川焉,溃而所犯必大矣",就会导致"民多阙则有离叛之心"。(《国语·楚语下》)这种情况是统治者们最不愿意看到的，也是他们拼命地抚民息民的目的之所在。

五、楚国重民抚民与以民为本的关系

楚国的重民观念和抚民行为与民本思想有些什么关系呢？所谓民本，简言之，就是指以"民为邦本"，民是国家的基本力量，只有这部分基本力量牢固了，统治者的权力才可以巩固，即"本固邦宁"。楚人重视民众、安抚民众的目的就是使楚国有一部分国家可资利用的强大力量，在对外战争中，它可以成为国家的基石，在对内治理中，它可以成为国家安定的因素，这与本固邦宁的思想是完全一致的。

楚国的统治者们在当时社会下的这种重民和以民为本的思想，无疑是一种先进的思想。它重视民意、民生和民利，基本上承认广大人民群众在社会政治生活中是一股不可忽视的力量。这在君权至上，民为草芥的社会中是比较难得的。而且它主张在对民使用到一定的程度时，要给予民一定的休息时间，不可竭泽而渔。它反映到统治者的具体行动上，就是给广大的劳动者减轻一些经济和体力上的压力，在一定限度内改善民众的生活待遇和条件。这也是对广大人民群众在社会历史进程中的作用作出的一些肯定。同时，它也可以使社会的安定得到一些保障，客观上使社会能较顺利地向前发展。

但是这种重民思想是以民为社稷之本、本固邦宁为思维导向的，民仅仅是作为君主专制巩固统治秩序的工具，而不是国家的主人。民是否为本，是根据君王贤相们是否有道德自觉、能否实施重民政策来决定的。即使君王实施了以民为本的政策，他们也只是对自己本身负责，是从本身的利益出发考虑，而不是从民众的角度考虑问题。因而民在这一过程中是被动的，是无奈的。同时，民本思想虽然提出尊重民意、重视民的作用，但是这种行为缺乏有效的法律制度作保障和有效的行政监督来保证其实行。民和统治者始终是处在一种对立的地位上，当统治者把自己看作父母时，人民是子民，这时民虽然要听从统治者的安排，但毕竟子的地位还是处在被保护状态；而当统治者把自己看作王时，你是民，我是主，民的地位就仅仅只是听从统治，排除了被保护的可能；如果统治者把自己看作主，民就只剩下被奴役被利用的价值。民的地位总是由统治者来决定的，而统治者把自己当作民的什么，则大部分是由自身的因素决定的。因而它与现代意义上的民主是完全不同的两种思想。民本思想是统治者站在比民高的地位上对民作出的一种施舍行为，是统治者为巩固其统治而做的事情。尽管如此，在中国封建社会几千年的历史上，视民为邦本，强调本固邦宁的观点，仍然比视民为草芥，以民为奴仆的统治观点要进步得多，因而在几千年的中国历史中，它始终是先进的思想家和正直的官员针砭时弊、劝诫统治者重视人民的作用、适当放松对人民的压迫和剥削的一种呼唤和警示。

中国共产党对于民的认识，在中国传统重民的基础上，在几十年的建党建国以及治国的过程中，比几千年前的古人认识更深刻。首先，中国共产党对民的重视中，有一部分应该来自优秀传统文化。在艰苦革命的年代，中国共产党一直把相信人民、依靠人民、从人民的利益出发作为革命的宗旨。以民为本是中国共产党最根本的价值追求。中国共产党建立之初，就是以为最广大人民谋幸福为自己的宗旨，党的一大党章中就规定："要把工人、农民、士兵组织起来，并以社会革命为自己的主要目的。"（《中国共产党纲领》俄文译稿，1921 年中共一大通过）1923年 7 月，毛泽东在《向导》上发表《北京政变与商人》的文章。毛泽东指出：中国现在的政治问题，不是别的问题，是简单一个国民革命问题。用国民的力打倒军阀并打倒和军阀狼狈为奸的外国帝国主义，这是中国国民历史的使命。这个革命是国民全体的任务，全国国民中商人、工人、农人、学生、教职员，都同样应该挺身出来担负一部分的工作。在中国共产党成立之初，尤其重视农民运动，这是因为中国是一个农业国家，农民是国家的主要国民，所以中国共产党把对农民的重视放在革命的首要位置。在中国共产党成立早期，发表的一系列文章许多都是谈农民问题，在民众中开展的革命运动，也大多是农民运动，这些都表明对民众生活的重视。

其次，中国共产党的民的观念与古代民的观念有了本质上的区别。尽管都是将治下之民作为执政者必须重视的对象，但在执政者的眼中，两者的地位有着本质上的区别。古代以民为本的民主要是指臣民之民，而中国共产党的民是指人民之民，两者的概念前者是在君之下的民，与统治者不具有平等的地位，后者的民不仅在人口上占据绝大多数，而且在地位上没有等级的区别，全体人民一律处于平等的地位。尽管在各个不同的时期，中国共产党对人民的所属有着不完全相同的解释，但人民始终与执政者是平等的关系。

再次，如何对待民的方式的异同。古代楚国统治者为了能更好地利用民力，找到了具体爱惜民力的方式，即抚民。这种方式无疑是有效的，而且对民也是有利的。但从根本上来讲，统治者只是从自身的目的出发，抚民的目的只是保持民力，以便更有效地利用民力，有利于他们的统治。因此这种方式的效果也是有限的。但中国共产党的民本方式从党的性质上来讲，是把党的利益与人民的利益放在一个共同点上，中国共产党的利益从根本上与人民的利益是一致的。因此，爱惜人民既是为了执政党的统治，也是为了保证人民根本利益的实现。所以中国共产党确立了一切为了群众，一切依靠群众的群众观点，还有从群众中来，到群众中去的群众路线。党确立的一条最根本的宗旨就是全心全意为人民服务。在革命战争年代，就是有了这样一条紧紧依靠群众，全心全意为民众服务的路线，才使中国共产党由小到大，由弱至强，从一个极弱小的党成长为夺取全国政权的执政党。其中党的群众路线起到了至关重要的作用。

然后，中国共产党不仅确立了从根本上为人民大众服务的方针，而且对于那些脱离人民大众，甚至违背人民利益的官员，也会有组织上的措施，以保证党与人民群众的密切关系。在战争年代，苏区掌管财政的官员，哪怕贪污几十元钱，都会受到严惩。井冈山时期，有一位名叫谢步升的掌管财务的官员，犯受贿 300 余元，贪污公款若干等罪行，被江西瑞金红色苏维埃政权最高法庭判处死刑，打响临时中央政府成立后反腐败的第一枪。1949 年新中国成立初期，有共产党的高官利用职务之便贪污受贿，党的组织没有念及他们曾经为党做过很多工作并且战功卓著，仍然将他们送上法庭，公审后，按法律执行枪决。中国共产党从建立政权初始，就对那些违背和侵害人民利益的人，不论其职位多高，功劳多大，都一律采取零容忍的标准，表现出执政党对人民群众利益的深切关注和重视。党对军队的建立与成长壮大，也是以人民的利益高于一切为宗旨，从制定军队的纪律"三大纪律八项注意"可以看出来，大到一切行动听指挥，小到不拿群众一针一线，都是以维护人民的利益为最高宗旨。凡是违反纪律，都会受到严格的处罚。

最后，中国共产党在执政几十年的过程中，尤其在总结了许多经验和教训之后，对以民为本有了更深刻的认识和阐述，在传统的以民为本的基础上提出了以人为本的观念主张。以民为本首先是把人分为许多种，而民只是针对君和官而言的一部分人，它并不包括所有的人。现代提出以人为本，说明对人的理解更为深刻，在当代中国，人是包括全体社会成员。其中人民是人的核心，它包括所有劳动者、建设者。由此可见，人的范围比民的范围大大增加，而从内容和形式来看，以民为本远未达到以人为本的高度和境界。今天的执政党在科学发展观中提出以人为本，并把以人为本确定为执政兴国的基本理念，表明执政党更加注意到治国理政必须要对社会全体成员负责，更加关注全体社会成员的利益，意味着将全体社会成员的福祉当作执政为民的基本任务。这是与过去以民为本的观念的根本区别。

（作者为湖北省炎黄文化研究会常务理事、华中师范大学教授）